L'IMPACT DU DROIT FRANÇAIS SUR LES DROITS DE LA DÉFENSE EN MATIÈRE PÉNALE AU GABON

Collection Etudes Eurafricaines
Dirigée par André Julien Mbem

Le Sahara et la Méditerranée, frontières entre l'Afrique et l'Europe, sont aussi des passerelles par lesquelles, depuis des siècles, au-delà des tragédies et des drames, se rapprochent et se remodèlent ces deux ensembles géographiques et leurs civilisations. La collection « Etudes Eurafricaines » encourage la diffusion d'études historiques et prospectives sur les symbioses dont cette partie du monde est l'antique théâtre.

Déjà parus

MOUPEBELE MAKADJOKA Chislain, *Le Gabon, la France et la Banque des Etats de l'Afrique Centrale (1959-1992). De la décolonisation à l'internationalisation des relations monétaires et financières*, 2022.
OVOUNDAGA Marcy Delsione (dir.), *Les moyens de communication au Gabon. Mutations sociopolitiques et enjeux de gouvernance*, 2021.
ADOUM-BAKHIT HAGGAR Hassan, *Le pipeline Tchad-Cameroun : histoire d'une grande infrastructure africaine*, 2021.
DITENGOU ROCKAYA Nielle, *L'usage des technologies de l'information et de la communication en Afrique centrale. L'exemple du Gabon*, 2021.
AMABIAMINA Flora, NJOH KOME Ferdinand (dir.), *Les métamorphoses africaines et leurs langages. Analyse de discours politiques, médiatiques et littéraires contemporains*, 2021.
BIGOMBE LOGO Patrice, *Introduction à la socialisation de la biodiversité. Essai sur les droits des communautés autochtones et locales dans la Convention sur la Diversité Biologique*, 2021.
DUBINSKY Fira, *Le bassin du Congo. Plaidoyer pour la préservation du patrimoine naturel,* 2021.
NOUBISSI DOMGUIA Edmond, *L'impact du changement climatique sur le coût de l'eau potable. Une étude de cas dans la ville de Douala au Cameroun*, 2021.
DIARRA Rosalie, *La répression de la cybercriminalité en Afrique de l'Ouest*, 2021.
YAGO Souleymane, *Réflexion sur le vivre ensemble au Burkina Faso. Esquisse pour une éducation à la tolérance à l'école primaire,* 2021.

Pauline Vanessa NTSAME MINTSA

L'IMPACT DU DROIT FRANÇAIS SUR LES DROITS DE LA DÉFENSE EN MATIÈRE PÉNALE AU GABON

L'Harmattan

5-7, rue de l'École-Polytechnique, 75005 Paris

http://www.editions-harmattan.fr

ISBN : 978-2-343-24846-2
EAN : 9782343248462

Dédicaces

A mes deux anges, Noam Gabriel et Antoine Liam Martin.

A Blaisette, Irène, Fabrice, Sidney, Nathalie, Jeff, Samy, Kevin.

A ma petite Maman, partie trop tôt.

A Pôl.

A mes amis.

A vous tous à qui je tiens tant et sans qui ce travail n'aurait pas vu le jour, je vous dédie cet ouvrage.

Remerciements

Mes plus sincères remerciements à Monsieur Gilles MATHIEU qui a dirigé ma thèse, merci pour la confiance et la liberté qu'il m'a accordées ainsi que pour son encouragement et pour les conseils qu'il m'a prodigués.

INTRODUCTION

« *L'exercice des droits de la défense, qui se situe très haut dans l'échelle des conquêtes des temps modernes, ne saurait être traité comme une entrave à la recherche de la vérité* ».

BESSON A., « *Panorama des réformes pénales* », D.1960, chron., p. 181.

« *Mettant en évidence les interactions entre traditions juridiques, le droit comparé nous apprend qu'en matière pénale la circulation des règles, pratiques et concepts, est un phénomène ancien et récurent. Dans cette perspective, les transformations rapides affectant depuis 1970 le traitement institutionnel du phénomène criminel dans de nombreux pays, de common law comme de tradition civiliste, pourraient être le lieu d'un processus mimétique accéléré entre traditions nationales jusqu'alors différenciées* ».

COLSON R. et FIELD S., La fabrique des procédures pénales : comparaison franco-anglaise, des réformes de la justice répressive, nov. 2009, p. 2.

Dans tout type de procès répressif, il existe un déséquilibre fondamental qui naît de la position des différents acteurs[1] et, ce déséquilibre est renforcé par ailleurs par l'impérieuse nécessité de l'efficacité de la justice pénale qui implique une répression face à la criminalité[2]. Ainsi, comme le constatait Marie-Anne FRISON-ROCHE, « *Les droits de la défense prennent comme constat l'inégalité et comme idéal l'égalité* »[3]. Dès lors, la personne qui a osé porter atteinte à une valeur pénalement protégée par la société mérite-t-elle, de la part de celle-ci une quelconque défense ?

---

[1] DEFERRARRD F., Le suspect dans le procès pénal, LGDJ Système, 22 nov. 2005, p. 1 et s.

[2] MATSOPOULOU H., Les enquêtes de police, LGDJ, 1996, p. 783.

[3] FRISON-ROCHE M.-A., « *Les droits de la défense en matière pénale* », in CABRILLAC R., FRISON-ROCHE M-A., REVET Th. (Dir.), Libertés et droits fondamentaux, 7e éd., Dalloz 2001, p. 319.

Si les intérêts de la société et les nécessités de celle-ci exigent naturellement que tout crime ne reste pas impuni, la procédure qui s'ouvre à l'encontre de l'individu doit nécessairement s'insérer dans des règles précises, respectueuses des droits et libertés[4], sous peine d'apparaître comme le bras armé d'une répression arbitraire, injuste pour l'individu et injuste pour la société. En effet, la réaction de la société face à un crime ou un délit qui ne doit pas rester impuni ne doit pas être instinctive ou arbitraire dans tout État qui se veut État de droit[5], elle doit au contraire considérer l'intérêt privé et garantir les libertés individuelles et les droits de la défense sans le respect desquels la justice ne pourrait exister. Il est inconcevable qu'une décision soit rendue contre un citoyen sans que celui-ci n'ait été préalablement entendu sur les faits qui lui sont reprochés. Le bon fonctionnement de l'appareil répressif repose, avant tout, sur le respect des droits de la défense qui occupent une place primordiale dans toute société démocratique[6].

Étudiant les principes généraux relatifs aux droits de la défense, Jacques LEAUTE[7] rappelle qu'ORTOLAN écrivait en 1855 : « *ni autrefois, ni aujourd'hui, le droit de défense n'est formulé en une déclaration générale de principe, mais il est l'âme du système accusatoire ; c'est un droit qui n'a besoin d'être écrit nulle part pour appartenir à tous. Sans ce droit exercé largement et librement, la justice pénale n'est pas justice, elle est oppression* »[8].

Faustin HELIE adoptait une position analogue en considérant que « *la défense des accusés n'est ni un privilège établi par la loi, ni une mesure conseillée par l'humanité, elle est un droit naturel que la loi positive peut régler, mais qu'elle ne peut détruire. Elle est instituée, non seulement dans l'intérêt des accusés, mais dans l'intérêt de la justice aussi, car, il n'y a pas de justice là où la défense n'est pas entière et/ou*

---

[4] LARGUIER J., « *Le respect de l'instruction et l'article 11 du Code de procédure pénale* », Rev. Sc. crim., 1959, p. 313 et s.
[5] Voir GOYARD C., « État de droit et démocratie », in Droit administratif, Mélanges CHAPUS R., Montchrestien, 1992, p. 299.
[6] KUTY F., Justice et procès équitable, vol. I, Larcier, 2006, p. 474 et s.
[7] LEAUTE J., « Les principes généraux relatifs aux droits de la défense », RSC., 1953, p. 47.
[8] ORTOLAN J., Eléments de droit pénal, éd. Plon, 1855, p. 869, n°1853.

il n'y a pas certitude de la vérité »[9]. Ces deux auteurs résument bien l'importance du principe des droits de la défense qui sont universellement partagés et appliqués par l'ensemble des acteurs au procès dans tous les systèmes judiciaires[10] d'autant plus qu'aujourd'hui leur actualité témoigne de leur intérêt et de leur place éminente parmi toutes les règles de procédure. Henry MOTULSKY y voit même une « *donnée de droit naturel* » et souligne que l'« *égalité des plaideurs devant le juge continue à apparaître comme imposée par la droite raison autant que par la nature des choses* »[11]. Le respect de la personne humaine commande donc de considérer les droits de la défense comme « *un impératif catégorique de la conscience, un principe fondamental, au premier chef d'ordre public* »[12] et comme la garantie d'une bonne justice,[13] car « *c'est par la place et le rôle que la procédure d'un pays accorde aux droits de l'accusé qu'on peut se rendre compte de la conception que ce pays se fait du droit et du respect qu'il a pour l'idée de justice* »[14].

Le respect des droits de la défense dépend donc de la réponse qu'une société démocratique apporte aux problèmes posés par le conflit d'intérêts existant entre l'ordre public dont le respect commande la répression des infractions et les intérêts privés de la personne poursuivie dont la sauvegarde implique de lui accorder de réelles possibilités de se défendre. Trouver la réponse idoine à ce conflit d'intérêts est une question d'art et Jean PRADEL disait que « *c'est l'art subtil de l'équilibre entre délinquant et société, sans prééminence des droits du délinquant... Aussi longtemps qu'une conciliation entre intérêt général et droits du délinquant est possible, qu'elle se fasse. À dilater les droits*

---

[9] HELIE F., Pratique criminelle des cours et tribunaux. Code d'instruction criminelle, t. II, 1951, p. 184.
[10] PETTITI L.-E., « *L'évolution de la défense et du droit de la défense à partir de la Déclaration universelle des droits de l'Homme* », RTDH, 2000, p. 5.
[11] MOTULSKY H., « *Le droit naturel dans la pratique jurisprudentielle. Le respect des droits de la défense en procédure civile* », in Mélanges P. ROUBIER, t. II, Dalloz, 1961, p. 175.
[12] ALLEHAUT M., « Les droits de la défense », in La chambre criminelle et sa jurisprudence, Mélanges M. PATIN, Cujas, 1965, p. 455 et s.
[13] VIZIOZ H., Études de procédure, Bière, 1956, p. 449.
[14] GRAVEN J., « Les droits de l'accusé dans le procès pénal », RPS, 1956, p. 114.

du délinquant, c'est l'ordre public qu'on sacrifie »[15]. Ce nœud que l'on rencontre en procédure pénale traduit la bipolarité[16] de celle-ci et tient au fait que l'effectivité de la répression ne doit pas être recherchée à n'importe quel prix. La recherche de la vérité doit en effet s'effectuer dans le respect des garanties de la défense des personnes impliquées dans la procédure. Ce constat est d'autant plus vrai que les droits de la défense ne représentent pas seulement un intérêt exclusivement privé, ils sont aussi importants pour l'ordre public, car leur existence et leur respect sont indispensables pour l'administration d'une bonne justice. En effet, l'absence des droits de la défense peut conduire à des erreurs judiciaires dont l'injustice serait choquante non seulement pour la personne condamnée à tort, mais aussi pour la conscience publique[17].

L'appréhension de la notion des droits de la défense dépasse de ce fait une vision individualiste pour devenir une « *méthode de réalisation du droit* »[18] ; affirmation qui illustre bien l'appartenance des droits de la défense aux droits de l'Homme[19]. En effet, les droits de la défense sont « *l'un des principaux droits de l'Homme* » qui est « *celui de jouir, lorsque l'on est soumis à l'épreuve d'une poursuite criminelle, de toute l'étendue de la liberté et de sûreté pour sa défense* »[20]. Les droits de la défense rentrent donc légitimement dans la catégorie des droits-créances de l'État[21], ils sont en quelque sorte « *les droits de l'homme en procès qui prennent corps face à la puissance des autorités judiciaires et à la déloyauté éventuelle de son adversaire* »[22].

---

[15] PRADEL J., « *La montée des droits du délinquant au cours de son procès. Essai d'un bilan* », in Mélanges J. LARGUIER, PUG, 1993, p. 223 et s.
[16] DELMAS-MARTY M. (Dir.), Rapport de la commission Justice pénale et droits de l'Homme, p. 9.
[17] BREDIN J.-D., L'affaire, Fayard-Julliard, Paris, 1993, 856 p.
[18] FRISON-ROCHE A.-M., « Les droits de la défense en matière pénale », art. préc., p. 513.
[19] PRADEL J., Procédure pénale, 19e éd., Cujas, 2017, p. 352.
[20] DUVERGER J.B., Collection complète des Lois, Décrets, Règlements, Avis du Conseil d'État, Tome 1, 1837, p. 48b.
[21] FRISSON-ROCHE M.-A., « Les droits de la défense en matière pénale », art. préc., p. 512 ; PTTITI L.-E., « L'évolution de la défense et du droit de la défense à partir de la Déclaration universelle des droits de l'Homme », RTDH, 2000, p. 5.
[22] DEBOVE F., FALLETTI F., Précis de droit pénal et de procédure pénale, 2e éd., PUF, 2006, p. 303.

Ces droits de la défense sont finalement les droits du citoyen justiciable[23], inscrits et proclamés solennellement dès 1948 dans la Déclaration Universelle des Droits de l'Homme, figurant dans la plupart des instruments internationaux et régionaux de protection des droits de l'Homme qui traduisent l'idée d'« *une défense pleine et entière* »[24] et imposent les droits de la défense en tant que composante essentielle d'un procès équitable. C'est le cas de l'article 11 de la Déclaration Universelle des Droits de l'Homme de 1948 duquel il ressort que « *toute personne accusée d'un acte délictueux est présumée innocente jusqu'à ce que sa culpabilité ait été légalement établie au cours d'un procès public où toutes les garanties nécessaires à sa défense lui auront été assurées* » ; c'est également le cas de l'article 7.1 de la Charte Africaine des Droits de l'Homme qui dispose que « *toute personne a droit à ce que sa cause soit entendue.*

Ce droit comprend : le droit à la défense, y compris celui de se faire assister d'un défenseur de son choix », ainsi que de l'article 6[25] de la

[23] PRADEL J. Procédure pénale, 14e éd., Cujas, 2008, p. 357.

[24] PATENAUDE P., Le droit à une défense pleine et entière et l'appréciation en jurisprudence canadienne des résultats de l'utilisation de techniques modernes d'enquête et de surveillance », RTDH, 1998, pp. 737-762.

[25] « 1. *Toute personne a droit à ce que sa cause soit entendue équitablement, publiquement et dans un délai raisonnable, par un tribunal indépendant et impartial, établi par la loi, qui décidera, soit des contestations sur ses droits et obligations de caractère civil, soit du bien-fondé de toute accusation en matière pénale dirigée contre elle. Le jugement doit être rendu publiquement, mais l'accès de la salle d'audience peut être interdit à la presse et au public pendant la totalité ou une partie du procès dans l'intérêt de la moralité, de l'ordre public ou de la sécurité nationale dans une société démocratique, lorsque les intérêts des mineurs ou la protection de la vie privée des parties au procès l'exigent, ou dans la mesure jugée strictement nécessaire par le tribunal, lorsque dans des circonstances spéciales la publicité serait de nature à porter atteinte aux intérêts de la justice. 2. Toute personne accusée d'une infraction est présumée innocente jusqu'à ce que sa culpabilité ait été légalement établie. 3. Tout accusé a droit notamment à : a) Être informé, dans le plus court délai, dans une langue qu'il comprend et d'une manière détaillée, de la nature et de la cause de l'accusation portée contre lui ; b) Disposer du temps et des facilités nécessaires à la préparation de sa défense ; c) Se défendre lui-même ou avoir l'assistance d'un défenseur de son choix et, s'il n'a pas les moyens de rémunérer un défenseur, pouvoir être assisté*

Convention Européenne des Droits de l'Homme relatif aux garanties du procès équitable. De même, les articles 47 à 50[26] de la Charte des Droits Fondamentaux de l'Union Européenne, les articles 66 et 67[27] du Statut

---

gratuitement par un avocat d'office, lorsque les intérêts de la justice l'exigent ; d) Interroger ou faire interroger les témoins à charge et obtenir la convocation et l'interrogation des témoins à décharge dans les mêmes conditions que les témoins à charge ; e) Se faire assister gratuitement d'un interprète, s'il ne comprend pas ou ne parle pas la langue employée à l'audience ».

[26] Article 47 : « *Toute personne dont les droits et libertés garantis par le droit de l'Union ont été violés a droit à un recours effectif devant un tribunal dans le respect des conditions prévues au présent article. Toute personne a droit à ce que sa cause soit entendue équitablement, publiquement et dans un délai raisonnable par un tribunal indépendant et impartial, établi préalablement par la loi. Toute personne a la possibilité de se faire conseiller, défendre et représenter. Une aide juridictionnelle est accordée à ceux qui ne disposent pas de ressources suffisantes, dans la mesure où cette aide serait nécessaire pour assurer l'effectivité de l'accès à la justice* » ; Article 48 : « *Tout accusé est présumé innocent jusqu'à ce que sa culpabilité ait été légalement établie. Le respect des droits de la défense est garanti à tout accusé* » ; Article 49 « *Nul ne peut être condamné pour une action ou une omission qui, au moment où elle a été commise, ne constituait pas une infraction d'après le droit national ou le droit international. De même, il n'est infligé aucune peine plus forte que celle qui était applicable au moment où l'infraction a été commise. Si, postérieurement à cette infraction, la loi prévoit une peine plus légère, celle-ci doit être appliquée. Le présent article ne porte pas atteinte au jugement et à la punition d'une personne coupable d'une action ou d'une omission qui, au moment où elle a été commise, était criminelle d'après les principes généraux reconnus par l'ensemble des nations. L'intensité des peines ne doit pas être disproportionnée par rapport à l'infraction* » ; Article 50 : « *Nul ne peut être poursuivi ou puni pénalement en raison d'une infraction pour laquelle il a déjà été acquitté ou condamné dans l'Union par un jugement pénal définitif conformément à la loi* ».

[27] Article 66 : « *1. Toute personne est présumée innocente jusqu'à ce que sa culpabilité ait été établie devant la Cour conformément au droit applicable. 2. Il incombe au Procureur de prouver la culpabilité de l'accusé. 3. Pour condamner l'accusé, la Cour doit être convaincue de sa culpabilité au-delà de tout doute raisonnable* » ; Article 67 : « *1. Lors de l'examen des charges portées contre lui, l'accusé a droit à ce que sa cause soit entendue publiquement, compte tenu des dispositions du présent statut, équitablement et de façon impartiale. Il a droit, en pleine égalité, au moins aux garanties suivantes : a) Être informé dans le plus court délai et de façon détaillée de la*

de Rome, l'article 14[28] du Pacte International Relatif aux Droits Civils et Politiques garantissent une protection renforcée des droits de la

nature, de la cause et de la teneur des charges dans une langue qu'il comprend et parle parfaitement ; b) Disposer du temps et des facilités nécessaires à la préparation de sa défense et communiquer librement et confidentiellement avec le conseil de son choix ; c) Être jugé sans retard excessif ; d) Sous réserve des dispositions du paragraphe 2 de l'article 63, être présent à son procès, se défendre lui-même ou se faire assister par le défenseur de Statut de Rome de la Cour pénale internationale de son choix ; s'il n'a pas de défenseur, être informé de son droit d'en avoir un et, chaque fois que l'intérêt de la justice l'exige, se voir attribuer d'office un défenseur par la Cour, sans frais s'il n'a pas les moyens de le rémunérer ; e) Interroger ou faire interroger les témoins à charge et obtenir la comparution et l'interrogatoire des témoins à décharge dans les mêmes conditions que les témoins à charge. L'accusé a également le droit de faire valoir des moyens de défense et de présenter d'autres éléments de preuve admissibles en vertu du présent Statut ; f) Se faire assister gratuitement d'un interprète compétent et bénéficier des traductions nécessaires pour satisfaire aux exigences de l'équité, si la langue employée dans toute procédure suivie devant la Cour ou dans tout document présenté à la Cour n'est pas une langue qu'il comprend et parle parfaitement ; g) Ne pas être forcé de témoigner contre lui-même ou de s'avouer coupable, et garder le silence sans que ce silence soit pris en considération pour déterminer sa culpabilité ou son innocence ; h) Faire, sans prêter serment, une déclaration écrite ou orale pour sa défense ; et i) Ne pas se voir imposer le renversement du fardeau de la preuve ni la charge de la réfutation. 2. Outre toute autre communication prévue par le présent Statut, le Procureur communique à la défense, dès que cela est possible, les éléments de preuve en sa possession ou à sa disposition dont il estime qu'ils disculpent l'accusé ou tendent à le disculper ou à atténuer sa culpabilité, ou sont de nature à entamer la crédibilité des éléments de preuve à charge. En cas de doute quant à l'application du présent paragraphe, la Cour tranche ».

[28] Article 14 : « *1. Tous sont égaux devant les tribunaux et les cours de justice. Toute personne a droit à ce que sa cause soit entendue équitablement et publiquement par un tribunal compétent, indépendant et impartial, établi par la loi, qui décidera soit du bien-fondé de toute accusation en matière pénale dirigée contre elle, soit des contestations sur ses droits et obligations de caractère civil. Le huis clos peut être prononcé pendant la totalité ou une partie du procès soit dans l'intérêt des bonnes mœurs, de l'ordre public ou de la sécurité nationale dans une société démocratique, soit lorsque l'intérêt de la vie privée des parties en cause l'exige, soit encore dans la mesure où le tribunal l'estimera absolument nécessaire lorsqu'en raison des circonstances*

défense. Cette reconnaissance internationale permet donc de souligner qu'il existe bien une relation directe entre les droits de l'homme et ceux de la défense, car les textes internationaux servent de bouclier[29] aux droits de la défense contre les excès du droit pénal. En effet, la

---

particulières de l'affaire la publicité nuirait aux intérêts de la justice ; cependant, tout jugement rendu en matière pénale ou civile sera public, sauf si l'intérêt de mineurs exige qu'il en soit autrement ou si le procès porte sur des différends matrimoniaux ou sur la tutelle des enfants. 2. Toute personne accusée d'une infraction pénale est présumée innocente jusqu'à ce que sa culpabilité ait été légalement établie. 3. Toute personne accusée d'une infraction pénale a droit, en pleine égalité, au moins aux garanties suivantes : a) A être informée, dans le plus court délai, dans une langue qu'elle comprend et de façon détaillée, de la nature et des motifs de l'accusation portée contre elle ; b) A disposer du temps et des facilités nécessaires à la préparation de sa défense et à communiquer avec le conseil de son choix ; c) A être jugée sans retard excessif ; d) A être présente au procès et à se défendre elle-même ou à avoir l'assistance d'un défenseur de son choix ; si elle n'a pas de défenseur, à être informée de son droit d'en avoir un, et, chaque fois que l'intérêt de la justice l'exige, à se voir attribuer d'office un défenseur, sans frais, si elle n'a pas les moyens de le rémunérer ; e) A interroger ou faire interroger les témoins à charge et à obtenir la comparution et l'interrogatoire des témoins à décharge dans les mêmes conditions que les témoins à charge ; f) A se faire assister gratuitement d'un interprète si elle ne comprend pas ou ne parle pas la langue employée à l'audience ; g) A ne pas être forcée de témoigner contre elle-même ou de s'avouer coupable. 4. La procédure applicable aux jeunes gens qui ne sont pas encore majeurs au regard de la loi pénale tiendra compte de leur âge et de l'intérêt que présente leur rééducation. 5. Toute personne déclarée coupable d'une infraction a le droit de faire examiner par une juridiction supérieure la déclaration de culpabilité et la condamnation, conformément à la loi. 6. Lorsqu'une condamnation pénale définitive est ultérieurement annulée ou lorsque la grâce est accordée parce qu'un fait nouveau ou nouvellement révélé prouve qu'il s'est produit une erreur judiciaire, la personne qui a subi une peine en raison de cette condamnation sera indemnisée, conformément à la loi, à moins qu'il ne soit prouvé que la non-révélation en temps utile du fait inconnu lui est imputable en tout ou partie. 7. Nul ne peut être poursuivi ou puni en raison d'une infraction pour laquelle il a déjà été acquitté ou condamné par un jugement définitif conformément à la loi et à la procédure pénale de chaque pays ».

[29] CARTUYVES Y., « Droits de l'homme et droit pénal, un retournement ? », in CARTUYVES Y., DUMONT H. et autres (dir.), *Les droits de l'homme, bouclier ou épée du droit pénal ?*, Bruylant, 2007, p. 23.

reconnaissance des droits de la défense sur le plan international présente un intérêt pratique particulier parce qu'elle permet d'opérer un contrôle quant au respect des droits de la défense, non seulement en ce qui concerne la procédure, mais aussi pour ce qui est des textes de valeur simplement légale ou réglementaire. Les droits de la défense sont finalement les dérivés des droits de l'homme en procédure pénale, lesquels s'identifient dans le procès pénal comme le vecteur des droits de la personne poursuivie.

Les droits de la défense ont également reçu une reconnaissance constitutionnelle[30]. En effet, à diverses reprises, la jurisprudence française a affirmé que le principe des droits de la défense était à valeur constitutionnelle. Tel est le cas du Conseil constitutionnel français qui a donné aux droits de la défense la valeur de norme constitutionnelle en les reconnaissant comme « *un des principes fondamentaux reconnus par les lois de la République* »[31] et impliquant notamment, en matière pénale, « *l'existence d'une procédure juste et équitable garantissant l'équilibre des parties* »[32]. Il en est également ainsi de la décision du Conseil constitutionnel français du 23 janvier 1987 qui rappelle clairement le caractère constitutionnel des droits de la défense : « *considérant que le principe du respect des droits de la défense constitue un des principes fondamentaux des lois de la République, réaffirmé par le préambule de la Constitution du 27 octobre 1946 auquel se réfère le préambule de la Constitution de 1958* »[33]. Pareillement, la Cour de cassation française a eu l'occasion de confirmer que « *la défense constitue pour toute personne un droit fondamental à caractère constitutionnel* »[34], la constitution gabonaise l'ayant prévue depuis 1991 dans l'alinéa 4 de son titre préliminaire[35].

---

[30] PHILIP P., « La constitutionnalisation du droit pénal français », RSC, 1985, pp. 711 et s.
[31] Cons. const., n°76-70 DC du 2 décembre 1976, Rec. Cons., const., p. 39, JO du 6 décembre 1976.
[32] Cons. const., n°95-360, DC du 2 février 1995, Dalloz, 1995, p. 201.
[33] Cons. const., n°86-226, DC du 23 janvier 1987.
[34] Cass. Ass. Plen., 30 juin 1995, Bull. crim., n°4, JCP, 1995, II, 22478, Conclusions de m. JEOL, note A. PERDRIAU.
[35] « *Les droits de la défense, dans le cadre d'un procès, sont garantis à tous* ».

Les droits de la défense sont donc protégés au plus haut niveau de la hiérarchie des normes et même au niveau international. Cependant, cette notion qui est finalement une notion universellement partagée n'est conçue et appliquée par les États qu'en fonction de leur système juridique. En effet, il existe une disparité dans l'application des droits de la défense qui peut se justifier par l'absence de définition légale universelle[36] et d'un contour précis de la notion de « *droits de la défense* » qui, finalement, peuvent rendre cette notion complexe et délicate[37].

Que faut-il donc entendre par droits de la défense ? L'analyse de chacun des sèmes de la notion « *droits de la défense* » est intéressante. Elle révèle certaines de ses caractéristiques.

Littéralement, le terme droit – du latin *directum* qui signifie ce qui est juste – constitue la faculté d'accomplir quelque chose, d'exiger quelque chose d'autrui, en vertu de règles reconnues, individuelles ou collectives ; c'est un pouvoir, une autorisation. Dans son acception juridique, le droit désigne l'ensemble des règles régissant la vie en société et sanctionnées par la puissance publique. Dans son sens subjectif, il constitue une prérogative attribuée à un individu dans son intérêt, permettant de jouir d'une chose, d'une valeur ou d'exiger d'autrui une prestation.

Ensuite, le terme défense – du latin *defensa*, du verbe *defendere* – se caractérise par un double aspect, voire une ambiguïté sémantique. Il peut signifier à la fois l'interdiction, la prohibition et la protection ou la sauvegarde. Dans un cadre judiciaire, l'action de se défendre en justice peut se résumer à faire valoir devant le juge ses droits ou ses intérêts – comme demandeur ou défendeur – soit par soi-même, soit par représentation selon ce que la loi permet ou ordonne.

---

[36] VERGES E., Procédure pénale, LITEC, 2005, p. 41 ; NKEA NZIGUE F., Les droits de la défense en matière pénale au Gabon, L'Harmattan, 2009, p. 11 ; GARE Th. Et GINESTET C., « Les droits de la défense en procédure pénale », in CABRILLAC R., FRISON-ROCHE M.-A., REVET Th (dir), Libertés et droits fondamentaux, 15e éd., 2009, p. 523.

[37] DJOUAKOUA G., Les droits de la défense devant les juridictions militaires au Cameroun, thèse, Université de Yaoundé II, pp. 23 et s.

Les droits de la défense pourraient ainsi être appréhendés selon une double acception. Ils pourraient tout d'abord désigner un ensemble de droits procéduraux – la notion est alors « contenant » – qui sont des composantes procédurales du droit à une bonne justice, lui-même compris dans le procès équitable. Au-delà, cette notion peut être envisagée comme un droit parmi l'ensemble (un contenu donc et non plus un contenant), à savoir celui d'être aidé dans le procès. Ces droits perdent leur coloration passive pour devenir « *actifs* » et incarner alors le droit d'agir pour la défense afin de faire respecter les intérêts de la personne mise en cause.

L'appréhension des termes qui composent la notion célèbre et incontournable des « *droits de la défense* » ne va pas faire oublier l'une des difficultés qu'elle soulève : celle de sa définition,[38] car ni le législateur[39] ni la jurisprudence[40] n'ont pu la définir avec une absolue certitude. Le législateur se limite souvent à consacrer plusieurs droits au profit de la défense, sans les définir, comme le souligne Bernard BOULOC : « *le législateur (français) a institué toute une série de mesures destinées à assurer le respect des droits de la défense, sans les définir, aussi bien pendant la phase préliminaire que pendant la phase*

[38] GARE Th. et GENESTET C., « Les droits de la défense en procédure pénale », Paris : Dalloz, 2000, p. 523.
[39] Le législateur gabonais parle de droits de la défense, mais aucune disposition légale ne les définit expressément et la constitution gabonaise se contente de les énoncer dans son article 1er à l'alinéa 14. Dans la loi française, une absence presque totale de cette expression est également constatée dans le vocabulaire législatif. On retrouve l'expression droits de la défense dans quelques textes du Code de procédure pénale, sans toutefois que ces textes en apportent une définition. En effet, les droits de la défense y sont toujours envisagés de manière générale sans qu'il soit possible de déterminer ce à quoi il est exactement fait référence.
[40] Civ. 2e 8 décembre 1976, D. 1977, 543, note BENABENT A., 5 mai 1944 dame veuve Trompier-Gravier, rec.13 ; Cons. const. 19-20 janvier 1981, n°80-127 DC, JCP 1981. II, note Franck. Voir aussi Vanwelkenhuyzen, les droits de la défense et l'évolution du procès pénal, RD pén. 1959-60, 83. La jurisprudence française a pendant longtemps utilisé plusieurs termes pour désigner les droits de la défense, avec cette particularité de ne pas donner de définition. Voir aussi AL FAWARA H., Les droits de la défense en procédure pénale : pour une évolution du droit jordanien à la lumière du droit français, thèse, Université de Poitiers, 2009, p. 27.

d'instruction ainsi que pendant la phase de jugement (interrogatoire à l'audience, auditions des témoins auxquels le prévenu et son avocat peuvent poser des questions, plaidoirie de l'avocat) »[41]. La jurisprudence a, quant à elle, érigé le principe des droits de la défense en principe de droit visé dans de nombreuses décisions de la Cour de cassation française qui parle des « *droits de la défense* » dans la plupart de ses arrêts, ou encore des « *droits essentiels de la défense* »[42] et « *des garanties accordées à la défense* »[43], sans proposer une définition plus fouillée[44]. Il en est de même des décisions constitutionnelles qui ont certes reconnu aux droits de la défense une valeur constitutionnelle,[45] mais sans en donner de définition. Absence de définition également au niveau des textes internationaux où l'appréhension des droits de la défense se réduit le plus souvent à une simple affirmation de leur nécessaire respect ou de leur possible exercice. Face à un tel constat, il y a lieu de prospecter du côté de la doctrine.

La doctrine a longtemps reculé devant la difficulté de la tâche qui consiste à délimiter les droits de la défense, car définir cette notion n'est pas aisé[46], c'est une notion évolutive avec un fort caractère générique qui ne permet pas de déterminer ce qu'elle recouvre. Cependant, la doctrine, contrairement à la loi, se donne la peine de proposer des éléments de définition afin de clarifier la notion « *des droits de la défense* ». En effet, de nombreuses tentatives récentes de systématisation éclairent sur le sens qu'il convient d'attribuer à cette notion. Par exemple, les lexiques juridiques nous enseignent que les droits de la défense renvoient en procédure pénale, à « *un concept abstrait qui se traduit dans le droit positif par une série de prérogatives particulières*

---

[41] BOULOC B., Procédure pénale, 21e éd., Dalloz, 2008, p. 30.

[42] Cass. crim., 16 janv. 1958, Bull. Crim., n°68.

[43] Cass. Crim., 16 juin 1955, JCP, 1955, II, 8851, note R. VOUIN.

[44] Voir PRADEL J., Procédure pénale, 19e éd., Cujas, 2017, p. 352.

[45] PHILIP L., « La constitutionnalisation du droit pénal français », RSC, 1985, p. 711 et s. ; MAYER D., « Principes constitutionnels et principes généraux applicables en droit pénal français », RSC, 1987, pp. 53-56.

[46] Le professeur Jean PRADEL estime qu'il est difficile de donner une définition aux droits de la défense « sans doute parce que l'expression est utilisée un peu partout et presque galvaudée, peut-être aussi parce que le législateur, dans sa prudence à l'égard des grands principes, se contente de l'évoquer ça et là ». PRADEL J., L'instruction préparatoire, 1re éd., Cujas, 1990, p. 93.

accordées à celui qui est partie à l'instance judiciaire »[47]. Dans le *Vocabulaire juridique* d'Henri Capitant de 1930, les droits de la défense se définissent comme « *l'ensemble des droits reconnus à la personne inculpée en vue de lui permettre de préparer et de présenter sa défense...* ». Pour Gérard CORNU, il s'agit de « *l'ensemble des prérogatives qui garantissent à l'inculpé la possibilité d'assurer effectivement sa défense dans le procès pénal et dont la violation constitue une cause de nullité de la procédure même si cette sanction n'est pas expressément attachée à la violation d'une règle légale* »[48]. Pour Jean PRADEL, au sens large, les droits de la défense incluent *« toutes les règles qui tendent à protéger le suspect, la personne mise en examen, l'accusé ou le prévenu contre l'arbitraire ou l'excès de zèle des autorités (règles régissant la garde à vue ou interdisant l'obtention des preuves ou imposant au juge l'obligation de motiver sa décision). Dans un sens plus étroit, qui intéresse la seule phase de l'instruction, les droits de la défense comprennent deux prérogatives : le droit à l'assistance d'un avocat et le droit de participer à l'instruction* »[49]. Dans leur ouvrage, Stéfani LEVASSEUR et Bernard BOULOC précisent – sans pour autant définir la notion – que « *le législateur a institué toute une série de mesures destinées à assurer le respect des droits de la défense aussi bien en phase préliminaire que pendant la phase de l'instruction ainsi que pendant la phase de jugement (interrogatoire à l'audience, audition des témoins, plaidoirie de l'avocat, article 346 CPP afin d'avoir la parole en dernier)* »[50]. Dans l'épigone de son ouvrage, Jean PRADEL convient également que les droits de la défense s'exercent tout au long du procès et pour Marie-Anne FRISON-ROCHE, ils peuvent se définir comme « *des droits que possède toute personne pour se protéger de la menace que constitue pour elle un procès* »[51].

---

[47] *Vanwelkenhuyzen, les droits de la défense et l'évolution du procès pénal, RD pén. 1959-60,* p. 834.

[48] G. CORNU, *Vocabulaire juridique, association Henri capitan,* PUF, 2002, p. 264.

[49] PRADEL J., L'instruction préparatoire, 1re éd., Cujas, 1990, p. 93.

[50] BOULOC B., STEFANI G. et LEVASSEUR G., Droit pénal général, 21e éd., Paris, Dalloz, 2009, 722 p.

[51] FRISON-ROCHE M.-A., Généralités sur le principe du contradictoire, LGDJ, 2015, p. 12.

Ainsi, les droits de la défense évoquent-ils avant tout la situation de la personne suspecte ou poursuivie, même si la victime peut également être concernée, les droits de la défense étant communs à toutes les parties privées[52]. Toutefois, nous réduirons notre étude au noyau dur de la défense en laissant par conséquent de côté la victime. Sans doute celle-ci doit-elle aussi défendre ses intérêts, mais si elle est victime dans les faits, elle ne l'est pas dans la procédure où c'est elle qui attaque le défendeur qui se défend par excellence des faits qui lui sont reprochés. Les droits de la défense s'appliquent donc prioritairement à celui qui, en raison de son statut, peut voir sa liberté restreinte à tout moment par la force publique[53].

Dans cette perspective, les droits de la défense recouvrent ainsi l'ensemble des prérogatives reconnues à une personne suspecte ou poursuivie pour lui garantir la possibilité d'assurer effectivement la sauvegarde de ses intérêts à toutes les phases du procès pénal. En effet, de manière générale, les définitions proposées par la doctrine mettent l'accent sur le fait qu'un ensemble de prérogatives et de garanties est reconnu à toute personne faisant l'objet d'une procédure pénale au cours de laquelle ses intérêts peuvent être compromis. Pour autant, il ne convient pas d'exagérer la nature pénale de la procédure durant laquelle sont uniquement applicables les droits de la défense puisque, avec le développement des autres branches du droit, la fausse idée selon laquelle les droits de la défense appartiennent exclusivement à la procédure pénale disparaît progressivement, les droits de la défense appartenant plutôt à ce qu'il faut appeler le droit processuel[54] qui recueille les éléments communs à toutes les procédures[55]. Les droits de la défense sont donc, en quelque sorte, le reflet d'une véritable « *démocratie*

---

[52] Voir LARGUIER J., « *Action individuelle et intérêt général (Quelques réflexions sur le juge pénal et l'action civile)* », in Problèmes contemporains de procédure pénale, Mélanges L. HUGUENEY, Sirey, 1964, p. 87.

[53] DUPRAC C., Du rôle respectif du juge et des parties dans le procès pénal, Thèse de l'Université de Poitiers, 2002, p. 77.

[54] CLEMENT S., Les droits de la défense dans le procès pénal : du principe du contradictoire à l'égalité des armes, p. 12.

[55] BARANES W., FRISON-ROCHE M.-A., ROBET J.-H., « *Pour le droit processuel* », Dalloz, 1993, chron., p. 9 et s ; GUINCHARD S. et autres, Droit processuel. Droit commun et droit comparé du procès équitable, 4e éd., Dalloz, 2007.

procédurale »[56] qui transcende toutes les spécificités procédurales d'un point de vue tant national qu'international, tant en droit civil qui règle les intérêts privés, qu'en droit administratif ou encore en procédure disciplinaire. Toutefois, c'est dans le cadre de la procédure pénale que les droits de la défense se développent du fait de l'importance des enjeux, c'est cette procédure qui fixe les contours de notre étude d'autant plus que les droits de la défense y jouent un rôle plus considérable.

La procédure pénale pourrait se définir comme une suite d'actes accomplis par les autorités publiques ayant pour objectif l'établissement de la preuve d'une infraction et de la culpabilité de son auteur[57]. Elle a pour objet « *la réglementation du procès pénal. Elle détermine tout d'abord l'organisation et la compétence des différentes juridictions appelées à trancher les procès répressifs. Elle fixe aussi les règles qui doivent être suivies et les formes qui doivent être respectées pour la recherche, la constatation et la poursuite des infractions, pour l'établissement des preuves et le jugement du délinquant à l'audience. Elle réglemente enfin l'autorité et les effets du jugement répressif et les voies de recours susceptibles d'être exercées* »[58]. Suite à cette précision, il ressort que l'enjeu majeur de la reconnaissance et de la protection des droits de la défense est la protection de la partie poursuivie à tous les stades de la procédure pénale, à savoir au stade policier, de l'instruction, de jugement et après celui-ci, au travers de prérogatives et garanties lui permettant d'assurer librement sa défense de manière effective sans être désavantagée par rapport à l'accusation.

Les droits de la défense seraient finalement un principe composite constituant l'un des principaux balanciers de la procédure pénale qui assure à la personne suspectée ou poursuivie durant tout le procès pénal le rééquilibrage de la procédure en sa faveur, cantonnant les mesures restrictives de droit et la répression lorsque celles-ci menacent la libre défense[59]. Les droits de la défense garantissent ainsi à la personne qui est poursuivie, ou suspectée, la possibilité d'assurer effectivement la

---

[56] GUINCHARD S., « *Vers une démocratie procédurale* », Justice, n°1, 1999, pp. 91 et s.
[57] PRADEL J., Procédure pénale, *op. cit.*, pp. 11 et s.
[58] BOULOC B., Procédure pénale, *op. cit.*, p. 2.
[59] DESPORTES F ; et LAZERGES-COUSQUER L., Traité de procédure pénale, Ed. ECONOMICA, LGDJ, 20115 p. 328.

sauvegarde de ses intérêts. Il s'agit *« d'une série de prérogatives particulières »*[60] accordées à la personne poursuivie. Ce constat est essentiel, car il s'agit, à en croire François SAINT-PIERRE, des « *droits défensifs* »[61] ou des « *droits-actions* »[62] censés protéger les intérêts de la personne mise en cause[63].

Cela étant, le système de défense pénale ne se limite pas à l'énumération des prérogatives concrètes de défense, il permet aussi de contrôler que les règles de droit, dans leur existence et leur application, ne portent pas atteinte aux intérêts de la personne poursuivie[64]. Les droits de la défense constituent donc aussi une sorte de normes de contrôle dont le non-respect peut entraîner diverses sanctions, ces normes se traduisant par une multitude d'obligations et de prohibitions auxquelles sont soumises les autorités de poursuite et d'instruction dans la recherche de preuves. Les droits de la défense, pris dans ce sens, nécessitent donc l'application d'autres principes voisins qui sont parfois des principes directeurs de la procédure pénale dans la mesure où ils concourent, de manière directe ou indirecte, à la défense de la personne suspectée ou poursuivie. Il en est ainsi du principe du contradictoire, du principe de l'égalité des armes et du principe du procès équitable.

Le principe du contradictoire[65] pourrait a priori se confondre avec le principe des droits de la défense dès lors qu'il assure à la personne mise

---

[60] WANWELKENHUZEN A., « Les droits de la défense et l'évolution du procès pénal ».

[61] SAINT-PIERRE. F., Le guide de la défense pénale, Dalloz, 2010, p. 10.

[62] *Idem.*

[63] ASTAING A., « *Droits et garanties de l'accusé dans le procès criminel d'Ancien Régime (XVIe-XVIIIe siècles)* », PUAM, 1999, p. 53.

[64] BENILLOUCHE M., Le secret de la phase préliminaire du procès pénal en France et en Angleterre, PUAM, 2004.

[65] Pour plus de détails, voir MINIATO L., Le principe du contradictoire en droit processuel, LGDJ, 2008 ; FRISON-ROCHE M.-A., Généralités sur le principe du contradictoire, Thèse Paris II, 1988 ; RAYNAUD DE LAGE N., Le respect des droits de la défense dans la phase préliminaire du procès pénal, Thèse Toulouse I, 1988, p. 144 et s. ; SILVESTRE C., « Le principe du contradictoire en procédure pénale », RRJ, 1993, p. 913 ; NICOLOPOULOS P., « La procédure devant les juridictions répressives et le principe du contradictoire », RSC, 1989, p. 1 ; GUINCHARD S., « Contradictoire (Principe du) », in *Dictionnaire des droits de l'homme*, sous la direction de J.

en cause d'être appelée et entendue avant que la décision ne soit prise. Le principe du contradictoire semble surtout avoir les mêmes finalités que les droits de la défense, car il permet lui aussi de protéger l'individu poursuivi qui pourra, de ce fait, faire connaître tout ce qui est nécessaire pour sa défense en s'opposant aux prétentions de la partie adverse et en contestant les éléments du débat qui sont susceptibles d'influencer la décision des juges[66]. Selon H. SOLUS et R. PERROT[67] le principe du contradictoire « *est le résultat d'une confrontation entre chacune des parties en cause, lesquelles doivent être à même de discuter librement devant leur juge les prétentions, moyens et arguments qui leur sont opposés* ». L'article préliminaire du Code de procédure pénale français prévoit de ce fait que « *la procédure pénale doit être contradictoire* » et la Cour Européenne des Droits de l'Homme en donne une définition synthétique en considérant que ce principe « *implique pour les parties à un procès civil ou pénal à prendre connaissance de toute pièce ou observation présentée au juge en vue d'influencer sa décision* »[68].

En réalité, et depuis toujours, le contradictoire est un principe consubstantiel aux droits de la défense. On peut parfois les confondre, mais le principe du contradictoire sert principalement d'outil fonctionnel au principe des droits de la défense, en favorisant leur exercice[69]. Cela fait alors dire à Jean PRADEL que le principe du contradictoire « *est une partie essentielle des droits de la défense* »[70]. En effet, il existe « *une relation de sous-ensemble entre le contradictoire et les droits de la défense* »,[71] car les droits de la défense « *sont un*

ANDRIANTSIMBAZOVINA, H. GAUDIN, J.-P., MARGUÉNAUD, S. RIALS et SUDRE F. ; 1re ÉD., PUF, 2008, p. 154.

66 MINITO L. Le principe du contradictoire en droit processuel, LGDJ, 2008, FRISON-ROCHE M.-A., Généralités sur le principe du contradictoire, *op. cit.* p. 160 et s.

67 SOLUS, Henri., PERROT, Roger. Droit judiciaire privé, procédure de première instance. Éd. Sirey, t. 3, 1991, p.112.

68 Cour EDH, 20 février 1996, Vermeulen c/ Belgique, D., 1997, somm. Comm., p. 208 ; Cour EDH, 24 février 1995, Mc Mickaël c/ Royaume-Uni, Série A.

69 VERGES E., Procédure pénale, 5e éd., LexisNexis, 2017, p. 41.

70 PRADEL J., Procédure pénale, *op. cit.*, p. 353.

71 BOCCARA B., « La procédure dans le désordre : le désert du contradictoire », JCP, 1981, I, 3004.

ensemble plus vaste que le contradictoire qui n'en est qu'un élément »[72] et cet ensemble vise à garantir l'équilibre entre les parties dans le procès pénal au même titre que le principe du procès équitable[73] et le principe de l'égalité des armes dont l'ultime objectif est de placer les différents protagonistes sur un même pied d'égalité[74].

Le principe de l'égalité des armes, principe européen auquel on reconnaît une légitimité croissante, représente également un outil fonctionnel des droits. Il vise à garantir l'équilibre entre toutes les parties intéressées en leur assurant une participation active au procès pénal[75]. Il est guidé par des considérations d'équité et d'égalité, fondements de l'idéal démocratique des droits de l'homme. De ce fait, l'article préliminaire du Code de procédure pénale français rappelle que la procédure pénale doit « *préserver l'équilibre des droits des parties* », formule que l'on retrouve aussi mise en exergue par la Cour Européenne des Droits de l'Homme à partir de l'article 6§1 de la Convention Européenne des Droits de l'Homme[76]. Selon la Cour européenne, en effet, le principe de l'égalité des armes impose que la procédure offre la possibilité raisonnable pour chaque partie de présenter sa cause dans des conditions qui ne la placent pas en situation de net désavantage par rapport à son adversaire[77]. Le principe de l'égalité des armes vise ainsi à garantir le « *juste équilibre entre les parties* », non pas une stricte égalité mathématique qui ne saurait être atteinte,[78] car ce qui est finalement exigé du juge est de s'assurer que les protagonistes aient pu défendre leurs intérêts respectifs même s'il est guidé par des considérations d'équité et d'égalité, fondements de l'idéal démocratique

---

[72] VERGES E., Procédure pénale, *op. cit*., p. 41.
[73] JEAN-PIERRE D. et MELIN-SOUCRAMIEN F., « Le principe d'égalité des armes », Rev. Sc. rech. Jur., 1993, p. 489.
[74] CLEMENT S., Les droits de la défense dans le procès pénal : du principe du contradictoire à l'égalité des armes, *op. cit*, p. 25.
[75] MARGUENAUD, J.-P., L'égalité des armes, in *Dictionnaire de la justice*, CADIET L. (dir.), éd. PUF, 2004, p. 405.
[76] Voir VERGES E., Procédure pénale, *op. cit*., p. 37.
[77] Cour EDH, 27 juin 1968, Neumeister c/ Autriche, Série A, § 22 à 25 ; Cour EDH, 17 janvier 1970, Delcourt c/ Belgique, Série A, § 91.
[78] RENUCCI J.-F., Traité de droit européen des droits de l'Homme, *op. cit*., p. 443 ; DECHENAUD D., L'égalité en matière pénale, LGDJ, Lextenso éditions, 2008, p. 413.

des droits de l'homme[79]. Cela fait des principes du contradictoire et de l'égalité des armes « *des éléments de la notion plus large du procès équitable* »[80]. En effet, la contradiction et l'égalité entre chaque partie au litige sont une garantie fondamentale d'une justice saine, loyale et équitable. Non seulement la discussion contradictoire enrichit le débat dans la mesure où les objections exprimées par chacun fertilisent l'imagination de tous (parties et juge), mais surtout elle prémunit les plaideurs de tout effet de surprise qui ne permettrait pas à chacun d'exercer pleinement la défense de ses droits. Le principe de l'égalité des armes, quant à lui, est considéré par la doctrine comme « *la plus ancienne expression autonome du procès équitable* »[81]. Le respect de ces deux principes peut finalement constituer la garantie du respect du principe des droits de la défense, considéré comme un aspect essentiel du procès pénal équitable,[82] car « *le fondement même d'un procès équitable présuppose qu'il soit offert à l'accusé la possibilité de se défendre contre les accusations portées à son encontre* »[83].

Présumée innocente jusqu'à preuve légale du contraire, la personne suspectée, puis poursuivie, doit avoir droit à un procès équitable dont les exigences peuvent s'imposer dès la phase préparatoire et encore plus lors de la phase de jugement au moment de la discussion des preuves. En effet, pour rendre une bonne justice il faut un procès équitable dès le début de la suspicion, donc il faut une procédure qui donne des garanties d'examen correctes et suffisantes pour chaque affaire. Le respect des

---

[79] CLEMENT S., Les droits de la défense dans le procès pénal : du principe du contradictoire à l'égalité des armes, *op. cit.*, p. 25.

[80] Cour EDH, 23 juin 1993, Ruis-Mateos c/ Espagne, Série A, § 63 ; Cour EDH, 28 août 1991, Brandstetter c/ Autriche, Série A, § 66 ; SUDRE F., MARGUENAUD J.-P., ANDRIANTSIMBAZIVINA J., GOUTTENOIRE A. et LEVINET M., Les grands arrêts de la Cour européenne des droits de l'Homme, 4e éd., PUF, 2007, p. 298 et s., PRADEL J. et CORTENS G., Droit pénal européen, 2e éd., Dalloz, 2002, p. 374.

[80] RENUCCI J.-F., Traité de droit européen des droits de l'Homme, *op. cit.*, p. 443 ; DECHENAUD D., L'égalité en matière pénale, LGDJ, Lextenso éditions, 2008, p. 413.

[81] GUINCHARD S. et BUISSON J., Procédure pénale, *op. cit.*

[82] Cour EDH, 30 octobre 191, Borgers c/ Belgique, § 24 ; KUTY F., Justice pénale et procès équitable, vol. II, éd. LARCIER, 2006, p. 480.

[83] Comm. Edh, Rapport Saunders c/ Royaume-Uni du 10 mai 1994, § 72.

droits de la défense tout au long du procès pénal implique également une procédure juste et équitable dont la réalisation n'est pas possible sans le respect des principes du contradictoire et de l'égalité des armes.

Appréhender les droits de la défense comme une notion qui a des liens avec des notions voisines et comme un ensemble de prérogatives propres à la partie poursuivie au cours du procès ne rend tout de même pas aisée la détermination de son contenu exact, car il varie, comme on l'a fait remarquer plus haut, en fonction des pays et des systèmes juridiques, même s'il est aujourd'hui peu de pays qui n'aient été concernés au cours de leur histoire par la réception d'un ou plusieurs systèmes juridiques[84]. C'est la réalité de plus en plus évoquée dans les études de droit comparé qui utilisent les notions de diffusion, d'exportation, d'importation, de migration, de rayonnement, de circulation, d'impact, d'implantation, d'influence, d'imitation, d'emprunt entre systèmes juridiques[85] pour traduire la richesse sémantique de la question de la réception des systèmes juridiques.

Dans le processus de réception[86] entre différents systèmes juridiques, il en est qui ont imposé leur hégémonie dans le monde : le système romano-germanique et celui de la common law[87]. Le Gabon a, très tôt,

---

[84] BOUDABDALLAH S., La réception du modèle français en droit civil belge. Exemple d'un transfert de droit, Bruylant, 2014, 384 p. ; BONTEMS C., « La coutume Kabyle et l'implantation des systèmes étrangers », in DOUCET M., VANDERLINDEN J. (Dir.), *La réception des systèmes juridiques : implantation et destin*, textes présentés au premier colloque international du Centre international de la common law en français (CICLEF), Bruxelles, Bruylant, 1994, pp. 15-75 ; RENTJENS F., « La réception en Afrique centrale anciennement belge », in DOUCET M., VANDERLINDEN J. (Dir.), *La réception des systèmes juridiques : implantation et destin*, *op. cit.*, pp. 577-606.

[85] BOUABDALLAH S., La réception du modèle français en droit civil belge. Exemple d'un transfert de droit, *op. cit.* p. 13.

[86] BOUABDALLAH S., La réception du modèle français en droit civil belge, Exemple d'un transfert de droit, Thèse de l'Université de Saint-Etienne, 2007, 384 p.

[87] C'est ce qui ressort d'une étude dont l'objectif « était d'examiner l'influence respective des systèmes romano-germanique et de common law dans le monde contemporain ». Conseil d'État, L'influence internationale du droit français, La documentation française, Paris, 2001, p. 11.

été confronté à l'implantation ou même à l'imposition du droit français[88] par la domination du colon français sur son sol. Ce phénomène a évidemment touché les droits de la défense.

Le Gabon (en forme longue République démocratique du Gabon) est un petit pays d'Afrique centrale colonisé par la France qui a obtenu son indépendance le 17 août 1960. Sa superficie est de 267 667 km² et sa population est estimée à 1,872 million en 2016. Ce pays qui a pour devise union-travail-justice veut être une terre de justice. Les droits de la défense ainsi que le principe de présomption d'innocence sont proclamés dans l'article premier de sa Constitution du 26 mars 1991.

Au cours de la période précoloniale, c'est le système accusatoire[89] qui était applicable à toutes les communautés traditionnelles gabonaises. C'est lui qui assurait parfaitement la garantie des libertés et droits des Gabonais en cas de conflit. De par son caractère oral, public et contradictoire, il instaurait un véritable débat démocratique tout en assurant à la personne poursuivie de véritables droits de la défense. En se limitant à ne prononcer que le droit, en donnant raison à l'un des adversaires, le juge fut un arbitre neutre et impartial dans le procès traditionnel gabonais[90]. Reposant sur des bases à la fois philosophiques et religieuses de l'Afrique profonde, le principe des droits de la défense, propriété divine, devait faire l'objet d'une exacte et équitable application par le juge qui n'était qu'un délégué respecté[91]. Composante indispensable de l'énergie vitale de laquelle résultait l'équilibre du groupe, l'individu communautaire, quel que fût son statut social,

---

[88] WATSON A., Legal transplant. An approach to comparative law, Edimbourg, Scottish academic press, 1974 ; RODIER R., « Approche d'un phénomène : les migrations des systèmes juridiques », in Mélanges dédiés à Gabriel Marty, Toulouse, 1978, pp. 947-954.

[89] NTILA E., « Le respect des droits de la personne au cours de l'instruction préparatoire en droit camerounais », Thèse, Université Panthéon Assas, 1998, p. 79. Il ressort de cette thèse que la procédure traditionnelle a « les caractéristiques propres d'une procédure accusatoire qui sont : la publicité, l'oralité, la contradiction, l'impartialité, la neutralité et la passivité » du juge.

[90] Dans ce sens voir MERLE R., et VITU A., « Traité de droit criminel, problèmes généraux de la science criminelle, droit pénal général », tome 1, Cujas, 6e éd., p. 171.

[91] P. TEMPELS, « Philosophie bantoue », Présence AFRICAINE, 1949, pp. 66 et s.

méritait assistance et protection du groupe. Concrètement, au corps de garde, deux camps s'affrontaient : l'un pour l'accusation, l'autre pour l'accusé. Mais tout se passait dans un climat très serein et devant un juge arbitre impavide qui avait pour rôle unique de diriger les débats.

Très vite, la colonisation française a tout bouleversé, instituant deux systèmes judiciaires : l'un destiné aux autochtones, appelé justice indigène[92], l'autre propre aux Européens. Les litiges mettant en cause les indigènes relevaient des tribunaux de droit local tandis que les Européens avaient leurs juridictions aux structures proches du modèle métropolitain. Les indigènes relevaient du régime de l'indigénat dont la caractéristique consistait selon Monsieur ATROKPO à « *donner aux autorités administratives des colonies, le droit de frapper les ''sujets'' de sanctions pénales sans avoir à se justifier devant l'autorité judiciaire. Les ''sujets'' c'était les Africains qui n'avaient pas la citoyenneté française, ceux que le colonisateur avait pris pour habitude d'appeler les indigènes* »[93]. À leur égard il n'existait pas vraiment de droits nécessaires pour leur défense. Les prévenus ou les accusés étaient tenus de comparaître et d'assurer eux-mêmes leur défense, le président de la juridiction criminelle était seulement tenu d'informer l'accusé de ses droits, lorsqu'il s'agissait de poursuites criminelles.

Au regard de cette analyse, on comprend que « *les indigènes* » étaient les justiciables des tribunaux spécifiques faisant usage de ce qu'il était convenu d'appeler le droit local. Le décret du 31 juillet 1927 a toutefois permis de rendre la procédure applicable devant ces juridictions, la même que celle des tribunaux de droit français. De ce fait, les droits de la défense y furent renforcés grâce à l'application du Code d'instruction criminelle français de 1808[94] qui avait connu une modification

---

[92] Le décret du 31 juillet 1927 donne dans son article 1 AL. 2 la définition suivante des indigènes : « Sont indigènes au sens du présent décret, les individus originaires des territoires sous mandats français au Togo et du Cameroun, les possessions d'Afrique occidentale et de l'Afrique équatoriale française ne possédant pas la qualité de citoyens français et ceux qui sont originaires des pays limitrophes ne possédant pas, dans leur pays d'origine, le statut de nationaux européens ».

[93] ATROPPKO H.I., L'action de la France en AEF, Thèse de l'Université de Bordeaux III, 1981, p. 166.

[94] Introduit en droit gabonais par un décret du 28 septembre 1887.

d'envergure avec la loi Constans. En effet, les rédacteurs du Code d'instruction criminelle français de 1808 n'avaient guère envisagé lors de son adoption l'existence des droits de la défense à toutes les étapes du procès pénal. Pendant presque tout le XIXe siècle, jusqu'à l'ouverture du jugement, les droits de la défense y étaient inexistants[95]. L'instruction préparatoire était écrite, secrète et non contradictoire, l'officier de police judiciaire et le juge d'instruction menaient seuls la phase préparatoire du procès. Face à eux, l'inculpé et le suspect ne disposaient d'aucun droit pour se défendre. Ils ne disposaient nullement du droit d'être informés des charges justifiant les poursuites et de prendre connaissance du contenu du dossier[96]. Pendant plusieurs décennies, de la phase policière à l'ouverture du jugement, les droits de la défense étaient donc quasi inexistants[97]. Il fallait attendre l'audience de jugement pour voir apparaître certains droits au profit de la personne poursuivie, notamment celui d'être défendue par un avocat et celui d'exercer les voies de recours[98]. Il a fallu attendre la fin du XIXe siècle pour que des changements se produisent et renforcent les droits de la défense prévus dans le Code d'instruction criminelle français. En effet, la célèbre loi Constans de 1897 a eu pour objet de modifier certaines règles de l'instruction préalable en matière de crimes et délits, ayant en quelque sorte mis fin à l'isolement de la partie mise en cause[99]. Cette loi a donc « *humanisé la procédure inquisitoire* »[100] française en accordant à la personne suspectée des garanties au cours de l'instruction préparatoire qui consistait en un droit de choisir un avocat et d'être assistée par celui-ci dès sa première comparution. L'avocat disposait également du droit de consulter le dossier avant chaque interrogatoire[101], il avait aussi toute

[95] PRADEL J., « Centenaire de la loi du 8 décembre 1897 sur la défense avant jugement pénal : essai d'un bilan », Dalloz, 1997, p. 375.
[96] SAINT-PIERRE F., Le guide de la défense pénale, *op. cit.*, p. 5.
[97] MINIATO L., Le respect du contradictoire en droit processuel ; CARBASSE J.-M., Histoire du droit pénal et de la justice criminelle, 2e éd., PUF, 2006 ; MATSOPOULOU H., Les enquêtes de police, LGDJ, 1996, p. 5.
[98] PRADEL J., « La montée des droits du délinquant au cours de son procès. Essai d'un bilan ». art. préc., p. 223.
[99] RAYNAUD DE LAGE N., Le respect des droits de la défense dans la phase préliminaire du procès pénal, *op. cit.*, pp. 159 et s.
[100] HENNION P., Preuve pénale et droits de l'Homme, Thèse de l'Université de Nice Sophia-Antipolis, 1999 ; Villeneuve d'Ascq, Presses universitaires du Septentrion, 2001, n°150 p. 146.
[101] Voir loi du 8 décembre 1897, art. 10.

la liberté de s'entretenir avec son client détenu de manière confidentielle.

Néanmoins, en dépit de l'application du Code d'instruction criminelle dans les tribunaux locaux, le système pénal gabonais était à l'agonie à cause de ses imperfections[102]. Les juridictions de droit local « *composées d'un personnel assez hétéroclite apparaissaient comme une sorte de concession provisoire faite au particularisme local. Il s'y mêlait, au moins jusqu'à la réforme de 1946, une arrière-pensée de ségrégation qui a contribué à discréditer cette institution dans l'esprit du justiciable africain dont elle se proposait pourtant de respecter les coutumes* »[103]. De ce fait, à la Conférence de Brazzaville (30 janvier-8 février 1944), les délégués réclamèrent-ils la suppression du régime de l'indigénat. Leurs vœux furent exaucés avec le décret du 30 avril 1946 qui a supprimé la justice indigène en matière pénale et l'a remplacée par un système judiciaire unique applicable aux Africains et aux Européens. Ce décret permit ainsi que soit appliqué sur l'ensemble du territoire gabonais, comme c'était déjà le cas en France, le Code d'instruction criminelle français, sans aucune distinction vis-à-vis des personnes. Le décret du 30 avril 1946 qui a permis l'application du Code d'instruction pénale français uniformément sur le territoire gabonais a donc fait bénéficier aux personnes, mises en cause au Gabon, gabonaises ou étrangères, de la loi du 8 décembre 1897.

Le 22 novembre 1958, bien qu'étant sous tutelle, le Gabon acquiert une autonomie interne. À l'exception de la politique étrangère, de la politique monétaire ainsi que tout ce qui a trait à la défense nationale, de nombreuses compétences sont déférées aux autorités gabonaises parmi lesquelles les attributions judiciaires. C'est en vertu de ces nouvelles

---

[102] Malgré les efforts de simplification touchant à l'organisation et au fonctionnement des tribunaux de droit local, ils sont restés un système hybride entre justice coutumière et justice de droit français. Ces juridictions souffraient de carence de magistrats professionnels et étaient dominées par l'omniprésence de leurs présidents qui étaient également des hauts-fonctionnaires exerçant les fonctions de commandement. Bien que le terme ne soit pas officiellement employé, ils mettaient en mouvement l'action publique, instruisaient et jugeaient avec l'aide de deux notables.

[103] JEOL M., La réforme de la Justice en Afrique noire, Edition Pedone, 1963, p. 12.

responsabilités qu'interviendront trois textes essentiels : les lois de 1958, de 1959 et la convention franco-gabonaise.

La loi n°59/203 du 26 décembre 1958 dont l'intitulé porte sur l'adaptation et la simplification de la procédure pénale modifie plusieurs dispositions du décret du 30 avril 1946, mais elle prend surtout en compte la modification du droit français et le nouveau Code de procédure pénale français. De ce fait, cette loi du 26 décembre 1958 a accéléré la procédure pénale gabonaise en réduisant son formalisme. Elle a également réglementé un peu plus l'enquête de police et rendu le juge d'instruction indépendant du parquet. Mais cette loi n'a pas vraiment modifié l'architecture d'ensemble du système gabonais qui est restée celle du Code d'instruction criminelle de 1808. La convention franco-gabonaise du 31 décembre 1958 réalise quant à elle le transfert de souveraineté de l'institution judiciaire. Elle constitue une reproduction de l'organisation judiciaire métropolitaine et prône la séparation des pouvoirs. La convention transposa par ailleurs aux magistrats du siège gabonais les règles régissant leurs homologues français. Selon les termes de son article 2 : « *L'organisation judiciaire est définie par la loi gabonaise, la justice rendue au nom du peuple gabonais* ». L'ordonnance du 17 décembre 1959 déterminera, pour sa part, la nouvelle organisation judiciaire au Gabon. Elle crée les tribunaux de première instance, des cours criminelles et une Cour suprême. Avec la mise en place d'une juridiction suprême, ce texte marqua l'autonomie judiciaire du Gabon à l'égard des tribunaux français même si la justice métropolitaine resta identique à celle en vigueur au Gabon. Il en est par exemple ainsi des droits de la défense qui étaient limitativement appliqués aussi bien par les juges français que gabonais puisqu'ils étaient cantonnés à l'information et à la présence du conseil[104].

Après son indépendance, le Gabon a procédé à la réorganisation de tout son système politique au cours de laquelle, sur le plan de la justice, le Gabon a été confronté, à l'instar des pays africains ayant subi la colonisation, au problème du choix d'un modèle de système pénal, et

[104] PRADEL J., « La montée des droits du délinquant au cours du procès. Essai d'un bilan », in Mélanges en l'honneur du Professeur Jean Larguier, Droit pénal et procédure pénale, Grenoble, Presses universitaires de Grenoble, 1993, pp. 223-240.

celui-ci fut simple, car le Gabon a simplement hérité de la législation française, particulièrement celle relative à la procédure pénale qui était essentiellement basée sur le système inquisitorial[105] à l'époque. Cet héritage a finalement servi de base à la réforme du droit gabonais au moment de l'indépendance.

L'histoire des droits de la défense au Gabon est donc celle d'une longue conquête ayant vu se succéder, selon les époques, sévérité et bienveillance à l'égard des droits de la défense. Façonnés par l'histoire coloniale du pays, ces droits ont suivi une longue montée en puissance[106], en d'autres termes une réelle avancée, pour parvenir au système actuel. En effet, force est de constater que les choses ont évidemment beaucoup changé depuis les indépendances dans la mesure où la défense pénale gabonaise a subi de profondes métamorphoses. Il en est ainsi du fait des changements d'abord opérés en France où les lois en faveur de la défense se sont multipliées et n'ont cessé d'apporter de nouvelles pierres à l'édifice. Il en fut ainsi du Code de procédure pénale français de 1958, mais également des nombreuses lois qui l'ont réformé afin de modifier en profondeur le système procédural en France et de rééquilibrer le procès pénal pour le faire correspondre au droit européen[107]. Les plus importantes parmi ces réformes sont : la loi du 4 janvier 1993[108], corrigée par celle du 24 août 1993[109], qui ont fait apparaître l'avocat pendant la garde à vue[110], la loi du 30 décembre

---

[105] A titre d'exemple, le décret du 28 septembre 1897 rendant le Code d'instruction criminelle applicable au Gabon ; décret du 29 décembre 1922 portant réorganisation de la justice française au Gabon ; décret du 22 mai 1924 rendant exécutoire au Gabon les lois et décrets promulgués au 1er janvier 1924 en Afrique équatoriale française.

[106] PRADEL J., « La montée en puissance des droits du délinquant au cours de son procès. Essai d'un bilan », *op. cit.*, p. 223.

[107] LEBLOIS-HPPE J., « Continuité et discontinuité dans les nouvelles réformes de la procédure pénale », JCP, 2007, I, 181.

[108] Loi n°93-2 du 4 janvier 1993 portant réforme de la procédure pénale, JO du 5 février 1993, p. 215.

[109] Loi n°93-1013 du 24 août 1993 modifiant la loi n°93-2 du 4 janvier 1003 portant réforme de la procédure pénale, JO du 25 août 1993, p. 11991.

[110] PRDEL J., « La montée des droits du délinquant au cours de son procès. Essai d'un bilan », *op. cit.*, p. 223.

1996[111] qui a permis à l'avocat de remettre les pièces du dossier à son client mis en examen, la loi du 15 juin 2000[112], qui fut une réforme importante ayant instauré l'article préliminaire au Code de procédure pénale français, article inspiré du droit européen qui énonce les principes directeurs du procès pénal[113]. Le législateur français a encore fait évolué sa législation sur les droits de la défense à travers les lois du 9 mars 2004[114], du 14 avril 2011[115] sur la grande réforme de la garde à vue et des droits du gardé à vue notamment son droit d'être informé de la possibilité de garder le silence et la loi du 27 mai 2014[116] ayant créé le statut de personne suspectée pendant l'enquête ainsi que de nouveaux droits au profit du suspect gardé à vue. Cette évolution du droit français a été stimulée en grande partie par les exigences de la Convention Européenne des Droits de l'Homme ainsi que par la jurisprudence de la Cour européenne, mais aussi par les directives de l'Union européenne.

Au Gabon, il a fallu attendre la promulgation de la loi n°58/203 du 26 décembre 1958 portant adaptation et simplification de la procédure pénale pour que la défense connaisse une amorce de changement. Cette avancée a été suivie par l'adoption d'un Code de procédure pénale par le législateur gabonais en 1961[117] qui reprenait quasiment dans son

---

[111] Loi n°96-1235 du 30 décembre 1996 relative à la détention provisoire et aux perquisitions de nuit en matière de terrorisme, JO du 1er janvier 1997, p. 9.

[112] Loi n°2000-516 du 15 juin 2000 renforçant la protection de la présomption d'innocence et les droits des victimes, JO du 16 juin 2000, p. 9038.

[113] Ce texte affirme solennellement le caractère équitable et contradictoire de la procédure, l'équilibre des droits des parties, la présomption d'innocence, le droit d'être informé des charges retenues contre soi, le droit d'être assisté d'un défenseur, le droit d'être jugé dans un délai raisonnable, bref il enracine les droits nécessaires à la défense dans un texte car jusqu'alors aucun texte en France n'avait prévu ces divers droits.

[114] Loi n°2004-204 du 9 mars 2004 portant adaptation de la justice aux évolutions de la criminalité.

[115] Loi n°2011-392 du 14 avril 2011 relative à la garde à vue, JO n°0089 du 15 avril 2011 n°1.

[116] Loi n°2014-535 du 27 mai 2014 portant transposition de la directive 2012/13/UE du Parlement européen et du Conseil, du 22 mai 2012, relative au droit à l'information dans le cadre des procédures pénales.

[117] Loi n°61-33 du 14 août 1961 portant institution du Code de procédure pénale.

intégralité les dispositions du Code de procédure pénale français lui-même reprenant les dispositions du Code d'instruction criminelle de 1808. Le législateur gabonais a simplement essayé de réécrire le code français de 1958 en l'adaptant au contexte gabonais. Ce qui fait que l'état des droits de la défense au Gabon, lors de l'adoption du Code de procédure pénale en 1961, était finalement le reflet de ce qui était prévu dans le Code d'instruction criminelle français, code qui rappelons-le était marqué par le courant autoritaire de la procédure pénale même si la loi « Constans » avait accordé les droits de la défense à la personne mise en cause. De 1961 à 2010, date de la réforme du Code de procédure pénale gabonais, aucun texte n'a accru les garanties de la défense de la personne mise en cause au Gabon. Certes, est bien intervenue l'adoption des lois 10/83 et 11/83 sur la détention préventive du 31 décembre 1983, mais ces lois n'évoquent pas les droits de la défense. De ce fait, pour sécuriser et affirmer la justice pénale gabonaise, le législateur s'est résolu à entreprendre une profonde réforme de la procédure pénale gabonaise. L'idée de cette réforme était déjà présente depuis des années avant son adoption, la ratification par le Gabon de plusieurs textes internationaux qui encadraient les droits de la défense avait en effet servi de déclencheur et la constitutionnalisation en 1991 du principe du respect des droits de la défense avait accéléré la réforme.

Par correspondance datée du 7 mai 2008, le ministre de la Justice, Garde des Sceaux, a transmis au Sénat le projet de loi du gouvernement portant Code de procédure pénale. Le 17 novembre 2008, la Commission des lois et des affaires administratives du Sénat, saisie en vue d'examiner ce projet, a rendu son rapport. Le 19 novembre 2008, le projet de loi a été adopté en première lecture par le Sénat siégeant en plénière. Comme le veut l'article 58a de la Constitution, le rapport de la Commission a été transmis à l'Assemblée nationale en vue de son adoption en termes identiques. Le 17 juin 2010, la Commission des lois, des affaires administratives et des droits de l'Homme de l'Assemblée nationale a établi son rapport. Le 23 juin suivant, le texte a été examiné en première lecture à l'Assemblée nationale siégeant en séance plénière, mais en termes non identiques. C'est ce qui conduira le Premier ministre, Chef du Gouvernement, en date du 6 juillet 2010, à saisir le président du Sénat, sur la base de l'article 58 alinéa 2 de la Constitution, afin de convoquer une commission mixte paritaire chargée de proposer un texte commun sur les dispositions restées en discussion.

Le 21 septembre 2010, cette Commission s'est réunie dans la salle Georges DAMAS ALEKA de l'Assemblée nationale où elle a, enfin, adopté un texte commun, qui n'est devenu celui du Parlement qu'après avoir été adopté séparément par chacune des chambres. Le 25 novembre 2010, cette loi a été promulguée par décret du président de la République et est désormais applicable.

À travers cette loi, la procédure pénale gabonaise connaît aujourd'hui un véritable glissement vers le libéralisme après une période d'inquisitoire. Ce constat nous amène d'ailleurs à la problématique de notre étude qui vise à savoir si, à travers la réforme du Code de procédure pénale gabonais de 2010, le législateur gabonais a une fois de plus été influencé par le droit français (qui assure une véritable protection des intérêts de la défense), pour prévoir de véritables garanties au profit de la défense. Bref, il s'agit de savoir si l'impact du droit français a aidé à favoriser l'essor des droits de la défense dans toutes les phases du procès pénal gabonais.

De ce fait, on peut noter aisément que la réforme du 25 novembre 2010 a permis une augmentation du nombre des droits réservés dans le nouveau Code de procédure pénale gabonais à la partie suspectée ou poursuivie, ces droits étant dans leur majorité déjà prévus par le droit français. En d'autres termes, le législateur gabonais a basculé théoriquement dans un système accusatoire, comme en France, même si dans certaines situations il a maintenu des dispositions qui rappellent l'ancien système inquisitorial français.

Le choix d'étudier les droits de la défense dans le procès pénal en droit gabonais par rapport au droit français peut, a priori, être accueilli avec un certain scepticisme, car la loi gabonaise, comme la plupart des législations africaines, s'inspire très largement du système de l'ancienne puissance coloniale. Dès lors, l'existence d'un fonds juridique commun entre le droit gabonais et le droit français peut soulever le problème de l'intérêt de leur étude comparée. Pourtant, on a des raisons de faire cette étude comparative.

D'abord pour l'intérêt de la comparaison entre deux systèmes juridiques. En effet, le grand comparatiste M. ANCEL a écrit que « *le droit comparé consiste fondamentalement dans la constatation des points communs et des divergences qui existent entre deux ou plusieurs droits nationaux* »[118]. Pour R. DAVID et C. JAUFFRET-SPINOSI, « *le droit comparé est utile pour mieux connaître notre droit national et pour l'améliorer. Le législateur, de tout temps, a utilisé lui-même le droit comparé pour accomplir et perfectionner son œuvre* »[119]. Si ces auteurs reconnaissent également qu'il n'existe, aujourd'hui, aucun pays ayant emprunté ou imité certaines institutions ou certaines règles d'un autre système de droit, ils n'oublient pas de souligner qu'il ne s'agit pas simplement de transposer le modèle étranger, mais de l'adapter aux réalités de l'environnement dans lequel on souhaite l'introduire.

Ensuite, parce qu'il existe incontestablement un lien entre les deux pays et c'est ce lien qui pose les bases du choix de cette étude qui aura finalement pour vocation de mettre en lumière les évolutions rencontrées dans la loi gabonaise telle qu'elle existe aujourd'hui dans l'optique de les confronter avec le droit français. La pauvreté de la doctrine gabonaise, la faible activité législative et jurisprudentielle et l'inexistence des commissions chargées de réfléchir sur ces points ne nous auraient pas permis de réaliser une étude basée uniquement sur le système gabonais. De ce fait, les lacunes du droit gabonais nous imposeront un recours appuyé aux références renvoyant aux droits français, qu'elles soient législatives, doctrinales ou jurisprudentielles, de sorte que l'utilité de l'étude des droits de la défense en droit gabonais à la lumière du droit français nous permettra de tirer les enseignements nécessaires à l'évolution de la procédure pénale gabonaise sur ce point précis. Ainsi, la démarche que nous avons adoptée qui consiste à établir des rapprochements, à faire apparaître des similitudes et des oppositions[120] sur un certain nombre de points nous semblant pertinente. De l'enquête aux voies de recours, elle nous fera certainement mieux comprendre l'état actuel des droits de la défense en droit gabonais ainsi

---

118 Utilité et méthodes du droit comparé, Ides et Calendes, Neuchâtel 1971, p. 31.

119 R. DAVID et C. JAUFFRET-SPINOSI, les grands systèmes de droit contemporains, Dalloz, 11e édition, 2002, p. 3.

120 PRADEL J., « Introduction à un cours de procédure pénale comparée », in *Problèmes actuels de la science criminelle*, PUAM, XV, p. 129 ; PRADEL J., Droit pénal comparé, *op. cit.*, 892 p. ; DEMAS-MARTY M., Procédures pénales d'Europe, *op. cit.*, pp. 27 et s.

que les changements nécessaires si besoin est, dans le souci d'une meilleure administration de la justice pénale au Gabon.

À cette fin, notre étude sera basée sur deux lignes de partage variables, portant d'une part sur l'impact du droit français sur la construction des droits de la défense au profit de la personne suspectée ou poursuivie lors de la phase préparatoire du procès pénal au cours de laquelle nous remarquerons que l'enquête de police prévoit toujours difficilement des droits au profit de la personne mise en cause, du moins tant que celle-ci ne subit pas de contrainte (PREMIÈRE PARTIE). D'autre part, elle s'appuiera sur l'impact du droit français sur la reconnaissance des droits de la défense au cours de la phase décisoire du procès pénal gabonais qui est, sans doute, la phase ayant été le plus impactée par le droit français, car c'est au cours de celle-ci que le législateur reconnaît le plus de droits à la personne poursuivie, accusée ou prévenue, même s'il faut reconnaître que des problèmes multiples empêchent l'institution judiciaire de remplir pleinement son rôle, handicapant ainsi l'impact et surtout la réalisation d'un véritable État de droit au Gabon (DEUXIÈME PARTIE).

PREMIÈRE PARTIE

L'IMPACT DU DROIT FRANÇAIS SUR LA CONSTRUCTION DES DROITS ET GARANTIES DE DÉFENSE DE LA PERSONNE MISE EN CAUSE LORS DE LA PHASE PRÉPARATOIRE DU PROCÈS PÉNAL

Le respect des droits de la défense est le résultat d'une longue évolution. D'abord réduits à très peu de choses, limités dans leur exercice, les droits de la défense ont progressivement obtenu dans le système pénal gabonais une place un peu plus importante grâce à l'influence du droit français sur la législation gabonaise. En effet, le système procédural pénal actuellement applicable au Gabon résulte d'une évolution historique au cours de laquelle des emprunts importants ont été faits au système procédural en vigueur en France.

Par ailleurs, le développement des droits de l'Homme sur la scène internationale, l'évolution des mœurs et le désir de se rapprocher encore davantage du système français ont poussé le législateur gabonais vers un nouvel essor, celui de la prise en compte effective des droits de la défense au cours de la phase préparatoire du procès pénal, sorte d'avant-procès pénal[121].

Le droit gabonais, qui s'inspire du droit français, a vraisemblablement aussi été impacté par ricochet par le droit européen. En effet, on verra que la prise en compte des droits de la défense au Gabon a certainement aussi évolué grâce au droit européen parce que, s'agissant des juges gabonais comme de ceux de la Cour africaine des droits de l'Homme, il y a toujours un regard tourné vers la jurisprudence européenne. Mais cet impact est surtout dû à l'influence du droit européen sur le droit français qui, lui-même, a servi de base à l'évolution du droit gabonais. Et cette influence est visible dès la période préparatoire du procès pénal.

---

[121] BINET-GROSCLAUDE A., L'avant procès pénal : étude comparée Angleterre-France, Bruylant, 2011, 800 p.

La période préparatoire du procès pénal est une période essentielle au cours de laquelle les parties élaborent leurs arguments, tentant d'infléchir l'instruction en leur faveur. C'est la raison pour laquelle le législateur gabonais a préféré pendant longtemps multiplier les obstacles pour la défense et écarter l'assistance d'un conseil. Néanmoins, aujourd'hui, les dispositions du Code de procédure pénale gabonais – ayant été révisé pour s'aligner le plus possible sur ce qui se fait en France –, permettent à la personne poursuivie d'être associée plus étroitement à la marche du procès. Plusieurs domaines ont subi de profonds changements donnant de ce fait à chaque protagoniste de nouvelles possibilités de défense sous la forme de nouveaux droits.

Lors de cette phase sensible de la procédure pénale qui correspond à la mise en mouvement de l'action pénale contre une personne suspectée d'avoir commis ou tenté de commettre une infraction, et qui n'a peut-être jamais eu affaire à la justice, le législateur gabonais a dû élargir l'assiette des droits du délinquant. Cependant, le droit gabonais connaît encore de nombreuses lacunes, surtout dans la phase d'enquête. En effet, s'il y a eu une volonté de la part du législateur gabonais de proclamer les droits de la défense du délinquant dès le début de la procédure, c'est-à-dire à partir de l'enquête, cette consécration reste tout de même très théorique. En revanche, en France, le législateur et la jurisprudence font évoluer les droits de la personne mise en cause dès l'enquête de manière pratique, la consécration de tels droits a été plus mesurée et théorique en droit gabonais. Ce qui nous fait dire que l'impact du droit français intervient au cours de la phase d'enquête gabonaise de manière plus mesurée (Titre 1). Au cours de l'instruction, toutefois, on commence non seulement à voir de plus en plus de droits de la défense accordés à l'inculpé (en droit gabonais on parle d'inculpation et d'inculpé, termes que le droit français a remplacés par mise en examen et mis en examen), mais aussi une plus grande effectivité des droits de la défense, même si ceux-ci ne sont pas suffisamment développés comme en France. On verra donc que l'impact du droit français dans cette partie de la phase préparatoire du procès pénal est plus importante (Titre 2).

TITRE I

L'IMPACT MESURÉ DU DROIT FRANÇAIS SUR LA CONSTRUCTION DES DROITS ET GARANTIES DE LA DÉFENSE AU COURS DE L'ENQUÊTE DE POLICE GABONAISE

Longtemps les droits de la défense ont fait l'objet de controverses, si certains y étaient favorables, d'autres, en revanche, y étaient résolument hostiles. Le compromis a finalement consisté à refuser les droits de la défense dans l'enquête policière en adoptant un système inquisitoire et à les consacrer largement dans la phase de jugement avec un système accusatoire. Cette mixité procédurale semble a priori répondre aux intérêts antagonistes au cœur de la procédure pénale. Néanmoins, à l'aune des droits fondamentaux et sous l'influence des dispositions internationales et européennes, cette conception de la procédure devient inadaptée. Les droits de la défense, droits du procès équitable, ne doivent plus faire l'objet de limitations, ils doivent gouverner toute la procédure, de l'enquête policière à la phase de jugement et même au moment de l'exercice des voies de recours. La procédure pénale moderne repose en effet sur des principes essentiels et fondateurs dont celui des droits de la défense en vertu desquels la personne poursuivie dans une affaire doit bénéficier d'un ensemble de droits et garanties, et cela à tous les stades de la procédure y compris celui de l'enquête policière.

Comment des droits qui ne s'appliquaient initialement que devant une juridiction indépendante et impartiale vont-ils faire irruption dans l'enquête policière gabonaise, sans l'existence d'un juge présentant des garanties équivalentes à celles de la juridiction de jugement ? C'est l'influence du droit français qui poussera le législateur gabonais à introduire progressivement les droits de la défense au cours de cette phase pour arriver au système actuel. Le législateur français a quant à lui commencé à introduire les droits de la défense dans la phase de l'instruction pénale, mais peu à peu il a prévu une procédure d'enquête de police dans laquelle le suspect pouvait bénéficier de nombreux droits pour sa défense. Cela étant, l'effectivité des droits de la défense dans l'enquête policière, tant en France qu'au Gabon, nécessite de procéder à leur élargissement.

Selon un auteur[122], l'enquête de police se définit comme « *l'ensemble des opérations d'investigation menées préalablement à la saisine des juridictions compétentes par les officiers et agents de police judiciaire, en vue de constater les infractions à la loi pénale, d'en rassembler les preuves et d'en rechercher les auteurs* ». Il y a eu une volonté évidente du législateur gabonais de se rapprocher du droit français en prévoyant, comme en France, une enquête préliminaire et une enquête de flagrance. Ces deux types d'enquêtes sont donc consacrés et réglementés par le Code de procédure pénale gabonais qui distingue les deux catégories d'enquêtes.

L'enquête préliminaire est définie par Cornu[123] comme étant ordinaire, diligentée par la police judiciaire pour les crimes, délits ou contraventions non flagrants avant l'ouverture de l'action publique et permettant au ministère public d'être éclairé sur le bien-fondé d'une poursuite. L'enquête de flagrance, en revanche, est définie par le même auteur comme étant particulière, applicable pour les crimes, délits ou contraventions flagrants, qui donne à la police judiciaire, en raison de l'actualité et des circonstances exceptionnelles de l'infraction définies par le Code de procédure pénale, des pouvoirs plus étendus que lors d'une enquête préliminaire, afin de rechercher tout renseignement utile à la procédure, au besoin à l'aide de moyens coercitifs.

Au cours de cette période d'enquête policière, le suspect au Gabon peut invoquer quelques principes de défense non négligeables grâce à la réforme de la procédure pénale gabonaise ayant eu lieu en novembre 2010[124] sous l'influence du droit français. En effet, les droits du suspect dans le nouveau Code de procédure pénale gabonais de 2010 sont, dans

---

[122] R. GUILLIEN et J. VINCENT, « Lexique des termes juridiques », Dalloz 13e éd. 2001.

[123] G. CORNU, Vocabulaire juridique, 7e éd. 2005.

[124] Loi n°036/2010 du 25 novembre 2010 portant Code de procédure pénale.

leur immense majorité, marqués par le droit français ; et on parle d'une influence directe du droit français, car se trouvent dans ce nouveau Code de procédure pénale des prérogatives de défense, inexistantes formellement au Gabon avant la réforme de 2010, mais qui étaient déjà applicables en France. En effet, la plupart des droits de la défense ayant été introduits dans le Code de procédure pénale gabonais de 2010, surtout ceux applicables lors de l'enquête de police, sont non pas le strict miroir des différents droits longtemps appliqués dans le système français, mais le reflet desdits droits. Le droit français a donc indiscutablement impacté le développement des droits de la défense au Gabon au stade de l'enquête, permettant ainsi à la partie suspectée d'humaniser sa condition.

On regrette simplement que ces droits de la défense ne soient reconnus au suspect que dès lors qu'il fait l'objet d'une contrainte, à la différence du droit français actuel selon lequel le suspect bénéficie de droits à partir du moment où il fait l'objet d'une suspicion (Chapitre 1) ; on regrette également que les droits qui lui sont reconnus lors de sa garde à vue soient simplement théoriques (Chapitre 2).

CHAPITRE I

LA RECONNAISSANCE CONDITIONNÉE DES DROITS DE LA DÉFENSE AU SUSPECT PENDANT L'ENQUÊTE DE POLICE

Si aujourd'hui le législateur gabonais reconnaît des droits de la défense au suspect lors de l'enquête policière, ces droits, qui sont la marque de l'influence du droit français et ont été intégrés dans le Code de procédure pénale en 2010, ne sont reconnus qu'à la personne faisant l'objet d'une contrainte. Tel était aussi le cas en France où le législateur était très attaché à la nécessité d'une contrainte pour admettre l'attribution des droits à la défense du suspect. Néanmoins, depuis l'entrée en vigueur du Code de procédure pénale gabonais en 2010, le droit français a évolué sur ce point. Le droit européen a joué un rôle considérable dans cette évolution ayant permis au législateur français de modifier sa loi nationale afin de reconnaître des droits de la défense également à la personne faisant seulement l'objet d'une suspicion.

L'apport du droit européen à l'élaboration du statut procédural autonome du suspect a, en effet, permis d'admettre en France que les droits de la défense du suspect pendant l'enquête de police sont rattachés, non pas à la contrainte, mais à la suspicion qui pèse contre lui. Le droit français prévoit donc désormais que ce soit uniquement l'accusation qui soit l'élément déclencheur des garanties de défense (Section I). Le droit gabonais n'a pour sa part pas évolué depuis l'entrée en vigueur du Code de procédure pénale en 2010, car, même s'il reconnaît des droits de la défense au suspect, ceux-ci ne lui sont reconnus qu'à partir du moment où il fait l'objet d'une contrainte (Section II).

Section I- L'accusation comme élément de déclenchement des garanties de défense en France : l'apport du droit européen

La procédure pénale telle qu'elle est actuellement pratiquée en France émane désormais du droit européen, que ce soit le droit de la Convention européenne ou celui issu de l'Union européenne. Cette procédure n'est plus uniquement régie par le législateur français, car le « *législateur européen* » intervient progressivement dans la conception du procès pénal français. Ce législateur européen opère ainsi des retouches qui, finalement, peuvent bouleverser la vision française du procès pénal. Notons que les dogmes qui étaient classiquement ceux du procès pénal français[125] sont amenés à tomber progressivement à mesure que le droit européen modifie le droit français.

Le renforcement des garanties de la défense est concerné par cette modification du droit français au profit de la vision européenne. L'article 6, § 3c de la Convention Européenne des Droits de l'Homme ainsi que l'article 48 de la Charte des Droits Fondamentaux de l'Union Européenne garantissent à tout accusé le respect des droits de la défense. Ces deux articles permettent ainsi d'envisager la simple accusation comme le déclencheur des droits de la défense du suspect, sans attendre qu'il n'y ait de contrainte[126]. En effet, le droit européen impose peu à peu aux législateurs nationaux européens de reconnaître des droits de la défense au suspect dès la phase d'enquête. Cette position novatrice contribue à réduire le déséquilibre pouvant exister entre l'accusation et la personne suspectée, surtout au stade de l'enquête.

---

[125] « Inquisitoire-Accusatoire : un écroulement des dogmes en procédure pénale ? », Colloque à Aix-en-Pce, 9 et 10 juin 1997, *RID pén.* 1997, pp. 17 et s.

[126] A première vue, le terme « *accusation* » semble signifier que le procès pénal a commencé et, partant, que l'article 6§1 de la CEDH s'applique au procès stricto sensu. Il n'en est rien, la Cour européenne ayant retenu une conception matérielle de la notion. L'accusation s'entend de « *toute notification officielle, émanant de l'autorité compétente, du reproche d'avoir commis une infraction pénale* ». Elle peut donc avoir lieu en amont, avant la saisine du juge du fond, ou en aval du procès stricto sensu. Voir : CEDH, 27 février 1980, Deweer c. Belgique, n°6903/75, §46.

C'est la jurisprudence de la Cour Européenne des Droits de l'Homme qui, à plusieurs reprises, à travers des arrêts emblématiques, a rappelé la nécessité d'accorder des droits à la personne mise en cause pendant l'enquête dès lors qu'une accusation pèse contre elle. Cette jurisprudence a pu cependant être qualifiée d'ambiguë (§1). Mais c'est réellement le droit de l'Union Européenne qui a influencé l'évolution du droit français sur la prise en compte de l'accusation comme élément déclencheur des garanties de défense (§2).

§ 1- La position innovante de la CEDH avec les arrêts Salduz et Dayanan

La Cour Européenne des Droits de l'Homme a toujours eu à cœur d'assurer et de protéger des « droits *non pas théoriques ou illusoires, mais concrets et effectifs* »[127]. Pragmatique dans sa logique, elle s'est montrée protectrice dans sa jurisprudence issue de l'article 6 de la Convention Européenne des Droits de l'Homme. Attribuant certains droits et garanties à « *toute personne* » et d'autres, plus spécifiques, à « *toute personne accusée* », le système juridique conventionnel s'est très rapidement démarqué de la conception du procès autrefois retenue en France en contribuant à accentuer cette différence conceptuelle.

Les juges de Strasbourg ont, en effet, toujours considéré que la Convention, et notamment son article 6, ne pouvait se désintéresser des phases procédurales se déroulant avant la procédure de jugement, sous-entendant que l'article 6 s'appliquait à l'ensemble de la procédure pénale et, de fait, à la phase d'enquête. L'arrêt *Salduz c/ Turquie,* rendu le 27 novembre 2008[128], particulièrement remarqué par la doctrine, n'a pas mis en lumière, *a priori*, la non-conformité du droit français face aux exigences de la Cour Européenne des Droits de l'Homme puisque, reprenant la jurisprudence Murray[129], il a considéré qu'il fallait, « *en règle générale, que l'accès à un avocat soit consenti dès le premier interrogatoire d'un suspect par la police* » ; ce que le droit français permettait déjà. En réalité, cet arrêt portait en lui les germes de

[127] CEDH, 9 octobre 1979, Airey c/ Irlande.
[128] Requête n°36391/02 - ECLI:CE:ECHR:2008:1127JUD003639102.
[129] CEDH, AFFAIRE MURRAY c. PAYS-BAS, 26 avril 2016, 10511/10.

l'évolution à venir en ce que certains juges européens, notamment les juges Zagrebelsky et Bratza, s'étaient interrogés sur le fait de savoir si « *en apparaissant situé au premier interrogatoire le moment à partir duquel l'accès à un avocat doit être consenti, la déclaration de principe [avait été] suffisamment loin* »[130]. En clair, les juges conventionnels annonçaient ici l'arrêt *Dayanan* en s'interrogeant sur l'avancement du fait générateur des garanties de défense durant l'enquête.

Détachant imperceptiblement, mais progressivement l'attribution des droits de la défense de toute contrainte, la juridiction européenne contribuait ainsi à l'élaboration d'un statut autonome du suspect, indépendant des mesures coercitives prises à son encontre.

L'arrêt *Dayanan c/ Turquie131* du 13 octobre 2009, rendu par la Cour européenne le 13 octobre 2009 a ainsi contribué à l'accélération de la construction du statut autonome de suspect. Étendant l'application de l'article 6 – et plus particulièrement l'assistance de l'avocat – à tout accusé privé de liberté, indépendamment des interrogatoires qu'il subissait, la Cour européenne a contribué à faire reculer encore davantage le moment à partir duquel le suspect devait bénéficier des garanties de défense. Alors que l'enquête a toujours été appréhendée à l'aune des mesures contraignantes qu'elle permettait, la Cour européenne a remis le suspect au cœur de l'enquête en faisant de l'accusation, ou encore de la suspicion, l'élément central et déclencheur des droits. Ainsi que l'écrit le Professeur Vergès à propos de cet arrêt, « *la CEDH applique les dispositions de l'article 6 à la personne placée en garde à vue ; ce qui signifie que le champ d'application du droit au procès équitable s'étend à la phase de l'enquête pénale ou, à tout le moins, aux mesures coercitives qui sont liées à une « accusation » au sens de la Convention* ».

Pour autant, la portée de la jurisprudence de l'arrêt *Dayanan* doit, à notre sens, être relativisée. En effet, si l'on a pu déduire de la formule européenne « *dès les premiers stades de l'interrogatoire de police* » une conception plus extensive de l'attribution des droits, détachée de toute contrainte et seulement liée aux interrogatoires, c'était oublier que, dans

---

[130] Opinion concordante du juge Bratza, CEDH, Salduz c/ Turquie.

[131] Requête n°7377/03.

le même temps, les juges de Strasbourg faisaient référence, dans certains arrêts, à la privation de liberté comme élément déclencheur de droits garantissant l'équité de la procédure. Ainsi, si l'arrêt *Salduz* pouvait légitimement faire espérer un changement de conception de l'enquête pénale, l'arrêt *Dayanan* a pu faire douter ce même lecteur. En énonçant que « *comme le soulignent les normes internationales généralement reconnues, que la Cour accepte et qui encadrent sa jurisprudence, un accusé doit, dès qu'il est privé de liberté, pouvoir bénéficier de l'assistance d'un avocat et cela indépendamment des interrogatoires qu'il subit* » (CEDH, Dayanan c/ Turquie) ; en rappelant que « l'impossibilité légale pour un *accusé privé de liberté* d'être assisté d'un avocat dès le début de sa détention affecte l'équité de la procédure pénale dont il est l'objet », la position de la Cour européenne ne semble pas si détachée de la contrainte exercée sur l'individu. Elle lui semble au contraire bien attachée.

Une conséquence inhérente à la position ambiguë de la Cour Européenne des Droits de l'Homme a reposé dans l'introduction en France de ce que l'on a appelé l'audition libre. En effet, puisque la garde à vue entraînait inéluctablement l'attribution de droits à la défense, le législateur français a tenté de contourner la jurisprudence conventionnelle en faisant en sorte que cette audition libre, en raison de son absence de contrainte, évite toute garde à vue avec l'attribution de garanties de défense que cela entraîne en toute logique. L'encadrement de l'audition libre s'est donc avéré nécessaire.

C'est alors, et de manière paradoxale tant la protection prévue est vraiment importante, que le droit de l'Union Européenne est intervenu en accordant l'assistance de l'avocat aux suspects et/ou personnes poursuivies dès le début de la procédure, « *qu'ils soient privés de liberté ou non* ». Une véritable révolution qui a réellement fait évoluer le droit français.

§ 2- La position novatrice de l'Union européenne

Le droit de l'Union Européenne, à travers l'adoption des directives qui doivent être transposées en droit national, a joué un rôle important dans la reconnaissance des droits de la défense au suspect qui ne fait pas l'objet de contrainte (A). La directive de 2012 ayant finalement été transposée en droit français par une réforme en 2014 a donc entériné la position du droit de l'Union Européenne (B).

A- L'incidence des directives d'harmonisation sur l'élaboration des droits du suspect non contraint

Fondant la coopération judiciaire en matière pénale sur le principe de reconnaissance mutuelle des jugements et décisions judiciaires ainsi que sur le rapprochement des dispositions législatives et réglementaires des États membres, l'article 82 du Traité sur le fonctionnement de l'Union Européenne – ci-après TFUE – prévoit l'établissement de règles minimales entre ces derniers « *dans la mesure où cela est nécessaire pour faciliter la reconnaissance mutuelle des jugements et décisions judiciaires, ainsi que la coopération policière et judiciaire dans les matières pénales ayant une dimension transfrontière* ».

Ces règles minimales qui tiennent compte des différences entre les traditions et systèmes juridiques des États membres, portent notamment sur l'admissibilité mutuelle des preuves entre ceux-ci, les droits des victimes de la criminalité, d'autres éléments spécifiques de la procédure pénale et les droits des personnes dans la procédure pénale.

À cet égard, le Conseil de l'Union Européenne a adopté, le 30 novembre 2009, une résolution *relative à la feuille de route visant à renforcer les droits procéduraux des suspects ou des personnes poursuivies dans le cadre des procédures pénales*.

Entreprise dans le dessein de « *régler les problèmes particuliers qui peuvent se poser lorsqu'une personne est soupçonnée ou poursuivie dans le cadre d'une procédure pénale* ».

Cette résolution a contribué à l'édiction progressive et successive de normes relatives au droit à la traduction et à l'interprétation ; au droit à l'information de l'accusé ; au droit à l'assistance d'un conseil juridique et à l'aide juridictionnelle ; au droit à la communication avec les proches, les employeurs et les autorités consulaires ; aux garanties particulières pour les personnes vulnérables ; et, enfin, à un livre vert sur la détention provisoire. Les directives adoptées[132] devaient ensuite être transposées en droit national sous peine d'application directe.

Nonobstant les prérogatives consacrées par ces directives, il importe de noter que l'Union Européenne retient une conception du suspect détachée de toute contrainte. Le suspect européen n'a désormais plus à être arrêté ou détenu pour bénéficier de garanties de défense, il lui faut simplement être averti par les autorités des soupçons ou poursuites qui pèsent sur lui[133]. Il s'agit là d'un renforcement considérable des garanties de défense. L'abandon de la contrainte comme facteur d'attribution de droits de la défense constitue une évolution logique au regard de la conception européenne du procès et, de fait, la procédure pénale française s'est trouvée ainsi véritablement saisie par l'Union Européenne[134] et surtout par la directive du 22 mai 2012 ayant instauré un droit général à l'information du suspect.

Dès qu'il prend la qualité de suspect, l'individu, *qu'il soit privé de liberté ou non*, doit pouvoir bénéficier de garanties de défense comme le droit d'être informé de l'accusation portée contre lui ou encore le droit à l'assistance d'avocat. En outre, en accordant des garanties de défense dès lors que les personnes sont informées, par notification officielle ou par tout autre moyen, des soupçons pesant à leur encontre ou des poursuites engagées, l'Union Européenne fait de l'accusation, dont la connotation européenne est évidente, le moment central de l'attribution du statut de suspect et des garanties qui l'accompagnent. Ce faisant, elle

---

[132] Dir. 2010/64/UE du Parlement européen et du Conseil du 20 octobre 2010 relative au droit à l'interprétation et à la traduction dans le cadre des procédures pénales ; Dir. 2012/13/UE du Parlement européen et du Conseil du 22 mai 2012 relative au droit à l'information dans le cadre des procédures pénales ; Dir. 2013/48/UE du Parlement européen et du Conseil du 22 octobre 2013 relative au droit d'accès à un avocat dans le cadre des procédures pénales et des procédures relatives au mandat d'arrêt européen, au droit d'informer un tiers dès la privation de liberté et au droit des personnes privées de liberté de communiquer avec un tiers et avec les autorités consulaires.

[133] J. Leblois-Happe, « Proposition de directive relative au droit à l'information dans le cadre des procédures pénales et de droit français ».

[134] Didier Rebut, « Le droit pénal et la procédure pénale saisis par l'Union européenne », in S. Guinchard, J. Buisson, *Les transformations de la justice pénale*, Cycle de conférences 2013 à la cour de cassation, Dalloz 2014.

se montre plus protectrice que ne l'est la Cour Européenne des Droits de l'Homme qui, nous l'avons vu, n'est pas aussi prévoyante quant à l'attribution de droits de la défense.

Ce mouvement a été suivi en France où il y a eu une réforme pour garantir certains droits à la personne mise en cause pendant l'enquête afin d'éviter que la contrainte ne continue d'être le seul élément déclencheur des garanties de défense. Le droit français, qui a longtemps consacré les droits de la défense au profit de la personne qui subit une contrainte, c'est-à-dire du seul suspect privé de liberté, a franchi un cap important dans l'effectivité des droits de la défense du mis en cause.

B- La réglementation nouvelle du statut du suspect français à travers la loi de transposition du 27 mai 2014

Le droit européen a permis l'élaboration d'un statut autonome du suspect en France, statut qui est indépendant de toute contrainte et qui est uniquement rattaché à l'accusation. Les enjeux de la transposition de la directive du 22 mai 2012 étaient multiples, car cette directive européenne opérait un changement de perspective par rapport au droit français. En effet, elle a défini un statut général du suspect qui comprend trois niveaux : la personne « *suspectée ou poursuivie* », la personne « *arrêtée ou détenue* » et la personne « *arrêtée et détenue* ». Elle a aménagé un socle de droits communs à toutes ces personnes, puis des droits complémentaires pour les personnes privées de liberté. Elle a ainsi défini un régime juridique de garantie des droits des suspects applicable à l'ensemble de la procédure. Par ailleurs, la directive a créé de nouveaux droits et a accru le seuil de protection des suspects.

Il revenait dès lors au gouvernement français d'amorcer ce mouvement ambitieux de réforme en faveur du suspect. Le législateur français devait transposer la directive 2012/13/UE avant le 2 juin 2014, ce qu'il fit avec la loi du 27 mai 2014 portant transposition de la directive européenne relative au droit à l'information dans le cadre des procédures pénales[135]. Cette loi a, enfin, offert un statut au suspect au cours de l'enquête, elle

---

[135] Loi n°2014-535 du 27 mai 2014 portant transposition de la directive 2012/13/UE du Parlement et du Conseil européens du 22 mai 2012, relative à l'information dans le cadre des procédures pénales.

a fait avancer l'esprit et la matière de l'enquête pénale française en accordant des droits au suspect libre.

La loi du 27 mai 2014 modifie radicalement – et définitivement – la conception de l'enquête. Comme nous l'avons vu plus haut, la contrainte disparaît des conditions d'attribution de garanties de défense pour ne constituer, désormais, qu'une condition de modulation de ces garanties. La loi du 27 mai 2014 a en effet instauré un statut général du suspect comprenant trois situations procédurales distinctes, mais bénéficiant d'un socle commun et incompressible de garanties[136]. Aux côtés de ces droits minimums, la loi prévoit, selon la situation procédurale du suspect, l'attribution de droits complémentaires. Inhérente à deux des trois situations possibles dans lesquelles un suspect peut se trouver aux termes de la loi, la contrainte vient donc conférer des droits complémentaires et une protection supplémentaire au suspect.

Le suspect en France bénéficie de garanties de défense parce qu'il est suspect et non plus parce qu'il est contraint. Et, le premier article de la loi du 27 mai 2014 a introduit dans le Code de procédure pénale français l'article 61-1 relatif à l'audition libre du suspect. Ce texte définit le suspect comme étant « *la personne à l'égard de laquelle il existe des raisons plausibles de soupçonner qu'elle a commis ou tenté de commettre une infraction* » et cette personne suspectée bénéficie de véritables droits, en tête desquels celui à l'information sur :

1° la qualification, la date et le lieu présumés de l'infraction qu'elle est soupçonnée d'avoir commise ou tenté de commettre ;

2° le droit de quitter à tout moment les locaux dans lesquels elle est entendue ;

3° le cas échéant, le droit d'être assistée par un interprète ;

4° le droit de faire des déclarations, de répondre aux questions qui lui sont posées ou de se taire ;

5° si l'infraction pour laquelle elle est entendue est un crime ou un délit puni d'une peine d'emprisonnement, le droit d'être assistée au cours de son audition ou de sa confrontation, selon les modalités prévues aux articles 63-4-3 et 63-4-4, par un avocat choisi par elle ou, à sa demande, désigné d'office par le bâtonnier de l'ordre des avocats (...) ;

---

[136] E. Vergès, « Le satut juridique du suspect : un premier défi pour la transposition du droit de l'Union européenne en procédure pénale », précité.

6° la possibilité de bénéficier, le cas échéant gratuitement, de conseils juridiques dans une structure d'accès au droit.

Le législateur français perçoit donc désormais le suspect comme un accusé au sens de l'article 6 de la Convention européenne, ayant considérablement renforcé sa protection pénale. Cette position du législateur français est très différente de ce que le législateur gabonais a prévu en 2010 et de ce qu'il continue de prévoir, car la situation du suspect n'a pas évolué depuis : les droits de la défense ne lui sont reconnus qu'à partir du moment où il fait l'objet d'une contrainte.

Section II- La contrainte comme élément déclencheur des garanties de défense

Si désormais en France le suspect, qu'il soit libre ou arrêté, c'est-à-dire qu'il soit contraint ou non, bénéficie de garanties pour sa défense, c'est parce que des réformes sont intervenues qui ont progressivement poussé le législateur à s'aligner sur le droit européen et à accorder ces garanties de défense au suspect. Le législateur gabonais a, quant à lui, adopté son Code de procédure pénale en 2010 alors que la France n'avait même pas encore adopté la loi du 14 avril 2011 sur la garde à vue et, depuis 2010, il n'y a eu aucune réforme au Gabon tendant à améliorer le statut procédural du suspect.

Certes, en 2010, le Code de procédure pénale gabonais a accordé de véritables droits au suspect pendant l'enquête de police lui permettant de se défendre dès le stade de l'enquête, cependant le législateur gabonais a toujours eu en tête que le suspect ne bénéficierait de ces prérogatives de défense qu'au moment où il ferait l'objet d'une contrainte. De ce fait, il existe aujourd'hui une différence de conception du statut procédural du suspect entre les droits gabonais et français. En effet, si le droit français reconnaît actuellement le suspect comme un acteur à part entière de l'enquête, grâce à l'influence du droit européen, et lui accorde de véritables droits à la défense dès qu'il est informé par les autorités compétentes, par notification officielle ou par tout autre moyen, qu'il est soupçonné ou poursuivi pour avoir commis une infraction pénale, qu'il soit privé de liberté ou non, le droit gabonais refuse encore d'appréhender le suspect comme une véritable partie à l'enquête, au même titre que le ministère public ou la victime. De ce fait, il ne lui accorde des droits pour sa défense qu'à partir du moment où il fait l'objet d'une contrainte.

Nous verrons quelle logique se cache derrière cette attribution des droits de la défense à partir du moment où il y a contrainte (§1) et quelles sont les conséquences de cette attribution (§2).

§1- La logique de l'attribution des droits de la défense liée à la contrainte : la singularité de l'enquête

Même si le suspect n'est pas appelé « *partie* » à l'enquête, dans les faits il ne le reste pas moins. Il est l'un des acteurs de l'enquête, voire le principal, pendant laquelle il est susceptible de faire l'objet de mesures plus ou moins contraignantes et coercitives. Ces mesures coercitives sont équivalentes à celles pratiquées pendant l'instruction, sans pour autant que le suspect pendant l'enquête ne bénéficie des mêmes garanties que l'inculpé. Et le législateur gabonais, comme autrefois en France, exige que pour bénéficier des droits de la défense pendant l'enquête, il soit obligatoire que le suspect fasse l'objet d'une contrainte. Logique selon l'idée que l'efficacité de l'enquête en dépend.

Accorder des droits de la défense au suspect trop tôt pendant l'enquête porterait atteinte à l'efficacité de celle-ci. Antérieure à tout déclenchement de poursuites, l'enquête a longtemps eu – et continue au demeurant d'avoir – un caractère secret, informel et non juridictionnel. Longtemps dépourvus de tout statut juridique, les actes réalisés par les enquêteurs demeurent aujourd'hui équivoques[137] dans la mesure où ces derniers peuvent réaliser, dans le cadre de l'enquête de flagrance, des actes tout aussi coercitifs et contraignants que ceux auxquels il a été procédé dans le cadre de l'instruction. Pour autant, si la coercition est de mise dans le cadre de l'enquête en règle générale, ne sont pas pour autant assurées à l'endroit de la personne suspectée durant cette phase les mêmes garanties procédurales que celles accordées durant l'information judiciaire. L'enquête prend ainsi l'apparence d'une « *procédure sans procès* »[138] dans laquelle il convient pourtant de conférer certaines

[137] B. Bouloc, Procédure pénale, 27e éd., 2018, p. 785.

[138] E. Vergès, « L'enquête pénale au cœur d'un changement de paradigme : le statut et les droits de la personne mise en cause dans la procédure pénale », *RPDP*, 2009, p. 837.

conséquences à l'endroit du suspect. Or, c'est précisément sur ce point que réside le nœud des problématiques actuelles relatives à l'enquête pénale : l'enquête, pour reprendre l'expression du Professeur Vergès, s'apparente certes à une « *procédure sans procès* », mais également à une « *procédure sans parties* » puisqu'il n'y a de parties à la procédure qu'à partir du moment où le procès débute et se juridictionnalise.

Cette procédure ne garantit pas, en général, de droits à la personne suspectée, car il peut, tout d'abord, y avoir des difficultés concernant l'identification de la personne mise en cause. En effet, la difficulté avec l'enquête tient au fait qu'au début il n'existe pas d'individu déterminé contre qui les investigations vont se porter, la majorité des plaintes sont formulées contre X. De plus, lors d'une enquête, les personnes qui sont soupçonnées ne seront pas forcément poursuivies. Donc à qui devra-t-on accorder des droits de la défense et à partir de quand ? Mais s'il faut que l'enquête soit efficace, il ne faut pas oublier de concilier les mesures qu'elle permet avec certaines garanties qui protègent l'individu suspecté. Différentes garanties peuvent être octroyées à la personne mise en cause, en fonction de la mesure dont elle fait l'objet. Celle-ci devrait en effet se voir attribuer différents droits selon la mesure ou l'acte qu'elle subit.

Aujourd'hui, en France, le suspect accusé au sens de l'article 6 de la Convention Européenne des Droits de l'Homme, bénéficie des premières garanties de défense sans qu'il soit placé en garde à vue. Au Gabon, c'est cette mesure contraignante qui explique et justifie l'attribution des droits de la défense au suspect. Cette situation peut être perçue comme pour le moins paradoxale,[139] car en imposant que seule la garde à vue ouvre certains droits pour le suspect, le législateur gabonais continue de faire de la contrainte l'élément déclencheur de l'attribution des droits de la défense au suspect, alors que ces droits devraient lui être accordés dès lors qu'il est suspecté.

---

[139] Guéry C., « L'avenir du suspect », AJP 2005 ; D. Père, « Pour une réflexion sur le statut juridique du suspect », *D.* 2010, p. 1638 ; E. Mathias, « Pour une loi des suspects... libres (à propos du projet de loi relative à la garde à vue) », *Droit pénal* n°4, avril 2011, étude 6 ; C. Porteron, « Les limites de la réforme », *in* C. Courtin (sous la dir.), *La réforme de la garde à vue*, L'Harmattan, 2013, pp. 47 et s.

Finalement, l'enquête génère un système particulièrement complexe, diversifié et incertain qui ne favorise pas un exercice clair et précis des principes et des droits de la défense au Gabon. Le législateur gabonais fait de la suspicion un critère justifiant le recours à certaines mesures attentatoires à la liberté du suspect, sans pour autant que cette suspicion ne lui attribue des droits dont il aura besoin pour sa défense. Il exige que la personne mise en cause soit contrainte afin que des prérogatives de défense lui soient reconnues.

§2- Les conséquences de l'attribution des droits de la défense à partir de la contrainte

En droit gabonais, l'attribution des droits de la défense au suspect est synonyme de contrainte ; en effet, on considère encore que seule la personne faisant l'objet de mesures contraignantes, comme la garde à vue, est éligible au droit de se défendre. On nie par là même toute possibilité de se défendre pendant l'enquête de police avant la garde à vue et toute affirmation que le suspect qui est menacé aurait vocation à devenir partie pour se défendre. Les garanties de défense ne sont accordées au suspect que dès lors qu'il est gardé à vue.

C'est l'influence directe du droit français qui, lui non plus, n'accordait pas de véritables droits de la défense au suspect non contraint. En effet, jusqu'à la transposition de la directive européenne par la loi du 27 mai 2014, les prérogatives de défense n'étaient accordées au suspect en France que dès le moment de la garde à vue. C'est, en effet, davantage cette mesure contraignante qui octroyait au suspect des droits de la défense tels que le droit de consulter un médecin, celui d'avertir un tiers, le droit de s'entretenir avec un avocat et l'obligation de se voir notifier par l'enquêteur l'ensemble des droits précités. Le suspect, accusé au sens de l'article 6 de la Convention Européenne des Droits de l'Homme, ne bénéficiait donc des premières véritables garanties de défense qu'à la condition d'être placé en garde à vue. Le législateur français a dévié de cette conception récemment en raison des nécessités imposées par le droit européen.

Le droit gabonais issu de la réforme de 2010 est quant à lui resté sous l'influence du droit français de l'époque, l'élément déclencheur de l'attribution de garanties de la défense au suspect en droit gabonais reste son placement en garde à vue. Conséquemment, ne pas accorder de droits particuliers au suspect ne faisant pas l'objet d'une garde à vue transforme ainsi cette mesure initialement de contrainte, justifiée par les nécessités de l'enquête, en une mesure parfois inutile, justifiée par les nécessités des droits de la défense[140]. Cette conception subjective retenue au Gabon, et avant la réforme de 2014 en France quant à la contrainte qui impose de placer l'individu en garde à vue, est très critiquable[141] dans certaines situations : comment justifier qu'un suspect récalcitrant, dont la garde à vue est nécessitée par son comportement, bénéficie de droits auquel le suspect se présentant librement au commissariat ne peut prétendre puisqu'agissant ainsi, aucune disposition légale n'impose à l'enquêteur de le placer en garde à vue, faute pour lui de ne subir aucune contrainte[142].

Ce paradoxe a été mieux illustré lorsque le législateur français a entendu introduire, avec la loi du 14 avril 2011, la procédure dite de l'audition libre. Prévue aux articles 62 et 78 du Code de procédure pénale français, cette procédure permettait initialement aux enquêteurs d'entendre, pour une durée maximale de quatre heures, toute personne à l'encontre de laquelle il n'existait aucune raison plausible de soupçonner qu'elle ait commis ou tenté de commettre une infraction. S'il apparaissait, au cours de l'audition, des raisons plausibles de soupçonner que cette personne ait commis ou tenté de commettre un crime ou un délit puni d'une peine d'emprisonnement, elle ne pouvait alors être entendue sous la contrainte que sous le régime de la garde à vue. Le Conseil Constitutionnel français appelé à se prononcer sur la constitutionnalité de cet article, avait imposé aux enquêteurs, sous peine d'inconstitutionnalité de la mesure, d'informer la personne suspectée « *de la nature et de la date de l'infraction qu'on la soupçonne d'avoir commise et de son droit de quitter à tout moment les locaux de police ou de gendarmerie* »[143]. Le Conseil Constitutionnel français validait ainsi, à cette condition, la position adoptée désormais par le législateur français et mettait en

---

[140] Guéry, « L'avenir du suspect ».

[141] E. Mathias, « Pour une loi des suspects… libres (à propos du projet de loi relative à la garde à vue).

[142] Crim. 2 sept. 20014, n°03-86.721, inédit ; crim. 7 sept. 2004, n°03-85.956, inédit.

[143] Cons. const. 18 nov. 2011, considérant n°20.

lumière une « *lacune de notre droit qui ne permet pas au suspect, insusceptible d'être placé en garde à vue, de bénéficier des droits de la défense lorsqu'il est entendu par les enquêteurs* »[144]. Cette incohérence avait cependant par la suite été confirmée par la jurisprudence des tribunaux français. Retenant une position ambiguë et critiquable quant à la notion de contrainte policière exercée sur le suspect, la chambre criminelle de la Cour de Cassation française avait ainsi estimé qu'une personne interpellée, ayant répondu « *spontanément* » aux enquêteurs, n'avait pas à être placée en garde à vue[145] de la même manière qu'une personne déjà privée de liberté pour une cause différente de toute contrainte policière n'avait pas à l'être non plus[146].

On comprend rapidement que cette conception subjective de la contrainte entraîne un affaiblissement de la défense de la personne accusée au stade de l'enquête en raison de l'absence de droits spécifiquement conférés à la personne simplement suspectée. Cette conception de l'enquête policière est aujourd'hui durement et fermement mise à mal, car les garanties de défense ne doivent en effet plus procéder de la contrainte exercée sur le suspect, mais davantage lui précéder, ce que le droit européen a imposé en France progressivement au gré de sa jurisprudence ou de sa législation.

*****

On ne peut qu'espérer une meilleure garantie des droits de la défense au Gabon pendant la phase d'enquête pour que le suspect puisse se défendre et se placer dans une position qui ne le désavantage pas par rapport au ministère public, bien avant la garde à vue. La loi de 2014 qui a fait évoluer de façon ambitieuse les droits du suspect pendant l'enquête française devrait influencer le législateur gabonais pour prévoir des

---

[144] O. Bachelet, « QPC : ordre de comparution et audition libre, bis repetita (non) placent », Gaz. Pal., 10 juil. 2012, n°192, p. 17, note sous Cons. Const. 18 juin 2012, n°2012_257 QPC, société OLANO CARLA et autres.
[145] Crim. 2 sept. 2004, précité.
[146] Crim. 31 oct. 2006, bull. n°263, D. 2007. 1248, note P. Hennion-Jacquet ; crim. 25 oct. 2011, bull. n°216 ; crim. 11 juil. 1994, bull. n°273.

droits réels à ce dernier, peu importe qu'il fasse ou non l'objet d'une contrainte, en l'occurrence une garde à vue.

CHAPITRE II

LA GARANTIE DES DROITS DE LA DÉFENSE LORS DE LA GARDE À VUE AU GABON : L'INFLUENCE THÉORIQUE DU DROIT FRANÇAIS

La garde à vue peut être considérée comme la rétention d'une personne pour une certaine durée afin de la maintenir à la disposition de la police judiciaire ou de la gendarmerie pour le bon déroulement d'une enquête. Cette mesure se justifie par des raisons d'efficacité policière.

Pendant la garde à vue gabonaise, la personne suspectée bénéficie incontestablement de quelques principes de défense qui sont la marque de l'influence du droit français. En effet, l'analyse des dispositions du Code de procédure pénale gabonais sur la procédure de la garde à vue laisse entrevoir la marque du système français. Cette affirmation se justifie aisément par l'introduction dans ledit code de 2010 des droits qui jusque-là étaient ignorés du droit gabonais, mais que le système français appliquait déjà. Voulant se démarquer du laxisme observé dans le Code de procédure pénale de 1961, directement inspiré du Code d'instruction criminelle[147], le législateur gabonais de 2010 a intégré des prérogatives de défense au profit du suspect gardé à vue qui jusque-là étaient absentes en droit gabonais. Il a donc repris pour la garde à vue gabonaise les mêmes mécanismes que pour celle du droit français, mais aussi des droits similaires pour le suspect.

Le législateur gabonais a passé au crible la mesure de garde à vue française essentiellement sur quatre points forts : les conditions du placement en garde à vue, les prérogatives de la police pendant son exécution, les droits de la personne détenue et la durée de la mesure. Il a donc retenu de la législation française (antérieure à la loi du 4 avril 2011) qu'il n'était nécessaire que : - la personne gardée à vue puisse

[147] BOKALLI V.-E., « La protection du suspect dans le Code de procédure pénale », Revue africaine des sciences juridiques, vol. IV, n°1, 2007, p. 11.

bénéficier dès son placement en garde à vue de l'assistance d'un avocat notamment pendant les auditions ; - la durée de la garde à vue soit strictement limitée par la loi. Cela étant, la condition de la gravité de l'infraction que l'on retrouve en droit français et qui veut que la mesure ne soit possible que pour les crimes ou délits punissables d'au moins un an d'emprisonnement n'a pas été retenue par le législateur gabonais, ce dernier s'étant contenté de prévoir que la garde à vue soit possible lorsqu'une infraction avait été commise, ce qui veut dire que, contrairement au droit français, les contraventions peuvent constituer la base d'une garde à vue au Gabon.

Le droit français a connu une grande réforme de sa procédure de garde à vue à travers la loi du 14 avril 2011[148]. Cette réforme a été menée grâce à la jurisprudence de la Cour EDH et à celle du Conseil Constitutionnel français, ayant eu pour effet de faire évoluer les droits accordés au suspect pendant la mesure de garde à vue. La loi du 27 mai 2014 a, quant à elle, réaffirmé la garantie de ces droits.

Aujourd'hui on retrouve dans la procédure pénale gabonaise l'impact que le droit français a exercé sur la conception de la garde à vue, toutefois la réforme du Code de procédure pénale gabonais étant intervenue avant la grande réforme de la garde à vue de 2011 en France, il existe des insuffisances dans la législation gabonaise. En effet, beaucoup de choses restent à améliorer. C'est le cas de l'ambiguïté de la loi gabonaise qui, actuellement, permet encore de placer une personne en garde à vue pour des infractions mineures comme les contraventions et le caractère limité de la présence de l'avocat pendant la garde à vue. Par ailleurs, certaines critiques des avocats gabonais concernent l'insuffisance des contrôles entrepris par les parquets et la culture judiciaire gabonaise de l'aveu qui conserve toujours un poids réel dans les procédures pénales.

Cependant, le législateur gabonais a tout de même mis l'accent, dans le Code de procédure pénale, sur la protection des droits de la personne mise en cause pendant la garde à vue. Il a voulu que cette mesure soit

[148] Loi n°2011-392 du 14 avril 2011 relative à la garde à vue.

strictement réglementée (Section 1) et il reconnaît au suspect son droit à l'avocat (Section 2).

Section I- La règlementation de la garde à vue

En France le régime de la garde à vue a subi bien de vicissitudes au fil du temps, généralement motivées par des considérations politiques ou juridiques. Les premières de celles-ci ont conduit, selon les époques, à un durcissement ou, à l'inverse, à un assouplissement de la légalisation en la matière. Les considérations juridiques, quant à elles, traduisent généralement la volonté de lutter contre la grande criminalité. Parmi les modifications juridiques on peut évoquer la loi du 31 décembre 1970 relative à la lutte contre la toxicomanie et la répression du trafic et de l'usage de substances vénéneuses qui allongea la durée de la garde à vue à quatre jours, la loi du 2 février 1981 tendant à renforcer la sécurité et à protéger la liberté des personnes ou encore la loi du 9 septembre 1986 relative à la lutte contre le terrorisme et aux atteintes à la sûreté de l'État. Sous la pression de la Cour Européenne, le législateur français a élaboré trois lois pour redéfinir le régime de la garde à vue : la loi du 24 août 1993 a rééquilibré les dispositions issues de la loi du 4 janvier 1993 pour trouver un consensus entre les nécessités de la répression et la protection des intérêts des personnes gardées à vue ; la loi du 1er février 1994, pour sa part, a précisé certains points concernant le placement en garde à vue pratiqué au cours d'une commission rogatoire. Puis est intervenue une grande réforme de la garde à vue avec la loi du 14 février 2011 qui a clairement accordé de véritables droits de la défense à la personne placée en garde à vue. De cette évolution résulte un régime de la garde à vue étroitement réglementé.

Le droit gabonais a longtemps négligé la mesure de garde à vue et a renié les droits de la défense à la personne mise en cause lors de cette mesure, elle n'était pas réglementée comme en France. En effet, à l'examen de l'ancien Code de procédure pénale gabonais, directement impacté par les dispositions du Code d'instruction criminelle français de 1808, on pouvait se rendre compte de l'absence criarde de dispositions concernant la garde à vue et donc, bien évidemment, des dispositions sur les droits de la défense du suspect pendant la garde à vue. Cet ancien Code de procédure pénale remontait à 1961 et avait été adopté précipitamment après l'indépendance. Il comportait donc pour son époque des dispositions très lacunaires concernant la procédure de garde à vue et la personne gardée à vue n'avait que quelques droits qui ne garantissaient en rien sa défense. Cette mesure n'était donc pas réglementée, et cela a duré jusqu'en 2010.

En 2010, le législateur gabonais a tenu à introduire des dispositions qui réglementeraient la garde à vue gabonaise et, surtout, certaines prérogatives pour le gardé à vue. Il s'est donc logiquement inspiré des évolutions qu'avait connues le droit français concernant la question. La loi organique du 25 novembre 2010 qui modifiait l'ancien Code de procédure pénale a ainsi prévu, comme c'est le cas en France, une meilleure réglementation de la garde à vue en concevant les raisons du placement en garde à vue, ses conditions ainsi que les droits de la personne y étant placée. On peut cependant regretter que depuis l'adoption de cette loi en 2010 aucune réforme ne soit intervenue pour se rapprocher encore plus du droit français qui, rappelons-le, a énormément évolué depuis 2010 sous l'influence du droit européen en accordant de véritables droits au suspect pendant l'enquête de police.

Si le Code de procédure pénale gabonais de 2010 encadre le placement en garde à vue à travers des mécanismes issus du droit français, on remarque tout de même une divergence avec celui-ci qui a inspiré cet encadrement (§1). Et bien que le code gabonais reste en deçà de ce qui est prévu en droit français, il contient tout de même de véritables droits pour le suspect qui sont théoriquement conformes au droit français (§2).

§1- Divergences dans l'encadrement du placement en garde à vue entre les droits gabonais et français

La garde à vue, qui est une mesure attentatoire à la liberté d'aller et venir de la personne mise en cause, doit de ce fait être encadrée par un certain nombre de mécanismes qui préviennent contre les abus des forces de l'ordre. Par exemple, le droit français exige que le placement en garde à vue ne puisse être décidé que s'il existe des raisons plausibles de penser que la personne contre laquelle est envisagée cette mesure a commis une infraction punie d'au moins un an d'emprisonnement. Par ailleurs, la loi française prévoit que le placement en garde à vue soit exécuté en respectant certaines modalités et conditions, notamment de durée.

Le législateur gabonais reconnaît également ces mécanismes d'encadrement de la garde à vue gabonaise. C'est l'alinéa 1 de l'article 50 du Code de procédure pénale gabonais[149] qui prévoit les modalités du placement en garde à vue, les alinéas suivants s'étant quant à eux penchés plus précisément sur les conditions du placement en garde à vue. Toutefois la lecture de ces différents alinéas nous laisse entrevoir, certes, la marque de l'influence du droit français du fait que la réglementation de la garde à vue au Gabon ait été faite à travers les mécanismes existant en droit français, mais les modalités (A) et les conditions (B) du placement en garde à vue au Gabon divergent par rapport à ce que prévoit le droit français actuel.

A- Les modalités du placement en garde à vue

Le législateur gabonais prévoit désormais que le placement en garde à vue se fasse selon certaines modalités édictées à l'article 50 du CPP de 2010. En effet, l'alinéa 1er de l'article 50 prévoit que pour les nécessités de l'enquête, toute personne soupçonnée d'avoir participé à l'infraction peut être placée en garde à vue, c'est la même chose en droit français. Les points de divergence avec l'actuel droit français concernent la possibilité de placer un témoin en garde à vue au Gabon (1), il existe également une différence entre les deux droits sur la possibilité de placement en garde à vue concernant toutes les infractions (2). Cette prévision qui se rapproche plus de ce que prévoyait le Code d'instruction criminelle français, ne répond pas à l'objectif du législateur gabonais qui est de rapprocher la législation gabonaise au plus près du système français actuel.

1- L'admission du placement en garde à vue du témoin en droit gabonais

En France, où la question de la garde à vue du témoin avait également été abordée, certains s'émurent de cette iniquité et se demandèrent s'il

---

[149] « Pour les nécessités de l'enquête, toute personne soupçonnée d'avoir participé à l'infraction, ou entendue comme témoin, peut faire l'objet d'une mesure de garde à vue dans les locaux de la gendarmerie, de la police ou de toute autre force de sécurité investie de pouvoirs de police judiciaire ».

était « *rationnel et équitable d'employer des moyens coercitifs à l'encontre d'une personne qui ne fait l'objet d'aucun soupçon ?* »[150]. Les anciens articles 62 et 77 du Code de procédure pénale français prévoyaient en effet la possibilité de placer de simples témoins en garde à vue. Donc, tout comme le prévoit le droit gabonais actuellement, il existait en France la possibilité de placer en garde à vue tout individu suspecté, y compris les témoins, pour les nécessités de l'enquête. De ce fait, toutes les personnes, qui se présentaient spontanément, pouvaient être placées en garde à vue y compris les simples témoins, alors qu'une personne même fortement soupçonnée qui refusait de déférer aux convocations de l'officier de police judiciaire ne pouvait être placée en garde à vue. Cela conduisait à l'ouverture de procédures d'information judiciaire peu justifiées[151]. Le projet relatif à la loi du 4 janvier 1993 prévoyait également que la loi donnerait aux officiers de police judiciaire, de manière précise et limitée, le pouvoir de retenir temporairement les témoins présents. Cette possibilité était justifiée par le caractère exceptionnel des crimes et délits flagrants ainsi que par le trouble à l'ordre public qu'ils généraient[152]. Face à cette rigueur, certains proposèrent un amendement tendant à interdire purement et simplement le placement en garde à vue d'un simple témoin, dans le cadre d'une enquête de flagrance, ne serait-ce que pour vingt-quatre heures[153]. D'autres estimaient contestable l'introduction d'une distinction dès le début de la garde à vue, car celle-ci aurait pour inconvénient de créer, immédiatement, deux catégories de personnes alors même que, selon eux[154], « *il faut bien souvent attendre les premiers éléments de l'enquête pour faire le départ entre suspect et témoin* ». Partageant ce point de vue, la Commission des lois de l'Assemblée Nationale ainsi que le Gouvernement manifestèrent leur hostilité à cette modification, et ce pour éviter que ne « *s'envolent* » les témoins[155]. Néanmoins, la gravité

[150] Essai, « La présomption d'innocence », thèse, Paris, 1969, n°563.

[151] Destre, « Le témoin en droit pénal », thèse, Aix-Marseille, 1997, p. 260.

[152] Rapport fait par M. Pezet, T.II, n°2932 enregistré à la présidence de l'Assemblée nationale le 2 octobre 1992, p. 80.

[153] Débats au Sénat, 18 novembre 1992, JO 19 novembre 1992, p. 3206.

[154] Rapport fait par M. Girault, Sénat, n°44, T. I, annexe au procès-verbal de la séance du 12 novembre 1992, p. 36.

[155] Débats au Sénat, 18 novembre 1992, JO 19 novembre 1992, p. 3207.

de l'atteinte aux droits et libertés fondamentaux que cause la garde à vue impliquait un correctif qui soit de nature à préserver les droits fondamentaux, si bien que l'article 9 de la loi vint compléter l'article 63 du Code de procédure pénale. C'est le rapporteur du projet devant l'Assemblée Nationale, M. Pezet, ainsi que le député Aubert qui, par leur proposition d'amendement, ont introduit dans ledit code un élément allant dans ce sens, et ce malgré l'opposition conjuguée du Sénat et du Gouvernement.

Ce correctif figurant à l'article 63, alinéa 2, avant la réforme de 2011, précisait que « *toutefois les personnes à l'encontre desquelles il n'existe aucun indice laissant supposer qu'elles ont commis ou tenté de commettre une infraction ne peuvent être retenues, que le temps nécessaire à leur déposition* ».

Avec la loi du 4 janvier 1993, confirmée par celle du 24 août de la même année, le législateur français a institué la garde à vue uniquement à l'encontre des suspects pour une durée de vingt-quatre heures. En revanche, concernant les témoins, ceux-ci ne pourront être retenus que le temps nécessaire à leur déposition. Aujourd'hui cette durée est fixée à quatre heures.

Si le simple témoin ne peut désormais être retenu que le temps nécessaire à son audition en France depuis 1993, il peut toujours faire l'objet d'une garde à vue au Gabon. Le législateur gabonais de 2010 n'a pas tenu compte de la modification de la loi française en 1993 alors que, la garde à vue étant une atteinte importante à la liberté individuelle, il est dommage que la loi gabonaise continue de concevoir cette possibilité à l'encore d'un simple témoin.

La nécessité pour les enquêteurs de soumettre à la garde à vue de simples témoins est loin de constituer une hypothèse d'école. L'enquête de police s'opère naturellement sur la base d'une présomption de culpabilité à l'encontre de toute personne pouvant avoir un rapport avec l'enquête. Et c'est sous le couvert de l'efficacité de l'enquête policière que le législateur gabonais justifie le recours à de tels procédés, « *l'efficacité commande parfois d'isoler également les témoins, c'est-à-*

dire des personnes susceptibles de fournir des renseignements sur les faits afin d'éviter entre elles toute communication de nature à fausser l'enquête »[156]. Mais, eu égard aux graves conséquences psychologiques que peut entraîner une garde à vue chez un innocent, cette facilité accordée aux enquêteurs ne devrait pas être envisagée dans un pays se disant protecteur des droits de l'Homme.

La garde à vue ne devrait être possible par ailleurs que si l'infraction a une certaine gravité, c'est ce qui est d'ailleurs prévu en droit français, car le législateur français impose que le placement en garde à vue ne puisse intervenir que lorsqu'un crime ou un délit puni d'un an d'emprisonnement a été commis. La législation gabonaise diverge aussi sur ce point de ce que prévoit actuellement le droit français en étant plus proche des dispositions du Code d'instruction criminelle, car, comme celui-ci, le Code de procédure pénale gabonais de 2010 prévoit, ainsi que nous l'avons dit plus haut que la garde à vue soit possible lorsqu'une infraction a été commise, sans autre précision, ce qui sous-entend que même pour les infractions de faible gravité comme les contraventions, la garde à vue reste possible.

2- La possibilité du placement en garde à vue en cas de contravention en droit gabonais

Aujourd'hui, en France avec la réforme de la garde à vue intervenue avec la loi du 14 avril 2011, celle-ci n'est possible que pour une personne à l'encontre de laquelle il existe une ou plusieurs raisons plausibles de soupçonner qu'elle ait commis ou tenté de commettre un crime ou un délit puni d'une peine d'emprisonnement. Cette loi a exclu du champ d'application de la garde à vue les contraventions et les délits punis d'une peine d'emprisonnement d'un an. L'article 62 du Code de procédure pénale français limite ainsi la possibilité d'un placement en garde à vue aux délits punis d'une peine d'emprisonnement de plus d'un an et aux crimes. Mais, avant la réforme du 14 avril 2011, il ressortait des anciens articles 63 et 67 combinés du Code de procédure pénale français que la garde à vue n'était possible, dans le cadre d'une enquête de flagrance, que lorsque l'infraction en cause était punie d'une peine

---

[156] Braunschweig, « La justice et les libertés individuelles », Les cahiers français, n°156-157, 1972, p. 52.

d'emprisonnement. En revanche, s'agissant des gardes à vue décidées au cours d'une enquête préliminaire et en exécution d'une commission rogatoire dans le cadre d'une information judiciaire, les articles 77 et 154 du Code de procédure pénale ne prévoyaient pas une telle restriction. L'article 50 du Code de procédure pénale gabonais adopté en 2010 se trouve dans le cas de figure des anciens articles 77 et 154 du Code de procédure pénale français, disposant que la garde à vue est possible pour les nécessités de l'enquête lorsqu'une infraction a été commise : donc même lorsqu'une contravention a été commise. Le critère de gravité retenu en droit français pour autoriser un placement en garde à vue n'est pas le même en droit gabonais, car le législateur n'a pas prévu de restriction en ce qui concerne les contraventions.

Le législateur gabonais a simplement recopié en 2010 les dispositions du Code de procédure pénale français. Il existe, ainsi, en procédure gabonaise une possibilité importante de placement en garde à vue à l'encontre d'une personne soupçonnée d'avoir commis une contravention ou un délit non puni d'une peine d'emprisonnement. À la différence du législateur gabonais de 2010, le choix du législateur français de 2011 était de limiter cette mesure attentatoire à la liberté d'aller et de venir aux infractions les plus graves, les personnes soupçonnées d'avoir commis ou tenté de commettre une contravention étant entendues en audition libre.

La nécessité de faire évoluer le droit gabonais sur ce point se fait sentir, car laisser une telle imprécision sur la garde à vue en cas de contravention reviendrait à encourager les placements en garde à vue abusifs des officiers de police gabonais qui gardent à leur disposition des personnes pour qui cette mesure n'est pas nécessaire[157] pour des durées extrêmes.

B- La durée de la garde à vue

Le droit gabonais a repris le droit français concernant un certain nombre de dispositions sur la garde à vue, mais concernant ses conditions de

---

[157] C'est une attitude qui est contraire à l'esprit de l'article premier de la constitution gabonaise « nul ne peut être gardé à vue (…) s'il présente des garanties suffisantes de représentation... ».

durée il y a manifestement une volonté de se distinguer des prévisions du droit français. On a ainsi un droit typiquement gabonais en ce qui concerne la durée de la garde à vue, c'est-à-dire des délais excessifs (2) même si le législateur et la jurisprudence n'ont pas réglé la question du point de départ de la mesure de garde à vue (1).

1- Le point de départ de la garde à vue : des précisions à intégrer en droit gabonais

Aucun article dans le Code de procédure pénale gabonais ne précise le début de la garde à vue. Doit-elle commencer à la fin du premier interrogatoire ? Lorsque l'intéressé se voit refuser le droit de rentrer chez lui ? Lorsqu'apparaissent les premiers soupçons ou encore au début des déclarations qui contraignent l'officier de police judiciaire à retenir la personne qu'il vient d'entendre ? Il n'existe pas de réponse textuelle à ces questions. Il est dommage que le législateur gabonais ait oublié de préciser le point de départ de cette mesure surtout si l'officier de police judiciaire doit mentionner sur le procès-verbal le jour et l'heure à partir desquels la personne est gardée à vue. Il y a donc une nécessité pour le législateur gabonais de mieux préciser sa législation sur ce point. C'est la pratique qui nous enseigne que la garde à vue débute avec l'arrestation, notamment quand l'individu est déposé dans les locaux de la police ou de la gendarmerie.

En regardant la jurisprudence française, on se rend compte qu'il existe plusieurs hypothèses permettant de savoir à partir de quel moment la garde à vue a débuté. Selon la jurisprudence française donc, s'il s'agit d'un flagrant délit, la garde à vue commence au moment où l'individu est appréhendé, c'est-à-dire au moment où il est privé de sa liberté d'aller et de venir. Donc dans l'hypothèse où la personne serait appréhendée par un particulier ou par un agent de police judiciaire, le délai ne court pas à partir de sa présentation aux personnes qualifiées, mais dès la première arrestation[158]. Cette solution est indispensable en cas d'absence de l'officier de police judiciaire pour éviter que ce délai d'attente ne s'ajoute à celui de la privation de liberté entendue au sens strict. C'est pour cela que la Cour de cassation française estime que la période entre l'appréhension et la présentation au poste de police ou de

---

[158] Cass. crim. 23 mars 1982, Bull. crim. n°85.

gendarmerie doit correspondre uniquement au temps nécessaire à la mise à disposition des forces de l'ordre de la personne arrêtée, sans pour autant durer plusieurs heures, faute de quoi il y aurait séquestration arbitraire[159]. Toutefois, il n'y a pas d'abus s'il existe des circonstances insurmontables empêchant de conduire immédiatement la personne dans les locaux de la police[160]. S'il s'agit de la rétention douanière d'une personne en flagrant délit, la durée de la retenue est imputée sur la durée de la garde à vue. S'il s'agit de la personne présente sur les lieux de l'infraction à qui l'officier de police judiciaire interdit de s'éloigner, le délai débute dès la notification de la décision à l'intéressée. S'il s'agit de la personne qui a été contrainte par la force publique de comparaître à des fins d'audition, c'est au moment de sa présentation devant l'officier de police judiciaire que le délai commence à courir. Enfin, s'il s'agit d'une personne qui se présente spontanément ou sur convocation, le point de départ est le commencement de son audition. En somme, le maintien à la disposition des enquêteurs de toute personne dont la présence ou l'audition est nécessaire à leurs investigations constitue le point de départ d'une éventuelle garde à vue.

Si le législateur gabonais n'a pas réglé la question du point de départ de la garde à vue, il a cependant bien prévu les délais (excessifs) de la mesure en choisissant de s'éloigner des prévisions du droit commun français.

2- La durée de la garde à vue gabonaise proche de la garde à vue dérogatoire française

La garde à vue constitue une atteinte grave aux libertés individuelles. Placer une personne en garde à vue nuit à sa liberté d'aller et de venir, la gravité de l'atteinte étant liée à la durée de la mesure, il est nécessaire que cette mesure soit prompte. Néanmoins il est aisé de se rendre compte que la durée de la garde à vue au Gabon, même en matière de droit commun, s'approche plus de la durée de la garde à vue dérogatoire prévue en France.

---

[159] Cass. crim. 1er fév. 1988, Bull. crim. n°75.

[160] Procédures 1996, comm. 229 obs. J. Buisson.

Le délai initial de la garde à vue en France est de vingt-quatre heures, quel que soit le type d'enquête, la nature de l'infraction et que la personne soit majeure ou mineure. Cependant, il existe des cas particuliers, notamment en cas de prolongation de la mesure[161]. Alors, le régime de la garde à vue diffère selon qu'il s'agisse d'un mineur ou d'un majeur et selon le type d'infraction. S'il s'agit d'un mineur de moins treize ans, il n'est pas possible de le placer en garde à vue. En revanche, s'il s'agit d'un mineur âgé de treize à seize ans une garde à vue peut être envisagée à son égard. Toutefois une prolongation ne sera possible que si les faits reçoivent une qualification criminelle ou s'ils sont punis d'une peine de prison supérieure ou égale à cinq ans[162]. Le différé est de vingt-quatre heures en cas de prolongation, douze dans le cas contraire[163]. Enfin, s'il s'agit d'un mineur âgé de seize à dix-huit ans, la prolongation de la garde à vue est libre. Toutefois, dans ce cas-là comme pour le mineur de treize à seize ans, la prolongation doit être autorisée par le procureur de la République ou le juge chargé de l'instruction et la présentation du mineur est obligatoire.

La prolongation de la garde à vue des majeurs est de vingt-quatre heures. Ce délai est un délai maximal que le procureur de la République peut éventuellement raccourcir[164]. La prolongation est accordée après présentation préalable de la personne gardée à vue et ce n'est qu'à titre exceptionnel qu'elle peut être accordée par décision écrite et modifiée, sans présentation préalable. Par ailleurs, compte tenu de la gravité des infractions commises dans le domaine du terrorisme et du trafic de stupéfiants, un régime spécial est prévu en France. Pour les infractions commises en matière de trafic de stupéfiants, la garde à vue peut être de quarante-huit heures, renouvelée une fois. S'agissant des infractions commises en matière de terrorisme, une prolongation exceptionnelle de quarante-huit heures peut être ordonnée en plus d'une première prolongation de vingt-quatre heures, à l'issue des premières vingt-quatre heures.

Les délais de la garde à vue gabonaise se rapprochent davantage de ceux prévus pour la garde à vue dérogatoire en France. Par ailleurs, le

---

[161] Laquelle doit être exécutée sous le contrôle de l'autorité judiciaire.
[162] Article 4 ordo. 2 fév. 1945.
[163] Il en est de même pour les mineurs de seize à dix-huit ans.
[164] Art. C. 63 circ. 1er mars 1993.

législateur gabonais n'a pas suivi la logique française qui veut que la garde à vue soit envisagée différemment s'agissant d'un mineur ou d'un majeur. Les choses sont clairement dites et envisagées à l'article 50 du Code de procédure pénale en termes de type d'infractions. La durée de la mesure, en matière de délit, est de quarante-huit heures et peut être prolongée d'un nouveau délai de quarante-huit heures par autorisation écrite et non orale du procureur de la République. En matière de crimes flagrants, elle peut être portée à huit jours par décision du procureur de la République. En cas de poursuites pour crimes et délits contre la sûreté de l'État, elle est d'un mois et n'est pas susceptible de renouvellement.

Alors que l'article 49 du Code de procédure pénale gabonais prévoit que la fin de la garde à vue doit intervenir à l'expiration du délai prescrit par la loi, on relève dans la pratique des durées de rétention, pour cause de garde à vue, totalement excessives et injustifiées pouvant atteindre plusieurs jours. Heureusement, la personne gardée à vue dispose dorénavant, en droit gabonais, d'un arsenal de droits qui lui sont reconnus. Le problème est toutefois que ces droits ne sont que théoriques, même si on salue déjà leur reconnaissance, en pratique les droits que le législateur gabonais a consacrés légalement ne sont pas appliqués.

§2- La consécration légale en droit gabonais des prérogatives de défense à la personne gardée à vue

Le système français actuel a pour caractéristique majeure d'être contradictoire, il laisse donc la possibilité au suspect de se défendre lors de sa garde à vue, même si cette possibilité est récente[165]. Le droit de se défendre pendant la garde à vue se caractérise par une série de prérogatives accordées au suspect et dont l'objectif est de lui permettre d'assurer sa défense dès ce stade de la procédure.

Influencé par le droit français en général, le législateur gabonais de 2010 a voulu donner au procès pénal gabonais un caractère équitable qui requiert une égalité des armes, ce qui l'a certainement poussé à dépasser

---

[165] BENILLOUCHE M., Le secret dans la phase préliminaire du procès pénal en France et en Angleterre, éd. Presses universitaires d'Aix-Marseille, 2004, pp. 231 et s.

la marque de la primauté de la répression aux dépens des droits de la personne gardée à vue. Se démarquant du laxisme observé dans le Code de procédure pénale de 1961[166], le législateur gabonais a intégré dans le nouveau Code de procédure pénale de nombreuses prérogatives au profit de la personne gardée à vue. C'est à ce titre que le gardé à vue bénéficie désormais du droit à un avocat qui sera envisagé particulièrement ci-dessous, mais il bénéficie également d'un ensemble de droits que l'on retrouve édictés aux articles 51 à 55 du Code de procédure pénale gabonais et qui rappellent les droits prévus par les articles 63-1 et suivants du Code de procédure pénale français. Il s'agit :

- **Du droit à l'interprétation et à la traduction.** Le législateur gabonais a consacré la nécessité d'informer le suspect de ses droits dans une langue qu'il comprenne, ce qui est conforme aux principes de défense. En vertu de l'article 51, alinéa 3 du Code de procédure pénale gabonais, la personne gardée à vue doit être informée de ses droits dans une langue qu'elle comprenne, le cas échéant après qu'un formulaire lui a été remis pour son information immédiate. La loi n'exige pas que la notification de ses droits lui soit faite dans sa langue natale ou nationale, il suffit qu'elle soit faite dans une langue qu'elle comprenne. À titre d'exemple, en France, dans un arrêt du 11 février 1998[167], la chambre criminelle a estimé régulière une notification faite en langue française à une personne de nationalité tunisienne dès lors qu'elle résidait en France depuis 1973 et qu'elle avait déclaré avoir compris la nature et la portée de la notification. Concernant les personnes atteintes de surdité, si cette question n'est pas encore réglée au Gabon par le législateur, ce dernier devrait être interpellé par l'exemple de la loi du 15 juin 2000 qui a ajouté à l'article 63-1 du Code de procédure pénale français un alinéa 4 aux termes duquel la personne gardée à vue atteinte de surdité doit, si elle ne sait ni lire ni écrire, être assistée d'un interprète en langue des signes ou par toute personne qualifiée maîtrisant un langage ou une méthode permettant de communiquer avec les sourds.

[166] BOKALLI V.-E., « La protection du suspect dans le code de procédure pénale », Revue africaine des sciences juridiques vol. IV, n°1, 2007, p. 11.
[167] Bull. crim. n°55, p. 148.

Le texte précise qu'il peut être également fait recours à tout dispositif technique permettant de communiquer avec une personne atteinte de surdité. La circulaire d'application de la loi du 15 juin 2000 ajoute que les enquêteurs peuvent faire appel à des proches de la personne gardée à vue qui maîtrisent le langage des signes dans la mesure où un tel recours est compatible avec les nécessités de l'enquête en cours. C'est ce qui est fait dans la pratique gabonaise, quand les officiers chargés de la garde à vue le veulent bien, il est fait appel à un membre de la famille de la personne atteinte de surdité. Si la personne souffrant de ce trouble sait lire et écrire, il lui est remis un formulaire type mentionnant ses droits.

- **Du droit qu'au moins un tiers ainsi que, le cas échéant, les autorités consulaires du pays dont la personne est ressortissante soient informés de la mesure privative de liberté dont elle fait l'objet.** Selon l'article 52 du Code de procédure pénale gabonais, toute personne gardée à vue peut, à sa demande, faire prévenir par téléphone une personne avec laquelle elle vit habituellement ou l'un de ses parents en ligne directe, l'un de ses frères et sœurs ou son employeur, de la mesure dont il fait l'objet. Il s'agit de toute personne susceptible de s'inquiéter de l'absence de l'individu gardé à vue. Cette information présente l'intérêt de permettre à l'entourage averti de la mesure de prendre certaines dispositions, comme la demande d'un examen médical ou la prise de contact avec un avocat. C'est pourquoi celle-ci ne saurait trop être retardée pour ne pas porter atteinte aux droits de la défense.

- **Du droit d'être examiné par un médecin**. Antérieurement à 1993 en France, la demande d'examen médical, qu'elle émane du gardé à vue ou de sa famille, ne liait le parquet qu'en cas de prolongation de la mesure. Dans les autres cas, il n'était fait droit à la mesure que si le parquet l'estimait nécessaire. Désormais, selon l'article 63-3 du Code de procédure pénale en France, la personne gardée à vue peut se faire examiner par un médecin à sa demande ou d'office si le parquet l'exige. La famille du gardé à vue peut également exiger un tel examen lorsque ni le gardé à vue ni le parquet ne l'ont réclamé. Le médecin sera désigné par le parquet ou l'officier de police judiciaire. Le droit gabonais s'est basé sur cet article 63-3 et prévoit désormais à l'article 53 du CCP ce droit à un examen. Ainsi, la personne gardée à vue, à sa demande ou à celle d'un membre de sa famille, de son entourage ou de son employeur, doit être examinée par un médecin désigné par le procureur de la République ou par l'officier de police judiciaire. Le médecin examine sans délai la personne gardée à vue. Le certificat médical par lequel il se prononce sur l'aptitude du maintien en garde à vue est versé au dossier.

Ce sont là les quelques prérogatives, très importantes, dont bénéficie le gardé à vue en procédure gabonaise. Mais la réforme de 2010 a surtout assuré au suspect gardé à vue, dès ce stade de la procédure, un droit à l'information (A) et un contrôle de la garde à vue (B). Véritable garantie pour la personne gardée à vue, ce contrôle lui permet de s'assurer de la nécessité de la mesure et que les droits qui lui sont reconnus soient bien respectés par les officiers de police judiciaire. Le recours important à la garde à vue et sa place centrale dans l'enquête doivent en effet être compensés par un contrôle renforcé.

A- Le droit à l'information du gardé à vue

Le droit à l'information du suspect placé en garde à vue était complètement absent du Code de procédure pénale gabonais avant la réforme du 25 novembre 2010. En effet, dans le cadre du Code de procédure pénale gabonais de 1961 dont la procédure d'instruction était une reprise de la procédure inquisitoire instaurée sous l'ancien régime, le secret avait un caractère absolu et avait davantage pour objectif de garantir l'efficacité de la procédure que le respect des droits de l'individu[168]. Il était inconcevable de tenir informé le suspect de quoi que ce soit. Le Code d'instruction criminelle avait même implicitement maintenu cette conception du secret et la jurisprudence du XIXe siècle

---

[168] HENNION P., Preuve pénale et droits de l'homme, Thèse sous la direction de R. Bernardini, éd. Le Septentrion, 1999, p. 149.

l'avait d'ailleurs consacrée[169]. Arme de la police contre le suspect, l'absence de l'information du suspect était vraiment une marque de la primauté de la répression au profit des droits de la personne poursuivie. Cependant, la loi du 8 décembre 1897 a atténué le caractère secret de la phase préparatoire du procès pénal puisque ce principe n'était plus opposable à la personne poursuivie en France. Le Code de procédure pénale français de 1958 a solennellement affirmé le principe du secret de la phase préparatoire du procès pénal qui ne saurait préjudicier aux droits de la défense[170]. Le législateur gabonais de 1961, quant à lui, était resté sur le principe d'une enquête de police totalement secrète sans que la personne suspectée ne sache ce qu'on lui reprochait, ni les investigations qui étaient menées, ni les droits dont elle disposait.

Le législateur gabonais de 2010, qui a eu envie de faire évoluer la procédure pénale gabonaise vers une procédure plus équitable comme en France, a donc dû garantir une meilleure égalité des armes entre l'accusation et le suspect. Il a, de ce fait, atténué le caractère secret de la phase d'enquête à l'égard du suspect en reconnaissant de nombreux droits uniquement au profit du gardé à vue qui devait en être informé. Le suspect bénéficie dès lors d'une information sur ses droits.

Le droit à l'information constitue la première garantie de l'effectivité des droits de la défense, dès le stade de l'enquête[171]. Il vise pendant la garde à vue, à permettre au suspect de prendre des initiatives procédurales et de pouvoir ainsi assurer sa défense de manière efficace. Ce droit à l'information qui est prévu dans le Code de procédure pénale gabonais est un véritable préalable pour la défense[172], renforçant le contradictoire du procès pénal gabonais dès la phase d'enquête. Nous

---

[169] Voir MERLE R., « *Le secret et la procédure en droit français* », in Le secret et le droit, Travaux de l'Association Henri CAPITANT, T.XXV, Dalloz, 1947, 1974, p. 759.

[170] Art. 11 al. 1er CPPF « Sauf dans les cas où ma loi en dispose autrement et sans préjudice des droits de la défense, la procédure au cours de l'enquête et de l'instruction est secrète ».

[171] GAVALDA-MOULENAT C., « *Comment renforcer le contradictoire dans le procès pénal français* ? », APC, 2007, pp. 19-21 ; TESSIER A., « *Garde à vue et droits de la défense* », Rev. Pénit., 2001, pp. 30-41.

[172] BATTESTI F., « *La dimension européenne des droits de la défense* », Thèse de l'Université de Corse Pascal Paoli, 2005, p. 107.

verrons donc le contenu explicite de ce droit (1) ainsi que le moment auquel il doit intervenir (2).

1-Le contenu explicite du droit à l'information

Le droit à l'information au profit du suspect, que la doctrine présente souvent comme « *le droit de savoir* »[173], « *le droit de regard* »[174] ou « *le droit à la transparence* »[175], est désormais organisé dans la phase de la garde à vue gabonaise suivant la logique française qui le considère comme l'un des droits primordiaux du gardé à vue, car il représente le refus même de l'arbitraire. Ce droit à l'information pendant la garde à vue concerne les prérogatives qui vont être données à la personne poursuivie sans qu'elle ait besoin de les requérir. Plus précisément, il concerne le droit à des renseignements qui doivent permettre au gardé à vue de comprendre l'importance des poursuites dont il fait l'objet et leurs conséquences, il permet également au suspect gardé à vue de se protéger contre les éventuels abus de la police et de préserver sa présomption d'innocence. Ce droit est institué dès le début de la garde à vue, assurant le strict respect de l'exécution des droits consacrés au profit du suspect. En effet, pour être en mesure de se défendre, le gardé à vue doit être informé des droits dont il dispose. Et cette obligation d'informer le gardé à vue de ses droits pourrait être interprétée comme la volonté du législateur gabonais d'introduire la loyauté et l'équilibre dans les rapports entre la personne poursuivie et la police judiciaire : mieux informée de ses droits, la personne suspectée serait mieux à même de se défendre d'égal à égal avec l'enquêteur[176].

C'est ce qui ressort de l'article 51, alinéa 1er, du Code de procédure pénale gabonais qui impose à l'officier de police judiciaire d'informer le suspect de ses droits mentionnés aux articles 52, 53, 54, 62, 63 et 64 du même code. Cet article exclut néanmoins *de facto* l'information au

---

[173] AMBROISE-CASTEROT C., De l'accusation et de l'inquisitoire dans l'instruction préparatoire, Thèse Bordeaux IV, 2000, p. 255.
[174] *Idem.*
[175] DEFFERRARD F., Le suspect dans le procès pénal, éd. MARE ET MARTIN, 2017, p. 129.
[176] PORTERON C., Droit à l'information et procédure pénale. Contribution à l'étude des droits de la personne poursuivie, Thèse de l'université de Nice, 2002, p. 120.

suspect de son droit de se taire (a) et l'information du droit de connaître la nature de l'infraction qui a encouragé le placement en garde à vue (b). Seuls les droits qui ont été cités plus haut[177] seront notifiés au suspect gardé à vue (c).

a- L'absence de la notification du droit de se taire

Le droit au silence ou droit de se taire a toujours fait couler beaucoup d'encre et suscité de nombreux débats. Certains y ont vu « *l'exercice du droit de défense* »[178] et « *un droit* sacré »[179] pour la personne accusée, tandis que d'autres, au contraire, l'ont considéré comme synonyme d'aveu[180]. Selon Christian de VALKENEER, le droit au silence comporte, dans son acception littérale, deux dimensions : le droit de ne pas parler et celui de ne pas devoir s'auto-incriminer. Cela signifie que, d'une part, le gardé à vue n'est pas obligé de répondre aux questions qui lui sont posées et que, d'autre part, le juge ne pourra nourrir sa conviction du silence du prévenu et, plus généralement, des contradictions dont seraient entachées ses déclarations[181]. Sur le plan international ou national, le droit au silence a été abordé.

L'économie générale du droit de se taire dégagée au plan international. Le Pacte international de l'Organisation des Nations unies relatif aux droits civils et politiques de 1966 proclame en son article 14 (3°) le droit de toute personne accusée *« à ne pas être forcée de témoigner contre elle-même ou de s'avouer coupable »*. La Charte africaine des droits de l'Homme et des Peuples est silencieuse sur ce droit, mais, si on peut regretter l'absence d'une telle consécration, ce manque ne saurait justifier le silence de certaines législations africaines.

En Europe, La Convention européenne des droits de l'Homme ne proclame pas expressément le droit pour un accusé de garder le silence,

---

177 Dans l'introduction du Paragraphe II.

178 HELIE F., Traité de l'instruction criminelle, Bruylant, Bruxelles, t.II, 1865.

179 GRAVEN J., « *L'obligation de parler en justice* », RSC, 1947, p. 309.

180 BENTHAM J., Traité des preuves judiciaires, vol. II, éd. Bossange, 1823, p. 356, « *L'aveu est une confession de bouche, le silence est une confession de fait* ».

181 De VALKENEER C., La tromperie dans l'administration de la preuve pénale, Larcier, 2000, pp. 485 et s.

mais la Cour européenne, néanmoins, le dégage du droit à la présomption d'innocence. Depuis l'arrêt Funke de 1993[182], « *le droit de se taire* » ou « *de ne pas contribuer à sa propre incrimination* » est consacré par le juge européen selon lequel il constitue une garantie de la présomption d'innocence et interdit de déduire du silence un indice de culpabilité. L'arrêt John Murray rendu à l'encontre du Royaume-Uni illustre la démarche interprétative du juge européen lui permettant de déduire de l'article 6 de la Convention européenne le droit, pour tout accusé, de garder le silence. En effet, pour la Cour européenne, le droit de garder le silence réside dans le droit « *de se taire face aux questions de la police et de ne pas avoir à témoigner contre soi-même au procès* »[183]. Dans un arrêt du 14 octobre 2010, lors de l'affaire Brusco[184], la Cour européenne rappelle que « *le droit de ne pas contribuer à sa propre incrimination et le droit de garder le silence sont des normes internationales généralement reconnues qui sont au cœur de la notion de procès équitable. Ils ont notamment pour finalité de protéger l'accusé contre une coercition abusive de la part des autorités et ainsi d'éviter les erreurs judiciaires* ». De fait, cette démarche prétorienne du juge européen est-elle motivée par le souci de préserver l'équité de la procédure par l'octroi, à tout accusé, de la liberté de parler ou de garder le silence, mais également de protéger les personnes privées de leur liberté contre les éventuelles pressions abusives des autorités[185]. On comprend alors que le concept générique du droit au silence englobe le droit de se taire et celui ne de pas contribuer à sa propre incrimination, consistant pour l'intéressé à ne pas s'exprimer devant les policiers et les enquêteurs habilités lors de la garde à vue. Ce droit, implicitement contenu au sein de l'article 6, n'est cependant pas absolu puisque le silence de la personne poursuivie peut être utilisé comme un élément d'appréciation participant de l'intime conviction du juge. Dans l'affaire John Murray relative à une affaire de terrorisme, elle affirme que, face

---

[182] CEDH 25 février 1993, *Funke c / France* ; J. Pannier, D. 1993, p.457 ; CEDH 2 mai 2000, Condron c / Royaume-Uni.

[183] Cour EDH, 8 février 1996, Murray c/ Royaume-Uni, Série A, n°300, § 40, JCP, 1997, I, 4000, obs. F. SUDRE, RSC, 1997, p. 476.

[184] CEDH 14 oct. 2010, Brusco c/France, n°1466/07, §44 ; f. ROME, d. 2010. 2425, *ibid.* entretien Y. Mayaud, 2696.

[185] Béatrice Belda, Les droits de l'Homme des personnes privées de liberté, contribution à l'étude du pouvoir normatif de la Cour européenne des droits de l'homme, thèse dirigée par Frédéric Sudre, Bruylant 2010.

à des indices sérieux de culpabilité, le juge peut tirer toutes les conséquences du silence gardé par l'accusé au cours de la procédure. Plus précisément, le fait d'en tirer des déductions qui paraissent raisonnables eu égard aux autres éléments de preuve ne porte pas atteinte aux exigences du procès équitable du moment que la condamnation n'est pas fondée exclusivement, ou essentiellement, sur le silence du prévenu.

L'impact sur la garde à vue française. Le droit au silence a longtemps été absent du Code de procédure pénale français. D'ailleurs, les textes eux-mêmes ont contribué à retarder l'émergence d'un droit au silence en exigeant le serment de l'accusé. Telle était la position adoptée par l'ordonnance criminelle de 1670[186] qui exigeait aussi la parole du suspect et que celui-ci dise la vérité sous peine de sanctions infligées à l'encontre du muet volontaire[187]. C'est finalement l'affranchissement de l'obligation de prêter serment[188] et l'absence de sanction pénale en cas de refus de répondre aux questions qui ont pu ouvrir la voie au droit au silence. Ce dernier a véritablement été établi par la suite en France par la jurisprudence à travers une affirmation selon laquelle « *nulle personne inculpée, accusée ou même suspecte ne peut être obligée de parler* »[189]. Le droit au silence a fini par être introduit lentement dans la législation française[190], principalement concernant la phase policière. C'est à partir de la loi du 4 janvier 1993 modifiant l'article 62, alinéa 2, du Code de procédure pénale que ce droit a été envisagé avant d'être expressément consacré par la loi du 15 juin 2000 à l'article 63-1, alinéa

---

[186] LAINGUI A., « La phase préparatoire du procès pénal (Historique) », RID pén., 1985, pp. 43-53 ; MELLOR A., Les grands problèmes contemporains de l'instruction criminelle, éd. Domat Montchrestien, 1952, p. 222.

[187] BECCARIA C. était favorable à ce que la personne interrogée qui choisissait le silence soit punie : « Celui qui, au cours des interrogatoires, s'obstine à ne pas répondre aux questions qu'on lui pose mérite une des peines les plus graves fixées par la loi, afin que les gens n'éludent pas ainsi l'obligation de donner au public l'exemple qui doit lui être donné », in *Des délits et des peines*, éd. Flammarion, 1991, p. 164.

[188] Le serment de l'accusé a été aboli en droit français en 1789 (art. 12 du décret du 8 et 9 octobre 1789). Voir AMBROISE-CASTEROT C., « Aveu », Rép. Pén. Dalloz, 2006, p. 5.

[189] C.A. Caen, 28 fév. 1990, D., 1990, comm., p. 378, note PRADEL J.

[190] Sur l'évolution législative en la matière, voir SAINT-PIERRE F., Le guide de la défense pénale, 8e éd. Dalloz, p. 346.

1, du Code de procédure pénale, car la personne placée en garde à vue était : « *immédiatement informée qu'elle a droit de ne pas répondre aux questions qui lui seront posées par les enquêteurs* »[191]. Le droit de se taire était donc bien notifié à l'intéressé au moment de son placement en garde à vue. La notification de ce droit n'empêchait cependant nullement que les officiers de police judiciaire poursuivent l'interrogatoire[192]. La personne gardée à vue pouvait aussi choisir de répondre à certaines questions et de garder le silence face à d'autres.

De nombreuses contestations sont nées après l'adoption de la loi du 15 juin 2000[193], notamment de la part des policiers[194] qui la vivaient assez mal même si, le plus souvent, les personnes en garde à vue consentaient néanmoins à s'expliquer[195]. Julien DRAY relevait dans son rapport[196] que l'obligation de notifier immédiatement à la personne gardée à vue le droit de ne pas répondre aux questions posées était mal ressentie par les officiers et les gendarmes. Il proposa de modifier la formule en adoptant la rédaction inspirée de l'article 116 du Code de

---

[191] En pratique, ce droit au silence était déjà connu des officiers de police judiciaire français qui ne pouvaient contraindre la personne qui refusait de parler de force ; SOULARD-FOUCAUD A., De l'influence du droit européen sur les atteintes à la liberté avant le jugement en procédure pénale française, Thèse de l'Université de Poitiers, 2003, p. 149.

[192] Point 1.2.2.6 de la circulaire du 4 décembre 2000 : « *Présentation des dispositions de la loi du 15 juin 2000 renforçant la protection de la présomption d'innocence et les droits des victimes concernant la garde à vue et l'enquête de police judiciaire* ».

[193] Certains estimaient que la formule issue de cette loi était trop vague. Voir BUSSON J., « Loi n°2002-307 du 4 mars 2002 complétant la loi n°2°°5-516 renforçant la protection de la présomption d'innocence et des droits de la victime », Procédures, 2002, comm. n°125.

[194] LEROY J., « Garde à vue », JCP, pr. Pén., App. Art. 53 à 73, fasc. 20, 2007, p. 31 ; PORTERON C., Droit à l'information et procédure pénale, *op. cit.*, p. 150.

[195] PRADEL J., « La loi n°2002-307 du 4 mars2002 : un placebo pour guérir certains maux de la réforme du 15 juin 2000 sur la présomption d'innocence », *op. cit.*, pp. 1693-1695.

[196] Rapport Julien DRAY, au nom de la commission mixte paritaire, 13 février 2002, n^{os}3607 et 3608.

procédure pénale français[197]. Il suggéra alors la prise en compte d'une circulaire à la chancellerie qui indiquerait que le suspect se voit notifier le droit « *soit de se taire, soit de faire des déclarations, soit d'être interrogé* »[198]. La circulaire du 10 janvier 2002 proposa une formule assez proche selon laquelle « *la loi vous donne le droit de ne pas répondre aux questions qui vous seront posées par les enquêteurs. Vous pourrez aussi décider de faire des déclarations ou de répondre aux questions qui vous seront posées* »[199]. Cependant, le Sénat français a inversé l'ordre des possibilités avec la loi du 4 mars 2002 qui a finalement retenu dans l'article 63-1, alinéa 1er, que « *la personne gardée à vue est immédiatement informée qu'elle a le choix de faire des déclarations, de répondre aux questions qui lui sont posées ou de se taire* ». Cette modification, sensible, a réduit la portée du droit au silence en lui donnant une moindre place dans la hiérarchie des valeurs, car le droit au silence apparaît comme la dernière possibilité offerte à la personne gardée à vue. Ce droit, estimé par beaucoup encore comme trop rigoureux[200], a purement et simplement été supprimé par la loi du 18 mars 2003[201] au premier alinéa de l'article 63-1 du CPP français. De ce fait, les officiers de police judiciaire n'étaient plus obligés d'informer le suspect gardé à vue de son droit de se taire. Il a été réintroduit à l'occasion de la réforme de la garde à vue française en 2011 à l'article 63-1-3 qui obligea l'officier de police judiciaire à informer immédiatement le gardé à vue du fait qu'il bénéficie du droit de se taire.

Aujourd'hui, la législation française semble présenter des garanties suffisantes au regard des exigences internationales, et notamment européennes, car la personne placée en garde à vue en France jouit du droit de se taire et d'être informée de ce droit, malgré les débats qui ont pu avoir lieu autour de la notification de ce droit à l'intéressé. L'individu

---

[197] « *Le juge d'instruction avertit ensuite la personne qu'elle a le choix soit de se taire, soit de faire des déclarations, soit d'être interrogée* ».

[198] Rapport Dray, § 3, *in fine*.

[199] Circulaire du 10 janvier 2002 relative à « l'application des dispositions relatives à la garde à vue résultant de la loi du 15 juin 2000 renforçant la protection de la présomption d'innocence et les droits des victimes », n°Crim-02-01/E8-10_01_02, SDPGI, n°01DP47, p. 10.

[200] GUINCHARD S. et BUISSON J., Procédure pénale, *op. cit.*, p. 441.

[201] Loi n°2003-329 du 18 mars 2003 pour la sécurité intérieure, JO n°66 du 19 mars 2003, p. 4761.

placé en garde à vue n'est, à aucun moment, contraint de répondre aux questions de la police judiciaire sous la menace de sanctions. De plus, le droit français n'assimile pas le silence à un aveu de culpabilité.
Ainsi les dispositions du Code de procédure pénale français semblent-elles répondre à l'exigence selon laquelle la personne placée en garde à vue dispose de la liberté de se taire ou de parler. En reconnaissant ce droit, le juge européen, comme le législateur français, entendent conférer au droit à un procès équitable une application effective. De plus, l'importance de ce droit a été soulignée par la jurisprudence française qui impose son respect dès le début de la garde à vue[202]. Et depuis la loi récente du 27 mai 2014, le législateur français a fait du droit de se taire, et surtout de sa notification, une garantie concrète de l'exercice effectif des droits de la défense. Telle n'est pas la position du législateur gabonais.

En effet, une telle consécration en France du droit d'être informé du droit pour le suspect de se taire, immédiatement après son placement en garde à vue, n'a pas eu d'impact sur la législation gabonaise. **Parmi les droits du suspect prévus par le législateur gabonais**, force est de constater que le droit au silence n'est pas expressément prévu. Comment expliquer cette lacune quand on sait que le droit de ne pas s'auto-incriminer participe de la consolidation des droits de la défense, de la présomption d'innocence et de la garantie du procès équitable ? Pourtant, depuis le 21 janvier 1983, date de la ratification par le Gabon du Pacte international relatif aux droits civils et politiques (PIDCP), adopté en 1966 par les Nations unies, le droit au silence ou droit de ne pas s'auto-incriminer ou encore droit de se taire est entré royalement dans le corpus des normes de la législation gabonaise. C'est par l'article 14 (3) du PIDCP que le droit de ne pas être forcé de témoigner contre soi-même ou de s'avouer coupable a été consacré et est entré dans le droit pénal gabonais. Cela veut donc dire que tout justiciable peut, à l'occasion d'une interpellation, d'un interrogatoire ou d'un procès, invoquer ce droit au silence. Mais, pour que le droit au silence puisse produire son plein effet, il doit être notifié au suspect dont aucune conclusion défavorable ne doit pouvoir être tirée de l'exercice du droit

---

[202] Ainsi, dans un arrêt du 7 juin 2011, la cour de cassation française affirme que toute personne placée en garde à vue doit, dès le début de la mesure, être informée de son droit de se taire. Si la formalité n'est pas respectée, la garde à vue devient irrégulière et les actes en découlant doivent être annulés.

de garder le silence. Cependant, il faut constater qu'aucun texte dans le Code de procédure pénale gabonais n'oblige la personne à répondre aux questions posées par les policiers et encore moins ne prévoit une sanction dans l'hypothèse où la personne refuse de s'exprimer, autrement dit, choisisse de garde le silence.

Le droit au silence peut être concret, même en l'absence de notification obligatoire, si par ailleurs la législation en vigueur n'impose aucune obligation de répondre aux questions en garde à vue sous peine de sanctions et n'assimile pas le silence à un aveu de culpabilité et prévoit, en outre, la possibilité de s'entretenir avec un avocat dès le début de la mesure. De plus, il ne semble pas que le législateur ait exigé que le droit au silence soit formulé en tant que tel et systématiquement même s'il est certain qu'il doit être énoncé lorsque l'individu a été entendu, en tout ou partie, sans avoir pu s'entretenir au préalable avec un avocat. Le silence du suspect, de l'inculpé, du prévenu ou de l'accusé ne saurait, en soi, passer pour un indice de culpabilité ou encore une atteinte à l'administration de la justice. Certes, pour les policiers français et leurs collègues gabonais (et c'est un secret de polichinelle), se taire devant eux est de nos jours encore « *judiciairement incorrect* ». C'est d'ailleurs sous la pression des commissaires de police qu'en 2003 a été supprimée en France l'obligation faite à l'enquêteur de notifier au gardé à vue le droit de garder le silence, alors que la Cour de Strasbourg l'avait déjà consacré dix ans plus tôt en 1993 dans l'arrêt Funke c/ France. Le droit de se taire présuppose, en effet, que l'accusation doive fonder son argumentation sans recourir à des éléments de preuve obtenus par la contrainte ou sous des pressions comme cela est souvent le cas au Gabon.

Le droit au silence semble être davantage un droit complémentaire permettant, à certaines conditions, de pallier l'absence de l'assistance d'un avocat. En revanche, lorsque l'assistance d'un avocat existe le droit au silence devient secondaire, car l'avocat informe la personne gardée à vue de ce droit. On ne peut donc que regretter l'absence du droit au silence dans le Code de procédure pénale gabonais, mais surtout l'absence de la notification du droit de se taire pendant la garde à vue. Alors que le Gabon a ratifié le PIDCP prévoyant la notification du droit de se taire à l'individu gardé à vue, on pouvait s'attendre à ce que la loi s'aligne. On peut quand même avoir des doutes sur le fait que même si la loi avait prévu clairement ce droit, il serait appliqué en garde à vue gabonaise. En effet, les officiers chargés de la garde à vue sont souvent mal informés des droits qui sont accordés à la personne qu'ils ont placée en garde à vue et, dans certains cas, ils n'hésitent pas à bafouer ces droits en faisant même preuve parfois d'actes de torture pour parvenir à obtenir des aveux. La notification au suspect des droits dont il bénéficie peut donc être volontairement ou pas non produite. C'est également le cas de la notification de la nature de l'infraction.

b- L'absence du droit d'être informé de la nature de l'infraction

La garde à vue est décidée à l'encontre d'un suspect ou d'un témoin au Gabon parce qu'une infraction a été commise. Donc, l'information sur cette infraction devrait se faire en priorité, car le suspect doit connaître la nature de l'infraction pour laquelle il est placé en garde à vue[203]. Cette exigence du droit d'être informé de la nature de l'infraction était complètement absente de l'ancien Code de procédure pénale gabonais de 1961, car le Code d'instruction criminelle n'y faisait pas allusion, de même que le Code de procédure pénale français, avant 2000.

Avec l'entrée en vigueur du nouveau Code de procédure pénale gabonais en 2010, grande fut la surprise de voir que si le législateur a prévu l'information du suspect gardé à vue sur ses droits, aucune information sur la nature de l'infraction n'est prévue. En effet, l'article 51 du CPP prévoit que *« toute personne placée en garde à vue est immédiatement informée par l'officier de police judiciaire ou sous le contrôle de celui-ci, par un agent de police judiciaire, des droits mentionnés aux articles 52, 53, 54, 62, 63,64 du présent Code »*. Plusieurs droits doivent donc être notifiés au suspect, à l'exception de la nature de l'infraction sur laquelle porte la garde à vue ainsi que de la durée de la garde à vue. Le droit de connaître les charges pour lesquelles il est placé en garde à vue n'a donc pas été prévu. C'était également le cas de l'ancien article 63-1[204], introduit dans le Code de procédure

---

[203] DJILA R., « L'enquête de police à l'épreuve des droits de l'homme », in Ann. de la faculté des sciences juridiques et politique de l'Université de Dschang, T. 1, Vol. II, 1997, p. 28.

[204] « *Toute personne placée en garde à vue est immédiatement informée par un officier de police judiciaire ou, sous le contrôle de celui-ci, par un agent de*

pénale français par la loi du 24 août 1993, modifié par la loi du 15 juin 2000 [205] qui a consacré au suspect son droit d'être informé de la nature de l'infraction. Si selon le professeur PRADEL, la nature de l'infraction « *ne doit évidemment pas s'entendre de la qualification juridique des faits, mais de la consistance des faits reprochés* »[206], la professeure RASSAT, quant à elle, estime que « *cette formule n'a, à proprement parler, aucun sens juridique. La nature d'une infraction désigne le point de savoir s'il s'agit d'une infraction de droit commun ou politique, instantanée ou continue, etc. Ce n'est évidemment pas de cela qu'il s'agit et il semble que ce qui est visé ici et qu'on ne dit pas (pourquoi ?) est la qualification de l'infraction* »[207]. La circulaire du 4 décembre 2000[208] a quant à elle précisé que « *la loi n'impose pas d'indiquer à la personne gardée à vue le détail des faits qu'elle est soupçonnée avoir commis. Mais, de l'informer de la nature de l'infraction, c'est-à-dire de sa qualification juridique telle qu'elle peut être appréciée au stade de l'enquête…* ».

En conséquence, le droit français prévoit de notifier au gardé à vue les faits qui lui sont reprochés et leur qualification juridique de manière à lui donner la possibilité de mesurer la portée de ses déclarations et aussi de pouvoir spontanément donner toutes les précisions dont il dispose[209]. La loi française a donc pris une large avance dans ce domaine afin de renforcer les droits de la défense, tandis que le droit gabonais est resté immobile. L'objectif du législateur français était certainement de mettre

---

police judiciaire, des droits mentionnés aux articles 63-2 (droit de faire prévenir un proche), 63-3 (droit de se faire examiner par un médecin) et 63-4 (droit de demander à s'entretenir avec un avocat), ainsi que des dispositions relatives à la durée de la garde à vue prévues à l'article 63-1 ».

[205] BREDIN J.-D., « Remarque sur le code de procédure pénale », Gaz., Pal., 1958, I, Doct., p. 25.

[206] PRADEL J., « Les personnes suspectes ou poursuivies après la loi du 15 juin 2000, évolution ou révolution ? », Dalloz, 2001, Doct., p. 1039.

[207] RASSAT M-L., Traité de procédure pénale, 1re éd., PUF, 2001, p. 554.

[208] Circulaire CRIM 00-13FI du 4 décembre 2000, présentant les dispositions de la loi du 15 juin 2000 renforçant la protection de la présomption d'innocence et les droits des victimes concernant la garde à vue et l'enquête de police judiciaire, § 2.2.2.

[209] PORTERON C., Droit à l'information et procédure pénale, *op. cit*, pp. 131 et 143.

en conformité son droit[210] avec la législation européenne des droits de l'Homme, en l'occurrence l'article 5-2 de la Convention européenne, selon lequel « *toute personne arrêtée doit être informée, dans le plus court délai et dans une langue qu'elle comprend, des raisons de son arrestation et de toute accusation portée contre elle* ». La portée de cet article s'applique évidemment au suspect gardé à vue[211]. Le législateur français se mettait également en conformité avec la jurisprudence de la Cour européenne qui avait confirmé sa jurisprudence antérieure dans deux arrêts rendus contre la Turquie[212]. Elle rappelait que « *cette garantie oblige à signaler à la personne concernée dans un langage simple et accessible pour elle les raisons juridiques et factuelles de sa privation de liberté afin qu'elle puisse en discuter la légalité devant un tribunal. Elle doit bénéficier de ces renseignements dans le plus court délai, mais le policier qui l'arrête peut ne pas les lui fournir intégralement sur le champ* ». La Cour faisait ainsi preuve d'une relative souplesse puisqu'elle admettait, dans l'affaire Füsun Erdogan et autres contre la Turquie, que la signature des procès-verbaux de perquisition et du registre de garde à vue suffisait à cette information.

L'absence de notification des charges que le législateur gabonais a cautionnée entraîne conséquemment des gardes à vue abusives. Il n'y a aucune obligation pour les enquêteurs d'informer la personne gardée à vue de la nature de l'infraction qui lui est reprochée. Un auteur estimait, dans le cadre de la loi française antérieure à 2000, que « *cette lacune autorisait implicitement les policiers à décider des mesures de garde à vue sans dire aux personnes qui les subissaient les fondements de celles-ci ni leurs raisons d'être. Cette manière d'agir était devenue une sorte ''d'arme'' pour les policiers qui enquêtaient ainsi pendant un certain temps en laissant le mis en cause dans le doute, ce qui permettait parfois qu'il donne des renseignements nouveaux et inattendus* »[213]. Même s'il

---

[210] BENILLOUCHE M., Le secret dans la phase préliminaire du procès pénal en France et en Angleterre, *op. cit.*, pp. 258 et s.
[211] DE GOUTTES R., « L'article 5 § 2 », in La convention européenne des droits de l'Homme. Commentaire article par article, pp.204-205.
[212] CEDH, 30 juin 2009, n°16234/04, Füsun Erdogan et autres c/ Turquie ; CEDH, 16 juin 2009, n°43526/02, Aytan et Ömer Polat c/ Turquie ; Vincent Lesclous, Un an de droit de la garde à vue, Dr. pén. septembre 2010, p. 38.
[213] VALETTE V., La personne mise en cause en matière pénale, LGDJ, 2002, p. 247.

n'est pas exigé que l'officier de police judiciaire expose dans les détails les soupçons pesant sur la personne concernée, on peut estimer que, dans le respect des droits de la défense, les motifs de la garde à vue soient indiqués au gardé à vue. L'officier de police judiciaire devrait donner au moins l'intitulé de l'infraction tel qu'il figure dans la loi. En effet, cela permettrait à la personne gardée à vue d'être en mesure de connaître ce qui lui est reproché et de l'aider à préparer sa défense contre toute accusation portée contre elle. La logique des droits de l'Homme suppose qu'il soit donné connaissance le plus tôt possible au suspect des charges pesant contre lui, mais également de la date présumée de l'infraction qu'il est soupçonné avoir commise ou dont il a été le témoin.

À l'analyse des dispositions du Code de procédure pénale gabonais, il est clair que lors de son placement en garde à vue, le suspect ne connaîtra pas les charges pesant contre lui. Il n'en aura connaissance que lorsque le procès-verbal de garde à vue lui sera remis pour signature, car, comme le précise l'article 55 du CPP gabonais, « *tout officier de police doit mentionner sur le procès-verbal d'audition de toute personne gardée à vue, les motifs, le jour et l'heure à partir desquels elle a été gardée à vue, les heures d'interrogation et de repos ainsi que le jour et l'heure à partir desquels elle a été soit libérée, soit déférée devant le représentant du ministre public compétent. Ces mentions doivent être spécialement émargées par les personnes intéressées. En cas de refus, il en est fait mention* ».

Le droit à la notification du suspect en début de sa garde à vue en droit gabonais ne concerne donc pas la nature de l'infraction, mais les autres droits dont le suspect bénéficie plus largement pendant sa garde à vue.

c- La notification des autres droits

Préalable inhérent à toute défense, le droit pour toute personne mise en cause de connaître les droits dont elle dispose pendant la garde à vue est crucial. L'exemple topique réside très probablement dans la notification du droit de garder le silence dont la suppression, opérée à la suite de l'adoption de la loi du 18 mars 2003 en France, a précisément mis en lumière l'importance de la notification des droits pour permettre leur effectivité. En effet, pour valablement se défendre, pour que les droits qui lui sont accordés soient effectifs, le suspect doit connaître ses droits.

Et pour ce faire, ceux-ci doivent lui être énoncés. En effet, l'obligation de notifier au gardé à vue ses droits, lors du placement en garde à vue, est gage de protection contre d'éventuels abus des officiers de police judiciaire. L'importance d'une telle notification a fait écho en droit gabonais dans la mesure où le législateur de 2010 s'est prononcé sur ce point.

Le législateur gabonais de 2010 prévoit, en effet, la notification des droits au suspect pendant sa garde à vue, à l'exception du droit de connaître les charges qui pèsent contre lui et du droit de se taire[214]. Avant la réforme de 2010, au Gabon, aucune mention à la notification de ces droits n'était prévue alors qu'il nous semble qu'il n'y ait pas de jugement contradictoire, pas d'égalité des armes, pas de défense digne de ce nom si le principal intéressé ignore les droits qui lui sont reconnus par la loi durant sa garde à vue. C'est dire à quel point cette réforme de 2010, influencée par le droit français, a été importante au point de vue de la consécration des droits du suspect gardé à vue.

Les avantages d'une information du suspect gardé à vue sur ses droits, tant pour le lui-même que pour le système juridique, ont poussé le législateur français à admettre dans la réforme de 1993 et le législateur gabonais lors de la réforme de 2010 le droit à l'information de certaines prérogatives au profit du suspect gardé à vue. On ne peut que se réjouir de l'intégration de cette obligation dans le Code de procédure pénale gabonais, marque de l'influence du système français. Désormais donc, le suspect dans la procédure gabonaise bénéficie du droit à l'information de certains de ses droits. Mais le problème reste que même si des emprunts aussi importants ont été faits au droit français et existent désormais dans la loi gabonaise, ces droits sont, pour la plupart, ignorés, volontairement ou pas, par les officiers de police judiciaire qui ne notifient pas ses droits à la personne gardée à vue ou à celle qui est entendue comme témoin. On regrette cette attitude des officiers de police judiciaire gabonais, car, en plus d'avoir consacré une telle information au profit du suspect, le législateur gabonais a suivi, en partie, l'exemple du législateur français qui oblige les officiers de police

[214] L'article 51 du CPP gabonais prévoit que toute personne placée en garde à vue est informée de ses droits par l'officier de police judiciaire ou, sous le contrôle de celui-ci, par un agent de police judiciaire, des droits mentionnés.

judiciaire à informer le suspect de ses droits immédiatement après son placement en garde à vue.

2- La précision du moment de la notification

Le droit à l'information des droits dont il dispose au cours de la garde à vue est très important pour le suspect, lui permettant non seulement de connaître ses droits, mais aussi d'organiser, même de manière embryonnaire, une stratégie de défense[215]. Par ailleurs, afin de rendre effectif le droit à l'information au profit du suspect gardé à vue, le législateur gabonais a suivi la logique du droit français qui veut que cette information soit notifiée à un moment précis et qu'elle n'intervienne pas tardivement. En effet, une information tardive priverait le suspect d'une bonne défense, car la notion de défense fait appel à celle du temps.

Pour bien protéger l'individu qui est présumé innocent et notamment pour lui permettre d'emblée d'organiser un embryon de défense[216], le Code de procédure pénale gabonais prévoit à l'alinéa 1er de l'article 51 que l'information du suspect placé en garde à vue doive intervenir immédiatement, donc dès le début de la garde à vue, ou du moins le plus tôt possible. En effet il ne faudrait pas que la notification des droits intervienne trop tardivement, laissant ainsi aux officiers de police judiciaire la possibilité d'obtenir des aveux.

C'est une garantie que prévoit également le système français, conscient du fait que l'information délivrée à une personne lui serait d'autant moins utile qu'elle serait différée dans le temps. Depuis les lois du 4 janvier et du 24 août 1993, le législateur français prévoit que, dès la notification de son placement en garde à vue, la personne concernée doive être informée « *immédiatement* » des droits mentionnés dans l'article 63-1 du CPP français. Il en résulte que la connaissance des droits doit intervenir aussitôt que la personne est, de manière effective, sous la contrainte des services de police ou de gendarmerie. Et, depuis l'entrée en vigueur de la loi du 27 mai 2014, la notification des droits au

---

[215] PRADEL J., VARINARD A., Les grands arrêts de la procédure pénale, 8e éd., Dalloz 2013, p. 284.

[216] PRADEL J., VARINARD A., Les grands arrêts de la procédure pénale, 5e éd., Dalloz, 2006, n°25, p. 262.

suspect s'opère immédiatement, à l'instant même où l'audition ou l'interrogatoire de la personne suspectée débute, quel qu'en soit le stade procédural dans lequel cette mesure intervient. Cette notification des droits en France concerne donc la personne accusée au sens de la Cour européenne des droits de l'Homme, que cette dernière soit privée de liberté ou non. En outre, dans l'hypothèse où la mesure d'audition concerne une personne privée de liberté, le législateur français a introduit, au sein de l'article 63-1 du Code de procédure pénale, un nouvel alinéa imposant que soit notifiée à la personne arrêtée une déclaration de ses droits.

En s'inspirant du système français de l'époque, le législateur gabonais de 2010 a prévu quant à lui que la notification ne se fasse qu'immédiatement après le placement en garde à vue. La personne entendue librement n'est donc pas concernée. Il en résulte que la notification des droits intervient de manière effective que dès lors que le suspect est retenu contre son gré dans les services de police ou de gendarmerie, c'est-à-dire lorsqu'il subit une mesure de contrainte, dans le cadre de la garde à vue. Cette règle d'or concernant l'immédiateté de la notification des droits lors de la garde à vue[217] est reconnue dans les grands textes internationaux comme l'article 5 § 2 de la Convention européenne des droits de l'Homme qui exige que la personne arrêtée soit informée « *dans le plus court délai* » des raisons de son arrestation et de l'accusation qui est portée contre elle. Elle est également prévue à peine de nullité[218]. En effet, le juge gabonais estime, comme la chambre criminelle française, que tout retard injustifié dans la mise en œuvre de cette obligation (de notification des droits) porte nécessairement atteinte aux intérêts de la partie qu'elle concerne[219], même s'il n'a été procédé à aucune audition entre le placement en garde à vue et la notification des droits,[220] car leur mise en œuvre serait bien évidemment compromise.

---

217 PRADEL J. et VARINARD A., Les grands arrêts de la procédure pénale, *op. cit.*, n°25.

218 PRADEL J. et VARINARD A., Les grands arrêts de la procédure pénale, *idem.*

219 Crim, 14 décembre 1999, Bull. crim. n°301, p. 929 ; Dr. Pén. 2000, comm. n°39.

220 Crim, 10 mai 2000, Bull. crim. n°192, p. 531.

Mais, contrairement au législateur français, le législateur gabonais n'a pas prévu d'exception à la notification immédiate. La loi du 4 janvier 2002 a, en effet, tempéré le caractère immédiat de la notification des droits en France, car, depuis cette loi, peuvent n'être notifiés à la personne qu'ultérieurement, dans un délai de trois heures à compter du début de la garde à vue, sauf en cas de circonstances insurmontables, le droit d'avertir un proche ou l'employeur et le droit de solliciter un examen médical[221]. La jurisprudence française s'était déjà penchée sur les exceptions à la notification immédiate, cela peut donc constituer une base pour les juges gabonais. Ainsi pour la Cour de cassation française, même si un retard injustifié dans la notification des droits constitue une nullité substantielle indépendante de tout grief causé au gardé à vue[222], le retard dans la notification des droits peut tout de même être justifié par une circonstance insurmontable.

Au titre des circonstances insurmontables, la cour française évoquait l'état d'ébriété de l'intéressé. Dans ce cas, le report de la notification des droits se justifiait par le fait que son état l'empêchait de comprendre la portée des droits qui lui seraient notifiés ainsi que de les exercer utilement[223].

La Cour de cassation française avait également rappelé la règle selon laquelle la notification des droits ne peut intervenir qu'à partir du moment où la personne gardée à vue est en mesure d'en comprendre la portée, « *en validant la garde à vue d'un individu interpellé avec une alcoolémie de 1,24 mg par litre d'air expiré à dix-huit heures et dont la notification des droits est intervenue seulement le lendemain à neuf heures, alors que celui-ci invoquait qu'à quatre heures vingt il ne présentait qu'un taux de 30 mg par litre d'air expiré, ce qui montrait son état de conscience et d'ébriété légère* »[224]. Constituait également des circonstances insurmontables le fait qu'un commissariat soit assiégé par des manifestants empêchant la présentation de la personne retenue à un

---

[221] PRADEL J., « La loi n°2002-307 du 4 mars 2002, un placebo pour guérir certains maux de la réforme du 15 juin 2000 sur la présomption d'innocence », Dalloz, 2002, doct., p. 693.
[222] Crim, 19 décembre 2007, pourvoi n°07-83.340.
[223] Crim, 4 janvier 2005.
[224] Crim. 19 mai 1996, pourvoi n°08-86.466 ; Jacques Buisson, RSC oct./déc. 2009, p. 893.

officier de police judiciaire[225] ou encore la difficulté de trouver un interprète[226]. Aussi, la notification des droits n'était pas tardive si elle avait été effectuée dès le placement effectif en garde à vue *« peu important, à cet égard, que, dans son intérêt même, le délai de garde à vue ait été calculé à compter, non pas de ce placement, mais de son arrivée plusieurs heures auparavant dans les services de police »*[227]. Il s'agit de l'hypothèse selon laquelle un individu se présentait volontairement dans les services de police ou acceptait sans contraintes de suivre les policiers, mais que ses déclarations faisaient suspecter. Son placement en garde à vue intervenait alors de ce fait après le début de son audition de sorte que la notification des droits exigée par l'article 63-1 du Code de procédure pénale était inévitablement faite en contradiction de ce même article, qui impose une notification immédiate.

Il existe donc en France des cas où l'information sur certains droits ne pourrait se faire dans le temps imparti par le législateur. Il est souhaitable que les mêmes exceptions soient admises en droit gabonais, tant pour la protection du suspect que pour celle des autorités même si, en pratique, l'officier de police judiciaire est tenu de notifier immédiatement à l'intéressé l'ensemble de ses droits[228], sachant que cette notification sera par la suite contrôlée, comme l'ensemble de la garde à vue pour vérifier sa conformité avec la loi.

B- Le contrôle de la garde à vue

La privation de liberté que constitue la garde à vue ne doit intervenir que dans les cas et selon les conditions limitativement énumérés par le législateur. Ordonnée pour les besoins de l'enquête, la garde à vue permet de tenir à la disposition des enquêteurs, au sein des locaux de la police ou de la gendarmerie, la personne sur laquelle pèsent les soupçons

---

[225] 138 Crim, 19 mai 2009, pourvoi n°08-86.466 ; Jacques Buisson, RSC octobre/décembre 20 (Crim. 26 mai 1999, Bull. crim. n°105, p. 280 ; civ. 2e 7 oct. 2004)09, p.893.

[226] Crim. 3 déc. 1996, Bull. Crim. n°443, p. 1297.

[227] Crim. 13 nov. 1996, Bull. n°401 ; Didier Rebut, RGDP n°3, 1998, p. 466.

[228] SOULARD-FOUCAUD A., De l'influence du droit européen sur les atteintes à la liberté avant jugement en procédure pénale française, Thèse de l'Université de Poitiers, 2003, p. 156.

ou un témoin. Pour éviter l'anarchie qu'une telle mesure pourrait engendrer, les législateurs ont prévu qu'elle serait soumise à un contrôle. En effet, hors des cas et des conditions prévus pour mettre en garde à vue toute personne suspectée ou témoin d'une infraction, la garde à vue ne pourrait être envisagée et autorisée par l'autorité judiciaire. En effet, bien que nécessaire, la garde à vue prête à la critique, car elle est considérée comme une procédure d'interrogatoire destinée à obtenir des aveux. Face à une telle mesure, par essence attentatoire aux libertés, la réglementation se doit d'être stricte et son contrôle effectif. La privation de liberté et les aveux recueillis durant cette mesure ne sont légitimes qu'au travers d'un encadrement étroit de la mesure. Seule une garde à vue respectueuse des droits et libertés aura une force probatoire. Sinon, comment donner de la valeur à des aveux obtenus sous la contrainte, en dehors de tout respect des droits de la défense ? De nombreuses mesures doivent être appliquées pour aboutir au contrôle de la mesure afin que celle-ci soit moins critiquée.

Quand on sait par ailleurs qu'au Gabon la proportion des procédures soumises à l'instruction préparatoire a nettement diminué et constitue désormais moins de 3% des jugements et ordonnances rendues sur l'action publique, il faut que la garde à vue fasse l'objet d'un contrôle effectif.

Ce contrôle, d'un point de vue terminologique, se caractérise par « *tout examen, pour surveiller ou vérifier* » ou encore « *une vérification d'actes, de droits, de documents* » (Le Petit Robert). Ainsi, dans son sens premier, le contrôle de la garde à vue signifie-t-il la vérification ou la surveillance attentive de celle-ci. Dans son sens second, il est synonyme de maîtrise ou d'encadrement juridique de la garde à vue. Cet encadrement est déterminé par le législateur afin de circonscrire les pouvoirs de la police judiciaire. Il permet de protéger la liberté d'aller et venir de la personne suspectée en s'assurant de l'utilité de la mesure de garde à vue et que toutes les règles imposées par le législateur concernant le déroulement de celle-ci ont été respectées. En effet, en choisissant de prévoir cette mesure attentatoire aux libertés, les législateurs l'ont également assortie d'un certain nombre d'exigences.

Tel était en tout cas le sens du contrôle de la garde à vue institué par le législateur gabonais de 2010, car le contrôle de la garde à vue et la sauvegarde des garanties n'ont pas toujours été au centre des débats au Gabon. Cette question essentielle aurait cependant dû être au cœur de toutes les préoccupations comme cela fut le cas en France où la question du contrôle de la garde à vue a beaucoup échauffé les esprits. En effet, avocats, policiers, magistrats, journalistes, partisans de tout point de vue s'affrontèrent dans un véritable combat argumentaire concernant le contrôle de la garde à vue, ce qui a poussé le législateur français à faire évoluer l'encadrement de la mesure de garde à vue à travers la loi du 14 avril 2011 et, plus tard, avec la loi du 27 mai 2014 qui transpose une directive européenne.

Le législateur gabonais de 2010 qui a, lui aussi, tenu à instituer le contrôle de la garde à vue comme une mesure protectrice de la personne suspectée placée en garde à vue, phase essentielle de la procédure pénale, n'a cependant pas fait évoluer cet encadrement depuis 2010. Le Code de procédure pénale voté en 2010 n'ayant pas pu bénéficier des qualités des réformes de la garde à vue opérées par les lois du 14 avril 2011 et du 27 mai 2014 en ce qui concerne le contrôle de celle-ci, il est certainement lacunaire.

Toujours est-il que le contrôle de la garde à vue gabonaise répond à la logique française. Il s'efforce de concilier, d'une part, la prévention des atteintes à l'ordre public et la recherche des auteurs d'infraction et, d'autre part, l'exercice des droits et prérogatives garantis par le législateur. Ce contrôle institué par le législateur gabonais de 2010 passe, tout comme l'impose le droit français, par l'obligation des officiers de police judiciaire de respecter un certain formalisme pour rendre effectifs les droits que la loi reconnaît aux personnes gardées à vue (1) et l'intervention de l'autorité judiciaire plus poussée (2).

1- L'obligation de respecter un certain formalisme pour l'officier de police judiciaire

En se basant sur le système français et pour éviter les gardes à vue abusives au Gabon et garantir ainsi les droits de la personne gardée à vue, un certain formalisme de la mesure de garde à vue a été institué par le législateur gabonais, bien avant la réforme de 2010. En effet, une circulaire du ministre de la Défense nationale en date du 12 janvier 1977 avait imposé le formalisme aux agents et officiers de police judiciaire.

Cette circulaire toujours d'actualité ainsi que l'article 55 du Code de procédure pénale gabonais de 2010 imposent aux officiers de police judiciaire de mentionner dans un tableau (les OPJ l'intitulent habituellement « tableau des mesures de garde à vue ») et à la fin du procès-verbal, les nom et prénom du suspect, les motifs de la garde à vue, les jours et heures du début et de la cessation de la mesure, le lieu de la garde à vue, le jour et l'heure de la présentation au parquet. De plus, la personne gardée à vue, à la fin de chaque interrogatoire, est invitée à lire en totalité sa déclaration avant de la signer : « *lecture faite par moi de la déclaration ci-dessus, j'y persiste et n'ai rien à y changer, à y ajouter ou à retrancher* », une manière de lui permettre de vérifier que le texte qui lui est soumis est conforme à ses dires.

L'officier de police judiciaire doit consigner par écrit les conditions matérielles dans lesquelles s'est déroulée la garde à vue. Deux procédés d'une égale importance sont prévus à cet effet : la rédaction des procès-verbaux (a) et la tenue des registres (b).

a- La rédaction de procès-verbaux

Le droit français a influencé le droit gabonais concernant l'importance de la rédaction des procès-verbaux, moyen efficace de contrôler la mesure de garde à vue. L'impact du droit français a ainsi permis de faire évoluer le droit gabonais concernant les mentions exigées sur ces procès-verbaux, lesquelles constituent un moyen de preuve du bon déroulement de la garde à vue et qui, avant 2010, n'était pas prévu par le Code de procédure pénale gabonais. En effet, le nouveau Code de procédure pénale gabonais de 2010 a innové quant à la démarche à suivre et prévoit, pour que le contrôle soit efficace, qu'il faille que le procès-verbal contienne un certain nombre de mentions obligatoires (i). De plus, le législateur gabonais, grâce à son regard sur le droit français, prévoit désormais la nécessaire signature de l'officier de police judiciaire et celle de la personne gardée à vue à l'article 55 du Code de procédure pénale, ce qui constitue une garantie de la sincérité de l'acte (ii). Malheureusement, il ne sera pas toujours aisé de s'assurer que l'émargement n'a pas été forcé, surtout au Gabon où il y a encore de la part des forces de l'ordre recours aux brutalités et humiliations. De plus, la signature de la personne gardée à vue risque de se retourner contre elle en donnant force probante à l'acte.

i- Les mentions obligatoires : preuve du bon déroulement de la garde à vue

C'est grâce à son regard sur le droit français que le législateur gabonais de 2010 a eu l'idée d'intégrer à l'article 55 du CPP des précisions tant sur le contenu obligatoire du procès-verbal que sur son utilité probatoire dans le cadre d'une éventuelle action.

Le contenu du procès-verbal. L'article 55 du Code de procédure pénale gabonais (même si celui-ci ne va pas très loin dans les mentions exigées) inspiré de l'article 64 du Code de procédure pénale français énumère la liste des mentions devant figurer au procès-verbal d'audition. Selon les termes de ces deux articles, ces mentions doivent être émargées par la personne gardée à vue. En cas de refus, il en est fait mention. Une interprétation *a contrario* de ces articles permet de déduire qu'ils n'imposent nullement la signature du document. Celle-ci est une faculté que le gardé à vue exerce en toute liberté et non une obligation. Le procès-verbal d'audition indique ainsi : - la mention du nom de l'officier de police judiciaire ayant procédé aux opérations de garde à vue et dressé le procès-verbal, afin de vérifier la compétence matérielle et territoriale du policier ; - les motifs de la garde à vue au regard des nécessités de l'enquête ou des raisons plausibles de soupçonner que la personne gardée à vue a commis ou tenté de commettre une infraction ; mais également - l'avis donné au procureur de la République ; - La mention de la notification des droits et des demandes relatives aux droits dont la personne gardée à vue dispose ainsi que les suites qui leur ont été données, conformément à l'article 51 du CPP gabonais. Ces formalités permettent de constater si les diligences n'ont pas été accomplies avec suffisamment de rigueur ou de manière tardive sans justification. Le procès-verbal d'audition doit également comporter : - la mention des jours et heures du début et de la fin de la garde à vue, ce qui permet de contrôler que la durée légale de la garde à vue a été respectée ; - la durée des interrogatoires et des périodes de repos ainsi que les heures auxquelles la personne a pu s'alimenter, mais non la nature des aliments donnés à l'intéressé – s'il lui est proposé de s'alimenter, mais que celle-ci refuse, le procès-verbal devra le mentionner – ; - l'information des parents et les diligences effectuées pour garantir le droit à être défendu lorsque la garde à vue concerne un mineur ; - s'il a été procédé à une fouille intégrale ou à des investigations corporelles internes.

En pratique, l'officier de police judiciaire rédige plusieurs procès-verbaux, un pour le placement faisant état des motifs de la garde à vue ainsi qu'un procès-verbal de notification de fin de garde à vue qui reprend les conditions matérielles de déroulement de la mesure. En cas de prolongation un autre procès-verbal pourra être établi. Mais qu'en est-il de la valeur des procès-verbaux en tant que preuve du déroulement de la garde à vue ?

L'utilité probatoire du procès-verbal. Concernant la valeur probante des procès-verbaux : ceux-ci n'ont valeur que de simple renseignement. En pratique, deux situations sont envisageables. Dans une première hypothèse, il résulte du procès-verbal que les formalités légales ont été respectées. Ce document, régulier en la forme, est de nature à laisser présumer que les interrogatoires et la garde à vue se sont déroulés conformément aux prescriptions du Code de procédure pénale et dans le respect des droits de la personne. En cas de contestation, il semble que ce soit à l'intéressé de démontrer l'irrégularité de la garde à vue, preuve d'une grande difficulté à établir. En revanche, si le procès-verbal ne mentionne pas l'observation des formalités légales, et c'est la seconde hypothèse, la charge de la preuve pèse sur le ministère public ; l'absence de mention laissant en quelque sorte présumer soit l'irrégularité de l'interrogatoire, soit le non-respect des droits que la loi accorde à l'individu privé de sa liberté. Par ailleurs, l'accomplissement de cette formalité permet aux juridictions, qui auront à se prononcer sur la culpabilité de la personne suspectée, d'apprécier les circonstances dans lesquelles les déclarations de l'intéressé ont été faites. La preuve de l'absence de périodes de repos suffisantes, d'une alimentation à des heures décalées ou du non-respect des diligences imposées aux enquêteurs permettra d'exercer un regard critique sur cette phase de la procédure. On le voit, ces prescriptions sont imposées aux enquêteurs afin que les juridictions d'instruction et de jugement puissent exercer un contrôle concret sur la garde à vue dans l'hypothèse ou un recours en nullité ou en réparation serait engagé. La signature du procès-verbal par l'intéressé, gage de sa sincérité, revêt à cet égard une importance particulière.

ii- La signature ou le risque de la preuve viciée

La question de la signature des procès-verbaux doit faire l'objet d'une attention particulière, d'une part, au regard de sa force probante, d'autre part, au regard des risques qui lui sont liés. Nul doute que l'émargement de la personne gardée à vue exerce une influence sur l'intime conviction des magistrats.

L'influence de la signature sur l'intime conviction des juges. Il n'existe aucune obligation qui pèse sur la personne gardée à vue de signer les procès-verbaux relatant ses déclarations. En revanche, une fois le pas franchi, la signature revêt une importance particulière, tant en fait qu'en droit. La force probante attachée à celle-ci est considérable dans la mesure où elle « *marque le consentement de la partie à un acte, son accord intangible à tout ce qui a été écrit (...) la seule façon de renier un acte écrit que l'on a signé est de dire que l'on n'a pas signé l'acte, que cette signature est un faux* »[229]. Autant dire que contester les déclarations retranscrites dans un procès-verbal signé de la personne gardée à vue n'est pas chose aisée, voire même relève de l'impossible. Les magistrats accordent énormément de crédit à ce qui est écrit dans ces procès-verbaux ; d'autant plus lorsque ce dernier est signé. Ainsi, par sa signature, la personne gardée à vue est engagée irrémédiablement dans la procédure. Comment soulever l'irrégularité des heures de repos ou le caractère tardif de la notification des droits si l'on signe un procès-verbal contenant des erreurs relatives à ces mentions ? Alors, dans l'hypothèse où le procès-verbal n'est pas le reflet de la réalité, soit du fait de l'erreur des agents de police, soit en raison d'une mauvaise foi avérée, l'absence de signature est encore la solution la plus sage. Mais le refus de signature est-il toujours judicieux ?

Certes, en agissant ainsi, la personne gardée à vue entrave le travail des enquêteurs, lesquels y voient la marque d'une mauvaise volonté de la personne suspectée. Mais cette faculté offerte à la personne d'accepter ou non de signer les procès-verbaux figure au titre des droits essentiels. Il s'agit d'une mesure protectrice de la personne qui lui permettra éventuellement de mener une action future en nullité devant l'autorité

---

229 Laurent Schwartz, « L'exercice des droits de la défense pendant la garde à vue », dans *La garde à vue dans tous ses états*, Les cahiers du Conseil national des barreaux, 2005, p. 23.

judiciaire. Certains souhaiteraient que la personne suspectée écrive elle-même le procès-verbal[230] en raison des risques dont peut être porteuse la signature de procès-verbaux irréguliers.

Les risques liés à la force probante de la signature. La signature du procès-verbal retraçant le déroulement de l'interrogatoire est souvent effectuée en l'absence de toute lecture attentive. D'où l'importance de la présence de l'avocat qui rappelle que la signature n'est pas obligatoire ou qui vérifie la conformité avec les déclarations de la personne gardée à vue. En effet, même rédigés en toute bonne foi, les procès-verbaux peuvent recéler des contradictions ou être inexacts en raison de la maladresse ou de l'erreur humaine. Il en va de même concernant le procès-verbal de notification de fin de garde à vue. Ce document retrace le déroulement de la garde à vue du début jusqu'à la fin de la mesure. Il revêt également une importance puisqu'il mentionne les heures de repos, d'alimentation, d'accomplissement des diligences pour joindre l'avocat et le médecin. Tout est retracé, d'où l'importance d'une relecture attentive avant la signature. Dans l'administration de la preuve des irrégularités, la relecture des procès-verbaux est donc primordiale, elle permet de mettre l'accent sur des erreurs éventuelles ou de refuser de signer ce qui est faux. Cependant, la personne gardée à vue n'est pas placée dans une situation favorable. Elle est confrontée à un vocabulaire juridique dont elle ne maîtrise pas la portée. Il est même arrivé que les enquêteurs usent du chantage pour la contraindre à signer. La signature devient donc problématique à partir du moment où elle emporte nécessairement la conviction du juge sur la sincérité du procès-verbal alors que, en pratique, on le voit bien, l'émargement est donné de manière automatique, sans discernement et sans une information éclairée de la personne gardée à vue sur sa signification. Au-delà des risques liés à la signature, le procès-verbal permet néanmoins un regard sur la garde à vue par le juge. Pour parfaire ce contrôle, la tenue d'un registre spécial de garde à vue est essentielle.

b- La tenue de registres

La question des registres revêt une importance particulière, étant des instruments de contrôle essentiels au regard des instances

[230] Préc. Laurent Schwartz.

internationales et européennes, mais encore trop peu exploités par les autorités françaises et surtout gabonaises.

En effet, la tenue de registres répond à des impératifs internationaux et européens de contrôle du respect des droits des personnes placées en garde à vue. Au niveau international, la Convention sur la prévention des disparitions forcées du 6 février 2007 précise que la tenue de registres des personnes privées de liberté constitue un instrument de prévention permettant de lutter contre les disparitions forcées. On ne peut, une fois de plus, que regretter qu'une telle préoccupation n'ait pas été prise en compte dans la Charte africaine des droits de l'Homme et des Peuples. Pour la tenue des registres, le Gabon devrait donc prendre note de ce qui se passe au plan international ou européen et non au niveau africain.

Au niveau européen, tant le Comité de prévention de la torture du Conseil de l'Europe que la Cour européenne confèrent un rôle majeur aux registres. Pour le **Comité de prévention de la torture**, ceux-ci doivent être fiables pour retracer les différents événements de la garde à vue. La formulation suivante, rendue à propos de la Moldavie, paraît faire la synthèse de ce que le Comité est en droit d'attendre des autorités nationales : « *En conséquence, le Comité en appelle aux autorités pour qu'elles prennent des mesures afin de s'assurer que les registres de garde à vue soient bien tenus, qu'ils indiquent fidèlement les heures auxquelles ont lieu les privations de liberté, les remises en liberté ou les transferts, et qu'ils reflètent tous les autres aspects de la garde à vue (lieu précis où est détenu l'intéressé ; visites d'un avocat, d'un proche, d'un médecin ou d'un agent des services consulaires ; sortie pour interrogatoire, etc.)* ». Il rappelle de façon constante que « *les garanties fondamentales des personnes détenues par la police seraient renforcées (et le travail des fonctionnaires de police très probablement facilité) par la tenue d'un dossier unique et complet de détention consignant tous les aspects et toutes les mesures prises au cours de celle-ci* ».

Concernant la France, lors de sa visite en 2003, l'organe du **Conseil de l'Europe** relevait une tenue non satisfaisante des registres. En 2006, il invita donc les autorités françaises à prendre acte des instructions ministérielles du 11 mars 2003 en donnant toute sa portée au rôle de « *l'officier de garde à vue* », chargé du suivi administratif de l'ensemble des personnes en garde à vue. Les juges de Strasbourg ont également précisé leur position sur la question des registres.

Pour la Cour européenne, la tenue des registres est l'un des critères essentiels du respect des dispositions de l'article 5 § 1 de la Convention européenne relative au droit à la liberté et à la sûreté. Selon la doctrine, la violation de l'article 5 est constituée non seulement en l'absence de registres, mais aussi lorsqu'ils ne sont pas suffisamment précis et fiables[231]. Dans l'arrêt Anguelova contre la Bulgarie du 13 juin 2002, la Cour estime que « *la détention non reconnue d'un individu constitue une totale négation des garanties fondamentales consacrées par l'article 5 de la Convention et une violation extrêmement grave de cette disposition. Ne pas consigner des données telles que la date et l'heure de l'arrestation, le lieu de détention, le nom du détenu ainsi que les raisons de la détention et l'identité de la personne qui y a procédé doivent passer pour incompatibles avec l'exigence de régularité de la détention et avec l'objectif même de l'article 5 de la Convention (...)* ».

À l'heure actuelle, la France n'a pas fait l'objet de condamnations sur ce fondement. En revanche, la Cour se fonde sur les mentions inscrites aux registres pour assurer son contrôle et se convaincre de la véracité des allégations des requérants ou du Gouvernement. Malgré ces exigences force est de constater que les pratiques françaises sont encore en deçà des impératifs européens. Il s'agit d'un point à améliorer en France, mais également au Gabon, où même si la tenue de ces registres est prévue, ils sont encore trop peu exploités et donc non contrôlés.

La législation du Gabon qui, comme la législation française, présente de nombreuses lacunes concernant la tenue des registres, prévoit tout de même la tenue d'un tel registre à l'article 55 du Code de procédure pénale. Ce registre spécial est tenu dans tout local de police ou de gendarmerie ou encore toute force de sécurité investie des missions de police judiciaire. Il permet de connaître les heures auxquelles le médecin est avisé, la visite réellement effectuée, l'avocat avisé et l'entretien effectivement mené ainsi que les informations sur la décision du

---

[231] CEDH, 2004, *Ahmet Ozkanet et autres* c/ *Turquie* : « L'absence de registre de garde à vue en bonne et due forme contraire à l'interdiction de l'arbitraire énoncée implicitement à l'article 5 de la Convention » ; Florence Massias, RSC 2005, Chronique internationale des droits de l'homme, 2004, p. 630.

procureur de la République de différer l'avis à un proche en raison des nécessités de l'enquête. Ce registre permet également de connaître les motifs, le jour et l'heure à partir desquels la personne a été gardée à vue, les heures d'interrogation et de repos ainsi que le jour et l'heure à partir desquels elle a été soit libérée, soit déférée devant le procureur de la République. Il peut faire l'objet de contrôle et donc, quand on sait que les déclarations faites à la police sont déterminantes pour la suite de la procédure, il est normal que des mesures garantissant leur authenticité soient mises en place. Ces registres permettent en matière de garde à vue un certain formalisme qui vise à éviter d'éventuels abus de la part des autorités de police. Mais c'est surtout l'intervention de l'autorité judiciaire qui va réellement constituer un contrôle poussé de la garde à vue.

2- L'intervention de l'autorité judiciaire : l'impact de la conception française du parquet au Gabon

Si en France et plus généralement en Europe il y a un débat sur la qualité d'autorité judiciaire ou non des membres du parquet et de la reconnaissance par le Conseil constitutionnel des membres du parquet de cette qualité, la Cour européenne refuse de qualifier les membres du parquet français d'autorité judiciaire à cause d'une acception beaucoup plus concrète de la notion d'indépendance des membres du parquet. Le Conseil constitutionnel français a décidé que selon la conception française de la séparation des pouvoirs et le principe selon lequel l'autorité judiciaire comprend à la fois les magistrats du siège et ceux du parquet, le ministère public relève d'un statut constitutionnellement reconnu, ce qui est le soutien d'une légitimité indiscutable[232]. Dans ses décisions QPC du 30 juillet 2010[233] et du 17 décembre 2010[234] concernant la garde à vue, il a réaffirmé que l'autorité judiciaire, au sens de l'article 66 de la Constitution, comprenait à la fois les magistrats du siège et les magistrats du parquet. Cependant, dans un arrêt Schiesser rendu à l'encontre de la Suisse en date du 4 décembre 1979, la Cour européenne a précisé que la notion « *d'autorité judiciaire* » devait s'entendre d'un tribunal indépendant et impartial, au sens de l'article 6

[232] Décision 2004-492 DC.
[233] Décision n°2010-14/22 QPC du 30 juillet 2010.
[234] Décision n°2010-62 QPC du 17 décembre 2010.

§ 1 de la Convention relative au droit au procès équitable. Il ne fait aucun doute que les magistrats du siège intègrent cette notion. En revanche, les magistrats du parquet ou les juges d'instruction semblent poser des difficultés selon la conception de la Cour européenne ; et leur légitimité à exercer un contrôle de la garde à vue est de ce fait remise en cause.

Si la Cour européenne n'exclut pas qu'un membre du parquet ou un juge d'instruction exerce des fonctions judiciaires, elle estime encore qu'il faut qu'il réponde à certaines conditions, sans lesquelles il ne peut être l'autorité de contrôle de la garde à vue et garantir le droit à la liberté et à la sûreté ; droit garantissant que nul ne soit dépouillé arbitrairement de sa liberté. Mais la France reconnaît toujours le procureur de la République comme organe judiciaire pouvant recourir au contrôle des mesures de garde à vue en vertu de l'article 41 alinéa 3 du Code de procédure pénale français. C'est cet article qui a inspiré le législateur gabonais de 2010 pour prévoir à l'article 12 du Code de procédure pénale gabonais que le procureur de la République soit un organe judiciaire chargé de contrôler la mesure de garde à vue. On a vraiment ici un point sur lequel le droit français a impacté fortement le droit gabonais et cela aboutit à la possibilité pour le procureur de la République au Gabon de pouvoir apprécier que le maintien de la personne en garde à vue et, le cas échéant, la prolongation de cette mesure, soient nécessaires à l'enquête et proportionnés à la gravité des faits que la personne est soupçonnée avoir commis ou tentée de commettre ou dont elle a été le témoin. Le procureur assure la sauvegarde des droits reconnus par la loi à la personne gardée à vue. Il peut, de ce fait, ordonner à tout moment que la personne gardée à vue soit présentée devant lui ou remise en liberté. Ce pouvoir est explicitement rappelé et précisé à l'article 62-3 du Code de procédure pénale français et repris dans des termes similaires dans le Code de procédure pénale gabonais à l'article 41, alinéa 3.

Pour exercer le contrôle de la garde à vue, le procureur doit nécessairement être informé du placement opéré par l'officier de police judiciaire, c'est la condition *sine qua non* de la mise en œuvre du contrôle (a). Par ailleurs, l'autre condition indispensable d'un contrôle de qualité réside dans une information concrète et précise. Seul un avis présentant ces qualités peut permettre un contrôle effectif (b).

a- L'obligation d'information du procureur de la République : condition *sine qua non* de la mise en œuvre du contrôle de la garde à vue

Afin que le contrôle de la garde à vue puisse effectivement permettre de détecter les mauvais traitements et réduire les atteintes injustifiées à la liberté du suspect, le procureur de la République gabonais doit intervenir rapidement : c'est l'exigence de promptitude. Cette solution est satisfaisante s'agissant d'une garantie procédurale essentielle qui ne doit pas être mise à mal. Afin de sauvegarder au mieux les droits des personnes placées en garde à vue, l'avis donné au procureur doit être effectué dans le délai le plus court possible, voilà pourquoi il est permis de dire que la condition nécessaire à la mise en œuvre de son contrôle réside dans une information immédiate. Si le législateur français a clairement prévu à l'article 63-1 du CPP que le procureur de la République soit informé de la garde à vue dès son début, le législateur gabonais n'a pas estimé utile une telle précision alors qu'en pratique cette information est nécessaire (i). En revanche, cette information n'apparaît plus constituer une condition suffisante à l'exercice d'un contrôle protecteur des libertés lorsque le placement en garde à vue a lieu sur instructions du procureur de la République. Dans cette hypothèse le contrôle du placement en garde à vue apparaît affaibli (ii).

i- L'information immédiate du procureur de la République : une condition nécessaire au contrôle de la garde à vue à intégrer dans le Code de procédure pénale gabonais

Alors que le Code de procédure pénale gabonais de 2010 ne prévoit pas que le procureur de la République soit informé de la garde à vue dès lors que cette mesure est décidée par un officier de police judiciaire, on doit au système français d'avoir inspiré le législateur gabonais de 2010 pour que celui-ci prévoit néanmoins, à l'article 50, alinéa 1, du Code de procédure pénale, un contrôle de la mesure de garde à vue par le procureur de la République. Et, pour que le procureur contrôle la mesure de garde à vue, il est nécessaire qu'il en soit informé immédiatement.

L'omission du Code de procédure pénale gabonais de cette nécessaire information immédiate est incompréhensible, surtout que la dernière réforme dudit Code a été réalisée en 2010, le législateur gabonais pouvait à ce moment s'inspirer du droit français qui prévoit depuis 2000 une telle nécessité. En effet, aux termes de l'article 63-1 du Code de procédure pénale français issu de la loi du 15 juin 2000, « *dès le début de la mesure, l'officier de police judiciaire informe le procureur de la République, par tout moyen, du placement de la personne en garde à vue* ». Jusqu'à la loi du 15 juin 2000, le droit français prévoyait une information « *dans les meilleurs délais* » et sous l'empire du droit antérieur, le Conseil constitutionnel avait développé une jurisprudence constante selon laquelle l'expression devait « *s'entendre comme prescrivant une information qui, si elle n'est pas immédiate pour des raisons objectives tenant aux nécessités de l'enquête, doit s'effectuer dans le plus bref délai possible de nature à sauvegarder les droits reconnus à la personne gardée à vue ; (...) les mots « meilleurs délais » ne sauraient avoir pour portée de priver les magistrats concernés du pouvoir de contrôle qu'il leur appartient d'exercer* »[235]. Désireuse de satisfaire aux exigences de l'article 5 § 3 de la Convention européenne, la loi du 15 juin 2000 impose que l'officier de police judiciaire informe le procureur de la République « *dès le début de la garde à vue* ». Cette formulation a été conservée par la loi du 14 avril 2011 conformément à la jurisprudence constante de la chambre criminelle qui rappelle la nécessité d'un avis immédiat au parquet dès le placement en garde à vue (Crim, 7 janvier 2009, n°08-83.428). Tout retard, non justifié par des circonstances insurmontables, faisant nécessairement grief aux intérêts de la personne concernée, emporte en conséquence la nullité du placement en garde à vue.

Dans le but de préserver les garanties des personnes placées en garde à vue, le législateur gabonais aurait donc pu prévoir une telle précision sur l'information immédiate ou rapide du procureur de la République. D'autant que le Code de procédure pénale gabonais prévoit que ce dernier procède au contrôle de la garde à vue, il est nécessaire qu'il soit rapidement en mesure d'exercer son contrôle et donc être informé de la mesure dès son début.

Cela étant, si on a une absence de précision dans le Code de procédure pénale gabonais du moment de l'information du procureur quant au début de la mesure de garde à vue, ce dernier, comme déjà rappelé, reste

---

[235] Décision 93-326 DC du 11 août 1993 relative à la garde à vue.

tout de même informé du placement en garde à vue et procède au contrôle de la mesure. Cette information du procureur de la République, bien qu'absente du corpus du Code de procédure pénale gabonais, permet d'exercer un droit de regard sur l'activité des forces de l'ordre et une protection des citoyens faisant l'objet d'une mesure de garde à vue contre l'arbitraire. Yves Charpenel, avocat général à la Cour de cassation française rappelait que « *les procureurs de la République doivent vérifier si un placement en garde à vue est ou non légitime. L'officier de police judiciaire, dès qu'il place une personne en garde à vue, doit impérativement en informer le procureur. Il a un délai d'une heure pour le faire. C'est la loi. Si le magistrat considère que la mesure est inutile, il peut ordonner une remise en liberté immédiate. Ce délai d'une heure est un délai butoir : s'il n'est pas respecté, la garde à vue sera annulée. Le placement en cellule se déroule donc sous un double regard : celui du policier et celui du magistrat* »[236]. Au Gabon, le délai d'une heure n'est cependant pas suivi, il arrive que le procureur soit mis au courant de la mesure plusieurs heures après, les officiers de police judiciaire accusant le manque de moyens et d'infrastructures pour permettre une information au procureur dans les plus brefs délais. C'est une situation qui est dommageable pour la personne placée en garde à vue, car, comme l'avait souligné le Conseil constitutionnel français, le magistrat du parquet doit être prévenu en temps utile du placement en garde à vue afin d'exercer un contrôle effectif. Une telle information apparaît cependant comme une condition insuffisante pour permettre le contrôle de la garde à vue décidé par le procureur de la République lui-même.

ii- L'information du procureur de la République : une condition insuffisante lors d'un placement en garde à vue décidé par le procureur lui-même

Le problème de l'information du procureur comme garantie du contrôle de la mesure de garde à vue se pose dans la mesure où le placement en garde à vue peut être décidé d'office par l'officier de police judiciaire ou sur instruction du procureur de la République. Il est légitime de se poser la question suivante : au regard du contrôle de la garde à vue était-

[236] Matthieu Aron, Gardés à vue, éd. des arènes 2010, pp. 160-161.

il opportun d'étendre le pouvoir de décider d'une garde à vue au procureur de la République ? Aux termes d'une réponse spontanée, le procureur de la République détenant les pouvoirs et droits attachés à la qualité d'officier de police judiciaire, rien n'exclut qu'il bénéficie dès lors du pouvoir de placer en garde à vue.

Mais une seconde réponse, quant à elle négative, apparaît. Bien qu'en pratique les enquêteurs sollicitent souvent l'avis du procureur et qu'il émane du parquet des instructions imposant le recours à la garde à vue afin que l'intéressé bénéficie des droits qui y sont attachés, il n'était pas souhaitable que la loi gabonaise entérine un tel pouvoir pour se rapprocher du droit français. Il est en effet critiquable que le procureur de la République, autorité de contrôle et de direction de la garde à vue, soit habilité à ordonner une telle mesure. Le contrôle du placement en garde à vue n'apparaît ni satisfaisant ni impartial lorsqu'il est exercé par l'autorité ayant décidé de ce placement, d'autant plus qu'aucun contrôle par un juge du siège n'est prévu. Jacques Leroy écrivait à ce titre que « *ce mélange des pouvoirs est peu respectueux des libertés fondamentales* »[237]. Cela étant, les modalités de l'information donnée au procureur sur le placement en garde à vue doivent être propices à l'exercice d'un contrôle de qualité.

b- Les modalités d'information du procureur de la République : condition *sine qua non* d'un contrôle de qualité

Si le législateur gabonais n'a pas institué la pratique de l'information donnée au procureur de la République sur le placement en garde à vue, il est évidemment qu'il n'a pas prévu les modalités d'une telle information. Mais comme en pratique cette information est bien donnée au procureur, nous verrons que celle-ci n'est donnée sous aucune forme particulière et que, par ailleurs, son contenu est très lacunaire.

L'absence d'exigence relative à la forme de l'information similaire au droit français. Concernant le formalisme relatif à l'avis donné au procureur de la République, le législateur gabonais n'a pas prévu les

---

[237] LEROY J., « La garde à vue : des pistes pour une réformes », dans *La réforme de la garde à vue et du Code de procédure pénale*, Dalloz 2006, pp. 179-192.

modalités de cet avis, tout comme son homologue français qui prévoit pourtant que l'information sur le placement en garde à vue soit immédiatement donnée au procureur. Il ressort d'ailleurs de la lecture combinée des articles 63-1 du Code de procédure pénale français et de la jurisprudence tant gabonaise que française que l'information donnée au procureur n'est soumise à aucune forme particulière[238]. Cette solution semble de prime abord faciliter la validité des informations données au procureur, mais elle peut être un désavantage pour la sauvegarde des droits de la personne gardée à vue, surtout au Gabon où les officiers de police estiment ne pas avoir suffisamment de moyens et d'infrastructures pour joindre à tout moment le procureur de la République.

La pratique, que ce soit en France ou Gabon, veut donc que l'information sur le placement en garde à vue soit faite par voie téléphonique, mais les officiers de police judiciaire ont largement recours au fax ou aux télécopieurs et même par messagerie téléphonique (au Gabon c'est là une pratique courante). Il n'existe aucune garantie quant à la lecture de l'information et quand bien même elle serait lue, il est légitime de douter de l'effectivité d'un contrôle effectué sur la base d'un fax. Il est évident que l'envoi d'une télécopie en pleine nuit, à première vue conforme à la pratique qui exige une information dès le début de la mesure, ne permet évidemment pas un contrôle efficace du placement en garde à vue. Il apparaît, en pratique, que nombreux sont les procureurs ou substituts qui ne consultent les fax qu'une fois passés entre les mains d'un agent administratif. « *En réalité, nous attendons le coup de fil du policier qui nous demande soit une prolongation, soit une levée de la garde à vue. C'est uniquement à ce moment-là que nous intervenons. Si l'on peut dire. Car quand le dossier est simple (défaut de permis, usage de stups, petites dégradations...) et quand le gardé à vue n'a pas de casier, notre conversation avec le policier dure entre 45 secondes et 2 minutes* », tels étaient les propos tenus par Benoît Hurel, substitut du procureur à Créteil[239]. Au Gabon, en règle générale, les choses sont bien pires que celles relatées par ledit substitut du procureur.

---

[238] Crim, 14 avril 2010, n°10-80.562, note Caroline Duparc, forme et preuve de l'information du procureur de la République, AJ Pénal 2010 n°9, pp. 405-406 : La Cour valide un avis donné sous la forme d'un bulletin de garde à vue télécopié et joint ultérieurement à la procédure.

[239] ARON M., Gardés à vue, éd. des arènes 2010, p. 162.

Quand on voit des officiers oser dire qu'ils n'ont pas en leur possession les moyens de communication nécessaires pour aviser le procureur de la mesure, même par messagerie téléphonique, on se rend compte que le procureur n'est donc parfois au courant d'une garde à vue que lorsqu'il se rend dans les locaux de la police, sachant qu'une telle visite n'intervient que deux à trois fois par semaine. Les conditions d'un contrôle rigoureux ne sont donc pas remplies en pratique.

La loi du 14 avril 2011 en France n'est pas revenue sur l'absence de forme de l'information du parquet, mais au contraire valide la jurisprudence peu exigeante de la chambre criminelle. L'obligation d'information que le législateur français a instituée depuis 2000 n'implique donc aucun contact direct entre le parquet et l'officier de police judiciaire et ne permet pas de s'assurer que le procureur ait effectivement exercé son contrôle. L'information donnée au procureur sur le placement en garde à vue n'est pas non plus très détaillée.

L'absence d'exigences relatives au contenu de l'information. On peut relever avec tristesse, ici encore, les lacunes du droit gabonais qui n'a pas explicitement prévu qu'une information sur le placement en garde à vue doive être donnée au procureur, il n'a donc pas été prévu de contenu pour une telle information. C'est dire à quel point le législateur devrait se préoccuper encore plus des garanties qui feront qu'un contrôle concret des droits de la défense pendant la phase de la garde à vue soit effectif. En revanche, depuis la loi du 14 avril 2011 en France, il est précisé que l'officier de police judiciaire « *lui (au procureur) donne connaissance des motifs justifiant, en application de l'article 62-2, ce placement et l'avise de la qualification des faits qu'il a notifiée à la personne* ». Il serait donc opportun qu'une information détaillée au procureur de la République soit envisagée au Gabon, tout du moins soit légiférée parce qu'en pratique s'il y a nécessité de prévenir le procureur de la mesure de garde à vue, cette information, comme désormais prévue en France, doit porter sur la qualification juridique des faits, car elle impose aux enquêteurs de justifier la garde à vue comme étant l'unique moyen de parvenir à l'un ou plusieurs des objectifs énumérés à l'article 49 du Code de procédure pénale gabonais, ainsi que le moyen de permettre l'exécution des investigations, garantir la présentation de la personne devant le procureur de la République, éviter les pressions ou la destruction des preuves… Cette liste de critères, puisse-t-elle paraître longue, constitue un progrès dans la mesure où elle permettra au parquet d'exercer un contrôle juridique sur les raisons ayant motivé la privation de liberté.

La conséquence logique de l'adoption d'une telle information détaillée donnée au parquet est surtout la possibilité pour les juridictions du fond et la Cour de cassation de contrôler à leur tour la nécessité des gardes à vue contestées devant elles. En effet, la menace d'une annulation de la mesure par les juridictions inciterait les parquets à exercer un contrôle rigoureux[240]. Le procureur pouvant ainsi exercer un droit de regard sur les raisons ayant motivé la privation de liberté et sur sa nécessité afin d'éviter les détentions arbitraires. Sachant que ce dernier peut, en outre, modifier la qualification des faits établie par l'officier de police judiciaire, car « *la loi précise que le parquet peut modifier la qualification des faits* », il est censé contrôler ladite qualification.

Au final, le contrôle de la mesure de garde à vue par le procureur de la République, que ce soit en France ou au Gabon est souvent mis de côté en raison des relations de confiance entre le parquet et les services de police ou de gendarmerie. Au-delà de cette confiance, il est nécessaire pour les procureurs d'être en bons termes avec les membres de la police puisque leur travail et le bon déroulement de l'enquête dépendent largement du bon vouloir de ces derniers. Les parquetiers limitent ainsi leur contrôle dans le souci de ne pas « froisser » les enquêteurs.

Section II- du droit à un avocat : l'influence appréciable du droit français

Le droit à un avocat, partie intégrante des droits de la défense, permet au suspect de combler la détresse issue de sa solitude face aux autorités de poursuite[241]. En effet, dans l'administration de la justice pénale, le rôle de l'avocat « *est évidemment considérable : l'œuvre de la justice implique le droit à un défenseur* »[242]. L'avocat est l'« *un des acteurs*

[240] Juliette Lelieur, L'accroissement du rôle du parquet dans la garde à vue, AJ Pénal, novembre 2010, n°11, pp. 483-487.

[241] MERLE R., « Le rôle de la défense en procédure pénale comparée », Rev., sc. crim., 1970, pp. 1 et s.

[242] PRADEL J., Procédure pénale, *op. cit.*, 14e éd., Cujas, 2008, p. 184.

essentiels de la procédure pénale »[243] et l'organisation d'une société civile veut que chaque personne, soupçonnée ou accusée d'un crime ou d'un délit et considérée comme innocente jusqu'à ce qu'elle soit déclarée coupable, puisse être assistée d'un technicien indépendant pour organiser sa défense au moment où la société la poursuit. L'avocat apparaît ainsi comme un défenseur des règles édictées pour protéger tout citoyen contre l'arbitraire[244]. Il est au service de la personne poursuivie en défendant ses intérêts[245] dans la mesure où il lui permet de comprendre la procédure et l'aide à lutter contre les accusations des doutes exprimés à son encontre. Finalement, l'avocat est un véritable contre-pouvoir, car, grâce lui, la justice sera mieux rendue[246].

L'utilisation des moyens coercitifs, au stade de l'enquête, comme la garde à vue, étape essentielle de la procédure en ce qu'elle est généralement déterminante pour l'issue du procès pénal, doit amener le législateur à organiser la présence de l'avocat le plus tôt possible. Il est important que le droit à l'avocat soit consacré dès le début de la garde à vue.

Avant les indépendances et l'adoption même du premier Code de procédure pénale gabonais, le Code d'instruction criminelle français qui était applicable au Gabon avait mis sur pied un régime assez restrictif des droits de la défense dans lequel la présence de l'avocat était refusée pendant la garde à vue. Le souci de préserver l'efficacité de l'enquête de police, caractérisée par le secret[247], l'écrit et la non-contradiction, a très longtemps été avancé pour refuser le droit à la personne gardée à vue de consulter un avocat. La situation est restée inchangée au Gabon jusqu'à la réforme du Code de procédure pénale de 2010, réforme qui traduit l'impact du droit français, car le législateur gabonais a consenti

---

243 DEBOVE F. et FALLETI F., Précis de droit pénal et de procédure pénale, 2e éd., PUF, 2006, p. 374.
244 NICOLOPOULOS P., « La procédure devant les juridictions répressives et le principe du contradictoire », RSC, 1989, p. 11.
245 DADIA J., « Le rôle de l'avocat dans le procès pénal », Gaz. Pal., 1973, I, Doct., p. 452.
246 BLONDET M., « Le secret professionnel », in La chambre criminelle et sa jurisprudence, Mélanges M. PATIN, Cujas, 1963, p. 199.
247 BENILLOUCHE M., Le secret dans la phase préparatoire du procès pénal en France et en Angleterre, PUAM, 2004.

à apporter des garanties aux individus dès le moment où ils sont placés en garde à vue, toujours avec l'idée d'accorder une place importante aux droits de la défense au cours de la phase préparatoire du procès pénal. Il a donc autorisé la présence d'un défendeur auprès de la personne poursuivie.

Le législateur gabonais consacre donc l'avocat comme étant le seul capable de veiller au respect des droits de son client et à la régularité de la procédure[248]. Sauf que, en l'état, c'est-à-dire dans la pratique, cette consécration du droit à l'assistance de l'avocat pendant la garde à vue gabonaise apparaît plus comme un leurre procédural qu'il convient absolument de revoir. En effet, bien que le législateur ait consacré la présence de l'avocat dès le début de la garde à vue, il s'agit d'un droit qui est ignoré et bafoué par les officiers de police judiciaire et les membres du parquet alors que, en France, celui-ci est pleinement garanti et exécuté, même s'il y a des restrictions légales, surtout en matière de garde à vue dérogatoire.

Au Gabon, on relève des cas où une simple convocation policière donne des frissons, car elle est synonyme de force, d'humiliation, de torture et de spoliation. Le suspect gardé à vue est placé dans une situation particulièrement fragile se traduisant principalement, d'une part, par l'absence d'intervention de l'avocat en garde à vue et, d'autre part, par la faiblesse du contrôle exercé par le parquet. Pourtant nous parlons ici d'un droit qui a été consacré par le législateur gabonais au regard de ce qui avait été fait à l'époque en France, mais plus largement sur le plan international (§1). Cette situation a pour conséquence que le suspect gardé à vue qui, selon la législation gabonaise, n'est pas informé des motifs de sa garde à vue dès le moment de son placement, ne sera pas assisté de son avocat et donc n'aura pas non plus accès au dossier de procédure, alors que le législateur a institué entièrement cette possibilité pendant la phase de garde à vue (§2).

---

[248] KEBEICH M., « L'assistance d'un conseil comme moyen de la défense de l'inculpé, dans le droit français, le droit égyptien et le droit des Etats-Unis d'Amérique », RSC, 1985, p. 271.

§1- La consécration symbolique du droit à l'avocat pendant la garde à vue gabonaise

L'impulsion vient de sources universelles à valeur principalement symbolique : la Déclaration universelle des droits de l'Homme du 10 décembre 1948 et le Pacte international relatif aux droits civils et politiques du 16 décembre 1966. Ces deux textes majeurs ont consacré le droit fondamental d'être assisté d'un défenseur, ce droit se trouvant être le corolaire indispensable de la présomption d'innocence. Le premier de ces deux textes, adopté à Paris au lendemain de la Seconde Guerre mondiale par l'Assemblée générale des Nations unies, en partie rédigé par le prix Nobel de la Paix René Cassin et inspiré de la Déclaration des droits de l'Homme et du Citoyen de 1789, consacre le droit à une défense pénale en disposant à l'article 11-1 que « *toute personne accusée d'un acte délictueux est présumée innocente jusqu'à ce que sa culpabilité ait été légalement établie au cours d'un procès public où toutes les garanties nécessaires à sa défense lui auront été assurées* ». Si la notion de « *garanties nécessaires à la défense* » renvoyait assurément aux droits de la défense et, conséquemment, à l'une de ses modalités reposant dans l'assistance d'un défenseur, l'absence de portée juridique de la Déclaration universelle des droits de l'Homme ne conféra à la proclamation de cette défense pénale, et aux garanties qui l'accompagnaient, qu'une portée avant tout symbolique.

L'absence de force obligatoire de la Déclaration universelle amena l'Assemblée générale des Nations unies à instituer une Charte des droits de l'Homme ayant, quant à elle, force obligatoire. Fut ainsi créée une Commission des droits de l'Homme, chargée de rédiger cette Charte, laquelle, après de longues négociations dans le contexte de la guerre froide, aboutit à deux textes complémentaires : le Pacte international relatif aux droits économiques, sociaux et culturels et le Pacte international relatif aux droits civils et politiques qui abordent, parmi leurs dispositions, le thème de l'assistance d'un défenseur pour tout accusé. Ce dernier texte, adopté en 1966 et entré en vigueur en 1976, n'a été signé par la France qu'en 1980 et par le Gabon en 1987. Son article 14 aborde les principes fondamentaux régissant toute procédure pénale. Son troisième paragraphe, succédant à l'affirmation de la présomption d'innocence, définit les « *garanties nécessaires à [la] défense* », abordées dans la Déclaration universelle. L'article 14-3.b dispose ainsi que « *toute personne accusée d'une infraction pénale a droit, en pleine égalité (...) à disposer du temps et des facilités nécessaires à la préparation de sa défense et à communiquer avec le conseil de son choix* ». Toutefois, ce Pacte ne s'adressait pas aux individus directement, mais aux États signataires, lesquels s'étaient engagés à respecter les dispositions contenues en son sein. Si ce texte permet un contrôle de nature politique tout de même efficace par l'intermédiaire du Comité des droits de l'Homme, son effectivité concernant les individus est quasi inexistante. C'est également le cas de la Charte africaine des droits de l'Homme et des Peuples qui a été adoptée par les pays africains membres de l'Organisation de l'unité africaine afin « *d'éliminer sous toutes ses formes le colonialisme de l'Afrique, de coordonner et d'intensifier leur coopération et leurs efforts pour offrir de meilleures conditions d'existence aux peuples d'Afrique, de favoriser la coopération internationale en tenant dûment compte de la Charte des Nations unies et de la Déclaration universelle des droits de l'Homme des Nations unies et de la Déclaration universelle des droits de l'Homme* ». Le but de cette charte est clairement de tenir compte des vertus des traditions historiques et des valeurs de civilisation africaine qui doivent inspirer et caractériser leurs réflexions sur la conception des droits de l'homme et des peuples. Cette charte a donc prévu dans son article 7 le droit à la défense, y compris celui de se faire assister par un défenseur de son choix.

C'est donc au cours d'une première évolution opérée à l'échelle mondiale que l'idée d'un droit à l'assistance d'un défenseur durant le procès pénal naquit au Gabon, mais l'absence de portée juridique et contraignante de la Déclaration universelle des droits de l'Homme tout comme du Pacte international de 1966 et la Charte africaine de 1979 ne permit pas une consécration effective de ce droit au Gabon. L'intégration juridique du droit à l'assistance d'un défenseur au Gabon (B) se fit alors par l'intermédiaire du droit français (A).

A- La consécration de la présence de l'avocat en garde à vue en France

Les exigences de la Cour européenne des droits de l'Homme. L'article 6 § 3.c de la Convention européenne consacre le droit pour tout « *accusé* » à l'assistance d'un défenseur. La Cour européenne des droits de l'Homme a précisé sa position sur la question particulière de l'assistance de l'avocat lors de la garde à vue. En premier lieu, reprenant un principe déjà affirmé dans l'arrêt Murray c/ Royaume-Uni du 8 février 1996, l'arrêt Salduz du 27 novembre 2008 reconnaît, sur le fondement de l'article 6 de la Convention européenne, le droit pour toute personne placée en garde à vue de bénéficier de l'assistance effective d'un avocat et ceci dès « *les premiers stades de l'interrogatoire de la police* ». La Cour en déduit qu'« il *est, en principe, porté une atteinte irrémédiable aux droits de la défense lorsque des déclarations incriminantes faites lors d'un interrogatoire de police subi sans assistance possible d'un avocat sont utilisées pour fonder une condamnation* ». Par la suite, le juge européen a dû préciser cette notion d'assistance effective. L'arrêt Dayanan énonce que « *l'équité de la procédure requiert que l'accusé puisse obtenir toute la vaste gamme d'interventions qui sont propres au conseil. À cet égard la discussion de l'affaire, l'organisation de la défense, la recherche des preuves favorables à l'accusé, la préparation des interrogatoires, le soutien de l'accusé en détresse et le contrôle des conditions de détention sont des éléments fondamentaux de la défense que l'avocat doit librement exercer* ». Dans une troisième décision rendue à l'encontre de la France (arrêt Brusco c/ France), la cour a précisé que le droit à l'assistance d'un avocat devait pouvoir s'exercer pendant les interrogatoires. Cette décision met fin à un débat sur le point de savoir si la jurisprudence de la Cour européenne reconnaissait le droit d'être assisté pendant les interrogatoires.

Les exigences du droit de l'Union européenne. D'abord, la Charte des droits fondamentaux de l'Union européenne proclamée le 7 décembre 2000 consacre, en son article 48, les principes de présomption d'innocence et les droits de la défense en disposant que « *tout accusé est présumé innocent jusqu'à ce que sa culpabilité ait été légalement établie* » et ajoute que le respect des droits de la défense est garanti à tout accusé. Droit fondamental de la défense, le droit à l'avocat dans le procès pénal était implicitement visé par cet article. Pourtant, malgré un dessein particulièrement louable – tenant notamment dans le renforcement de « *la protection des droits fondamentaux à la lumière de l'évolution de la société, du progrès social et des développements scientifiques et technologiques* » (Préambule de ladite Charte) –, cette Charte resta longtemps dépourvue de la force juridique s'attachant à un traité une fois introduite dans l'ordre juridique interne, car elle ne figurait pas au nombre des actes du droit communautaire dérivé susceptibles d'être invoqués devant les juridictions nationales. C'est l'entrée en vigueur du Traité de Lisbonne qui en modifia la situation juridique. Conférant à cette dernière la même valeur juridique que les traités, l'entrée en vigueur du Traité sur l'Union européenne acta la reconnaissance par l'Union européenne des « *droits (...) libertés et (...) principes énoncés dans la Charte des droits fondamentaux* », mais, elle acta également l'adhésion de l'Union européenne à la Convention européenne des droits de l'Homme (TUE, art. 6 § 2 et 6 § 3), dotant ainsi la Charte d'une force juridique contraignante. Ensuite, la directive 2013/48/UE du 22 octobre 2013 qui devait être transposée en droit français avant le 27 novembre 2016 se montre suffisamment claire sur les objectifs de l'Union européenne : en définissant les règles minimales concernant le droit d'accès à un avocat dans le cadre des procédures pénales, l'Union européenne favorise l'application de la Charte et, notamment, de ses articles 4, 6, 7, 47 et 48, en s'appuyant sur les articles 3, 5, 6 et 8 de la CEDH tels qu'ils sont interprétés par la Cour européenne des droits de l'Homme qui, dans sa jurisprudence, fixe régulièrement des normes relatives au droit d'accès à un avocat. Cette jurisprudence prévoit notamment que « *l'équité de la procédure requiert qu'un suspect ou une personne poursuivie puisse obtenir toute la gamme d'interventions qui sont propres à l'assistance juridique. À cet égard, les avocats des suspects ou des personnes poursuivies devraient être en mesure d'assurer sans restriction les aspects fondamentaux de la défense* ». L'objectif de la directive est donc de permettre à tout accusé qu'il soit suspecté ou poursuivi dans le cadre d'une procédure pénale, d'avoir accès à un avocat. La généralité, ou plus précisément l'absence de spécificité découlant du champ d'application de la directive, opère une consécration élargie du droit à l'avocat en procédure pénale.

Cette consécration apparaît aujourd'hui aboutie et difficilement contestable. Tous les ordres juridiques supranationaux, à portée symbolique comme juridique, en ont consacré le principe. Il nous faut donc voir comment le droit français en a également assuré la protection.

Les exigences des juridictions nationales. Au niveau national, les décisions du Conseil constitutionnel et de la Cour de cassation impliquaient également une réforme du droit à un conseil. L'abondance de jurisprudence provenant de la Cour européenne ne pouvait qu'influencer le Conseil constitutionnel. Dans la perspective d'éviter de nouvelles condamnations et de ne pas être moins protecteur que le droit européen, la décision du 30 juillet 2010 ne pouvait que déclarer contraire à la constitution les modalités d'intervention de l'avocat en garde à vue. Elle exprime l'idée que l'impossibilité de bénéficier de la présence du défenseur durant les interrogatoires ne peut être une règle générale et ne peut être justifiée que par certaines considérations telles que le rassemblement ou la conservation des preuves ou encore la protection des personnes. Quant à la chambre criminelle, celle-ci a jugé que *« pour prononcer l'annulation des procès-verbaux de garde à vue et des auditions intervenues pendant celle-ci, les juges énoncent que M. S a bénéficié de la présence d'un avocat, mais non de son assistance dans des conditions lui permettant d'organiser sa défense et de préparer avec lui les interrogatoires auxquels cet avocat n'a pu, en l'état de la législation française, participer* » et « *qu'en se prononçant ainsi, la chambre de l'instruction a fait l'exacte application de l'article 6 de la Convention européenne des droits de l'Homme* »[249]. La chambre criminelle opère une distinction entre présence et assistance effectives. Elle se situe désormais dans le sillage tant de la jurisprudence européenne que constitutionnelle. Enfin, par un arrêt du 4 janvier 2011, la chambre criminelle approuva le fait que les éléments recueillis pendant la garde à vue et hors la présence de l'avocat n'auraient pu constituer des éléments de preuve valables permettant de fonder la culpabilité de la personne placée en garde à vue. Il en résulte que les juges du fond doivent écarter des preuves recevables les gardes à vue ou les aveux obtenus sans l'assistance d'un avocat[250].

Les exigences de la loi nationale. L'absence de l'avocat en garde à vue française a fait l'objet de vives critiques tant de la part du barreau[251] que

---

[249] Crim. 19 oct. 2010, n°10-82.306.

[250] Crim, 4 janvier 2011 n°10-85.520 ; Crim, 18 janvier 2011 n° 10-83.750 ; Garde à vue : l'assistance effective de l'avocat... immédiatement effective !, La lettre omnidroit, article publié le 17 janvier 2011 ; DANET J., « Garde à vue : précision d'importance ! », AJ Pénal, février 2011, pp. 83-84.

[251] Le barreau face aux problèmes actuels de la justice pénale. Travaux du 41e congrès de l'association nationale des avocats de France, Toulouse, 23-24 mai 1969, p. 418.

de la doctrine[252]. Critiques toutes liées au fait que, privé de sa liberté et de ses repères dans un environnement souvent nouveau et hostile, le gardé à vue ne bénéficiait alors d'aucun lien avec l'extérieur susceptible de lui porter assistance, il se retrouvait seul face à des policiers aux pouvoirs de contrainte. Le droit français devait alors changer, car, en outre, il faisait en la matière figure d'exception au regard des autres législations étrangères qui, pour la plupart, avaient déjà admis l'intervention de l'avocat au stade de l'enquête[253]. Marginalisé, le législateur français a finalement donné satisfaction aux réclamations en inscrivant dans l'article 63-4 du CPP le principe de l'intervention de l'avocat au stade de l'enquête de police, lors d'un placement en garde à vue[254]. En effet, même si le chemin pour parvenir à cette consécration textuelle par le législateur français fut long et difficile[255], au regard des exigences européennes[256], il était tout à fait logique d'en arriver à cette évolution des garanties de défense de la personne gardée à vue.

---

[252] Par exemple le Doyen Vedel, à l'occasion de l'examen de la loi dite « *Sécurité et liberté* » en 1981, avait considéré que « *la garde à vue viole les droits de la défense, car elle permet qu'un suspect soit interrogé sans l'assistance d'un avocat* », propos rapportés par J.-L. Debré, président du Conseil constitutionnel, dans son discours prononcé le 4 décembre 2009 à l'occasion de la rentrée du Barreau de Paris ; MERLE R., « La garde à vue », Gaz. Pal., 1969, II, p. 18 ; du même auteur, « Le rôle de la défense en procédure pénale comparée », RSC., 1970, pp. 1 et s. ; LEROY J. « La garde à vue », J-CI pr., App., art. 53 à 73 ; MASSE M., « Protection procédurale contre les abus de la police en droit français », La revue juridique Thémis, V. 23, n°2-3, 1989, pp. 491-495.

[253] Exemple en Angleterre, en Allemagne, en Espagne, en Grèce, au Luxembourg, en Italie, aux Etats-Unis ou au Canada.

[254] PRADEL J., « Les droits de la personne suspecte ou poursuivie depuis la loi n°93-1013 du 25 août 1993 modifiant la loi du 4 janvier précédent. Un législateur se muant en Pénélope ou se faisant perfectionniste ? », *op. cit.*, pp. 299 et s.

[255] TROLLIET F., *Les gardes à vue dérogatoires*, thèse Aix-en-Pce, 2002.

[256] En 1992, la Cour européenne des droits de l'Homme avait condamné la France en matière de garde à vue dans l'affaire *Tomasi* pour avoir violé l'article 3 de la convention. Dans cette affaire, il fût reconnu que M. TOMASI avait subi des sévices de la part de policiers lors de sa garde à vue. Cour EDH, 27 août 1992, Tomasi c/ France, Série A, n°241-A, Dr. pén., 1992, comm. n°301, note A.

Le législateur français a, pour la première fois, prévu l'assistance de l'avocat pendant la garde à vue avec la loi n°93-2 du 4 janvier 1993, portant réforme de la procédure pénale. Il établissait ainsi que « *dès le début de la garde à vue, la personne peut demander à s'entretenir avec un avocat* ». Un entretien d'une durée de 30 minutes lui était également accordé et renouvelé en cas de première prolongation de la mesure. Ce texte précurseur de la jurisprudence européenne semblait respecter les droits de la défense et les autres réformes sur la matière pénale ne bouleverseront pas tant la présence de l'avocat que les modalités de sa présence et notamment de son intervention. Actuellement, le Code de procédure pénale français prévoit et réglemente la présence de l'avocat durant la garde à vue à l'article 63-1, et plus précisément 63-3-1 : « *dès le début de la garde à vue, la personne peut demander à être assistée par un avocat. Si elle n'est pas en mesure d'en désigner un ou si l'avocat choisi ne peut être contacté, elle peut demander qu'il lui en soit commis un d'office par le bâtonnier* ». La question de la présence de l'avocat n'est donc plus un débat en France, cet article est bien appliqué par les officiers de police judiciaire lors des gardes à vue classiques.

Une telle présence fut également consacrée par le législateur gabonais, mais c'est la question de son application qui nous fait dire que l'admission de l'avocat en garde à vue n'a été faite au Gabon qu'en demi-teinte.

B- La consécration en demi-teinte de l'assistance de l'avocat en droit gabonais

Le droit à l'avocat en garde à vue gabonaise était purement et simplement ignoré avant l'entrée en vigueur du Code de procédure pénale dont la réforme a eu lieu le 25 novembre 2010. Cette réforme a consacré le droit à l'avocat pendant la garde à vue tout comme c'est le cas en France. Il s'agit là d'une consécration forte d'un droit essentiel pour la mise en œuvre des autres droits de la défense pour la personne gardée à vue qui, au Gabon, est tout particulièrement placée dans une situation d'extrême vulnérabilité.

En tout état de cause, il résulte de cette réforme ambitieuse du législateur gabonais de 2010 que le droit à l'assistance de l'avocat lors des auditions et confrontations avec les enquêteurs est permanent et peut s'exercer à tout moment de la garde à vue comme lors de la prolongation de la garde à vue. En principe, une personne gardée à vue n'ayant pas fait le choix d'être assistée d'un avocat lors de la notification de sa garde à vue pourra tout de même solliciter cette assistance ultérieurement et l'audition devra être interrompue. C'est un progrès majeur qui s'inspire du droit français, car, comme nous l'avons vu, depuis 1993 la loi française prévoit que lors du prolongement de la garde à vue, le suspect peut toujours demander à s'entretenir confidentiellement avec son avocat. C'est l'article 54, alinéa 1, du Code de procédure pénale gabonais qui dispose que : « *aussitôt, après le début de sa garde à vue, l'intéressé peut demander à s'entretenir avec un avocat. S'il n'est pas en mesure d'en choisir un, ou si l'avocat choisi ne peut pas être contacté, il peut demander qu'il lui en soit commis un d'office par le bureau de l'assistance judiciaire conformément aux dispositions légales et réglementaires sur l'assistance judiciaire* ». C'est là un droit à un avocat clairement énoncé et même celui d'un droit à l'entretien avec cet avocat clairement prévu par les alinéas suivants du même article.

Il s'agit d'une véritable avancée parce que le droit gabonais ne connaissait pas le droit à l'assistance de l'avocat pendant la garde à vue antérieurement à la réforme de 2010. Le législateur gabonais a ainsi voulu mettre la personne gardée à vue dans une certaine sécurité et sérénité de par la présence de son avocat. En effet, la présence de l'avocat, dès le début de la mesure, apparaît nécessaire, pour plusieurs raisons :

- Tout d'abord parce qu'il va être le premier véritable contact « du monde extérieur ». Il faut bien rappeler le contexte. Lors de sa fouille, le suspect s'est vu confisquer la quasi-totalité de ses biens, il est donc dans l'incapacité de se situer dans le temps. Le rôle de l'avocat est donc de l'informer précisément de la date et de l'heure « *Cher Monsieur, nous sommes le 15 avril 2014, il est 00h43, vous vous trouvez dans les locaux de la police judiciaire depuis maintenant plus de 2 heures. Vous avez été placé en garde à vue le 14 avril 2014 à 22h43. Cela signifie que cette procédure arrivera à son terme le 15 avril à 22h43. En fonction des nécessités de l'enquête, cette mesure pourra être prolongée* ».

- Ensuite, l'avocat pourra contrôler que la garde à vue de son client se déroule correctement et faire d'éventuels commentaires sur ses conditions ;

- Et, enfin, en fonction des éléments qui lui seront communiqués, l'avocat établira si les faits peuvent réellement entraîner une qualification pénale.

Le droit à l'avocat pendant la garde à vue suppose alors que la personne poursuivie soit effectivement épaulée par ce dernier et que sa présence ne se réduise pas simplement à un simple droit de regard passif. Le rôle de l'avocat en droit gabonais, tel qu'il a été consacré par le législateur, se trouve ainsi être en conformité avec le droit français (1), même si dans la réalité des faits ce droit est totalement en déphasage avec la pratique française (2).

1- Le rôle de défenseur de l'avocat gabonais conforme au droit français

La consécration du droit à l'avocat lors de la garde à vue est une avancée remarquable dans la protection de la personne gardée à vue. Cette consécration textuelle au Gabon permet de reconnaître un vrai rôle à l'avocat, devant bénéficier d'un entretien de trente minutes avec son client – délai extrêmement court, chacun en conviendra –, qui est l'expression du contradictoire durant cette phase policière et devrait permettre à l'avocat de développer une stratégie d'analyse de la situation et, par là même, de défense pénale. Aujourd'hui, le rôle de l'avocat en garde à vue gabonaise par la consécration textuelle est beaucoup plus accru, car il dispose de plusieurs modes d'intervention. Le législateur gabonais s'est, sur ce point, largement inspiré de l'évolution du droit français qui n'avait accordé auparavant qu'une présence ponctuelle de l'avocat[257], mais aujourd'hui, et ce depuis la loi du 15 juin 2000, le droit

[257] En France, les hésitations parlementaires avaient porté sur le moment de l'intervention de l'avocat. La loi du 4 janvier 1993 avait prévu l'intervention de l'avocat dès le début de la garde à vue mais la loi du 24 août 1993 abroge la disposition relative à l'intervention de l'avocat dès le début de la garde à vue pour introduire le principe de l'intervention à partir de la 21e heure dans l'article 63-4 du Code de procédure pénale.

français autorise l'avocat à assister son client durant les interrogatoires. C'est ainsi que le législateur gabonais a prévu la même chose dans l'article 54, alinéa 1, du Code de procédure pénale, ce qui le met en conformité avec le droit français, car cet article prévoit une intervention à tout moment, même lorsque la garde à vue est prolongée. L'avocat est appelé à avoir un rôle actif durant les auditions. Un rôle actif théoriquement conforme au droit français durant les auditions (a), mais un rôle actif limité pendant les auditions qui rapproche encore plus les deux systèmes (b).

a- Le rôle actif de l'avocat durant les auditions de garde à vue

Les avocats gabonais attendaient la réforme de 2010 afin de pouvoir véritablement et effectivement défendre leurs clients durant les interrogatoires de garde à vue et donc d'assurer une véritable défense pénale. Ce fut le cas aussi des avocats en France qui réclamèrent une réforme pour pouvoir accéder aux locaux de la police.

La vision de l'action de l'avocat est en effet clairement exprimée dans l'article 54 du Code de procédure pénale gabonais : après avoir été désigné, l'avocat a le droit de s'entretenir avec son client dès son arrivée sur les lieux de la garde à vue. Cependant, la loi n'impose pas à l'avocat de se présenter dans un délai minimum, ce qui importe selon le législateur c'est la notification par l'enquêteur à la personne gardée à vue et l'appel à l'avocat. Cela étant, une fois sur les lieux, l'entretien doit se dérouler, l'enquêteur qui est en train d'interroger l'intéressé doit, en principe, interrompre cet interrogatoire pour permettre l'entretien avec l'avocat. Et, tout comme la loi française, le législateur gabonais estime que cet entretien ne peut excéder trente minutes en début de garde à vue[258], puis encore trente minutes lors du renouvellement de la mesure. En outre, l'entretien doit se dérouler dans des conditions qui garantissent la confidentialité des propos échangés entre le gardé à vue et son avocat[259]. Il doit donc avoir lieu hors de toute présence policière.

---

[258] Voir article 63-4 du CPP français qui a été repris dans l'article 54 CPP gabonais.

[259] GARE T. et GINESTE C., « Les droits de la défense en procédure pénale », in Libertés et droits fondamentaux, 14e éd., Dalloz, 2008, p. 509.

L'avocat choisi est informé par le bâtonnier, tout comme devrait l'être son client, par l'officier de police judiciaire de la cause de la garde à vue. Cette information vise à améliorer l'intervention de l'avocat lors du déroulement de la garde à vue dont le rôle consiste aussi en : la discussion de l'affaire, l'organisation de la défense, la recherche des preuves favorables à l'accusé, la préparation des interrogatoires, le soutien de l'accusé en détresse et le contrôle des conditions de détention. Autant d'éléments fondamentaux pour la défense que l'avocat doit librement exercer durant la garde à vue, ils font partie intégrante de la mission de l'avocat.

Il était temps que l'avocat ait une place pendant la garde à vue gabonaise. En effet, l'avocat choisi par son client devrait être en mesure de lui apporter une assistance très précieuse. Il remplit à la fois une mission de contradicteur face aux officiers de police judiciaire par la faculté qui lui a été donnée à l'article 54 alinéa 3 du Code de procédure pénale de présenter des observations écrites à l'issue de chaque audition ou confrontation, il garantit aussi son statut de conseil dans ses relations avec le gardé à vue. Pour l'heure, il s'agit de la seule porte laissée entr'ouverte par le législateur dans laquelle l'avocat aurait tout intérêt à s'insérer afin, par ses questions, d'orienter la réflexion des enquêteurs sur la réalité des faits et de douter éventuellement de la culpabilité de son client.

On le voit clairement, la volonté du législateur gabonais a été de s'inspirer du droit français pour prévoir la présence effective de l'avocat lors des auditions de son client en garde à vue. Le droit gabonais a ainsi été impacté par la vision française du principal rôle de l'avocat pendant la garde à vue qui est celui de veiller activement aux intérêts de son client. Ce rôle ne peut être tenu que si l'avocat est présent lors des auditions. Mais ce rôle actif de l'avocat que le législateur gabonais a consacré sera limité au Gabon, car la loi gabonaise a également été impactée par les limites du droit français.

b- Un rôle toutefois limité durant les auditions de garde à vue

On peut se demander si les avancées initiées en 2010 par le législateur gabonais sont suffisantes pour garantir à la personne gardée à vue son droit d'être véritablement assistée par un avocat. Cet objectif avait également été recherché en France lorsque le législateur y avait institué la présence de l'avocat lors de la garde à vue. Le Conseil constitutionnel français avait même affirmé dans les décisions des 11 août 1993 et 20 janvier 1994 que « *le droit de la personne à s'entretenir avec un avocat au cours de la garde à vue constitue un droit de la défense* ». On doit cependant constater que la garantie de l'intervention de l'avocat a été limitée, que ce soit en France ou au Gabon. En effet, le législateur gabonais, à l'instar de son homologue français, s'est bien gardé d'accorder des attributions importantes en faveur du défenseur lors de la garde à vue. Soucieux de ne pas dénaturer la mesure et de ne pas en faire l'antichambre de l'information judiciaire en termes de prérogatives accordées à l'avocat, il a tout à la fois laissé la possibilité aux enquêteurs de réduire la parole de l'avocat à son plus strict minimum tout en n'accordant pas à ce dernier la possibilité d'agir sur le fond du dossier. En effet, la présence de l'avocat ne manifeste pas la possibilité d'une véritable discussion qui reste embryonnaire pendant la garde à vue[260].

Le constat qui s'impose face à la consécration du droit à l'avocat en garde à vue gabonaise est la passivité certaine du rôle de l'avocat édicté par le législateur gabonais durant les interrogatoires de garde à vue : il ne peut pas, en principe, intervenir durant l'interrogatoire même. C'est tout du moins ce qu'une lecture attentive du Code de procédure pénale gabonais fait ressortir, véritable rapprochement avec le droit français. En effet, si les législateurs français et gabonais ont prévu la présence de l'avocat pendant les auditions aux côtés de son client, ces deux législateurs n'ont toutefois fait de lui qu'un spectateur impuissant assistant à l'échange entre ce dernier et les enquêteurs. La portée juridique de son intervention reste donc toujours limitée[261]. Dans cette situation, la crainte première du défenseur réside assurément dans le fait de voir son client, déterminé à prouver son innocence, faire des déclarations susceptibles, à la lecture d'autres éléments probatoires, de se révéler incriminantes et qui l'engageraient sur la voie de la condamnation.

---

[260] HENRION H., « L'article préliminaire du Code de procédure pénale : vers une « théorie législative » du procès pénal ? », APC, 2001, p. 31.

[261] GARE T. et GINESTET C., « Les droits de la défense en procédure pénale », *op. cit.*, pp. 253 et s.

Le seul entretien de trente minutes tel qu'il a été conçu en droit français et gabonais ne permet pas à l'avocat d'assurer la défense de l'intéressé[262], mais uniquement de vérifier le bon déroulement de la garde à vue[263], il pourra également, à l'issue de son entretien avec son client, présenter des observations écrites dans lesquelles il peut consigner les questions, mais également adresser des observations écrites directement au procureur de la République. Une telle position du législateur témoigne, certes, de son aversion envers l'action de l'avocat durant la garde à vue et ruine, par là même, toute efficacité procédurale à ce stade,[264] mais elle permet à l'avocat, par cette possibilité, d'intervenir quand même pendant la garde à vue.

La consécration textuelle de la présence de l'avocat en garde à vue gabonaise, bien que limitée, ne peut qu'être saluée. Son rôle n'est pas négligeable puisqu'il permet à la personne gardée à vue d'être mieux armée, au moins psychologiquement, pour résister à d'éventuelles pressions qui pourraient être exercées par les enquêteurs[265] d'autant que, au Gabon, cette consécration n'a pas encore été intégrée dans les pratiques policières et même judiciaires. En effet, la pratique policière de la garde à vue souffre, dans ce pays, de l'absence physique du conseil.

2- Les limites de l'application pratique du droit à l'avocat en garde à vue gabonaise : un droit en déphasage des règles d'assistance du droit français

La consécration du droit à l'assistance de l'avocat pendant la garde à vue est considérée comme l'un des points les plus importants de la réforme de la procédure pénale opérée en 2010 au Gabon. Le législateur

---

[262] DI MARINO G., « La redistribution des rôles dans la phase préparatoire du procès pénal », Cujas, 2006, p. 325.

[263] DUMONTET D., « L'avocat et la garde à vue : aspects pratiques et critiques », AJ Pénal, 2004, pp. 275-277.

[264] Dans le même sens, J.-B. Perrier, « Garde à vue II : l'excès de pragmatisme du Conseil constitutionnel, garant de la non-méconnaissance des droits fondamentaux », AJ pénal 2012. 102, obs. sous Cons. Const. 18 novembre 2011, préc.

[265] GENDREL M., « Garde à vue et droits de l'individu. La défense doit-elle commencer dans les locaux de la gendarmerie ou de police ? Dr. pen., 1992, chron. n°10.

gabonais a ainsi accordé au suspect esseulé une protection face aux officiers de police judiciaire. Mais cette protection est limitée par la question de l'assistance judiciaire et par celle des commissions d'office.

Cette affirmation peut surprendre à partir du moment où nous avons affirmé que le législateur gabonais s'était inspiré du droit français lors de la consécration du droit à un avocat pendant la garde à vue, mais, s'appuyant sur ce que prévoit le droit gabonais, on peut dire que l'assistance d'un avocat en phase policière, et surtout lors de la garde à vue, est une utopie.

En effet, l'absence d'intervention de l'avocat en garde à vue gabonaise relève plus de la pratique que des textes légaux, en effet, le nouveau Code de procédure pénale prévoit comme en France qu'un avocat puisse être commis d'office à une personne qui a été placée en garde à vue et qui n'en dispose pas. Mais cette disposition n'est pas appliquée dans les faits, ce qui restreint la possibilité de voir l'avocat lors de la garde à vue. De plus, même s'il est prévu que si la personne gardée à vue dispose d'un avocat, ce dernier, informé de la mesure, peut assister son client, cette assistance n'est que théorique, car dans la pratique les officiers et agents de police judiciaire ne sont pas très permissifs concernant cette pratique, que d'ailleurs la plupart ignorent. L'avocat n'est pas autorisé à accompagner son client dans les locaux de la police ou de la gendarmerie, il n'est même pas autorisé à entrer en contact avec lui ni à lui rendre visite, ce qui signifie clairement que l'interrogatoire se fera en son absence, mais également que ce dernier ne pourra pas vérifier si les droits de son client lui ont bien été notifiés et s'il bénéficie de son droit au repos ou à un examen médical.

Pour une mesure qui fait l'objet de contrôle, nous sommes étonnés de voir une telle méprise du droit à l'assistance d'un avocat. La justification donnée par les autorités judiciaires gabonaises chargées de contrôler que la mesure ait été faite dans le respect de la loi est que le conseil de la personne gardée à vue peut paralyser la réunion des premiers éléments de la procédure en transformant les unités de police et de gendarmerie en véritable prétoire. Il est évident ainsi que pendant la garde à vue, bien que le droit à l'avocat soit consacré par le législateur, l'avocat ne peut réellement jouer son rôle.

La garde à vue au Gabon apparaît ainsi comme une véritable épreuve pour la personne gardée à vue qui se retrouve dans un engrenage policier toute seule face à des policiers qui n'hésitent pas à faire preuve d'humiliation, de bastonnade et de spoliation. Cette phase est très délicate, car le suspect est alors confronté seul aux questions d'un officier de police judiciaire, dans un bureau, en compagnie d'un ou plusieurs policiers, les questions ne faisant pas l'objet d'un contrôle de vidéosurveillance ou d'un enregistrement sonore. La seule trace qui subsiste de l'interrogatoire est le procès-verbal. La pratique démontre que, bien souvent, il se produit une transformation redoutable entre ce qui est dit et ce qui est retracé dans les procès-verbaux.

Donc, cette audition de la personne s'effectue dans un contexte qui lui est défavorable. Bien que présumé innocent, lorsqu'un suspect est arrêté dans le cadre d'une enquête de flagrance ou à la suite d'une plainte déposée à son encontre, son image est ternie et le spectre de la culpabilité a tendance à peser sur ses épaules. De plus il y a une grande autonomie laissée à l'interrogateur. Les pouvoirs de l'enquêteur surpuissant et chargé de mener l'interrogatoire sont immenses. Il peut influencer fortement le cours de l'affaire. Ce dernier dispose en effet du libre choix des questions et peut aussi décider d'occulter certaines d'entre elles. Cela peut avoir pour conséquence que les personnes faibles ou fragiles avouent une infraction dont elles ne sont pas les auteurs. En cas d'aveu, le procès ne sera qu'une simple formalité et en cas de crime, les mesures d'instruction seraient tellement légères que leur intérêt serait nul.

L'avocat qui ne peut même pas rendre visite à son client, encore moins s'entretenir avec lui sur la réalité des droits qui lui sont accordés sera informé de manière fortuite de la prolongation de la mesure de garde à vue par le procureur de la République que l'officier de police judiciaire a saisi à son insu. Le transfèrement de son client au parquet ne lui sera pas notifié et ce n'est qu'à l'audience qu'il le verra pour la première fois. Il serait pourtant opportun d'instaurer le contradictoire dans cette phase et de permettre l'exercice réel des droits de la défense lors de l'audition en garde à vue, car les droits de la défense seraient sans aucun doute davantage garantis au Gabon par la présence de l'avocat au cours des interrogatoires de police.

Toute personne convoquée ou conduite devant les services de police devrait être informée par tous les moyens, à peine de nullité, de son droit à être assistée de son conseil ainsi que de tous les droits qui lui sont attribués par le législateur. Le refus de l'avocat en garde à vue gabonaise est très critiqué notamment par eux-mêmes. Ceux-ci estiment que le fait de ne pas se servir de l'exemple des droits étrangers qui sont nombreux à l'admettre sous des formes diverses, notamment en France, est très critiquable. Il est temps que l'avocat joue son rôle de conseil et de contradicteur de l'accusation, que la passivité de l'avocat cède la place à une véritable action de celui-ci pendant la garde à vue.

Hélas, il est évident qu'au Gabon on n'a pas encore compris l'importance de la présence de l'avocat aux côtés de son client pendant la phase de la garde à vue. Ce dernier doit être en mesure d'apporter à son client une assistance très précieuse, par sa présence, leur entretien et sa capacité à analyser le dossier pénal. La consultation de ce dossier par l'avocat, pourtant prévue par le législateur gabonais, ne relève que de l'imaginaire.

§2- L'accès au dossier de la procédure : la rupture avec le droit français

Aussi compétent que puisse être l'avocat intervenant en garde à vue, il ne peut exercer une véritable mission de défense pénale que s'il connaît les éléments justifiant le placement en garde à vue de son client. Que ce soit en droit français ou en droit gabonais, la question de l'accès au dossier se pose. En effet, l'une des conditions d'efficacité de l'exercice des droits de la défense tient pour la personne gardée à vue à la possibilité d'avoir une connaissance exacte des informations figurant dans le dossier de la procédure[266]. L'accès au dossier est un préalable indispensable pour que la personne poursuivie puisse prendre clairement conscience des charges relevées à son encontre et s'exprimer en toute connaissance de cause, afin de pouvoir contredire et rectifier des accusations ou renseignements erronés. L'accès au dossier par le gardé

[266] MOLINA E., La liberté de la preuve des informations en droit français contemporain, PUAM, 2001, p. 98.

à vue vise donc à accroître sa protection durant le procès pénal et à garantir une meilleure justice[267].

Le législateur gabonais, qui sur ce point a encore repris le système français, a simplement énoncé les choses, car, selon l'article 52 du Code de procédure pénale gabonais, l'avocat a accès au dossier pénal, et ce dès le début de la mesure de garde à vue. Bien que cette disposition ait pour but de se rapprocher du droit de l'ancien pays colonisateur, on ne peut que se demander si le législateur gabonais n'a pas simplement recopié ce qui était prévu en droit français pour le consacrer en droit gabonais, car on peut légitimement se poser la question de savoir comment l'avocat pourrait accéder à ce dossier alors qu'il n'est pas informé de la mesure de garde à vue à l'encontre de son client et, quand bien même il en serait informé, il n'a pas le droit d'entrer dans les locaux de la police ou de la gendarmerie. Un tel accès n'est que pure illusion en l'état actuel des choses. Cela nous amène à pointer du droit les insuffisances de la procédure pénale gabonaise à assurer l'effectivité de l'exercice des droits de la défense pendant l'enquête de police. Mais est-ce une préoccupation du législateur gabonais qui entend simplement se rapprocher du système français en consacrant de manière ambiguë un accès total au dossier dès le stade de la garde à vue (A) alors que la réalité des faits ne le permet pas (B).

A- L'affirmation ambiguë d'un accès au dossier pénal par le législateur gabonais

Le dossier réalisé pendant l'enquête de police prédétermine la suite de la procédure. Il se compose de l'ensemble des documents et pièces[268]

---

[267] THOMAS-CHEVALIER A. : « Ni les tiers, ni les parties privées ne devraient être informés du déroulement de la procédure : en consultant le dossier, le dossier pénal connaît aussitôt les intentions du juge magistrat et peut facilement brouiller les pistes », L'avocat et le juge, Thèse de l'Université de Nancy II, 1978, p. 28.

[268] Les pièces et documents du dossier sont définis par la doctrine comme « tout document de nature à servir de preuve, établi à l'occasion d'un fait envisagé comme crime, délit et contravention, par les autorités participant à l'administration de la justice répressive », GARRAUD P., « L'utilisation à titre de preuve, dans un procès civil, de pièces et documents tirés d'une information pénale », JCP, 1943, I, 317.

accumulés au cours de l'enquête, c'est-à-dire des procès-verbaux, réquisitions et constatations réalisés, investigations entreprises par les enquêteurs pour constituer la « *traduction formelle d'une activité, en l'occurrence l'activité des autorités de police et de justice* »[269]. Ce dossier retrace le déroulement des investigations[270] et contient des informations sur la procédure. La consultation de ce dossier constitue un moyen, pour l'avocat et le gardé à vue, d'avoir un droit de regard sur les éléments recueillis par les autorités judiciaires ainsi que sur les preuves rassemblées. En effet, la construction de la défense passe par un accès à ce dossier pénal qui permettra ainsi de respecter le principe d'une bonne défense.

Au Gabon, le Code de procédure pénale prévoit à l'article 67, alinéa 3, que l'avocat ait un accès aux pièces du dossier sans énumérer celles-ci : « *le conseil peut librement communiquer avec l'accusé et prendre sur place communication du dossier* », cela suppose qu'il ait un accès total. On a ici une disposition montrant la volonté maladroite du législateur gabonais d'assurer les droits de la personne gardée à vue et de la mettre sur un pied d'égalité avec l'accusation, relativement à l'accès de la procédure. Mais cette prévision est marquée par son imprécision. Il y a là un contraste frappant avec les dispositions du droit français. En France, sous couvert de l'arrêt Dayanan, une partie du barreau revendiqua un accès à l'entier dossier dès le stade de la garde à vue, mais, aujourd'hui encore, l'analyse du dossier et son exploitation restent limitées. En l'état de la réforme issue de la loi n°2011-392 du 14 avril 2011, trois pièces sont consultables par l'avocat en France : le procès-verbal de notification des droits, le certificat médical et le ou les procès-verbaux d'audition de son client. Pourtant, selon des enquêteurs et des parquetiers, sauf difficultés matérielles prochainement évoquées, il n'y aurait aucune incidence à laisser la possibilité de la consultation totale du dossier sur près de neuf procédures sur dix traitées par les policiers et gendarmes.

Le législateur gabonais, par l'admission d'un accès total au dossier, ne prend pas en compte la distinction admise par tout le corpus juridique et jurisprudentiel, entre la phase d'enquête, consacrée au recueil et à la

---

[269] RIBEYRE C., La communication du dossier pénal, PUAM, 2007, Thèse de l'Université d'AIX-MARSEILLE, p. 31.

[270] RIBEYRE C., La communication du dossier pénal, *idem*.

constitution des preuves, et qui n'est pas d'une nature absolument juridictionnelle, mais qui n'exclut pas une ouverture mesurée et graduelle aux droits de la défense, et la phase juridictionnelle, au cours de laquelle le débat contradictoire doit être total. Le législateur gabonais a accordé un droit sans préciser les règles à suivre. En l'état actuel du droit gabonais, comment le gardé à vue va-t-il procéder pour avoir accès à l'entier dossier ? Ni le contenu des pièces du dossier à transmettre ni le régime juridique de cette transmission n'ont été précisés. Le constat de l'ambiguïté de l'accès entier au dossier est donc flagrant. Dès le début de la mesure de garde à vue, l'avocat a, en principe, accès à l'entier dossier de la procédure, mais encore une fois, la pratique veut d'abord que l'avocat soit interdit dans les locaux de police ou de gendarmerie, il n'a droit à rien. Comment réaliser des missions propres au conseil dans ce cas ? Il y a lieu d'émettre le souhait que le législateur, ou même la jurisprudence s'intéressent davantage à cette question.

B- Les difficultés d'un accès total au dossier : la réalité des faits

Plusieurs difficultés peuvent être rencontrées concernant l'accès total au dossier de la procédure. Pour cela on va faire appel aux conclusions de la mission de réflexion sur les possibles évolutions de la procédure pénale. Cette mission a rendu le rapport Beaume qui soulève un point important sur la difficulté d'avoir un accès total au dossier de la procédure. Il nous semble tout à fait illusoire, comme l'a prévu le législateur gabonais, que l'entier dossier soit mis à la disposition de l'avocat pendant la garde à vue ; en effet de nombreuses difficultés matérielles (1) et le frein à l'efficacité de l'enquête (2) sont des éléments qui ne permettent pas un accès total au dossier dès le stade de la garde à vue. Le législateur français a pris note du rapport Beaume et a confirmé que l'avocat n'aurait accès qu'à quelques éléments du dossier au stade de la garde à vue.

1- Difficultés matérielles et charges supplémentaires pour les enquêteurs

Permettre un accès total au dossier dès le stade de la garde à vue fait naître une première inquiétude qui réside dans le fait que les policiers et gendarmes auront une charge de travail plus lourde. En effet, une extension de l'accès au dossier ne manquera pas d'induire un travail supplémentaire aux officiers de police judiciaire, axé sur l'administratif, et le rapport Beaume parle de : la mise en forme du dossier, la cotation, la multiplication des exemplaires selon le nombre d'avocats, le temps de prise de connaissance par l'(les) avocat(s), les entretiens avec le client avant l'(les) audition(s), la réitération de la démarche au fur et à mesure de l'établissement des nouvelles pièces... Autant de diligences strictement matérielles qui ne relèvent pas fondamentalement du métier d'officier de police judiciaire et qui, en tout cas, accroîtront le temps d'enquête. Par ailleurs, à l'issue de longues enquêtes préliminaires, il peut arriver qu'une procédure soit constituée de plusieurs centaines de procès-verbaux. Outre les tâches matérielles précédemment listées, surtout en cas de pluralité de défenseurs, quel temps donner loyalement au(x) conseil(s) pour prendre suffisamment connaissance de la procédure afin d'assister le client dans une audition utile ?

La consultation du dossier dans son entièreté fait également l'objet de nombreux débats en France avec une partie des praticiens du droit qui y sont favorables et d'autres qui y sont opposés. Il en est de même pour les praticiens français des procédures complexes (terrorisme, crime ou délinquance organisée, stupéfiants, violences urbaines…) qui soulignent que, très souvent, la multiplicité d'objectifs, parfois répartis sur tout le territoire national, dans de nombreux lieux épars de garde à vue, induit un « *démembrement* » de la procédure, partiellement « *décentralisée* » puis alimentée, site par site, autour du cas et du lieu particuliers du gardé à vue. Où sera, dans ce cas, « *le* » dossier à consulter, alors qu'il ne sera effectivement « *consolidé* » que pour le déferrement à l'autorité judiciaire ? Une impossibilité factuelle donc d'affirmer une consultation complète du dossier que le législateur gabonais a ignoré, en plus du frein à l'efficacité de l'enquête.

2- Frein à l'efficacité de l'enquête

Le rapport Beaume, que nous avons déjà cité, a par ailleurs mis en exergue les inquiétudes des magistrats et enquêteurs français traitant des procédures de terrorisme ou de crime organisé qui considèrent d'expérience que l'accès de quelques avocats spécialisés, de militantisme, de connivence ou de rupture, parfois eux-mêmes

« *pressés* » par leurs mandants, rend impossible de leur ouvrir l'entier dossier, sans risque pour l'ordre public, l'efficacité de l'enquête et même la protection des personnes y ayant concouru (témoins, victimes, enquêteurs…). Ainsi, certains avocats français entendus ont-ils eu le courage discret d'évoquer la protection que constitue, face à certains clients trop exigeants, à leur organisation ou à leur famille, la limite de leur connaissance du dossier.

Le rapport Beaume précise en outre que dans les enquêtes « *lourdes* », faisant souvent l'objet d'une construction stratégique de moyen ou long terme, magistrats et enquêteurs ont évoqué la nécessité de conserver à l'abri des indiscrétions les mesures d'investigations mises en œuvre, la stratégie de déroulé de l'enquête, la programmation des interventions dans le temps, la consistance des preuves et la progressivité de leur production au cours des auditions…

Il apparaît donc que le législateur gabonais qui consacre un accès total au dossier ne s'est pas effectivement penché sur les difficultés pouvant en découler. Il apparaît toutefois que cette consultation n'est qu'illusoire étant donné que, en pratique, l'avocat n'a pas accès aux locaux de la police et que celui-ci est volontairement tenu à l'écart par le ministère public et les officiers de police judiciaire.

****

L'influence du droit français au stade majeur de l'enquête de police a permis au législateur gabonais d'octroyer au suspect, à la condition qu'il soit placé en garde à vue, le droit à l'information et surtout le droit à l'avocat. Sauf que la présence de l'avocat pendant la garde à vue gabonaise est une nécessité à mettre effectivement en œuvre dans les pratiques policières au Gabon.

CONCLUSION DU TITRE I

L'impact du droit français a abouti à une meilleure consécration par le législateur gabonais de véritables prérogatives de défense au cours de l'enquête de police gabonaise de sorte qu'il a fait de cette phase de l'avant-procès une procédure plus contradictoire avec l'octroi au suspect contraint des droits de la défense qui relèvent du droit français. Seulement, il est évident que l'enquête policière gabonaise est également et certainement la phase au cours de laquelle les droits de la défense ont du mal à être pleinement octroyés à la personne mise en cause. La nature de l'enquête y est certainement pour quelque chose.

Procédure secrète, l'enquête de police sert au recueil de preuves et donc elle nécessite une certaine discrétion vis-à-vis de la ou des personnes qu'elle vise. D'ailleurs, la personne visée par une enquête a du mal à trouver une définition concrète qui ferait d'elle, ou non, une partie à part entière de l'enquête. Cette question de savoir si la personne mise en cause pendant l'enquête peut être considérée comme une partie semble déjà réglée en droit français, grâce à l'influence du droit européen et surtout du droit de l'Union européenne qui a poussé le législateur français à accorder des droits à la personne suspectée même si elle ne fait pas l'objet d'une contrainte. Point sur lequel le droit gabonais ne s'est pas aligné, car, que ce soit le législateur ou les autorités judiciaires, la personne suspectée pendant l'enquête ne bénéficiera des droits pour sa défense que dès lors qu'elle fera l'objet d'une contrainte. Et cette contrainte est très souvent matérialisée par une garde à vue. Lors de la garde à vue, donc, le législateur gabonais reconnaît au suspect de nombreuses garanties, inspirées du droit français, pour se défendre. Il reconnaît ainsi le droit au suspect gardé à vue de bénéficier de la présence de son avocat pendant la mesure. Cependant, il existe un véritable fossé entre les droits que le législateur gabonais reconnaît et leur application pratique, car ces droits sont simplement bafoués par les forces de l'ordre qui placent la personne gardée à vue dans une situation d'extrême vulnérabilité, car non seulement elle ne sera pas informée des droits que le législateur lui accorde, mais, même informée de ceux-ci, elle ne pourra pas en bénéficier et donc elle ne pourra pas voir son avocat pendant tout le temps que durera la garde à vue.

Le droit français n'aura eu finalement pendant la phase de l'enquête qu'un impact nuancé, à la différence de la phase de l'instruction préparatoire.

TITRE II

L'IMPACT MAJEUR DU DROIT FRANÇAIS SUR LE RENFORCEMENT DES DROITS DE LA DÉFENSE AU COURS DE L'INSTRUCTION PRÉPARATOIRE GABONAISE

Après la phase de l'enquête policière intervient, pour certaines infractions[271], la phase intermédiaire de l'instruction préparatoire, dite phase de « *mise en état de l'affaire* »[272]. Cette phase consiste à accomplir un certain nombre d'actes, de la part du juge d'instruction, pour la recherche et le rassemblement de preuves afin de préparer un éventuel renvoi de l'auteur de l'infraction devant la juridiction de jugement compétente[273]. Cette procédure d'instruction préparatoire se retrouve ainsi dans plusieurs pays ayant subi l'influence du droit français s'inspirant, en effet, largement de la procédure inquisitoire française même si les caractéristiques d'une telle procédure sont aujourd'hui atténuées. C'est une procédure qui existe au Gabon depuis son adoption du Code d'instruction criminelle français applicable dans le pays. Elle a été maintenue dans le Code de procédure pénale gabonais en 1961 toujours dans les mêmes caractéristiques que l'instruction à la française.

La protection du suspect, lors de la phase préparatoire du procès pénal, se développe au Gabon de manière plus effective pendant l'instruction préparatoire. Mais, plus largement, le statut du suspect s'élabore véritablement pendant cette phase. Ce statut prend la forme soit de témoin assisté (semi-partie qui n'existe pas encore au Gabon) soit

---

[271] C'est généralement le cas des crimes ou même des délits lorsque le procureur décide qu'une instruction est nécessaire au vu de la complexité de l'infraction délictuelle. La loi gabonaise qui s'inspire de la loi française prévoit comme celle-ci que l'instruction est obligatoire en matière criminelle.

[272] PRADEL J., Procédure pénale, 14e éd., Cujas, 2008, p. 614.

[273] BOULOC B., Procédure pénale, 24e éd., Dalloz, 2014, pp. 412 et s.

d'inculpé[274] (véritable partie à l'instruction et qui sera au centre de nos développements).

Le statut du témoin assisté, qui n'a pas encore été envisagé par le législateur gabonais qui n'a pas trouvé utile de l'organiser, répond à la stigmatisation de l'inculpation. Il existe en droit français où il est considéré comme un véritable suspect au cours de l'instruction préparatoire pendant laquelle il a tout à fait le droit de prendre part. En effet, le témoin assisté bénéficie de l'assistance d'un avocat, d'ailleurs le terme « *témoin assisté* » est tiré de l'assistance par un avocat, et cet avocat est avisé avant chaque audition ou interrogation par un expert. Il dispose d'un accès au dossier au même titre et selon les mêmes conditions que l'avocat de la personne mise en examen. Le témoin assisté peut également demander à être confronté aux personnes qui le mettent en cause, il est informé du délai prévisible d'achèvement de l'instruction. Il peut, en conséquence, demander le règlement de la procédure à l'issue du délai prévu à l'article 116, alinéa 8, du Code de procédure pénale français. Il reçoit ordonnance de règlement, de non-lieu ou de renvoi, il dispose d'un droit d'intervention devant la chambre de l'instruction puisqu'il peut faire valoir ses observations par l'intermédiaire de son avocat. Il comparaît devant ladite chambre lors de l'audience de mise en état de l'article 222-3 du CPP français.

En bref, le témoin assisté participe pleinement à la procédure d'instruction, même si la qualité de partie ne lui a pas été accordée. En effet, que ce soit le Code de procédure pénale, la jurisprudence ou encore la doctrine française, il n'est pas reconnu de statut de partie au témoin assisté. Il est finalement considéré comme un suspect ayant le droit de se défendre et un mis en examen potentiel. Le statut de témoin assisté est donc souvent peu utilisé, les juges préférant mettre en examen le suspect de manière à pouvoir le contraindre, quitte à lui conférer le statut de partie. Ce suspect, qui n'est encore qu'une semi-partie, n'existe pas dans la procédure pénale gabonaise, celle-ci se contentant du statut d'inculpé à qui elle confère évidemment plus de droits qu'à la personne suspectée pendant la phase de l'enquête de police.

---

[274] Précisons que la législation gabonaise utilise encore les termes « inculpé » et « inculpation ».

L'inculpé ou le mis en examen est la personne que le juge d'instruction considère, à partir de certains indices, comme l'auteur potentiel ou complice présumé d'une infraction pénale. Et l'instruction, au Gabon, a longtemps été menée par le juge d'instruction sur la base des dispositions du Code d'instruction criminelle français. Même s'il y a eu l'adoption d'un Code de procédure pénale gabonais en 1961, les dispositions sur l'instruction préparatoire n'étant que très lacunaires, les magistrats étaient encore dans l'obligation de se référer au Code français pour connaître exactement le déroulement de l'instruction et les droits de l'inculpé. Il y a bien eu des modifications du Code de procédure pénale en 2003, à travers la loi n°2003-026 et en 2004 par le biais de la loi n°2004-21, mais ces modifications sont restées sans influence.

Il a fallu attendre la réforme du Code de procédure pénale de 2010 pour voir une instruction véritablement détaillée et les droits de l'inculpé véritablement garantis par le Code de procédure pénale gabonais lui-même, même si ce code reste la marque de l'impact du droit français sur la procédure pénale gabonaise et plus spécifiquement sur les droits de la personne mise en cause pendant l'instruction.

La phase de l'instruction préparatoire au Gabon est presque identique à celle pratiquée en France en dépit des particularités propres qui peuvent exister dans ces deux pays. Les droits de la défense du suspect inculpé, nouvellement prévus par le Code de procédure pénale gabonais de 2010, au cours de cette phase et plus précisément lors des différents actes d'instruction relèvent clairement de l'impact que continue à jouer le droit français dans la prise en compte des droits de la défense au Gabon. L'impact du droit français a en effet permis que le législateur gabonais octroie, au cours de l'instruction préparatoire gabonaise, à la personne poursuivie, des formalités de défense non négligeables. L'analyse des dispositions du Code de procédure pénale gabonais montre que le législateur de 2010 a donné une véritable importance aux droits de la défense durant la phase de l'instruction préparatoire en intégrant des droits inspirés du modèle français. Il existe de ce fait de véritables droits de la défense pour la personne inculpée au Gabon (Chapitre 1), même s'il n'en reste pas moins que la personne inculpée se trouve évidemment placée dans une situation de vulnérabilité permanente (Chapitre 2).

CHAPITRE I

L'EXISTENCE DE VERITABLES DROITS DE LA DEFENSE AU PROFIT DE LA PERSONNE INCULPEE AU GABON : L'INFLUENCE REMARQUABLE DU DROIT FRANÇAIS

Avant la réforme de 2010, le Code de procédure pénale gabonais datant de 1961 ne prévoyait que peu de droits au profit de l'inculpé. C'est grâce à l'application autorisée sur le territoire gabonais du Code d'instruction criminelle français que l'inculpé au Gabon pouvait bénéficier de quelques bons droits pour sa défense. Seulement, les textes modificateurs du Code d'instruction criminelle en France qui accordaient davantage de droits à l'inculpé n'étaient que rarement appliqués au Gabon, les juges au contraire préféraient durcir les règles de procédure au détriment de la partie poursuivie.

C'est donc dans le but de permettre à l'inculpé de mieux se défendre pendant l'instruction que le législateur gabonais de 2010 a entendu aligner son nouveau Code de procédure pénale sur le droit français en rénovant les prérogatives de défense au profit de l'inculpé. La réforme intervenue en 2010 reprend donc, au profit de l'inculpé, des prérogatives que l'on retrouve principalement dans la loi française avant les réformes intervenues à partir de 2007. Ces prérogatives visent à faire comparaître devant le magistrat instructeur, tant à l'interrogatoire de première comparution qu'aux interrogatoires et confrontations ultérieurs, un suspect qui dispose de véritables droits afférents à l'inculpation comme le droit à l'information (Section 1), mais également des droits qui lui permettront de se défendre et de prouver son innocence pendant toute la durée de l'instruction, en l'occurrence le droit de participer à l'instruction (Section 2).

Section I- Le droit à l'information, un droit libéralisé pendant l'instruction préparatoire gabonaise et assez proche du droit français

L'instruction est l'étape du procès durant laquelle est effectuée « *la mise en état de l'affaire* »[275], elle est « *la phase de la procédure pénale dirigée par un juge spécialisé qui a pour objet de rechercher l'existence d'une infraction, de déterminer quels en sont les auteurs, de préciser les circonstances dans lesquelles elle a été commise et, lorsque cet ensemble d'éléments constitue à l'égard des auteurs des charges suffisantes, d'aboutir au renvoi de ceux-ci devant la juridiction de jugement compétente* »[276]. Loin de revêtir ses attributs originels, l'instruction préparatoire gabonaise n'a de nos jours plus rien d'une phase secrète et non contradictoire. Grâce à la réforme de 2010, l'instruction préparatoire gabonaise est aujourd'hui une phase procédurale qui, par nature plus que par essence, respecte et assure pleinement le droit à l'information des parties. En effet, les dispositions gabonaises[277] imposent au juge d'instruction d'informer la personne qui est inculpée ou qu'il envisage d'inculper de chacun des faits sur lesquels porte l'instruction ou chacun des faits pour lesquels il envisage une inculpation.

Longtemps ignoré de la phase préparatoire du procès pénal gabonais, le droit à l'information est apparu nécessaire au législateur gabonais qui l'a instauré afin de garantir une instruction préparatoire plus juste et équitable. Depuis la réforme de 2010, lorsque le juge d'instruction gabonais décide d'ouvrir une information au regard des faits et des indices dont il dispose, la procédure ne peut donc plus se dérouler à l'insu de la partie suspectée. Le droit à l'information, introduit dans le Code de procédure pénale en 2010 est désormais assez proche du droit à l'information reconnu à la personne mise en examen en France.

---

[275] PRADEL J., Procédure pénale, 21e éd., Cujas, p. 614.

[276] GUERY Ch., « Instruction préparatoire », Rep. Pen., Dalloz, 2004, p. 5, n°1. Cette définition correspond également à l'instruction qui est pratiquée au Gabon.

[277] Art. 80-2 CPP français et art. 68 CPP gabonais.

Ce droit constitue un préalable nécessaire à la préparation de la défense et, par conséquent, il est un facteur d'objectivité de la recherche de la vérité qui, par définition relative[278], ne peut être crédible que si elle est le résultat d'une confrontation rationnelle entre l'accusation et la défense. Or, une telle confrontation n'est rendue possible que si l'inculpé dispose d'une information complète sur les faits pour lesquels il est poursuivi et sur le cours de la recherche des preuves. Le droit à l'information doit donc être garanti à l'inculpé au moment même de l'inculpation (§1), mais aussi lors du déroulement de la procédure (§2).

§1- L'influence partielle du droit français sur l'amélioration du droit à l'information de l'inculpé au moment de l'inculpation

Le magistrat instructeur qui a ouvert une procédure d'information judiciaire et qui dispose d'assez d'éléments pour inculper le suspect doit faire comparaître devant lui ledit suspect afin de l'inculper. Cette opération constitue *« l'inculpation »* en droit gabonais et « *la mise en examen* » en droit français. L'article 98 du Code de procédure pénale gabonais dispose ainsi que « *lors de la première comparution, le juge d'instruction constate l'identité de l'inculpé, lui fait connaître chacun des faits qui lui sont reprochés et l'avertit qu'il est libre de ne faire aucune déclaration. Mention en est portée au procès-verbal. Le magistrat donne avis à l'inculpé de son droit de choisir un conseil parmi les avocats inscrits au Bureau national. Mention en est portée au procès-verbal. Si l'inculpé désire faire des déclarations, celles-ci sont immédiatement reçues par le juge d'instruction* ». L'article 116 du Code de procédure pénale français dispose, quant à lui, que « *lorsqu'il envisage de mettre en examen une personne qui n'a pas déjà été entendue comme témoin assisté, le juge d'instruction procède à sa première comparution selon les modalités prévues par le présent article. Après l'avoir informée, s'il y a lieu, de son droit d'être assistée par un interprète, le juge d'instruction constate l'identité de la personne et lui fait connaître expressément, en précisant leur qualification juridique, chacun des faits dont il est saisi et pour lesquels la mise en examen est*

[278] R. Martin, De la contradiction à la vérité juridique, G. P. 1981-1- doctr. - 209.

envisagée. Mention de ces faits et de leur qualification juridique est portée au procès-verbal ».

L'inculpé est donc désormais au courant de ses droits au moment de l'interrogatoire de première comparution. On voit ici le rapprochement entre les droits français et gabonais, car, en prévoyant la notification des droits dont bénéficie l'inculpé, au moment de la première comparution, le législateur gabonais, inspiré par le droit français, crée une obligation d'information à la charge des juges d'instruction. Cette obligation est apparue au stade de l'instruction gabonaise avec la loi française de 1897 qui était appliquée au Gabon, mais aujourd'hui le droit gabonais va plus loin que ne l'édictait la loi de 1897, car, inspiré des évolutions du droit français, il prévoit une information plus complète quant à la nature et à la cause de l'accusation (A). Le législateur gabonais de 2010 prévoit également qu'au moment du prononcé de l'inculpation, l'intéressé doive prendre connaissance du contenu des droits et du délai dont il dispose pour les exercer (B). Le juge ne peut se borner à énumérer les différents articles qui prévoient ces droits, il doit expliquer à la personne inculpée leur contenu.

A- La précision de la nature et de la cause de l'accusation : l'avancée relative du droit gabonais avec la loi du 25 novembre 2010

L'accusation, selon la Cour européenne des droits de l'Homme (art. 6 § 3), est définie comme le reproche d'avoir accompli une infraction pénale. Cette définition s'applique à l'inculpation gabonaise qui découle de l'appréciation par le juge d'instruction de la gravité ou de la concordance des indices de présomption de participation à une infraction. De même, l'exigence française selon laquelle toute personne poursuivie doit être informée, dans le plus court délai, dans une langue qu'elle comprend et d'une manière détaillée, de la nature et de la cause de l'accusation portée contre elle est applicable à l'inculpation gabonaise. Le législateur gabonais de 2010 qui s'est inspiré du droit français a introduit le droit à l'information sur la nature et la cause de l'accusation au cours de l'interrogatoire de première comparution et les réformes qui ont eu lieu en France ont constitué une base considérable dans le sens de la précision de l'information au profit du présumé innocent gabonais.

C'est d'abord la loi du 8 décembre 1897 qui a établi le droit de la personne « *inculpée* » de connaître précisément l'objet des poursuites engagées contre elle[279]. L'article 3 de cette loi prévoyait que « *lors de la première comparution, le magistrat constate l'identité de l'inculpé, lui fait connaître les faits qui lui sont imputés* ». Le législateur français de 1958 a conservé ce texte et l'a reproduit à l'identique dans l'ancien article 114 du Code de procédure pénale français. Par la suite, les lois du 4 janvier et du 24 août 1993 ont précisé dans les anciens articles 80-1 et 116 alinéa 1er du CPP français que le juge d'instruction devait expressément notifier à la personne chacun des faits dont elle est saisie et pour lesquels elle est mise en examen, ainsi que leur qualification juridique. La loi du 15 juin 2000 a maintenu cette obligation que l'on retrouve dans les articles 80-2 et 116 du Code de procédure pénale français[280] actuel. Ces réformes ont eu un impact pour le droit gabonais, car le législateur gabonais, surtout à travers la réforme du 25 novembre 2010, a institué de nouvelles obligations pour le juge d'instruction face à ses pouvoirs de décision de l'opportunité de l'inculpation. Ainsi, depuis 2010, lorsque le magistrat instructeur estime nécessaire d'inculper, il doit faire connaître au suspect, au moment de l'interrogatoire de première comparution (1), les éléments pour lesquels il procède à l'inculpation, en l'occurrence la cause de l'accusation, qui s'entend des faits matériels reprochés au suspect. Le juge gabonais n'est cependant pas obligé d'informer le potentiel inculpé de la nature de l'accusation, c'est-à-dire de la qualification juridique qui en découle[281] (2).

---

[279] Sous l'empire du Code d'instruction criminelle, et avant l'adoption de cette loi, l'inculpé n'avait pas connaissance des raisons de l'inculpation parce que cette dernière ne lui était pas notifiée. Le juge pouvait sans doute le faire, mais cela n'était qu'une possibilité. Voir DI MARINO G., « L'implantation et les remises en cause des dogmes accusatoires et inquisitoires », in *Inquisitoire-accusatoire. Un écroulement des dogmes en procédure pénale ?,* RID pén., 1997, p. 17.

[280] Selon le professeur PRADEL, bien que le texte parle d'« accusé », on peut admettre qu'il englobe toute personne poursuivie, donc l'inculpé ou le mis en examen en France ; Voir, PRADEL J., L'instruction préparatoire, *op. cit.*, p. 390.

[281] Com. EDH. 8 mai 1976, Req. n°7 628-76, DR 9, p. 169 ; Cour EDH 19 DÉC. 1989, Kamasinski c/ Autriche, Série A-168 § 79.

1- La maladresse du législateur gabonais dans la consécration du moment de l'information

Il ressort de la lecture des dispositions de l'article 80-1 du Code de procédure pénale français que le magistrat instructeur en France ne peut procéder à la mise en examen « *qu'après avoir préalablement entendu les observations de la personne ou l'avoir mise en mesure de le faire, en étant assisté d'un avocat* », d'où la nécessité d'informer l'intéressé avant le prononcé de la mise en examen, et donc avant l'interrogatoire de première comparution. Le droit gabonais, lui, prévoit que la personne dont l'inculpation est envisagée soit, certes, informée de ses droits et surtout de la nature de l'accusation pesant contre elle, mais uniquement au moment même de l'interrogatoire de première comparution.

Le législateur gabonais de 2010 a choisi de rester dans l'esprit de la loi française d'avant la réforme de 1993 qui prévoyait aussi un droit à l'information de l'inculpé, mais à partir de la première comparution. Après avoir conservé en 1958 les dispositions du Code d'instruction criminelle sur le droit à l'information de l'inculpé, le droit français a évolué à travers les lois du 4 janvier 1993 et du 24 août 1993, puis avec la loi du 15 juin 2000. Ainsi, depuis 2000, une meilleure information du potentiel mis en examen est assurée en France. En effet, selon l'article 80-2 du Code de procédure pénale français, deux procédés sont possibles : soit le juge d'instruction convoque la personne dont la mise en examen est envisagée par une lettre recommandée, cette lettre portant à sa connaissance chacun des faits dont le magistrat est saisi et pour lesquels la mise en examen est envisagée, tout en précisant leur qualification juridique[282], soit le juge notifie la convocation à l'inculpé par un officier de police judiciaire, sachant que cette notification doit comporter les mentions précitées. Elle doit par ailleurs être constatée par un procès-verbal signé par la personne qui en reçoit une copie. Les convocations que prévoit le droit français servent à une meilleure information du potentiel mis en examen. La même remarque peut être faite s'agissant des mandats[283]. Sous l'empire de la loi du 24 août 1993,

---

[282] SAINT-PIERRE F., Le guide de la défense pénale, *op. cit*, p. 255 ; du même auteur, « Défense pénale », Rep. Pen. Dalloz, 2006, p. 9.

[283] Les mandats sont « des actes écrits nominatifs émanant d'une juridiction ou d'un magistrat qui les date, les signe et les scelle. Ce sont tous les actes judiciaires qui tendent à faire rechercher ou appréhender avec ou sans

la délivrance d'un mandat d'amener ou d'arrêt impliquait la mise en examen de l'intéressé. Aujourd'hui, avec la loi du 15 juin 2000, ces mandats d'amener ou d'arrêt n'impliquent certes plus la mise en examen, puisque celle-ci n'est possible qu'après avoir préalablement entendu les observations de la personne ou l'avoir mise en mesure de le faire, mais l'obligation d'informer l'intéressé de la nature et de la cause de sa potentielle mise en examen a été maintenue à travers leur délivrance[284].

En droit gabonais, même si le législateur prévoit l'information de l'inculpé sur les faits ayant motivé l'inculpation, il s'éloigne des prévisions du droit français actuel, car, comme nous l'avons souligné plus haut, l'information ne sera donnée au potentiel « *inculpé* » qu'au moment de sa première comparution devant le juge d'instruction. En vertu de l'article 98 du Code de procédure pénale gabonais, la personne poursuivie est informée, après avoir constaté son identité, de l'accusation portée contre elle. Par cette disposition qui se rapproche davantage du droit français d'avant la réforme de 1993, le législateur gabonais se contente de réaffirmer que l'information du futur inculpé ne peut avoir lieu avant sa comparution devant le juge alors qu'il nous paraît nécessaire de détacher en droit gabonais, comme cela se fait désormais en France, l'inculpation de l'information, cette dernière devant être donnée avant tout prononcé de l'inculpation. En effet, en vue de permettre à l'intéressé de s'expliquer, la notification des faits doit avoir lieu avant « *l'inculpation* »[285], certes, mais avant même la première comparution.

---

coercition par la force publique une personne dénommée ». Voir LESCLOUS V. et VALAT J.-P., « Mandat », J.-Cl. Pr. Pén., Art. 122 à 136, fascicule 20, 2006, p. 4.
Il existe cinq sortes de mandats : le mandat de comparution, le mandat de recherche, le mandat d'amener, le mandat d'arrêt et le mandat de dépôt. Le mandat de recherche a été mis en place par la loi du 9 mars 2004. Voir MATSOPOULOU H., « Loi n°2004-204 du 9 mars 2004, adaptation de la justice aux évolutions de la criminalité », Rev. pén., 2004, pp. 935-959.

[284] art. 123, al 2 CPP. Voir VALETTE V., La personne mise en examen en matière pénale, *op. cit.*, p. 259.

[285] Voir PORTERON C., Droit à l'information et procédure pénale, *op.cit.*, p. 169.

Il est déplorable que le législateur gabonais, contrairement à son homologue français, n'ait pas innové sur la question du droit à l'information de l'inculpé antérieurement à l'interrogatoire de première comparution. Le législateur gabonais de 2010 s'est, en effet, contenté de reprendre des dispositions françaises d'avant la réforme de 1993, car le droit gabonais prévoit toujours une information au profit de la personne potentiellement inculpée uniquement lors de l'interrogatoire de première comparution. Durant cet interrogatoire de première comparution, une fois que le juge a pu se faire un avis sur les indices de culpabilité, ce dernier prendra la décision de placer, ou non, la personne convoquée sous le statut d'inculpé. À partir de ce moment, le législateur gabonais de 2010 s'est, sur le point du contenu de l'information donnée à l'inculpé, rapproché des dispositions françaises plus récentes, même s'il existe encore des précisions à intégrer en droit gabonais.

2- Le contenu de l'information : des précisions à intégrer en droit gabonais

Dans le but de renforcer les droits de la défense au profit de l'inculpé, le législateur gabonais a beaucoup fait évoluer sa loi en 2010 grâce au regard qu'il a porté sur le droit français. Néanmoins, le droit gabonais n'a cependant pas encore atteint le niveau du droit français en ce qui concerne le contenu de l'information donnée à l'inculpé lors de sa première comparution. En effet, si le droit français limitait auparavant l'obligation faite au juge d'instruction de notifier à la personne uniquement les faits[286], cette limitation a disparu en 1993, car à partir de la loi du 4 janvier 1993 le droit de connaître les faits s'est enrichi. La loi du 15 juin 2000 était même allée plus loin en introduisant à l'article 116, alinéa 2, du Code de procédure pénale français que « *le juge d'instruction constate l'identité de la personne et lui fait connaître expressément, en précisant leur qualification juridique, chacun des faits dont il est saisi et pour lesquels la mise en examen est envisagée* »[287]. Aujourd'hui, ce même l'alinéa 2 de l'article 116 du Code de procédure pénale français dispose que, « *après l'avoir informée, s'il y a lieu, de*

[286] Les dispositions de la loi du 8 décembre 1897 applicables au Gabon prévoyaient que, lors de la première comparution, le juge d'instruction doit constater l'identité de l'inculpé et lui fait connaître les faits qui lui sont imputés.
[287] Art. 116, al. 1er CPP français issu de la loi du 15 juin 2000.

son droit d'être assistée par un interprète, le juge d'instruction constate l'identité de la personne et lui fait connaître expressément, en précisant leur qualification juridique, chacun des faits dont il est saisi et pour lesquels la mise en examen est envisagée »[288]. L'information donnée par le juge d'instruction français porte ainsi sur la nature et la cause de l'accusation, c'est-à-dire sur la qualification juridique des faits, ce qui contraint le juge à distinguer les faits de leur qualification juridique et, lorsqu'il existe plusieurs faits, l'information relative à ces faits doit comporter leur qualification juridique, leurs circonstances, dates, lieu de leur commission et la ou les personnes qui en ont été victimes de manière à ce que la personne poursuivie soit en mesure de les comprendre exactement[289]. Il en découle une information vraiment détaillée qui permet à la personne dont l'inculpation est envisagée de disposer de la base factuelle et juridique nécessaire à la préparation d'une défense adéquate conformément au principe du droit à un procès équitable.

Le droit gabonais prévoit, quant à lui, depuis la réforme de 2010, que le juge d'instruction donne au potentiel inculpé une information détaillée, mais uniquement sur les faits,[290] car le juge d'instruction est tenu d'informer le potentiel inculpé de façon précise. Cette information dite précise constitue une garantie de défense pour l'inculpé, car elle doit comporter chacun des faits qui délimiteront le débat ultérieur. Elle doit, par ailleurs, être mentionnée au procès-verbal. Néanmoins, l'exigence de la qualification juridique des faits a apparemment échappé au législateur gabonais qui aurait dû, lors de la réforme de 2010, saisir l'opportunité d'améliorer le contenu de l'information donnée à l'inculpé sur les faits qui lui sont reprochés en s'inspirant de l'évolution du droit français et en prévoyant la qualification juridique des faits reprochés. On regrette que les nouvelles dispositions de l'article 98 du Code de procédure pénale gabonais soient les mêmes que celles que l'on relevait déjà dans le Code d'instruction criminelle de 1810, modifiée par la loi du 8 décembre 1897. En effet, à la lecture de ce nouvel article 98 du Code de procédure pénale gabonais, nous notons que l'information

[288] Modifié par la loi n°2014-535 du 27 mai 2014, art. 6.
[289] DUMONT J., Interrogatoires et confrontations, J.-CI. Proc. Pén. 1995, art. 114 à 121 p. 5.
[290] Lors de la première comparution, le juge d'instruction constate l'identité de l'inculpé et lui fait connaître chacun des faits qui lui sont reprochés.

donnée à l'inculpé reste une information ne portant que sur les faits et, bien qu'elle soit détaillée, elle ne concerne pas la nature juridique des faits qui sont reprochés au futur inculpé, à la différence du droit français qui prévoit que lorsque le juge d'instruction envisage une mise en examen de la personne présente devant lui, il doive informer cette personne de la qualification juridique des faits pour lesquels elle est poursuivie.

L'introduction de cette nécessité de la qualification juridique des faits reprochés[291] montre que le législateur français a entendu que le juge d'instruction informe de façon précise la personne du ou des divers faits ainsi que de leur qualification juridique, ce qui lui permettra de préparer sa défense. Le droit gabonais présente donc sur ce point une lacune dommageable pour les droits de la défense. On regrette ainsi que, depuis 2010, aucune réforme n'ait été entamée pour remédier à cette lacune en s'inspirant davantage des dispositions du cas français actuel. En effet, il nous semble indispensable, à ce stade du procès pénal, d'informer la personne poursuivie de la qualification juridique des faits pour assurer un meilleur respect des droits de la défense : en prévoyant une qualification juridique des faits par le juge d'instruction comme cela est prévu en France, il serait question pour le législateur gabonais de permettre à l'inculpé de prendre toutes les dispositions nécessaires pour bien se défendre lors des interrogatoires et confrontations ultérieurs. C'est grâce à cette notification sur la nature juridique des faits que le langage entre le juge et l'inculpé sera plus important, c'est aussi grâce à cette notification que l'avocat éventuellement saisi devra orienter les témoins et proposer des expertises.

Dans une procédure qui se veut de plus en plus accusatoire comme celle de la procédure pénale gabonaise, l'information des suspects sur les faits qu'on leur reproche devrait être mieux détaillée et comprendre la qualification juridique de ceux-ci. En effet, l'admission et le développement du droit à être informé de la nature juridique des faits reprochés lors de la première comparution tempèreraient considérablement le caractère inquisitoire de l'instruction préparatoire gabonaise.

---

[291] PRADEL J., « L'instruction préparatoire », *op. cit.*, p. 389 ; GUERY Ch., « Instruction préparatoire », rép. Pén., Dalloz, 2004, p. 45.

Cette atténuation concrétiserait également la complémentarité des intérêts de la société et de l'inculpé : en permettant au présumé innocent de connaître ce qui lui est reproché juridiquement, il pourra préparer sa défense, mais aussi contribuer à la manifestation de la vérité. Par conséquent, la possibilité de préparer la défense serait considérée non plus comme un facteur de limitation de la nécessité de répression comme c'est encore trop souvent le cas au Gabon, mais comme celui de l'adaptation de la procédure à une justice équitable.

B- La précision des droits afférant à l'inculpation : une avancée limitée par rapport au droit français

Au cours de la première comparution, avant l'inculpation, quelques garanties sont vraisemblablement reconnues à la personne mise en cause pour se défendre. Néanmoins, d'autres droits concrets et effectifs apparaissent dès lors que l'inculpation est prononcée. En effet, les droits français et gabonais prévoient que le juge d'instruction informe la personne, dès lors qu'il décide de l'inculper, des droits qui lui appartiennent désormais face aux accusations portées contre elle en raison de sa nouvelle qualité d'inculpée ou de mise en examen. Ces droits permettront à la personne inculpée ou mise en examen de mieux se défendre pendant toute la durée de la procédure d'information judiciaire. Toutefois, la notification de ces droits (1), et surtout la notification du droit à l'avocat (2), a été prévue de façon lacunaire en droit gabonais si on la compare avec ce qui est prévu en droit français.

1- L'avertissement de ses droits à l'inculpé

Conséquence du statut de partie, le juge d'instruction doit procéder à une information complète de ses droits à l'inculpé dès lors que l'inculpation est prononcée. En effet, dès que le juge d'instruction a pris la décision de placer le suspect sous le statut d'inculpé, il y a un certain nombre de droits qui doivent lui être notifiés. Selon l'article 98, alinéa 1, du Code de procédure pénale gabonais, lorsque la personne soupçonnée est inculpée, elle bénéficie d'une information complète en termes de circonstances, dates, lieux et victimes des faits reprochés, du droit de se taire, de la durée prévisible de la procédure et de la possibilité de demander la fin de celle-ci. Cet article n'est pas aussi complet que l'article 116, alinéa 8, du Code de procédure pénale français qui a bénéficié des différentes réformes tendant à accorder davantage de droits au mis en examen. L'article 116, alinéa 8, du Code de procédure pénale français prévoit, en effet, après plusieurs modifications, que le mis en examen soit averti de son droit de choisir un avocat ou de demander qu'il lui en soit commis un d'office, de son droit à un interprète auquel s'ajoutent le droit à la traduction des pièces et le droit au silence. La personne mise en examen en France doit également être informée « *de ses droits de formuler des demandes d'actes ou de requêtes en annulation sur le fondement des articles 81, 82-2, 156 et 173 durant le déroulement de l'information judiciaire*... »[292]. Elle doit par ailleurs être informée de la durée prévisible d'achèvement de la procédure.

Excepté le droit obligatoire de l'assistance de l'inculpé par un avocat, le droit de ne faire aucune déclaration et l'avis sur les faits qui lui sont reprochés, le Code de procédure pénale gabonais de 2010 n'a pas prévu, comme en droit français, d'avertir l'inculpé des droits dont il dispose pendant l'instruction. Alors que le droit français prévoit qu'après la décision de mise en examen de la personne poursuivie, le juge d'instruction doit, tout d'abord, lui notifier les faits reprochés et leur qualification juridique, mais il doit aussi l'informer des droits dont elle bénéficie à ce stade de la procédure, les prévisions du droit gabonais ne font pas état de la notification de tels droits dès lors que l'inculpation est confirmée. La réforme de 2010 n'aura alors pas profondément modifié la situation de l'inculpé lors de la première comparution, car elle s'est bornée à réaffirmer la notification des prérogatives déjà évoquées dans le Code d'instruction criminelle français. Il en est ainsi de l'avis du droit à l'assistance d'un avocat.

2- L'avis du droit à l'assistance d'un avocat

L'information sur les faits reprochés à la personne mise en cause ainsi que celle des autres droits et prérogatives liés à l'inculpation ne sauraient être utiles si elles ne comprenaient pas l'avis du droit de se faire assister d'un défenseur. En effet, le droit à l'avocat constitue l'un des moyens essentiels de la défense du présumé innocent : il conditionne la mise en

---

[292] Article 116, alinéa 7 du CPP français.

œuvre de la quasi-totalité des droits de la défense ainsi que la crédibilité de la recherche de la vérité[293]. De fait, la volonté d'éliminer tout risque d'abus dans la mise en état de l'affaire a amené le législateur gabonais à organiser la présence de l'avocat au moment de l'instruction. En effet, évoluant vers le modèle procédural plus accusatoire du droit français, le législateur gabonais a imposé au juge d'instruction l'obligation d'informer la personne qu'il est sur le point d'inculper de la faculté, pour elle, de choisir un avocat ou de demander qu'il lui en soit commis un d'office. Il s'agit là d'une formalité essentielle dont l'omission entraînerait la nullité de l'inculpation, en effet l'avocat apparaît ainsi comme la personne la mieux placée pour conseiller son client sur la conduite à adopter, mais surtout il veille au respect des droits de l'inculpé et à la régularité de la procédure par le juge d'instruction.

Le progrès dans le sens de l'information à l'inculpé de la possibilité d'être assisté par un avocat en droit gabonais est le fait de l'impact du droit français qui a, depuis la loi du 8 décembre 1897, prévu la place de l'avocat dans le cabinet du juge d'instruction. Cependant, l'impact du droit français reste nuancé, car il a encore évolué depuis et prévoit, aujourd'hui, à la différence du droit gabonais, que cette information soit donnée préalablement à la mise en examen. En effet, les évolutions législatives en France ont permis d'avancer le moment de la précision de la possibilité de l'assistance du mis en examen par un avocat. Dans un premier temps, ces réformes ont consacré et étendu modestement le droit à l'avocat sans privilégier le moment de l'information dudit droit, mais, dans un deuxième temps, en revanche, les réformes de 1993 ont amélioré l'information du droit à l'avocat en précisant son moment, ce qui a eu pour conséquence de rendre le droit à l'avocat effectif. De plus, la loi du 15 juin 2000 a avancé le moment de cette information, celle-ci étant désormais préalable à la mise en examen en vertu de l'article 80-2 du CPP français : « *le juge d'instruction peut informer une personne par lettre recommandée qu'elle est convoquée, dans un délai qui ne peut être inférieur à dix jours ni supérieur à deux mois, pour qu'il soit procédé à sa première comparution dans les conditions prévues par l'article 116. Cette lettre indique la date et l'heure de la convocation. Elle donne connaissance à la personne de chacun des faits dont ce*

---

[293] KEBEICH M., « L'assistance d'un conseil comme moyen de la défense de l'inculpé dans le droit français, le droit égyptien et le droit des Etats-Unis d'Amerique », RSC., 1985, p. 271.

magistrat est saisi et pour lesquels la mise en examen est envisagée, tout en précisant leur qualification juridique. Elle fait connaître à la personne qu'elle a le droit de choisir un avocat ou de demander qu'il lui en soit désigné un d'office, ce choix ou cette demande devant être adressé au greffe du juge d'instruction. Elle précise que la mise en examen ne pourra intervenir qu'à l'issue de la première comparution de la personne devant le juge d'instruction. Le juge d'instruction peut également faire notifier cette convocation par un officier de police judiciaire. Cette notification comprend les mentions prévues à l'alinéa précédent ; elle est constatée par un procès-verbal signé par la personne qui en reçoit copie. L'avocat choisi ou désigné est convoqué dans les conditions prévues par l'article 114 ». Donc, en France, lorsque la mise en examen est envisagée, le potentiel mis en examen est déjà informé de son droit d'être assisté d'un avocat durant son interrogatoire de première comparution et au cours de toute l'instruction.

Le législateur gabonais, qui n'a pas pris en compte les évolutions législatives citées, a simplement prévu, comme c'était le cas avant les lois de 1993 en France, que la notification du droit à un avocat serait faite lors de l'interrogatoire de première comparution, au moment même où l'inculpation est confirmée. Concrètement, c'est le magistrat qui prend la parole en premier et dit : « *nous avisons l'inculpé qu'il est libre de choisir un conseil parmi ceux qui sont inscrits au barreau du Gabon* », en réaction l'inculpé lui fait connaître le ou les avocats choisis pour sa défense. La conséquence de cette prévision en droit gabonais est, malheureusement, que la personne convoquée pour l'interrogatoire de première comparution ou amenée directement devant le juge d'instruction n'est pas informée de son droit d'être assistée d'un avocat pendant son premier interrogatoire même si l'accusateur public doit avertir la personne poursuivie de son droit de choisir un avocat avant de faire des déclarations. Le droit à l'information de l'inculpé sera beaucoup plus renforcé au Gabon pendant le déroulement même de l'instruction.

§2- Le renforcement de l'information lors du déroulement de la procédure d'instruction préparatoire

Jusqu'à l'adoption de la loi du 25 novembre 2010, les droits de la défense n'existaient quasiment pas dans le Code de procédure pénale gabonais, surtout au stade de la mise en état du procès pénal. En effet, le Code de procédure pénale gabonais de 1961 avait en grande partie repris les dispositions du Code d'instruction criminelle français de 1808 et, donc, il ne prévoyait pas de véritables garanties en faveur de l'inculpé : ce dernier était laissé sans véritable protection face au juge d'instruction[294]. La loi du 25 novembre 2010 a bouleversé la procédure pénale gabonaise tant elle a offert une meilleure protection à la personne mise en cause lors d'une poursuite judiciaire en prévoyant un droit à l'information au profit de l'inculpé au cours du déroulement de l'instruction préparatoire. Ce droit à l'information est incontestablement renforcé par le développement du droit à un avocat.

En introduisant l'avocat dans le cabinet du juge d'instruction, dès le moment de l'inculpation, la réforme du Code de procédure pénale gabonais en 2010 a marqué la fin du caractère inquisitorial absolu de l'instruction préparatoire gabonaise, l'inculpé en procédure gabonaise pouvant désormais prendre connaissance de la recherche de preuves, non seulement parce qu'il bénéficie du droit à la libre communication avec son défenseur, mais aussi parce que ce dernier dispose du droit d'information propre au service de la défense. Le sort de l'inculpé a donc été amélioré par une défense conjointe : l'avocat, assistant son client, l'informe efficacement de la procédure tout en bénéficiant de droits accrus à l'information.

Le droit à l'assistance d'un avocat pendant l'instruction est un droit que le législateur gabonais a donc rénové. Issu de la loi française du 8 décembre 1897, dite loi Constans, et introduit au Gabon, le droit à l'assistance d'un avocat pendant l'instruction a évolué pour se rapprocher un peu plus des dispositions françaises actuelles. Plus précisément, la règle est que le développement du droit à l'information de l'avocat engendre des obligations à l'égard du juge d'instruction : il s'agit notamment de la convocation de l'avocat aux interrogatoires (A) et de la communication du dossier de la procédure (B).

---

294 BOUZAT P. et PINATEL J., Traité de droit pénal et de criminologie, t. II, 2e éd., Dalloz, 1970, p. 1201.

A- La convocation de l'avocat de l'inculpé aux interrogatoires sur la base des dispositions nouvelles influencées par le droit français

Au stade de l'instruction, l'avocat jouit d'un rôle essentiel qu'il ne peut exercer que s'il est présent auprès de la personne inculpée[295]. Il en sera ainsi lors de l'interrogatoire qui est un acte essentiel de toute procédure d'instruction, il est également déterminant pour la manifestation de la vérité. L'interrogatoire est « *le mode d'instruction d'une affaire par voie de questions posées à l'inculpé par le magistrat instructeur* »[296]. Il peut avoir différents objets : les faits pour lesquels le juge est saisi[297], la personne inculpée, une expertise, etc.

L'interrogatoire est tellement essentiel que l'absence de l'avocat entraînerait une nullité d'ordre public qui ne pourrait être couverte d'aucune manière. En effet, bien que l'interrogatoire soit un moyen d'instruction qui permette au juge d'instruction de rechercher la vérité, il représente aussi un moyen de défense et la personne inculpée doit bénéficier de l'assistance d'un défenseur dès son premier contact avec le juge d'instruction pour faire valoir des arguments en faveur de son innocence[298]. Pour rendre la présence de l'avocat effective lorsque son client est interrogé, les législateurs doivent prévoir sa convocation, l'absence de convocation de l'avocat portant nécessairement atteinte aux intérêts de l'inculpé[299].

La convocation de l'avocat est la première composante du droit à l'assistance d'un avocat, elle est une formalité substantielle pour garantir sa présence effective auprès de l'inculpé. Cette convocation est une condition *sine qua non* de la défense de l'inculpé, mais aussi une condition de la libre discussion des preuves dans l'intérêt de la recherche

---

[295] Un auteur a qualifié le rôle joué par l'avocat au cours de l'information d'« inutile et dangereux », THOMAS-CHEVALLIER A., L'avocat et le juge d'instruction, Thèse de l'Université de Nancy, 1978, p. 473.
[296] Selon la cour de cassation française : Cass. Crim., 2 mars 1972, Bull. crim. n°82.
[297] Il s'agit alors d'un interrogatoire sur le fond qui vise à éclairer le juge sur la participation du mis en examen à l'infraction.
[298] VALAT J.-P., « Interrogatoires et confrontations », J.-Cl., pr. pén., art. 114 à 121 : fasc. 20, 2008, p. 18.
[299] *Crim. 4 décembre 2007, B.C., n°297 ; D., 2008, Pan., 2792, obs. Pradel.*

de la vérité. Le principe est que les parties (inculpé et partie civile) ne peuvent être entendues, interrogées ou confrontées, à moins qu'elles n'y renoncent, qu'en présence de leurs avocats ou ces derniers dûment appelés. L'avocat peut, par ailleurs, s'abstenir de venir, sa seule convocation étant requise[300], la preuve d'une telle convocation résultant des mentions du procès-verbal. La convocation de l'avocat aux interrogatoires est efficacement prévue en droit gabonais (1) même s'il existe des limites à cette convocation (2).

1- Le principe : une convocation prévue efficacement en droit gabonais

Le principe est celui de la convocation de l'avocat aux interrogatoires de la personne inculpée qui est son client. Très important pendant l'instruction, l'interrogatoire peut être défini comme l'échange de questions et de réponses au cours duquel la personne inculpée est invitée à s'expliquer sur les faits ou sur les pièces de la procédure qui peuvent engager sa responsabilité pénale.

La convocation de l'avocat est tellement importante que le Code de procédure pénale gabonais prévoit à l'article 102 que si le conseil de l'inculpé réside au siège de l'instruction, il doit être avisé soit par lettre, soit par avis remis par le greffier, adressé quarante-huit heures au plus tard avant l'interrogatoire, l'audition ou la confrontation. Dans ce cas, le dossier de la procédure est mis à la disposition du conseil vingt-quatre heures au moins avant l'interrogatoire de l'inculpé ou l'audition de la partie civile. Cet article rejoint les prévisions de l'article 114, alinéa 1er, du Code de procédure pénale français qui précise l'importance de la présence de l'avocat lors de l'interrogatoire de la personne « *mise en examen* », car il prévoit que « *les parties ne peuvent être entendues, interrogées ou confrontées, à moins qu'elles n'y renoncent expressément, qu'en présence de leurs avocats ou ces derniers dûment appelés* »[301].

---

[300] Crim., 16 mai 1974, JCP. 1975.II.18190, note A. Mayer-Jack, solution qui ne serait aujourd'hui peut-être plus prise en compte à cause de l'article 802 CPP.

[301] VALAT J.-P., « Interrogatoires et confrontations », J.-Cl., art. 114 à 121, fasc. 20, 2008, p. 17.

La convocation de l'avocat est également prévue en matière d'expertise. Lors de sa mission, l'expert peut avoir besoin de recueillir des renseignements détenus par l'inculpé et, dans ce cas, il est normal que le conseil soit convoqué. De même, le juge d'instruction est tenu de convoquer l'avocat de l'inculpé (ce dernier est également convoqué lui-même) pour lui donner connaissance des conclusions des experts. La communication du rapport d'expertise doit être faite selon le respect des formalités légales que ce rapport implique des explications de l'inculpé. Cela permet d'éviter les déclarations irréfléchies de l'inculpé et, en outre, l'inculpé assisté de son défenseur pourra répondre aux questions du juge d'instruction relatives à l'expertise, solliciter un complément d'expertise ou une contre-expertise, ce qui rend la recherche de la vérité plus loyale et objective.

L'exigence de la convocation de l'avocat de l'inculpé existe aussi devant la chambre de l'instruction ou la chambre d'accusation au Gabon, ces chambres intégrant ainsi une procédure de plus en plus contradictoire.

Une importante avancée a été réalisée en France par la loi du 15 juin 2000 qui a renforcé l'information au profit du mis en examen au cours de l'instruction : le législateur français a étendu les hypothèses de convocation de l'avocat du mis en examen à certains actes d'instruction pouvant être sollicités par l'intéressé. En effet, lorsque le mis en examen sollicite le juge d'instruction d'une requête d'actes, il peut demander à ce que ces actes soient effectués en présence de son avocat. Les actes sollicités pour lesquels la présence de l'avocat peut être accordée sont : le transport sur les lieux et l'audition d'un témoin, celle de la partie civile ou celle d'une autre personne mise en examen. Dès lors, si le juge fait droit à la demande, l'acte requis est effectué en présence de l'avocat, le juge est donc tenu de convoquer l'avocat préalablement. Même si cette pratique n'a pas été légiférée en droit gabonais, la pratique gabonaise enseigne tout de même que l'avocat peut être présent lors des confrontations et transports sur les lieux, tout comme c'est le cas en France. La pratique gabonaise a donc étendu la nécessité de la présence de l'avocat à ces deux actes particuliers, les juges français l'ayant déjà prévue pour le transport sur les lieux lorsque le juge entend interroger la personne mise en examen lors du déplacement. Il est tout à fait raisonnable d'appliquer cette logique en procédure pénale gabonaise, car, concernant la confrontation, lorsque celle-ci génère un véritable débat ou interrogatoire, c'est-à-dire lorsque l'inculpé est sollicité pour s'expliquer non seulement sur les dépositions des témoins avec lesquels il est mis en présence, mais aussi sur les dépositions d'autres témoins ou sur n'importe quel autre élément de la procédure, étranger aux dépositions des témoins actuellement confrontés, il est utile que l'avocat soit présent, donc convoqué[302], ce qui conduit à contrer l'éviction des droits de la défense de l'inculpé en empêchant le juge de mener un véritable interrogatoire sous couvert d'une confrontation. Cette avancée montre, une fois de plus, l'impact positif que peut avoir le droit français dans son ensemble sur le droit gabonais.

Le Code de procédure pénale gabonais prévoit, comme le Code de procédure pénale français dans son article 172, que l'avocat soit aux côtés de l'inculpé lors de l'ouverture des scellés et lors de la renonciation de l'inculpé de se prévaloir des nullités[303].

Finalement, l'impact du droit français est bienvenu ici, car le législateur gabonais en prévoyant la présence de l'avocat aux côtés de l'inculpé, et surtout sa convocation, assure à ce dernier un important principe de défense : la présence physique et morale de l'avocat qui a cette caractéristique d'être tonifiante et vivifiante. En effet, la présence du conseil apporte cette chaleur et cette considération humaines que l'inculpé perd pendant la garde à vue ou la détention avant interrogatoire. Elle lui apporte la sécurité et un regain de confiance tant vis-à-vis de sa propre personne qu'à l'égard du monde extérieur. Elle le met à l'abri de toute contrainte morale, car, par sa présence, l'avocat contrôle les mouvements du juge et repousse tout abus de pouvoir et d'intimidation de sa part. La présence de l'avocat permet également à celui-ci d'éclairer son client sur les risques qu'il court tout au long de la procédure, mais également sur les moyens de défense dont il dispose au cours des différents interrogatoires et confrontations. La présence de l'avocat permet ainsi à l'inculpé de se présenter devant le juge instructeur en ayant conscience de ce qui lui arrive et de ce qu'il doit faire. Ce qui lui permettra de répondre d'une manière réfléchie et vigoureuse aux questions du juge et de bien mener sa défense. Cette

---

302 P. Chambon, L'instruction contradictoire et la jurisprudence, 1953, n°104.
303 Art. 138, al. 2 du CPP gabonais.

convocation de l'avocat, nécessaire et importante pour permettre sa présence aux côtés de son client inculpé pendant l'instruction, connaît toutefois des limites en droit gabonais qui sont similaires à celles du droit français.

2- Les limites de la convocation de l'avocat en droit gabonais similaires à celles du droit français

L'instruction préparatoire au Gabon a certainement évolué avec l'adoption du nouveau Code de procédure pénale en 2010 dans le sens d'une meilleure garantie des droits de l'inculpé, ce qui a permis d'atténuer la différence de traitements existant entre la défense et l'accusation. Mais, le caractère inquisitoire de cette instruction n'a pas complètement disparu, même si cette dernière est certainement devenue plus accusatoire. Certaines limites aux droits de la défense de l'inculpé se retrouvent donc en droit gabonais, et ces limites, même si elles ne sont pas toutes issues du droit français, rappellent fortement celles qui sont prévues en France. Elles concernent la non-convocation de l'avocat à certains actes décidés par le juge d'instruction. Il s'agit de :

- l'article 99 du CPP gabonais. Cet article prévoit que le juge d'instruction puisse procéder à un interrogatoire immédiat et à des confrontations sans attendre que le prévenu soit assisté d'un conseil, s'il y a urgence, c'est-à-dire si un témoin se trouve en danger de mort, si les indices risquent de disparaître ou encore s'il y a flagrance. C'est un arrêt de la Cour de cassation française[304] qui a posé ce principe que l'on retrouve dans le Code de procédure pénale français à l'article 117 et dans le Code gabonais à l'article 99 comme énoncé précédemment.

- des délais de la convocation de l'avocat. Le législateur gabonais en 2010 a finalement consacré les délais longtemps prévus en France par le Code de procédure pénale de 1958 qui, lui-même, avait repris les anciennes dispositions du Code d'instruction criminelle sur les mesures relatives au droit à l'assistance d'un avocat. Il est donc prévu au Gabon un délai de quarante-huit heures entre la convocation de l'avocat et l'acte d'interrogatoire sauf que le législateur français, lui, a opéré un changement radical portant sur un accroissement considérable du délai

---

[304] Cass. crim., 22 juin 1954.

de convocation de l'avocat, le délai actuellement prévu en France étant de cinq jours entre la convocation de l'avocat et l'acte d'interrogatoire. Délai plus raisonnable qu'il aurait fallu adopter en droit gabonais surtout connaissant les réalités du pays. En effet, lorsque l'on connaît les difficultés entourant la remise d'une lettre au Gabon dues au problème d'accès à certaines zones, il est souhaitable que le législateur s'inspire du droit français sur ce point et élargisse le délai à cinq jours au moins pour permettre une défense réellement efficace et surtout pour éviter que l'inculpé ne se retrouve seul devant le juge alors qu'il dispose d'un avocat.

Par ailleurs, les actes auxquels l'avocat a le droit d'assister sont les interrogatoires et les confrontations. En revanche, sauf si la mesure prend la forme d'un interrogatoire de l'inculpé, il ne peut assister aux expertises, aux auditions de témoins, aux constatations matérielles, aux perquisitions, aux saisies, aux transferts sur les lieux, aux constats… il en va de même pour la personne mise en cause elle-même. Cependant, même si le conseil n'est pas présent, il doit en être avisé.

Une autre limite résulte des contingences de la profession d'avocat au Gabon. De fait, le barreau national ne compte actuellement qu'une soixantaine d'avocats ce qui ne permet pas à la personne poursuivie d'avoir dans tous les cas un avocat disponible. Cette difficulté est d'ailleurs plus accentuée pour ceux qui vivent à l'intérieur du pays, le siège du barreau ainsi que les cabinets d'avocats se trouvant à Libreville. De la sorte, lorsque la personne inculpée désire se faire assister d'un avocat, elle est tenue de le consulter par téléphone ou par écrit, à défaut, elle se résigne à comparaître seule devant le juge.

Pour finir, une autre limite concerne l'interrogatoire de première comparution, qui n'est pas un interrogatoire sur le fond, durant lequel le juge notifie à l'inculpé son droit à être assisté d'un conseil. Il est donc logique que la personne ne soit pas assistée de son conseil, car elle ne sait pas si des mesures vont être prises à son égard, donc elle n'a pas encore été avisée de ce droit. C'est la position en droit gabonais.

Finalement, malgré les limites que nous venons d'évoquer, la convocation de l'avocat aux interrogatoires et confrontations est bien assurée en droit gabonais s'agissant des cas où la présence de l'avocat est prévue. La communication du dossier à l'avocat doit, quant à elle, faire l'objet d'une innovation.

A- Le droit d'accès indirect au dossier pénal

Tout acte du juge d'instruction qui ne porte pas en soi une forme écrite qui lui soit propre (mandat, commission rogatoire, etc.) doit donner lieu à l'établissement d'un procès-verbal (de transfert sur les lieux, de perquisition, de saisie, d'interrogatoire, etc.). L'ensemble de ces documents ainsi rassemblés constitue le dossier de l'instruction, celui-ci devant nécessairement contenir tous les actes de la procédure. La contradiction implique logiquement sa communication[305].

Suivant une relativisation de la nature inquisitoire et du secret de la phase d'instruction préparatoire en France[306], le législateur, à travers la loi du 30 décembre 1996[307] portant réforme de plusieurs dispositions relatives à l'information, a apporté des modifications de nature à renforcer les droits de la défense et le caractère contradictoire de la phase d'instruction préparatoire[308]. Ces modifications ont été insérées aux articles 114, alinéas 4 à 10 et 114-1 du Code de procédure pénale français[309], consistant en la reconnaissance à la personne mise en examen d'un droit d'accès au dossier pénal. Cette avancée, qui s'inscrit

---

305 PORTERON C., Droit à l'information et procédure pénale, th.

306 PETTITI L., « Droits de la défense : secret de l'instruction et communicabilité du dossier pénal », Gaz. Pal., 1er août 1989, p. 364 ; VOUIN R., « Le secret de l'instruction », RSC, 1960, p. 303 ; LARGUIER J., « Le secret de l'instruction et le respect de l'article 11 du Code de procédure pénale », RSC., 1959, p. 313 ; MERLE R., « Le secret et la procédure en droit français », in Mélanges P. KAYSER, p. 759.

307 Loi n°96-1235 du 30 décembre 1996 relative à la détention provisoire et aux perquisitions de nuit en matière de terrorisme, JO du 1er janvier 1997, p. 9, Dalloz, 1997, Légis., p. 97.

308 MOLINA E., La liberté de la preuve des infractions en droit français contemporain, In *Revue internationale de droit comparé*. Vol. LIV, n°1, janvier-mars 2002. pp. 229-230 ; PRADEL J., « Centenaire de la loi du 8 décembre 1897 sur la défense avant jugement pénal. Essai d'un bilan », *Dalloz*, 1997, p. 375.

309 LE GUNEHEC F., « Apperçu rapide de la loi du 30 décembre 1996 relative à la détention provisoire », JCP, 1997, Actualités, n°4.

dans la ligne d'un mouvement plus général tendant à accroître les droits reconnus à la personne poursuivie, a été suivie par le législateur gabonais en 2010. En effet, au Gabon, depuis 2010, toute personne inculpée a le droit de prendre connaissance du contenu du dossier de la procédure d'instruction dont elle fait l'objet.

La mise à disposition de l'inculpé du dossier d'instruction, par l'intermédiaire de son avocat, est un véritable droit de la défense en ce qu'elle permet à l'inculpé de connaître le contenu de la procédure. Il lui est impossible de se défendre valablement sans avoir connaissance de ce que contient ce dossier. C'est un véritable préalable au développement de la contradiction et à l'efficacité de la défense. C'est l'article 102 du Code de procédure pénale gabonais qui prévoit que le dossier de la procédure soit mis à la disposition du conseil vingt-quatre heures au moins avant l'interrogatoire de l'inculpé ou l'audition de la partie civile.

Le Code d'instruction criminelle français de 1810 applicable au Gabon obligeait déjà le juge d'instruction à mettre la procédure à la disposition de l'avocat. Et même dans la pratique judiciaire gabonaise avant la réforme de 2010, le dossier était mis à disposition de l'avocat, en consultation avant un interrogatoire, mais aussi à tout moment dans le cabinet du juge ou dans une pièce annexe de ce cabinet.

Les modifications qui ont été apportées en matière de consultation du dossier de l'instruction en France ont permis une communication du dossier à l'avocat pour assurer une meilleure préparation des interrogatoires et auditions. En effet, depuis 1983, le Code de procédure pénale français prévoit, à côté de la consultation ponctuelle du dossier avant tout interrogatoire, la possibilité d'obtenir la communication de tout ou partie du dossier à tout moment. Cette communication du dossier de l'instruction à l'avocat en France, plus qu'un simple accès, supposait la remise du dossier de l'information et de son support. C'est désormais aussi le cas au Gabon après la réforme du 25 novembre 2010, car le législateur a prévu, à l'article 102 du Code de procédure pénale que *« le dossier de la procédure est mis à la disposition du conseil vingt-quatre heures au moins avant l'interrogatoire de l'inculpé ou l'audition de la partie civile. Si le conseil, qui en fait la demande, ne réside pas au siège de l'instruction, le juge d'instruction est tenu de lui communiquer par l'intermédiaire du procureur de la République ou du procureur général, selon le cas, le double de la procédure. Dans ce cas, la communication se fera aux frais du conseil* ». Le dossier de l'instruction peut donc désormais, comme c'est le cas en France, être communiqué à l'avocat de l'inculpé qui en fait la demande.

Cette avancée remarquable du droit d'accès au dossier par la mise en place de la communication du dossier fut appréciée, car les avocats gabonais redoutaient la pratique qui les empêchait d'examiner dans la tranquillité toutes les pièces de la procédure dans leurs locaux. Ils souhaitaient que le dossier leur soit remis en mains propres pour leur permettre de faire des copies devant servir à l'audience de jugement. Aujourd'hui, ils peuvent avoir un double du dossier de la procédure d'instruction. Néanmoins, cette avancée remarquable du droit gabonais laisse cependant entrevoir la question du droit de la personne poursuivie de se défendre seule[310]. En effet, le droit de la communication du dossier à la personne poursuivie passe obligatoirement au Gabon par la présence d'un avocat à ses côtés. Le dossier de l'instruction ne peut être consulté que par un avocat qui constitue de ce fait un « *intermédiaire obligatoire entre dossier et mis en examen* »[311](1). Ce principe exclut, pour la personne « inculpée » qui se défend seule, la possibilité d'accéder au dossier de l'instruction (2).

1- L'accès facilité au dossier pour l'avocat de l'inculpé : la similitude avec le droit français

La prévision de la consultation du dossier de la procédure d'instruction par l'avocat de l'inculpé en droit gabonais est d'inspiration française. En effet, elle est prévue depuis le Code d'instruction criminelle français modifié en 1897 et applicable au Gabon. Elle se faisait avant 2010 dans le cabinet du juge d'instruction, car l'avocat n'avait pas la possibilité d'obtenir une copie du dossier. La communication du dossier à l'avocat a finalement été prévue dans le nouveau Code de procédure pénale gabonais de 2010, le législateur gabonais ayant finalement décidé de suivre l'évolution du droit français en matière de communication du

---

310 RIBEYRE C., La communication du dossier pénal, *op. cit.*, p. 204.
311 GUINCHARD S. et BUISSON J., Procédure pénale, *op. cit.* p. 901.

dossier d'instruction dont la réforme date de 1983[312]. Aujourd'hui, le droit gabonais prévoit donc que l'avocat de la personne inculpée dispose de la possibilité de demander la communication du dossier vingt-quatre heures au moins avant l'interrogatoire de son client ou l'audition de la partie civile. Cette possibilité est censée permettre, d'une part, à l'avocat de disposer du temps nécessaire à la préparation de la défense de manière satisfaisante[313] et, d'autre part, elle renforce également les droits de la défense en permettant à l'avocat de suivre la marche de la procédure et en particulier l'avancement éventuel du nombre d'indices à l'encontre de la personne mise en cause[314] ainsi que de leur intensité. Cette règle nouvelle en droit gabonais a pour but de respecter l'égalité des armes ; sachant que le ministère public a toujours eu droit à un accès direct au dossier de la procédure à des fins d'investigation.

La communication du dossier d'instruction doit porter sur un dossier complet, de telle sorte que si entre la date de l'accès au dossier et celle de l'interrogatoire de nouvelles pièces étaient produites, le juge ne pourrait pas en tenir compte lors de son interrogatoire[315]. En effet, le conseil ne remplira son rôle efficacement que s'il a une connaissance exacte de l'état de la procédure. C'est d'ailleurs à l'avocat de l'inculpé de relever le caractère incomplet du dossier mis à sa disposition et d'en formuler la remarque par un courrier. En France, où la communication du dossier est pleinement légiférée, en cas de dossier incomplet l'avocat est susceptible de faire état des différentes absences par une observation établie au procès-verbal d'interrogatoire. Dans un tel cas, la nullité de cet interrogatoire est encourue[316] sauf si le caractère incomplet du dossier n'a pas préjudicié aux droits de la défense[317].

---

[312] Le droit pour l'avocat de se faire délivrer des copies de tout ou partie de la procédure a été autorisé en sa faveur depuis la loi n°83-466 du 10 juin 1983. BENILLOUCHE M., Le secret dans la phase de l'investigation pénale, *op. cit.*, PUAM, 2004, pp. 231 et s.

[313] SAINT-PIERRE F., Le guide de la défense pénale, *op. cit.*, p. 297 ; RIBEYRE C., La communication du dossier pénal, *op. cit.*, p. 168.

[314] VALETTE V., La personne mise en cause en matière pénale, *op. cit.*, p. 326.

[315] Crim., 3 août 1935, D.P. 1937-I-94 n. V. Leloir ; 28 juill. 1958, B. n°589.

[316] Cass. crim. 4 novembre 1985, répert. 109.

[317] Cass. crim., 14 mai 1985, répert. 3.

La communication du dossier d'instruction à l'avocat gabonais, qui pourra en faire libre usage, marque donc une réelle considération de l'égalité des armes, car cette communication offre à l'inculpé, par l'intermédiaire de son avocat, la faculté d'avoir une information continue pendant la phase préparatoire du procès. Cela étant, l'avocat ne peut toutefois pas transmettre à son client une copie du dossier. En effet, si une copie du dossier de l'instruction peut désormais être communiquée à l'avocat, à la différence de la loi en France[318], le législateur gabonais interdit encore à l'avocat d'en transmettre une copie à son client inculpé.

Cette question sur la remise de la copie du dossier à l'inculpé divise le milieu judiciaire gabonais. Pour certains magistrats[319] l'avocat ne peut communiquer à l'inculpé que la teneur des pièces du dossier d'instruction, sans pouvoir lui remettre les pièces elles-mêmes, celles-ci devant rester secrètes durant toute l'instruction. Selon ces magistrats, l'avocat ne peut laisser à disposition de son client de copies du dossier sans violer le secret de l'instruction : il ne peut transmettre à l'inculpé que des renseignements extraits du dossier qui lui a été fourni. Cette solution serait justifiée au regard non seulement du secret de l'instruction, mais surtout au regard des risques de pression pouvant être exercés sur les autres parties ou les personnes intervenant au cours de la procédure[320], cette solution trouverait également une justification dans le souci d'éviter la divulgation ou la détérioration des pièces de la procédure[321]. Même la Cour de cassation française avait décidé autrefois en Assemblée plénière qu'« *il résulte de l'article 114, alinéa 4, du Code de procédure pénale, dont les dispositions ne sont pas contraires à celle de l'article 6-3b de la Convention européenne des droits de l'Homme, que l'article 160 du décret du 27 novembre 1991 organisant la profession d'avocat dont il ressort que, celui-ci, autorisé à se faire délivrer des copies du dossier d'instruction, peut procéder à leur examen avec son client pour les besoins de la défense de ce dernier, il ne saurait en revanche lui remettre ces copies qui ne lui sont délivrées*

---

[318] Où il est permis de transmettre une copie du dossier à l'inculpé depuis la loi n°96-12335 du 30 décembre 1996.

[319] Note d'information du juge d'instruction du 7e cabinet en date du 2 oct. 2000.

[320] RIBEYRE C., La communication du dossier pénal, *op. cit.*, p. 205.

[321] *Idem*, p. 204.

que pour son usage exclusif »[322]. Ce système hypocrite ne permet cependant pas à l'inculpé d'accéder à l'information de manière effective, de simples renseignements sur le dossier ne pouvant suffire à préparer la défense, d'autant que le principe de la libre communication de l'avocat avec son avocat est limité ici aux renseignements issus du dossier de la procédure.

En pratique, pourtant, même en France lorsque la remise des copies au client était interdite, les avocats montraient le dossier à leur client afin de préparer ensemble sa défense. Il paraît alors illogique de sanctionner l'avocat qui délivre une reproduction du dossier à son client alors que le fait de montrer une copie du dossier n'est pas condamnable. C'est pour cela que d'autres magistrats au Gabon[323] et la doctrine française[324], estiment que l'avocat est le seul juge de l'intérêt de la défense, il a ainsi la faculté de communiquer une copie de la procédure à son client, s'il l'estime utile et opportun, le secret de l'instruction ne pouvant préjudicier aux droits de la défense.

Le législateur français a, de ce fait, choisi de modifier les dispositions de l'ancien article 114 du Code de procédure pénale en autorisant les avocats à transmettre à leur client une reproduction des copies des pièces de la procédure, sans encourir de sanctions disciplinaires et/ou pénales[325]. Chose que le législateur gabonais se refuse toujours à faire. En effet, la loi au Gabon accorde une place prépondérante à l'avocat, faisant de cet acteur une condition presque nécessaire à l'application du contradictoire durant l'information judiciaire.

Si le législateur français a, à ce propos, longtemps distingué selon que la personne inculpée bénéficiait ou non d'un avocat, réduisant

---

[322] Cass. Ass. Plén., 30 juin 1995, Bull., Ass., Plén., n°3, JCP., 1995, III, 22479, note CHAMBON P., Dalloz, 1995, p. 417, NOTE PRADEL J., RSC, 1995, p. 833.

[323] Note d'information du juge d'instruction du 9e cabinet en date du 25 sept. 2002.

[324] PRADEL J., Procédure pénale, *op. cit.*, p. 672.

[325] La cour d'appel d'Aix-en-Provence, le 24 février 1995, avait condamné un avocat à un an d'interdiction d'exercer pour avoir communiqué une copie intégrale de la procédure à son client. C.A. Aix-en-Provence, 24 février 1995, Gaz. Pal., 1995, p. 180, note CONTRA Damien.

considérablement l'aspect contradictoire de l'information dans ce dernier cas, aujourd'hui la question de l'accès au dossier de la partie privée non assistée par un avocat pendant l'instruction est réglée, la loi française accorde effectivement la possibilité d'accéder au dossier d'instruction à la partie non assistée. Mais, au Gabon, contrairement aux avancées intervenues en France, il y a toujours cette limite d'accès au dossier qui touche à la personne inculpée, qu'elle soit assistée ou non d'un avocat.

2- L'accès limité au dossier pour l'inculpé non assisté : la rupture avec le droit français

Au Gabon, l'accès du dossier est limité au seul avocat au cours de l'instruction, le législateur qui n'autorise la communication du dossier à l'avocat que depuis 2010 ne l'a pas prévue pour le client de celui-ci même si, en pratique, l'inculpé assisté par un avocat pourra quand même avoir un accès au dossier, par l'intermédiaire de son avocat. Le législateur gabonais n'a pas non plus statué sur la question de l'accès au dossier de la procédure pénale par la personne inculpée non assistée par un avocat comme son homologue français. En effet, la réforme de 2010 limite toujours la communication du dossier aux seuls conseils, il n'y a aucune mention concernant l'inculpé.

Cet accès médiat au dossier d'instruction entrave le droit du suspect de se défendre seul. Et la limitation peut paraître assez sévère si le suspect ne souhaite pas être assisté comme il en a le droit, car il se voit alors privé d'accès au dossier et donc de la connaissance du contenu de l'accusation et des éléments qui pourraient lui permettre de préparer sa défense.

L'inculpé se défendant seul est placé dans une situation d'ignorance absolue au Gabon. Le principe d'une représentation obligatoire *de facto* s'impose ; cela semble poser problème surtout lorsque l'on sait que la commission d'office n'existe au Gabon qu'en matière de crime et surtout que le coût élevé des services d'un avocat n'est pas aisé pour une population qui est en majorité démunie de moyens. Le droit à l'assistance d'un avocat et le droit d'accès au dossier s'avèrent pourtant deux droits distincts qui ne devraient pas se voir assimilés, même si l'accès au dossier se fera plus tard devant les tribunaux de jugement par la personne qui se défend seule.

En France, la personne qui se défend seule n'avait pas non plus de droit d'accès au dossier d'instruction. Mais il y a eu un revirement en la matière. En effet, le Conseil constitutionnel[326] a récemment censuré une partie de l'article 175 du Code de procédure pénale français au motif qu'il disposait, à l'issue de son deuxième alinéa que la copie des réquisitions devait être adressée aux avocats des parties par lettre recommandée. Cette exclusion de l'envoi de pièces importantes, sinon fondamentales, de la procédure aux personnes mises en examen se défendant seules n'a pas résisté à la question prioritaire de constitutionnalité. La Cour constitutionnelle a ainsi estimé que « *dès lors qu'est reconnue aux parties la liberté de choisir d'être assistées d'un avocat ou de se défendre seules, le respect des principes du contradictoire et des droits de la défense interdit que le juge d'instruction puisse statuer sur le règlement de l'instruction sans que les demandes formées par le ministère public à l'issue de celle-ci aient été portées à la connaissance de toutes les parties* ». Le Conseil constitutionnel français a censuré les mots « *avocats des* » qui figuraient dans cette seconde phrase du deuxième alinéa de l'article 175 du CPP, en ce qu'ils avaient pour effet de réserver la notification des réquisitions définitives du ministère public aux avocats assistant les parties. Le nouvel alinéa 4 de l'article 114, « *les avocats des parties, ou si elles n'ont pas d'avocat, les parties, peuvent se faire délivrer copie de tout ou partie des pièces et actes du dossier* » prend en compte la communication du dossier de l'instruction aux parties non assistées par un avocat. Cette réécriture est le fait de la loi du 27 mai 2014 portant transposition de la directive 2012/13 UE qui dispose en son article 7 § 2 que « *les États membres veillent à ce que les suspects ou personnes poursuivies, ou leurs avocats aient un accès minimum à toutes les preuves matérielles à charge ou à décharge des suspects ou des personnes poursuivies...* ». Par ailleurs, et toujours dans le souci de mieux garantir les droits de la défense de la personne mise en cause, et plus spécifiquement la personne mise en cause se défendant seule, la loi n°2017-258 du 28 février 2017 relative à la sécurité publique, à son article 20, à la suite de la décision du 16 septembre 2016 du Conseil

[326] Décision n°2011-160 QPC du 9 septembre 2011.

constitutionnel ayant censuré l'article 197 du Code de procédure pénale, a renforcé les droits de la défense dans la procédure devant la chambre de l'instruction en permettant aux parties non assistées par un avocat d'avoir accès aux réquisitions du ministère public.

Les avancées récentes du droit français sur la possibilité d'accéder au dossier pénal par la personne inculpée qui se défend seule montre que l'inculpé, en droit gabonais, malgré les quelques droits dont il dispose, peine toujours à être considéré comme une véritable partie à l'instruction qu'il ne doit plus seulement subir. Il est nécessaire que le législateur gabonais reconnaisse sans ambiguïté une conception beaucoup plus accusatoire de la procédure d'instruction préparatoire, comme cela a été fait en France, en accordant davantage de droits à la personne inculpée, en l'occurrence l'accès au dossier de la procédure et aux réquisitions du ministère public, à la personne qui se défend seule. Diverses modifications sont donc à apporter à la loi gabonaise pour favoriser l'information du présumé innocent, son droit de participation à l'instruction préparatoire ayant heureusement été fortement renforcé.

Section 2- Le renforcement du droit à la participation pendant l'instruction conformément au droit français

L'information judiciaire est une étape importante du procès pénal dans sa phase préparatoire. Cette mise en état du procès pénal est le temps pendant lequel les preuves sont réunies par le juge d'instruction, à charge et à décharge à l'égard de l'inculpé. De ce fait, la participation de l'inculpé à la recherche des preuves est d'une importance capitale pour sa défense et pour la suite de la procédure. En effet, la participation de l'inculpé à la procédure d'instruction est un moyen d'accroître sa défense d'autant plus qu'elle fait de lui un véritable acteur de l'instruction.

Le développement des droits de la défense par le législateur gabonais en 2010 a conduit celui-ci à reconnaître effectivement à l'inculpé non seulement un droit à l'information pendant l'instruction préparatoire, même si c'est par l'intermédiaire de son avocat, mais il a surtout permis de lui reconnaître le droit de participer à la procédure d'instruction, qui est de ce fait une procédure plus contradictoire. Ce droit à la participation donne à l'inculpé la possibilité d'agir activement au déroulement de l'instruction et fait de lui, non plus simplement un objet de celle-ci, mais un vrai sujet[327].

Le droit d'agir[328] au cours du procès pénal est caractérisé par le droit de prendre des initiatives procédurales. Il renforce le caractère contradictoire que veut emprunter la procédure d'instruction gabonaise, car « *il est au cœur de la contradiction puisque le droit d'agir est celui de faire entendre sa voix, d'indiquer au juge ses moyens de défense* »[329]. L'inculpé peut ainsi solliciter et contester des actes d'investigation en contribuant à la démarche du juge d'instruction[330]. Ainsi, ce dernier, qui a pour mission d'instruire à charge et à décharge, doit tenir compte des éléments favorables à la défense.

La défense, malgré sa position, a tout intérêt à ne pas attendre que les parties poursuivantes échouent dans la démonstration de sa culpabilité. Son droit de participer à l'instruction est un facteur de complémentarité de ses intérêts personnels et de ceux de la société : véritable droit à la preuve et à la contradiction, le droit pour l'inculpé de participer à l'instruction légitime la manifestation de la vérité puisque son respect implique la confrontation et la libre discussion des preuves. L'instruction préparatoire gabonaise permet ainsi de rassembler les preuves de la culpabilité, ou non, de l'inculpé.

Le respect des principes de la présomption d'innocence, de l'égalité des armes et du contradictoire par l'instauration du droit de participation de l'inculpé se traduit par une série de mesures que le législateur gabonais a reprises au droit français. Ces mesures vont permettre à l'inculpé de peser davantage sur le déroulement de l'instruction. Le droit gabonais autorise ainsi l'inculpé à exercer une certaine influence sur

---

[327] HENRION H., « L'article préliminaire du Code de procédure pénale : vers une « théorie législative » du procès pénal ? », APC, 2001, pp. 13-26.
[328] Ou droit de participation. Voir PRADEL J., Procédure pénale, *op. cit.*, p. 675 ; GUINCHARD S. et BUISSON J., Procédure pénale, *op. cit.*, p. 951 ; RASSAT M.-L., Traité de Procédure pénale, *op. cit.*, p. 597.
[329] PRADEL J., « La montée des droits du délinquant au cours de son procès. Essai d'un bilan », *op. cit.*, pp. 223 et 229.
[330] DUPARC C., « Du rôle respectif du juge et des parties dans le procès pénal », Thèse de l'Université de Poitiers, 2002, p. 72.

l'administration de la preuve, car, tout comme en droit français, il lui est reconnu la possibilité de demander au juge que certains actes soient accomplis dans le but de prouver son innocence[331]. Cette possibilité permet ainsi à l'inculpé d'intervenir réellement pendant l'instruction, tout en laissant la conduite de celle-ci au juge d'instruction à qui revient la direction de l'instruction. Le droit de participation de l'inculpé est simplement un droit de proposition, de suggestion[332] (§1). Néanmoins, contrairement aux prévisions du législateur, dans la pratique l'instruction gabonaise ne respecte pas pleinement le contradictoire, puisque les juges d'instruction laissent à la défense la charge d'apporter elle-même la preuve de son innocence par l'accomplissement d'actes d'investigation qui, normalement, seraient à la charge du juge d'instruction (§2).

§1- Le droit d'intervenir à l'instruction : l'influence profonde du droit français en théorie

Il est considéré en droit gabonais, tout comme en droit français depuis le Code d'instruction criminelle de 1808 et le Code de procédure pénale de 1958, que l'instruction préparatoire est liée à la compétence du juge d'instruction. De ce fait, c'est le juge d'instruction qui est appelé à procéder, conformément à la loi, à tous les actes qu'il juge utiles à la manifestation de la vérité[333]. Mais, aujourd'hui, le juge d'instruction, ou du moins les pouvoirs publics ne sont plus les seuls à pouvoir agir, l'inculpé a désormais aussi le droit de participer à l'instruction, de ce fait il peut demander au juge d'instruction de procéder à des actes d'investigation.

L'équilibre des armes voudrait en effet que, face aux pouvoirs dont disposent le procureur de la République et le juge d'instruction pendant l'instruction pour la réquisition de tout acte nécessaire à la manifestation de la vérité, il soit reconnu à la personne mise en cause le droit de demander des actes d'instruction afin de participer à la recherche de preuves qui pourraient l'innocenter, l'équité procédurale impliquant en

---

[331] DEFERRARD F., Le suspect dans le procès pénal, *op. cit.*, p. 167.
[332] PRADEL J., Procédure pénale, *op. cit.*, p. 675.
[333] SAINT-PIERRE F., Le guide de la défense pénale, *op. cit.*, p. 561. DEFERRARD F., Le suspect dans le procès pénal, *op. cit.*, p. 167.

effet la reconnaissance à l'inculpé dans une certaine mesure[334] du droit de demander l'accomplissement des actes d'investigation, c'est en cela que l'inculpé pourra véritablement participer à l'instruction.

En ce sens, le sort de l'inculpé a été amélioré au Gabon par l'augmentation de ses prérogatives d'action sur la recherche des preuves, le législateur gabonais renforçant ainsi une plus grande égalité des armes entre le parquet et la défense[335]. En effet, avant la réforme de 2010, la possibilité de demander des actes d'instruction était inégalement partagée, tout comme c'était le cas en France avant la réforme de 1993[336] où l'inculpé n'avait qu'une possibilité limitée de demander des actes d'instruction face au pouvoir général du ministère public. Le choix du législateur gabonais de mettre en place un droit de participation plus élargi est donc louable, car l'instruction préparatoire est une procédure capitale et le droit de participation donne à l'inculpé la possibilité de poser les jalons qui lui permettront de préparer sa défense. Il est, de fait, indispensable que la personne poursuivie puisse formuler toutes les demandes qu'elle juge utiles à la manifestation de son innocence.

Désormais, depuis 2010, les parties privées sont de plus en plus associées au déroulement de la procédure et leur situation s'est considérablement améliorée. Cette amélioration permet au droit gabonais ne pas sombrer dans un système purement inquisitorial, car le législateur gabonais reconnaît, à l'instar de son homologue français, d'importantes prérogatives à l'inculpé lui permettant de participer à l'instruction. Il s'agit entre autres du droit de formuler des observations (A), du droit de demander l'accomplissement d'actes d'investigation (B) et du droit à la contestation (C).

---

[334] Dans ce sens voir, STAEGER S., Délais et mise en état des affaires pénales. De la célérité des procédures, Thèse de l'Université de Lyon III, 2002, p. 347.
[335] DECHENAUD D., L'égalité en matière pénale, thèse de l'Université de Grenoble II, 2007, p.608 ; PEREIRA B., L'amélioration des droits du mis en examen, *op. cit.*, p. 160.
[336] LEVASSEUR G., « Vers une procédure d'instruction contradictoire », RSC., 1959, p. 297.

A- L'existence du droit de formuler des observations

Le droit de participation de l'inculpé à l'instruction préparatoire se comprend par son droit d'action ou de contestation des actes et décisions du juge d'instruction, mais à travers l'influence du droit français, la participation à l'instruction s'entend désormais aussi en droit gabonais par une possibilité de formuler des observations. En effet, en droit gabonais, la possibilité pour l'inculpé de formuler des observations pouvant permettre au juge d'instruction d'effectuer des actes utiles à la manifestation de la vérité est inspirée du droit français et a été intégrée dans le Code de procédure pénale de 2010. Depuis cette date, au Gabon, l'intéressé peut, de lui-même ou par l'intermédiaire de son avocat, présenter des observations, soit par voie de conclusions écrites, soit oralement au cours d'un acte d'instruction et, par le biais de ces observations, l'inculpé peut faire valoir ses arguments. C'est ainsi que l'article 102 du Code de procédure pénale gabonais permet au suspect inculpé de contester l'existence d'indices justifiant son inculpation.

Par ailleurs, dans certaines hypothèses, l'inculpé est indirectement invité à faire des observations puisque le juge lui notifie certains actes. Par exemple, concernant l'expertise, le Code de procédure pénale français à l'article 156 et le Code de procédure pénale gabonais à l'article 136 prévoient que lorsque le magistrat décide de saisir un ou des experts et qu'il reçoit leur rapport, celui-ci soit tenu de donner connaissance des conclusions de ce rapport aux parties et donc, notamment, à l'inculpé et « *il leur fixe un délai pour présenter des observations ou formuler une demande* »[337]. D'autre part, de manière plus régulière, l'inculpé pourrait développer son point de vue lors des réponses aux questions qui lui sont posées pendant les interrogatoires. L'interrogatoire est ainsi perçu comme un moyen de se défendre[338].

De plus, selon l'article 104 du Code de procédure pénale français dont s'est inspiré l'article 102 du Code de procédure pénale gabonais, l'avocat du suspect inculpé peut poser des questions ou présenter de brèves observations pendant les interrogatoires, confrontations et auditions, même si le juge peut y mettre un terme lorsqu'il s'estime

337 Art. 136, al. 2 CPP.
338 Pradel J., L'instruction préparatoire, préc., n°404, p. 429.

suffisamment informé ou ne pas les accepter s'il considère la ou les questions de nature à nuire au bon fonctionnement de l'information ou à la dignité de la personne. Mais l'avocat peut déposer des conclusions versées au dossier portant sur ce désaccord. De même, en pratique, certains avocats déposent des conclusions contestant les faits ou les éclairant d'un autre angle.

Enfin, lors de la clôture de l'information, le juge communique le dossier au procureur de la République et en avise en même temps les parties et leurs avocats. Le procureur adresse alors ses réquisitions motivées au juge d'instruction. Copie est envoyée en même temps aux avocats des parties. Ces derniers disposent d'un délai pour adresser leurs observations écrites au juge dont une copie est transmise au parquet. Parquet comme parties disposent alors d'un autre délai pour formuler des observations complémentaires.

Si le juge d'instruction porte une réelle attention autant aux arguments du ministère public qu'à ceux du suspect, un dialogue pourra s'instaurer avec une réelle importance, car ce magistrat est censé modifier son ordonnance de renvoi ou de mise en accusation au regard des réquisitions du ministère public et des observations des parties. Et il devra bien préciser les éléments à charge ou à décharge concernant chacune des personnes inculpées.

Le droit de présenter des observations est donc un droit bien connu en droit gabonais, il est garanti par le Code de procédure pénale à l'article 102. Il est, en réalité, un droit à la parole dont dispose l'inculpé avant toute décision relative à son inculpation, pendant l'instruction et même lors de la clôture de celle-ci. Et l'article 102 du CPP gabonais qui prévoit ce droit à la parole permet à l'inculpé de faire des observations à chaque acte important du magistrat instructeur. Un véritable dialogue autour de l'intensité de la suspicion s'instaure ainsi entre défense et magistrat instructeur[339] et une véritable participation à l'instruction est ainsi assurée. Il en est de même de la possibilité de l'inculpé de solliciter des actes d'investigation.

---

[339] Belin P., Pons T., Juge d'instruction et avocat : vous avez dit contradictoire ?, AJ Pénal, 2007, p. 315.

B- L'existence du droit de réclamer des actes d'investigation

Les anciennes dispositions du Code d'instruction criminelle qui étaient applicables au Gabon jusqu'en 1961 n'avaient pas reconnu à l'inculpé le droit de participer à l'instruction à travers les demandes d'actes à effectuer en vue de rechercher des preuves à décharge et donc la manifestation de la vérité. Cette négation du droit de participation de l'inculpé était justifiée par le caractère inquisitorial de l'instruction telle que pratiquée en France et au Gabon.

L'évolution de la procédure pénale en France vers une procédure plus accusatoire a ouvert à l'inculpé des droits à la défense lors de cette phase et particulièrement celui de demander au juge d'instruction, tout comme l'accusation, de procéder à certains actes d'investigation. En effet, le droit pour l'inculpé de réclamer des investigations existe en France depuis 1993, année au cours de laquelle les lois des 4 janvier et 25 août ont considérablement accru le rôle de la personne inculpée pendant l'instruction en lui reconnaissant une faculté d'initiative en ce qui concerne les mesures d'investigation ; la loi du 15 juin 2000, suivant les mêmes objectifs, a quant à elle développé en faveur de l'inculpé, la liste des actes pouvant être demandée par celui-ci, ajoutant à la liste établie depuis 1993 et prévue à l'article 82-1 du Code de procédure pénale français, la possibilité pour l'inculpé de demander « *tous autres actes qui paraissent nécessaires à la manifestation de la vérité* »[340]. Cette disposition a élargi le champ des demandes possibles et désormais placé la personne poursuivie sur un pied d'égalité avec le ministère public en ce qui concerne les demandes de réalisation de n'importe quel acte d'instruction[341]. La loi du 5 mars 2007[342], quant à elle, a consacré de nouvelles prérogatives[343], telles que : -la possibilité pour la personne

---

[340] Les parties peuvent par exemple demander la mise en examen d'une personne, le recours à des interceptions de correspondances… ce que ne permettait pas l'ancien article 82-1.

[341] PRADEL J., Procédure pénale, *op. cit.*, p. 675.

[342] La loi n°2007-291 du 5 mars 2007 tendant à renforcer l'équilibre de la procédure pénale, JO n°55 du 6 mars 2007, p. 4206.

[343] MATSOPOULOU M., « Renforcement du caractère contradictoire, célérité de la procédure et justice des mineurs. Commentaire de la loi n°2007-291 du 5 mars 2007 tendant à renforcer l'équilibre de la procédure pénale », Dr. pén., 2007, Etudes n°6.

mise en examen de demander au juge d'instruction de revenir sur sa décider et de lui octroyer le statut de témoin assisté, en arguant de ce que la mise en examen ne réponde plus aux conditions prévues à l'article 80-1 du CPP français ; -la faculté pour la personne mise en examen ou le témoin assisté de formuler une demande spécifique de confrontation séparée avec chacune des personnes la/le mettant en cause ; -le droit de demander la consultation de l'enregistrement audiovisuel du ou des interrogatoires d'une personne mise en cause.

Ces multiplications du nombre d'actes pouvant être demandés au juge par le mis en cause sont une manifestation du renforcement du droit de participation de la personne inculpée pendant l'instruction ; c'est là une véritable garantie de ses droits de la défense. Cela a motivé le législateur gabonais qui a fait évoluer sa loi. En effet, le législateur gabonais de 1961 ne s'est pas préoccupé de la question de la participation de l'inculpé à l'instruction, car l'instruction était à cette époque très inquisitoriale, mais aussi trop peu développée. En 2010, le nouveau Code de procédure pénale a cependant légiféré sur l'instruction et, s'inspirant du droit français, a accordé de nombreuses prérogatives à l'inculpé gabonais, dont le droit de réclamer des investigations. En effet, toute personne poursuivie devant le juge d'instruction a, en principe, le droit de faire procéder aux investigations qu'elle estime utiles à sa défense, donc de contribuer à l'instruction.

Le droit gabonais offre ainsi à l'inculpé le droit de réclamer au juge d'instruction un nombre important d'investigations en vertu de l'article 102 du Code de procédure pénale. Il s'agit, entre autres, de l'examen médical, l'examen psychologique, la production d'une pièce, son audition et/ou celle d'un témoin, son interrogatoire, une confrontation, un transport sur les lieux ou la production par l'une des parties de tout document utile à l'information. L'inculpé peut même demander à assister personnellement à l'acte d'instruction sollicité. Le droit gabonais reconnaît également à l'inculpé le droit de demander à ce que le juge d'instruction ordonne une expertise. Dans la pratique, l'inculpé peut même préciser dans sa demande les questions auxquelles il souhaiterait que l'expert réponde. Il s'agit surtout de la possibilité de demander à ce que soit procédé à tous autres actes paraissant nécessaires à la manifestation de la vérité et aux droits de la défense. Cette disposition élargit, comme ce fut le cas en France, le champ des demandes possibles, ce qui fait de l'inculpé au Gabon un acteur très important de la recherche des preuves, tout comme l'est le ministère public.

Le droit pour l'inculpé d'intervenir à l'instruction se caractérise finalement par la diversité des actes pouvant en faire l'objet. Il a l'avantage de faire progresser la recherche de la vérité et mobilise l'inculpé qui a un intérêt à agir sur le plan probatoire. Notons que l'importance des actes peut aider la défense dans sa recherche d'indices en vue d'obtenir un statut moins stigmatisant. Par exemple, l'interrogatoire est un moyen de défense. C'est une formalité essentielle qui doit avoir lieu au moins une fois[344]. Si le juge peut imposer l'interrogatoire et le renouveler à tout moment afin d'être éclairé sur les faits pour lesquels il instruit, l'inculpé peut aussi solliciter le même acte pour se défendre. Il en ressort que l'interrogatoire est fondamental à la défense comme à la manifestation de la vérité selon l'instruction à charge et à décharge. Il en va de même pour le transport sur les lieux, celui-ci pouvant déboucher de surcroît sur un interrogatoire.

Dans le même sens, la faculté de demander l'audition des témoins[345] implique une recherche éclairée de la vérité même si le droit pour l'inculpé de faire entendre des témoins à charge et à décharge n'est pas absolu, car le magistrat instructeur conserve la liberté d'apprécier de citer ou non les témoins[346]. De même, le droit de l'inculpé de solliciter sa confrontation avec les témoins à charge est également un acte important de la défense puisqu'il implique la vérification des dépositions et déclarations des parties et témoins par le juge d'instruction, il a une incidence sur la recherche de la preuve et sur les droits de la défense du mis en cause. Ce droit à la confrontation a été rendu effectif en France sous l'influence de la jurisprudence de la Cour

---

[344] Cf. not. Crim 12 févr. 1835, B. n°54 ; 16 nov. 1849, B. n°303 ; 8 avril 1892, B. n°140 ; 24 juin 1922, D.P- 1924-I-58 ; 7 avril 1987, B. n°159 ; 30 juin 1989, B. n°34.

[345] J. Dumont, Audition des témoins, J.CI. proc. Pén. 1998, art. 101 à 113, p. 4, n°14.

[346] G. Danjaunme, Le principe de la liberté de la preuve en procédure pénale, D. 1996-chron. 153 ; M. Delmas-Marty, La preuve pénale, Droits, PUF, 1996, p. 53, n°23 ; B. De Smet, Le juge d'instruction : obstructionniste ou acteur indispensable dans le procès pénal, RIDP, 1996, p. 417 s.

européenne des droits de l'Homme relative aux témoignages anonymes[347]. Par ailleurs, le droit de requérir toute mesure utile relative à la personnalité présente un intérêt pour l'inculpé voire même pour la société. Ces mesures telles que les examens médicaux, psychologiques et mentaux, qui sont de véritables expertises, contribuent à l'établissement du dossier de la personnalité de l'inculpé[348], ils permettent d'éclairer le juge d'instruction sur la recherche de la vérité en disposant d'éléments sur la personnalité de l'intéressé.

L'opportunité pour l'inculpé de demander des actes d'investigation contrebalance le pouvoir accordé à l'accusation et rétablit un certain contradictoire[349]. Le législateur gabonais a donc suivi l'élan impulsé en France de respecter les droits de l'inculpé pour garantir une procédure d'instruction préparatoire plus accusatoire. Ainsi, le droit pour l'inculpé d'intervenir à l'instruction, non seulement par le nombre d'actes y afférent, mais également par l'incidence que chacun de ceux sollicités peut avoir sur la défense et la découverte de la vérité, est une nécessité au moment de l'instruction et une garantie supplémentaire de l'effectivité des droits de la défense. Il en est de même du renforcement par le législateur gabonais du droit à la contestation au profit de l'inculpé.

---

[347]Cour EDH 20 nov. 1989, Kostovski c/ Pays-Bas, SÉRIE A-166, Ann. Fr. dr. int. 1991, p. 602, obs. V. Coussirat-Coustère ; Journ. Dr. int. 1990, p. 738, obs. P. Rolland et P. Tavernier ; Cf. aussi J. Callewaert, Témoignages anonymes et droits de la défense, Rév. Trim. Dr. homme 1990, p. 170 ; V. M. Bourdanne, L'audition des témoins lors du procès pénal dans la jurisprudence de la Cour européenne des droits de l'Homme, Rév. Trim. Dr. homme 1995, p. 41 s. ; J.-F. Renucci, Les témoins anonymes et la conv. européenne des droits de l'Homme, RPDP, 1998, p. 3, spéc. p. 7 ; Cour EDH 19 déc. 1990, Delta c/ France, Série A_191, Ann. Fr. dr. int. 1991 p. 583 obs. V. Coussirat-Coustère, Rev. Trim. Dr. homme, 1992, p. 51 n. J. Sale.

[348] P. Chambon, Le juge d'instruction, théorie et pratique de la procédure, R. Merle et A. Vitu, traité de droit criminel, Tome 2, Proc. pén.

[349] MATSOPOULOU H., « Renforcement du caractère contradictoire, célérité de la procédure et justice des mineurs. Commentaire de la loi n°2007-291 du 5 mars 2007 tendant à renforcer l'équilibre de la procédure pénale », Dr. pén. 2007, études n°6 ; GIACOPELLI M., « Loi n°2007-291 du 5 mars 2007 renforçant l'équilibre de la procédure pénale », Rev. Sc. crim., 2007, p. 741 ; BOULOC B., « Renforcement du contradictoire de la procédure pénale », Rev. Sc. crim., 2007, pp. 577 et s.

C- Le renforcement du droit à la contestation

L'instruction préparatoire est une phase de recherche de preuves à charge ou à décharge, le juge d'instruction doit donc tout mettre en œuvre pour parvenir à cet objectif. De ce fait, d'une part, il accomplit des actes d'instruction pour rechercher les preuves, mais, d'autre part, il rend des décisions lorsqu'il est sollicité d'accomplir tel ou tel acte par l'une des parties à l'instruction. En effet, alors que le droit de suggestion de l'inculpé était auparavant subordonné à l'appréciation souveraine du juge d'instruction, le droit de demander des actes d'instruction est désormais garanti par une liberté d'appréciation plus contrôlée.

Toujours pour permettre à l'inculpé de participer efficacement à l'instruction, d'assurer sa défense et de prouver son innocence, mais aussi lorsqu'il estime que les garanties qui lui sont offertes par la loi ont été violées, le législateur gabonais a prévu depuis 1961 que l'inculpé soit autorisé à contester un acte ou une décision que le juge d'instruction a pris lors de la recherche de la vérité[350]. Mais ce droit a fait l'objet d'un renforcement en 2010, car son adoption en 1961 était sans réelle incidence. Le renforcement opéré en 2010 a rendu, en effet, le droit à la contestation des actes et décisions du juge d'instruction plus effectif, car, désormais, en droit gabonais il est prévu, comme cela est le cas en droit français, que l'intéressé puisse, non seulement solliciter des investigations, mais encore critiquer le déroulement de l'instruction[351], ce qui a pour conséquence d'augmenter le contrôle de la régularité de l'information menée par le juge d'instruction.

Le droit à la contestation de l'inculpé présente alors une utilité certaine tant pour la défense que pour la découverte de la vérité. Par son renforcement en 2010, le législateur gabonais a mis en place un facteur de complémentarité des intérêts individuels et collectifs, car le droit à la

---

[350] PRADEL J., Procédure pénale, *op. cit.*, p. 659.

[351] J. Pradel, L'instruction préparatoire, *op cit.*, p. 726 s. n°706 s. et p. 789 s. n°762 ; P. Chambon, Le juge d'instruction, *op. cit.*, p. 339 s. n°601 s. R. Merle et A. Vitu, Traité de droit criminel, tome 2, Procédure pénale, *op. cit.*, p. 640 s. n°560 ; G Stefani, G Levasseur, B. Bouloc, Procédure pénale, *op.cit.*, p. 710 n°791 ; P. Conte et P. Maistre du Chambon, Procédure pénale, *op. cit.*, p. 301 s. n°468 s. ; M.-L. Rassat, Traité de procédure pénale, *op. cit.*, p. 674 s. n°428 ; J. Pradel, Procédure pénale, *op. cit.*, p. 639 s. n°737.

contestation de l'inculpé est conforme à l'intérêt général puisqu'il contribue à la découverte de la vérité en permettant de supprimer les erreurs de fait et de droit qui auraient pu être commises. Il est consacré de deux manières : l'inculpé peut contester la régularité des ordonnances juridictionnelles par la voie d'appel (1) ainsi que celle des actes d'instruction par le biais du recours en nullité (2).

1- L'amélioration du droit d'appel des ordonnances juridictionnelles

On pourrait définir les ordonnances juridictionnelles comme des décisions écrites du juge d'instruction qui correspondent à un choix entre diverses parties. Elles se distinguent des ordonnances administratives qui ne découlent pas d'un contentieux et qui sont prises également par le juge d'instruction dans sa mission d'enquêteur[352]. La possibilité de faire appel des décisions juridictionnelles du juge chargé de l'instruction est désormais offerte à toutes les parties à la procédure d'information judiciaire et, donc, à la personne inculpée.

Au Gabon, ce droit d'appel au profit de l'inculpé a longtemps été exceptionnel, car sous l'empire du Code d'instruction criminelle modifié en 1897 et encore applicable au Gabon jusqu'à la réforme du Code de procédure pénale de 1961, l'inculpé n'avait pas la possibilité de contester toutes les décisions du juge d'instruction, l'appel ne lui était autorisé qu'en matière de compétence et de refus de mise en liberté. Le juge d'instruction décidait donc de manière discrétionnaire de faire droit ou non à une demande, si cet acte était opportun à la recherche de la vérité[353]. Il pouvait même ne pas rendre une ordonnance de refus s'il entendait ne pas suivre[354].

Le caractère exceptionnel du recours de l'inculpé contre les décisions du juge d'instruction au Gabon avait pour justification la nature provisoire des décisions de la phase préparatoire, les erreurs commises ne comportant pas de lourdes conséquences et pouvant être corrigées lors du jugement. Il en découlait pourtant que l'instruction était menée

[352] Ces ordonnances ne sont pas susceptibles de faire l'objet d'un appel de la part de l'inculpé.
[353] PEREIRA B., L'amélioration des droits du mis en examen, *op. cit.*, p. 170.
[354] Une seule exception existait en matière d'expertise.

plus à charge qu'à décharge, selon le droit puissant de contestation du ministère public et un droit de contestation très réduit de l'inculpé. Cette situation étant désavantageuse pour les droits de la défense, l'extension du droit d'appel de l'inculpé s'est donc progressivement imposée. Tout d'abord, en France le Code de procédure pénale de 1958[355] a permis à l'inculpé d'interjeter appel contre les ordonnances du juge d'instruction qui devaient être motivées et concernait celles de mise en détention, de prolongation de la détention, du refus de mise en liberté et contre les ordonnances relatives à la constitution de partie civile[356]. Puis, les lois des 17 juillet 1970, 29 décembre 1972 ayant créé l'article 186-1 du Code de procédure pénale français[357], et 11 juillet 1988, instituant le contrôle judiciaire, ont octroyé à l'inculpé le droit de faire appel des ordonnances de maintien en contrôle judiciaire ou de refus de mainlevée du contrôle judiciaire. La loi du 15 juin 2000 et celle du 9 mars 2004 ont, quant à elles, élargi les cas d'appel prévus par l'article 186-1 du CPP français. Ces dispositions ont étendu le droit d'appel du présumé innocent qui subit l'inculpation en France. De ce fait, si le juge d'instruction ne donne pas de suite favorable à une demande ou, à défaut de réponse dans le délai d'un mois, la personne mise en examen dispose d'un droit de saisir directement le président de la chambre de l'instruction qui statue et procède conformément aux dispositions de l'article 186-1, alinéas 3 à 5, du CPP français[358]. C'est à ce magistrat qu'appartient de décider par ordonnance, insusceptible de recours, concernant le point de savoir s'il y a lieu de saisir la chambre de l'instruction de l'appel résultant d'un refus de faire droit à la demande présentée par la personne mise en examen[359].

---

[355] MERLE R. et VITU A., Traité de droit criminel, t. II, « Procédure pénale », *op. cit.*, p. 640.

[356] J. Dumont, Appel des ordonnances du juge d'instruction, J.CI. Proc. pén. 1998, art. 185 à 187-1, p. 3, n°5 s.

[357] ROBERT J., « La loi du 29 décembre 1972 et l'évolution du droit pénal », JCP., 1973, I 2525.

[358] Art. 81 AL 11. CPP français. Les lois de 1993 ont élargi fortement les pouvoirs du président de la chambre d'instruction afin d'éviter les abus que pouvait susciter l'exercice des droits nouveaux à la contestation.

[359] ARRICHI Cl., « L'extension des pouvoirs du président de la chambre d'accusation par la loi du 4 janvier 1993 et celle du 24 août 1993 », RSC., 1995, p. 271.

Le véritable progrès a eu lieu au Gabon avec la loi du 25 novembre 2010 qui a étendu le droit d'appel de l'inculpé (art. 153 alinéa 1 CPP., sauf celles relatives à l'action publique et au règlement de la procédure). Il a, en effet, fallu attendre la réforme du Code de procédure pénale de 2010 pour que le législateur octroie un véritable droit d'appel contre les ordonnances du juge d'instruction. À travers les articles 152 et 153, dans les quarante-huit heures de la notification du Code de procédure pénale des ordonnances suivantes, l'inculpé peut désormais faire appel des décisions du juge d'instruction. Il s'agit de :

- Celles par lesquelles le juge statue d'office ou sur déclinatoire sur sa compétence ; l'intéressé pouvant également interjeter appel d'une ordonnance qui statue sur une exception d'incompétence, de dessaisissement d'un juge d'instruction au profit d'un autre tribunal, cette ordonnance étant considérée comme celle relative à la compétence (134 et 153, alinéa 3) ;
- Celles relatives à la constitution de partie civile, que ce soit la constitution initiale mettant en mouvement l'action publique ou la constitution faite par voie d'intervention ;
- Celles relatives au placement en détention provisoire, à la détention prévue en matière correctionnelle et criminelle, à la demande de mise en liberté et au maintien en détention en cas de renvoi devant le tribunal correctionnel ;
- Celles relatives au rejet des demandes tendant à l'exécution de certains actes d'instruction : il s'agit pour l'inculpé de contester le refus donné par le juge d'instruction suite à ses requêtes ;
- Enfin, celles de mise en accusation.

L'orientation vers l'égalité des armes entre l'accusation et la défense par le développement du droit d'appel témoigne d'un intérêt du législateur gabonais à favoriser l'instruction tant à charge qu'à décharge. Ce droit de contestation dont bénéficie aujourd'hui l'inculpé au Gabon tempère considérablement le caractère exceptionnel que le droit d'appel avait auparavant, il renforce le droit au juge et plus précisément celui à un recours effectif devant la juridiction supérieure.

L'amélioration des droits de l'inculpé par un droit d'appel plus renforcé contre les décisions du juge d'instruction démontre ainsi l'impact direct du droit français sur cette matière et donc de la considération d'une défense effective dans l'intérêt non seulement de l'individu, mais encore de la manifestation de la vérité. Le même constat s'impose lorsque l'on envisage la prérogative de l'inculpé de contester la régularité des actes d'instruction par le recours en nullité.

2- La rénovation du recours en nullité contre les actes d'instruction

Si la mise en œuvre de l'accusation ne respecte pas les règles posées par le législateur, l'inculpé peut légitimement soulever la nullité des actes d'instruction qu'il estime être viciés devant le juge de l'annulation. En d'autres termes, la culpabilité de l'inculpé doit être établie dans le respect des formes légales, nécessaires au respect du formalisme de l'exercice des droits et à la garantie d'une sécurité juridique indispensable aux attentes de ceux qui accèdent au prétoire. Les nullités apparaissent lorsque les conditions requises pour la validité d'un acte d'instruction ne sont pas réunies, elles s'entendent comme « *les sanctions encourues par un acte juridique entaché d'un vice de forme ou d'une irrégularité de fond qui consiste dans l'anéantissement de l'acte* »[360]. La nullité d'un acte d'instruction s'impose lorsqu'il a été réalisé dans des conditions irrégulières puisqu'il est difficilement tolérable qu'une décision de justice soit rendue au mépris de la légalité qu'elle est censée protéger[361]. Les éléments de preuves obtenues par les autorités d'instruction et figurant dans le dossier doivent en effet avoir été acquis conformément à la loi, sans avoir porté atteinte ni aux droits ni aux intérêts de la défense.

---

[360] CORNU G., Vocabulaire juridique, Association Henri CAPITANT, 8e éd., PUF, 2007, p. 622.

[361] Selon HELIE F. la théorie des nullités se fonde « *sur la plus saine raison, car il est impossible d'admettre que la loi n'ait voulu donner aucune sanction aux règles fondamentales de la procédure, que toutes les garanties que celle-ci pose dans l'instruction doivent être livrées à la discrétion du juge et qu'il soit interdit de relever les infractions qui auraient privé l'accusation ou la défense de l'exercice des règles qui ne sauraient être impunément violées parce que l'instruction ne peut conduire à la vérité, parce que la justice pénale ne peut conserver son nom qu'à la condition de les observer ?* », HELIE F., Traité de l'instruction criminelle, ou théorie du code d'instruction criminelle, T. V, 2e ÉD., Paris, H. PLON ; 1867, p. 391.

Au-delà de ces considérations, il est indéniable que face à l'effet radical de la nullité qui conduit à l'anéantissement de l'acte irrégulier du juge d'instruction, le législateur peut se trouver une fois de plus confronté à la délicate nécessité de mettre en place un juste équilibre entre la nécessité d'une justice saine et respectueuse et la protection des droits de la défense qui commande de sanctionner la violation des règles de procédure. L'inculpé est alors autorisé, dans une certaine mesure, à demander l'annulation d'un acte d'instruction irrégulier.

Les actes d'instruction sont des actes de recherche de preuves effectués par le magistrat instructeur[362] et tous ceux qui ont été réalisés lors de l'enquête de police puisqu'ils sont intégrés à la procédure d'instruction. Ils s'opposent aux actes juridictionnels accomplis par le juge d'instruction. Ces actes d'instruction font l'objet d'un contrôle de régularité comme les actes juridictionnels ; en effet, ils doivent être effectués régulièrement dans le respect des formalités légales et l'exigence de loyauté, dans l'intérêt de la défense et de la manifestation de la vérité.

La consécration du droit de contester des actes par le recours en nullité est alors un facteur de complémentarité des intérêts de l'inculpé et de la société. Il résulte d'un système de nullité et de l'octroi du droit pour la défense d'en user selon l'impératif d'une bonne administration de la justice. En effet, il peut arriver qu'au cours de l'instruction des irrégularités soient commises. La critique porte ainsi sur la forme.

Le recours en nullité demeure l'arme première de la défense face à l'exercice irrégulier de l'accusation. Arme première d'un point de vue temporel, car la défense doit soulever les nullités dès qu'elle en a connaissance. Arme première d'un point de vue tactique, car elle permet de ne pas argumenter sur le fond. Enfin, arme première du point de vue de l'équité procédurale puisque la nullité sanctionne l'abus de pouvoir pratiqué par l'accusation, comme le précisait Garraud : « *la forme, en*

---

[362] B. Bouloc, L'acte d'instruction, Thèse, Paris, 1965, L.G.D.J. 1965 ; Cf. P. Chambon, Le juge d'instruction, *op. cit.*, p. 339, n°601 ; G. Stefani, G. Levasseur et B. Bouloc, Procédure pénale, *op. cit.*, p. 693, n°776 ; J. Pradel, Procédure pénale, *op. cit.*, p. 627, n°723 ; P. Conte et P. Maistre du Chambon, Procédure pénale, *op. cit.*, p. 296, n°459 ; G. Stéfani, L'acte d'instruction, Mélanges L. Hugueney, 1964, p. 135 s.

matière pénale, est la garantie nécessaire d'une justice exacte, éclairée et impartiale »[363].

L'article 6 § 2 de la CEDH impose ainsi que la culpabilité de l'accusé soit légalement établie, ce qui suppose le respect de la loi. Le droit au procès équitable rejoint le principe de la légalité[364]. En critiquant la régularité de la procédure, la défense se pose en contre-pouvoir judiciaire[365] d'autant plus qu'elle peut tout autant demander que soient es les nullités d'ordre public ou d'ordre privé et que l'article 138, alinéa 1, du CPP gabonais laisse au juge le soin de sanctionner également les autres nullités substantielles d'intérêt privé, sous condition d'un grief.

Même si la nécessité d'un grief pour obtenir la nullité d'un acte peut être critiquée, car elle supprime la nullité automatique dans le cas où des formalités essentielles édictées par le code n'auraient pas été accomplies, le système de nullité témoigne tout de même de l'admission du contrôle de l'activité du magistrat instructeur dans l'intérêt d'une recherche équitable de la vérité et d'une bonne administration de la justice. Ce système met également en avant la nécessité de protéger les intérêts de l'inculpé en laissant à celui-ci la possibilité de véritablement participer à l'instruction et donc de contester des actes et des décisions qu'il estime non réguliers.

En définitive, l'inculpé a un réel pouvoir de contestation qui lui est garanti et qui renforce son droit plus général à la participation. Néanmoins, si l'inculpé dispose d'un véritable pouvoir d'impulsion sur la procédure d'instruction, celle-ci doit cependant toujours être menée par le juge d'instruction lui-même.

---

[363] Garraud, Traité théorique et pratique d'instruction criminelle et de procédure pénale, t. 3, n°1099.

[364] Hennion-Jacquet P., Les nullités de l'enquête et de l'instruction. Un exemple du déclin de la légalité procédurale, Rév. Pénit., dr. pén., 2002, p. 7 et s.

[365] Saint-Pierre F., Le véritable enjeu des contrôles juridictionnels de la légalité des procédures pénales : la sûreté des justiciables, AJ pénal 2005, p. 177 et s., spéc., p. 184.

§2- Les limites du droit à la participation de l'inculpé lié à la pratique gabonaise

L'instruction préparatoire relève de la compétence du juge d'instruction. Une fois saisi de l'affaire, celui-ci dispose de prérogatives importantes dans le cadre de son enquête préliminaire. C'est en effet au juge d'instruction que revient, conformément à la loi, la tâche de procéder à tous les actes utiles à la manifestation de la vérité. Même si le réquisitoire introductif borne son investigation à l'aide de faits clairement stipulés et explicités, le juge d'instruction dispose de nombreux moyens pour parvenir à la « *manifestation de la vérité* ». Et pour parvenir à cet objectif, en principe, il appartient au magistrat instructeur de procéder lui-même aux actes d'information, même si l'accusation et la défense participent également à la recherche des preuves à travers le droit de demander des actes d'instruction.

La loi n'accorde au juge d'instruction de déléguer ses pouvoirs qu'à titre exceptionnel. Toutefois, la réalité est toute autre puisqu'il apparaît que les cabinets d'instruction sont très encombrés et que les juges d'instruction délivrent fréquemment des commissions rogatoires. La pratique judiciaire gabonaise permet même d'observer une dérive fâcheuse : elle montre une certaine lassitude de la part des juges d'instruction à effectuer eux-mêmes les actes d'instruction, les laissant à la charge de l'inculpé qui veut prouver son innocence. En vertu du principe de présomption d'innocence, la charge de la preuve de l'infraction n'incombe pourtant qu'à l'accusation, la personne mise en cause n'ayant pas à prouver son innocence et à collaborer avec la justice pour ce qui est de l'établissement de sa culpabilité[366]. La personne poursuivie, bénéficiaire de la présomption d'innocence, n'est nullement obligée de prouver qu'elle n'a pas participé aux faits qui lui sont reprochés, au contraire, elle doit pouvoir adopter une attitude purement passive.

Au Gabon, où une personne peut être inculpée sur la base d'un témoignage ou de la déposition d'un co-inculpé, sans que le juge

[366] ROUJOU de BOUBÉE G., « La protection des droits de l'Homme dans la procédure pénale », RID pén., 1978, pp. 502-516 ; PRADEL J., Procédure pénale, *op. cit.*, pp. 336 et 343.

d'instruction ne diligente lui-même les actes propres à étayer ou infirmer cette déposition, il appartient à la défense de prendre l'initiative de solliciter des actes d'instruction que, manifestement, le juge d'instruction est tenu d'accomplir. Dans cette situation, l'inculpation est ainsi réduite à une sorte de mise en demeure que notifie le juge d'instruction à la personne d'avoir à apporter elle-même la preuve contraire, à défaut de quoi celle-ci serait réputée dénuée d'arguments, c'est-à-dire présumée coupable de l'infraction. Une telle dérive doit être dénoncée, car le développement des procédures de demande d'actes d'instruction n'a constitué un progrès de la procédure pénale gabonaise que dans la mesure où il a permis de réfuter un élément de l'accusation ou d'étayer un argument favorable ; en aucun cas cette évolution ne doit dévier vers une dispense accordée au juge d'instruction de rechercher des éléments de preuve susceptibles de fonder une décision d'inculpation. Il s'agit d'un affaiblissement du principe de présomption d'innocence dans la méthode de recherche d'administration de la preuve constituant une grave régression de la procédure pénale.

Les pouvoirs d'investigation du juge d'instruction sont pourtant considérables, ce magistrat dispose en effet de moyens importants pour parvenir à la « *manifestation de la vérité* » et donc pour clôturer son information. Il doit accomplir les actes d'instruction lui-même ou les déléguer dans le cadre de la commission rogatoire, mais toujours rester lui-même en charge de l'instruction et en aucun cas attendre que ce soit l'inculpé qui procède à ces actes d'instruction pour parvenir à la manifestation de la vérité ; il s'agit dans ce cas d'un déni de justice, tout simplement. D'ailleurs, la recherche privée de preuves parallèlement à une procédure d'instruction judiciaire présente des risques. Des infractions sont susceptibles d'être commises ou reprochées.

L'audition personnelle d'un témoin est susceptible d'être critiquée sous la qualification de subornation de témoins. La découverte d'une preuve matérielle gardée par-devers soi peut également caractériser un délit d'entrave à la justice. Par ailleurs, le coût financier de recherches privées est susceptible d'être élevé que la plupart des inculpés ne seraient pas en mesure de payer. Il est donc essentiel que la recherche de la preuve reste une prérogative et un devoir de l'autorité judiciaire afin que l'administration de la preuve soit conduite selon les principes d'impartialité et d'égalité, c'est-à-dire conformément aux règles du procès équitable.

****

Au vu de ce qui précède, il est possible d'affirmer que le droit gabonais a véritablement été transformé en 2010 avec l'adoption du nouveau Code de procédure pénale. Le législateur gabonais s'est inspiré du droit français pour modifier et surtout pour accroître la substance des droits de l'inculpé. L'influence du droit français s'est traduite par la reconnaissance à la personne inculpée d'un droit non négligeable à la participation, mais aussi par la reconnaissance du droit pour l'inculpé d'être informé de la procédure, ce qui fait de lui un véritable acteur de l'instruction et non plus un simple sujet de celle-ci. Les nouvelles prérogatives et garanties de défense à l'égard de l'inculpé que l'on retrouve dans le Code de procédure pénale gabonais sont ainsi très proches de celles que l'on relève dans le droit français actuel. Néanmoins ces prérogatives et garanties que le législateur gabonais reconnaît désormais sont toutefois limitées par la pratique gabonaise elle-même, mais aussi parce que l'inculpé est encore placé dans une situation de vulnérabilité due au fait de sa condition même d'inculpé, c'est-à-dire de personne accusée.

CHAPITRE II

LA VULNÉRABILITÉ PERMANENTE DE L'INCULPÉ

La procédure d'instruction préparatoire doit répondre au principe d'équité procédurale, ce qui implique une sorte de contradiction. Cette dernière suppose de reconnaître à l'inculpé une égalité des armes avec l'accusation de sorte qu'il puisse demander l'accomplissement des actes d'investigation au même titre que le procureur de la République qui ne subit aucune restriction. La contribution de l'inculpé à la recherche de la preuve lors de la phase d'instruction passe donc par son droit à être informé concernant la procédure et son droit de demander que des actes soient effectués par le magistrat instructeur. Mais on se rend compte que durant l'instruction, bien que l'on ait une véritable consécration de ces deux droits au profit de l'inculpé, sa situation se trouve quand même fragilisée dans le sens où il y a clairement une absence de matérialisation effective du principe de l'égalité des armes entre l'inculpé et le ministère public. En effet, la pleine exécution des droits de la défense de l'inculpé s'avère limitée face aux exigences concrètes qu'implique le droit à un procès équitable[367], véritable droit substantiel de l'homme dans un État démocratique[368]. Certes, un accroissement des droits a été effectué au profit de l'inculpé pendant la procédure d'instruction à travers l'adoption du nouveau Code de procédure pénale gabonais en 2010 et le droit à l'information, le droit de participer à l'instruction et le droit à la contestation ont été renforcés. Néanmoins, le statut de l'inculpé et sa condition de personne poursuivie qui fait face à une accusation au sens du droit européen entraînent la vulnérabilité des droits de la défense de l'inculpé et sa participation à l'instruction sur un même pied d'égalité que le ministère public. Cette condition d'inculpé a pour conséquence la

---

[367] Quilleré-Majzoub, La défense du droit à un procès équitable, Préface L.-E Pettiti, Bruylant, Bruxelles, 1999, 15 s.

[368] S. Guinchard, Vers une démocratie procédurale. Ce qui a changé dans la justice depuis vingt ans, Justices 1999, Dalloz, mai 2000, p. 91 s.

limitation de sa contribution équitable à la recherche de la preuve (Section 1), mais elle pose également le problème de l'ambiguïté de son statut de présumé innocent (Section 2).

Section I- La condition d'inculpé limitant sa contribution à la recherche de la preuve

Dès l'instant où le juge d'instruction prend la décision d'ouvrir une information au regard des faits et indices dont il dispose, il va faire comparaître devant lui la partie poursuivie afin de procéder à une inculpation qui entraînera *de facto* la reconnaissance de certains droits à l'inculpé qui lui permettront de se défendre tout au long de la procédure d'information. Ces prérogatives, qui ont évolué avec l'adoption du nouveau Code de procédure pénale gabonais en 2010, ont fait de l'inculpé une véritable partie à l'instruction, qu'il n'avait plus à subir passivement. Toutefois, l'inculpé est aussi la personne à qui l'on impute une infraction[369], celle sur qui pèse le doute d'avoir commis une infraction et sur laquelle il existe des indices graves ou concordants. Bien qu'étant une partie à part entière à la procédure d'instruction il n'en demeure pas moins que l'inculpé est la personne qui est mise en cause[370], la partie contre laquelle l'action publique est engagée par le ministère public. Cette mise en cause justifie son incapacité à éviter son inculpation, basée uniquement sur l'intime conviction du juge d'instruction (§1), mais elle entraîne encore une différence de traitement entre l'accusation et la défense, ce qui est une limite au principe d'égalité des armes de cette procédure d'instruction que le législateur gabonais, inspiré du droit français, a voulu de plus en plus contradictoire (§2).

---

[369] Dictionnaire Larousse, v. Accusé.

[370] Définie comme la « personne susceptible d'être mise en cause, voire simplement concernée par les droits d'actions, publique et civile ». On s'en écartera cependant en raison de l'absence de lien certain entre implication et accusation pénale : la victime est ainsi une personne impliquée dans le procès pénal, tout comme le mis en cause, *in* S. Guinchard, J. Buisson, *Procédure pénale*, Lexis Nexis, coll. Manuel, 10e éd., 2014, n°1216 et n°1844.

§1- L'incapacité de l'inculpé à éviter son inculpation : une décision prise uniquement selon l'intime conviction du juge d'instruction

L'essence même du procès et de la justice dans son ensemble est de faire émerger la vérité après un débat entre les différentes parties. Le juge est appelé à trancher un conflit, pénal ou civil, après avoir recueilli l'avis de chacun et après confrontation des arguments et griefs réciproques, entre un demandeur ou un défendeur au civil ou entre l'accusation et la défense au pénal. Le débat est ainsi la condition essentielle de la manifestation de la vérité. Cependant, la décision d'inculpation est non pas basée sur un débat, mais uniquement sur l'intime conviction du juge, elle est une décision exclusive de ce dernier.

L'intime conviction[371] se caractérise par l'effet que les indices, existant à l'encontre de la personne poursuivie, les diverses investigations ordonnées et les charges pouvant en découler, produisent sur le juge d'instruction. Bien que le principe de l'intime conviction ne soit expressément prévu qu'en matière de jugement[372], il est inévitablement intégré à la phase de l'instruction préparatoire, celle-ci comprenant non seulement la recherche de la vérité selon l'accomplissement d'actes d'instruction par le magistrat instructeur, mais aussi l'appréciation de la portée de ces actes par le même juge. Cette conception de l'instruction préparatoire se retrouve aussi bien en procédure française qu'en procédure gabonaise.

Une intime conviction existe dès l'appréciation des indices qui motivent l'inculpation : le magistrat instructeur décide d'inculper le présumé innocent, selon l'interprétation qu'il fait du caractère grave ou concordant des indices de présomption à la participation aux faits pour lesquels il est saisi. D'ailleurs, le législateur gabonais parle uniquement d'une inculpation possible au vu des indices liés à la participation aux faits, aucune mention n'est faite dans le Code de procédure pénale gabonais sur le caractère « *grave* » et/ou « *concordant* » des indices

---

[371] C. Tournier, L'intime conviction du juge de jugement, thèse, Toulon 2001, p. 102, n°88.

[372] Art. 353 CPP français pour la cour d'assises ; art. 427 al 1 pour le tribunal correctionnel ; art. 536 pour le tribunal de police et art. 452 dans le Code de procédure pénale gabonais.

comme ce fut le cas en France à partir de la loi du 4 janvier 1993. L'intime conviction du juge pourra donc se faire plus facilement au Gabon.

L'intime conviction du juge fait de la décision d'inculpation qui engage le sort du présumé innocent une décision finalement subjective, même si elle se base sur des pièces objectives du dossier de la procédure ; elle correspond à la conception qu'un homme peut avoir de la culpabilité de l'inculpé. Pourtant il incombe simplement au juge d'instruction d'instruire le dossier à partir des éléments que lui a communiqués le parquet, ou accessoirement constitué par la partie civile, de la manière la plus neutre qui soit, sans parti pris. En effet, la fonction du juge d'instruction ne consiste pas dans l'établissement de la culpabilité de l'individu mis en cause, mais bien dans la réunion d'éléments de preuve permettant de « *mettre l'affaire en état d'être jugée* »[373] ; le magistrat instructeur ne doit donc en aucun cas avoir un *a priori* établi sur l'orientation de la procédure.

On comprend cependant très vite toute l'ambiguïté[374], voire l'incohérence, de ce système procédural probatoire reposant sur la conviction du magistrat. Car si en théorie l'instruction peut se révéler *in fine* favorable au mis en examen, la pratique montre davantage de résistance à une telle assertion[375]. Comment peut-on en effet instruire à décharge à mesure que de nombreux indices à charge apparaissent – ce

---

373 Sur la distinction entre réunion des éléments de preuve et démonstration de la culpabilité, v. F. Desportes, L. Lazerges-Cousquer, *Traité de procédure pénale*, *op. cit.*, n°547 et s.

374 Rapport du Comité de réflexion sur la justice pénale, remis au Président de la République le 1er septembre 2009, pp. 6 et 7.

375 287 Me Jean-Yves Le Borgne considère ainsi que « le juge d'instruction n'instruit à décharge que lorsqu'il lui apparaît que l'accusation portée est fantaisiste ou qu'elle est contrariée par des éléments matériels. Dans l'ordinaire des jours judiciaires la présomption d'innocence cède le pas devant une présomption de culpabilité qui ne s'effacera que devant la preuve de la fausseté de l'accusation proférée » : J.-Y. Le Borgne, « Intime conviction et présomption d'innocence », *Le Figaro*, 18 juin 2004. En ce sens, M. Magendie s'inquiète de ce que « la logique du juge ne disparaisse derrière celle de l'enquêteur », J.-C. Magendie, « Les affaires : Montesquieu sur écoute », *lepoint.fr*, 20 mars 2014.

qui ne signifie pas pour autant culpabilité – et s'accumulent à l'encontre du mis en cause, sans entraîner une « *certaine adhésion de la conscience du juge* »[376] à ces indices ? Inversement, ne risque-t-on pas d'être tenté – dans le doute – de rechercher des éléments à charge alors même que ceux qui apparaissent vont pleinement dans le sens d'un non-lieu ? Il faut ici bien plus insister sur la difficulté pour le magistrat instructeur de respecter cette obligation qu'est pour lui l'instruction à charge et à décharge et de considérer que ce dernier aura souvent tendance à rechercher les éléments tendant à établir la culpabilité du mis en cause que ceux permettant le non-lieu. Des statistiques françaises font état d'une moyenne – très faible – de 8% d'ordonnances de non-lieu prononcées entre 2004 et 2008[377] qui interroge ; or, il y a là une atteinte à la présomption d'innocence si le juge d'instruction, convaincu, au fur et à mesure des charges qu'il relève, de la culpabilité du mis en cause, ne conduit pas son information également à décharge. Sans doute cette recherche d'éléments à décharge lui paraîtra-t-elle inutile au regard des éléments amassés jusque-là.

Cette situation rend la décision d'inculpation, ou de mise en examen, par le juge d'instruction pas assez contradictoire, car elle ne connaît pas de véritables débats étant donné que le juge décide en fonction des éléments qu'il a découvert lors de son instruction qui ont forgé son intime conviction. Cette décision est alors prise après un simple avis écrit et facultatif des parties, aucune confrontation réelle entre les arguments du parquet et ceux de la défense n'a lieu, le juge d'instruction se contentant de prendre un simple avis écrit du premier, se limitant souvent à une courte mention, et de brèves observations orales du second au cours de l'interrogatoire de première comparution. Pire, au Gabon, la première comparution est effectuée en l'absence de l'avocat, ce qui jette encore le doute sur le caractère contradictoire de cette

---

[376] J. Delga, *Manuel de l'innocent. De l'atteinte à la présomption d'innocence*, éditions ESKA, 2008, p. 25.

[377] La lecture de l'Annuaire statistique de la Justice de 2012 révèle qu'entre 2005 et 2010, 44 151 personnes ont été, en moyenne chaque année, mises en examen. Une moyenne de 3 381 ordonnances de non-lieu par année a été relevée sur la même période. Le taux moyen d'ordonnances de non-lieu fut ainsi sur cette période de 7,6% par an et de 7,3% si on enlève des ordonnances de non-lieu celles liées à l'article 122-1 du Code pénal, prononcées en raison de l'abolition du discernement du mis en cause lors de l'acte incriminé.

décision (A) qui est, par ailleurs, insuffisamment motivée. Dans le prolongement du principe du contradictoire, il importe pourtant qu'une telle décision soit motivée de façon précise. Cette obligation aura pour corolaire la possibilité, pour la personne concernée, de faire appel de cette décision. Or, actuellement, le juge d'instruction n'est pas soumis à une telle obligation lorsqu'il décide d'inculper (B).

A- La décision d'inculpation insuffisamment contradictoire : le problème renforcé au Gabon par l'absence de l'avocat lors de l'interrogatoire de première comparution

Le droit gabonais, tout comme le droit français duquel il s'inspire, sont des droits ayant prévu, à la base, que l'instruction soit une procédure inquisitoire. Mais, dans ces deux pays, la procédure se veut de plus en plus accusatoire et donc contradictoire, ce qui explique le fait qu'en France la personne mise en cause ait la possibilité d'être assistée de son avocat lors de l'interrogatoire de première comparution, et son avocat et elle-même sont invités à présenter leurs observations au juge d'instruction lors de cet interrogatoire de première comparution. Au Gabon, la personne sur qui pèsent des indices de participation à une infraction n'est pas accompagnée de son avocat lors de sa première comparution devant le juge d'instruction[378], c'est au cours de celle-ci qu'elle sera informée de la possibilité d'en choisir un pour la suite de la procédure. Toutefois, que ce soit en France ou au Gabon, l'inculpé assisté ou non d'un avocat a la possibilité de présenter ses observations même si cette possibilité ne garantit en rien le respect du contradictoire de la décision d'inculpation, car elle ne permet pas la rencontre de deux thèses adverses, comme dans le modèle accusatoire des pays de Common Law. Le juge, ici, prend la décision de mettre en examen uniquement en se basant sur son intime conviction, lui seul mène et

---

[378] Art. 98 CPP gabonais : « *Lors de la première comparution, le juge d'instruction constate l'identité de l'inculpé, lui fait connaître chacun des faits qui lui sont reprochés et l'avertit qu'il est libre de ne faire aucune déclaration. Mention en est portée au procès-verbal.*
Le magistrat donne avis à l'inculpé de son droit de choisir un conseil parmi les avocats inscrits au Bureau national. Mention en est portée au procès-verbal ».

oriente l'interrogatoire comme il l'entend. Cela confère naturellement une place très large à la thèse élaborée par le magistrat en charge du dossier d'autant plus que les indices fondant la décision du magistrat instructeur n'ont pas à être mentionnés.

Alors que l'interrogatoire de première comparution suit fréquemment la garde à vue de la personne à l'encontre de laquelle pèsent des indices de commission d'une infraction, il est dommage dans un premier temps que le législateur gabonais n'ait pas prévu la présence de l'avocat à cet interrogatoire et, en second lieu, qu'il ait tout simplement copié le droit français qui veut que la décision d'inculpation ne soit pas motivée. L'interrogatoire de première comparution qui suit la garde à vue dans la plupart des cas devrait pourtant être plus contradictoire quand on sait que la garde à vue, procédure coercitive particulièrement traumatisante, privilégie la recherche de la vérité, l'obtention de l'aveu, qu'elle n'hésite pas à provoquer le cas échéant. Les personnes placées en garde à vue font l'expérience d'une intense pression, à la fois psychologique et physique. Dans ces conditions, il est évident qu'une personne ayant subi une garde à vue de quarante-huit heures (et pouvant atteindre un mois en matière de crime contre la sûreté de l'État au Gabon), ne sera pas en mesure de se défendre seule et correctement face à un juge d'instruction dont l'opinion est généralement déjà établie. Il est plus que nécessaire d'insérer le respect du contradictoire lors de la décision d'inculpation en procédure gabonaise et d'y prévoir la présence de l'avocat aux côtés de l'inculpé lors de sa première rencontre avec le juge d'instruction qui est susceptible de prendre une décision d'inculpation lourde de sens et non contestable.

B- La décision d'inculpation sans recours : le problème renforcé au Gabon par les inculpations fondées sur de simples indices

Au Gabon, l'article 76 du Code de procédure pénale prévoit que le juge d'instruction a le pouvoir d'inculper toute personne à l'encontre de laquelle il existe **des indices** laissant présumer qu'elle a pris part, comme auteur ou complice, aux faits qui lui sont déférés. Aucune mention n'est faite s'agissant de la sanction d'une inculpation irrégulière, donc aucune annulation ou réformation par la procédure d'appel de la décision d'inculpation n'est donc prévue par la loi gabonaise. En effet, aucun article dans le Code de procédure pénale de

2010 ne prévoit d'annuler une inculpation injuste et intervenant sans l'existence d'indices graves et/ou concordants comme cela est prévu en France. Sur ce point le législateur gabonais a choisi une trajectoire opposée à ce qui a été fait en France. Il y a dans ce pays une conception nouvelle de l'inculpation ou devrait-on dire de la mise en examen depuis la loi du 15 juin 2000 qui a suivi l'élan de la loi du 4 janvier 1993[379] en conduisant le législateur français à exiger un niveau d'indices suffisamment consistant pour permettre une mise en examen en raison de l'articulation entre les statuts de témoin assisté et de mis en examen. Donc, pour mieux garantir la présomption d'innocence, les parlementaires français ont tout mis en œuvre pour que le juge d'instruction ne recoure à la mise en examen que lorsque celle-ci est réellement « justifiée »[380], c'est-à-dire qu'ils ont subordonné cette mesure à l'existence d'indices graves ou concordants alors que l'ancien article 80-1 se contentait d'exiger des indices précis. Désormais, avec la loi du 15 juin 2000, la mise en examen n'est possible en France qu'en cas d'indices graves ou concordants et elle est obligatoire, comme auparavant en cas d'indices graves et concordants, afin de mieux préserver les droits de la défense. L'article 80-1 du Code de procédure pénale français prescrit ainsi les obligations d'indices graves ou concordants à peine de nullité. Il est en effet normal qu'une mise en examen soit annulée lorsque les indices ne sont pas suffisamment consistants. Le législateur gabonais de 2010 a, quant à lui, simplement repris les anciennes dispositions de l'article 80-1 du CPP français issues de la loi du 24 août 1993, prévoyant que de simples indices puissent entraîner une inculpation. Le recours en annulation ne pourrait alors être envisageable si l'inculpation n'est basée que sur de simples indices, peu importe lesquels, leur simple existence étant suffisante.

---

[379] Cette loi a institué la mise en examen comme l'instant où le juge d'instruction indique à une personne qu'elle bénéficie des droits de la défense lorsqu'il estime que cette personne pourrait avoir participé à une infraction. Mais la loi du 24 août est revenue sur le mécanisme de celle de janvier 1993. Dans le nouveau système, le juge d'instruction pouvait mettre en examen une personne sur la base de simples indices faisant présumer sa participation à la commission de l'infraction reprochée (art. 80-1 CPP) et avait l'obligation de le faire en cas d'indices graves et concordants (art. 105 CPP).

[380] Rapp. M. C., Jolibois au nom de la commission des lois du Sénat, n°419 (1998-1999).

Aucune réformation de la décision d'inculpation n'est possible non plus au Gabon. Sur ce point, le droit gabonais rejoint la conception du droit français duquel il s'inspire. En effet, la sanction de la mise en examen irrégulière en France est uniquement la voie de la nullité selon l'article 80-1 CPP cité plus haut, et non celle de l'appel. Au regard du caractère juridictionnel de la décision d'inculpation, ce choix peut paraître surprenant, mais, une fois de plus, le législateur gabonais a choisi de nier une quelconque remise en cause de la décision d'inculpation qui aurait été prise par le juge d'instruction, l'intime conviction de celui-ci étant seule suffisante pour décider si oui ou non une inculpation doit être envisagée.

La décision d'inculpation au Gabon a, par conséquent, ceci de curieux qu'elle est essentielle pour la suite de la procédure, sans pour autant faire l'objet d'un quelconque débat contradictoire ni d'une véritable possibilité de recours. Pourtant, près de 10%[381] seulement des personnes inculpées bénéficient d'un non-lieu à l'issue de l'instruction, aux termes d'une ordonnance de non-lieu du juge d'instruction lui-même. Pour ces personnes mises en cause et dont la réputation peut être entachée, un recours effectif leur permettant de débattre devant un autre magistrat du bien-fondé de leur inculpation, s'avère pourtant nécessaire pour faire de l'inculpé un véritable acteur de l'instruction, à commencer par la décision de son inculpation. Il convient en effet d'envisager, dans le respect de l'égalité des armes, l'intervention de la personne mise en cause, possiblement inculpée en amont, de l'orientation des procédures.

Cette prérogative dont dispose le ministère public est la source d'intérêts stratégiques pour la défense qui devrait pourtant être en mesure de proposer une version contradictoire des faits au représentant du magistrat instructeur avant que celui-ci ne décide de l'inculpation. L'accusation est semble-t-il placée dans une situation de net avantage par rapport à la défense, ce qui fait du principe de l'égalité des armes avec l'accusation un principe tout simplement illusoire.

---

[381] L'instruction des affaires pénales, rapport d'information du Sénat gabonais, mars 2009. Sur un total de 8 255 décisions de clôture après inculpation en 2008.

§2- L'illusoire égalité des armes entre l'accusation et la défense

En procédure pénale, l'affrontement se produit entre l'accusation et la défense même si, lors de la phase d'instruction, le juge d'instruction doit lui-même chercher des preuves à charge et à décharge. Le déséquilibre entre l'accusation et la défense, à ce stade de la procédure, peut tout de même être écrasant et l'application du principe d'égalité des armes difficile.

Aucun texte ne formule expressément le principe de l'égalité des armes. En France il ne figure ni dans la Convention de sauvegarde des droits de l'Homme, ni dans les textes appartenant au bloc de constitutionnalité, ni encore dans le Code de procédure pénale. S'il est vrai que l'article préliminaire du Code de procédure pénale français, issu de la loi renforçant la présomption d'innocence et des droits des victimes, inventorie un certain nombre de garanties, dont *« la procédure pénale doit être équitable et contradictoire et préserver l'équilibre des droits des parties »*, cette formulation s'inspire davantage des principes dégagés par le Conseil constitutionnel que de la jurisprudence européenne, comme l'a écrit une commentatrice : « *l'article préliminaire du Code de procédure pénale français ne consacre pas, à la différence de la CEDH, le principe de l'égalité des armes, car le Conseil constitutionnel, comme le législateur, n'ignorent pas que la procédure pénale française ne garantit pas de façon absolue le principe de l'égalité des armes, mais tend à assurer davantage l'équilibre des parties* »[382]. L'origine du principe de l'égalité des armes entre l'accusation et la défense est donc purement prétorienne. C'est la Cour européenne des droits de l'Homme qui a forgé ce concept[383] et la jurisprudence européenne a envisagé ce principe comme un élément du droit à un procès équitable. En effet, pour la cour de Strasbourg, il

---

[382] GIUDICELLI A., obs. sous cass. crim., 5 juin 2002, RSC, 2003, pp. 122 et s.

[383] CEDH, 27 juin 1968, *Neumeister c/ Autriche,* série A, n°8. Mais, le premier arrêt de la cour à avoir clairement exprimé ce principe remonte à 1970, dans sa décision *Delcourt c/ Belgique* du 17 janv. 1970, série A, n°11, §33 : la cour décida que l'exigence d'un procès équitable, visée à l'article 6§1 de la Convention, « *implique l'obligation d'offrir à chaque partie une possibilité de présenter sa cause (...) dans des conditions qui ne la placent pas dans une situation de net désavantage par rapport à son adversaire* ».

implique qu'une partie ne soit pas placée dans une situation de net désavantage par rapport à une autre (v. par ex. CEDH 10 oct. 2006, *Ben Naceur c. France* ; 22 mai 2008, *Gacon c. France*).

Le concept de l'égalité des armes a tout de même été consacré par le Conseil constitutionnel français suivant la formule de l'équilibre des droits des parties (décis. n°89-260 DC du 28 juill. 1989). En droit gabonais ce principe est absent du Code de procédure pénale, mais il est garanti par la constitution gabonaise qui reconnaît son attachement aux droits de l'Homme et aux libertés fondamentales tels qu'ils résultent de la Déclaration des droits de l'Homme et du Citoyen de 1789.

Aujourd'hui, le principe de l'égalité des armes est donc ancré dans le droit gabonais et français, c'est un véritable principe de droit naturel en droit processuel[384] en raison du lien indissociable entre égalité, justice et État de droit. Le principe de l'égalité des armes part de la reconnaissance, pour chaque partie, de disposer de la possibilité raisonnable de plaider sa cause « *dans des conditions qui ne la placent pas dans une situation de net désavantage par rapport à son adversaire* »[385]. Ce principe exige donc un équilibre entre l'accusation et la défense et lors de la mise en état du procès pénal. Il requiert par ailleurs une participation active de l'inculpé pendant l'instruction et un traitement similaire avec l'accusation, la seule présence de l'avocat étant insuffisante, car la défense doit pouvoir agir pendant l'instruction dans les mêmes conditions que l'accusation. En effet, pour être effective la manifestation du principe de l'égalité des armes doit s'appliquer, sans restriction aucune, sous le contrôle d'un magistrat et l'égalité des armes, composante essentielle de l'équité de la procédure, impose que « *toute partie à une action doit avoir une possibilité raisonnable d'exposer sa cause au tribunal dans des conditions qui ne la désavantagent pas d'une manière appréciable par rapport à la partie adverse* »[386].

---

[384] OPPETIT B., Philosophie du droit, Dalloz, 1999, p. 117.

[385] 2e chambre civile de la cour de cassation française, arrêt du 27 mars 2003 (Bull. n°78).

[386] Cour EDH, 27 oct. 1993, Dombo Beheer B. V. c/ Pays-Bas, Série A n°274, RSC, 1994, p. 362, obs. R. Koering-Joulin ; 24 févr. 1997, De Haes et Gijsels, RSC, 1998, p. 394, obs. R. Koering-Joulin.

Le principe de l'égalité des armes englobe toute la procédure d'instruction qui, désormais contradictoire, ne doit plus placer l'inculpé dans une situation de désavantage par rapport au ministère public. En effet, l'inculpé aujourd'hui, considéré comme une partie à l'instruction au même titre que le ministère public, doit disposer des mêmes droits que lui. C'est ainsi qu'au fil des réformes, que ce soit en France ou au Gabon, la situation de l'inculpé s'est rapprochée de celle du ministère public de sorte à faire de l'inculpé non plus un objet de la procédure d'instruction, mais un sujet de celle-ci. L'égalité entre la défense et l'accusation constituant dès lors l'un des paradigmes de la procédure pénale contemporaine. Toutefois, c'est théoriquement que les parties se retrouvent devant le juge d'instruction à armes égales. Bien que la phase d'instruction préparatoire gabonaise ou française devienne de plus en plus contradictoire, la réalité est tout autre cependant.

Malgré les nombreuses réformes françaises depuis la fin du XXe siècle et la grande réforme de la procédure pénale gabonaise de 2010, le ministère public demeure dans une situation nettement plus avantageuse que le défenseur au cours de l'instruction. Une étude méthodique des règles qui gouvernent la conduite de l'information judiciaire française et gabonaise démontre que « *dans les relations des parties privées avec le parquet, celui-ci reste largement favorisé en l'état actuel de la procédure d'instruction* »[387]. Cette situation procédurale de l'inculpé a nécessité l'organisation de plusieurs missions qui furent confiées à de hauts magistrats et à des universitaires français dont les conclusions se rejoignaient sur un point : la nécessité de renforcer l'égalité des armes entre l'accusation et la défense pendant l'instruction préparatoire[388]. En effet, une partie de la doctrine française déplorait les inégalités existant entre l'accusation et la défense et Michèle-Laure Rassat écrivait en 1996 qu'« *il conviendrait (...) de s'interroger sur l'opportunité des privilèges juridiques accordés à l'État et qui se manifestent dans les pouvoirs réservés au ministère public en matière pénale (...). On découvrirait alors que bien peu sont justifiés et que le plus grand nombre doit, en conséquence, être supprimé* »[389]. Quant au rapport de la commission

---

[387] V. BOULOC B., *op. cit.*, p. 854 ; MERLE R. et VITU A., Traité de droit criminel, T. II, *op. cit.*, p. 726.

[388] Voir par exemple BOULOC B., Procédure pénale, *op. cit.*, p. 94 ; GUINCHARD S. et BUISSON J., Procédure pénale, *op. cit.*, p. 137.

[389] RASSAT M.-L., Institutions judiciaires, PUF, 1996, p. 80.

« *Justice et droits de l'Homme* », il proposait de donner aux parties un égal accès au dossier et des pouvoirs identiques au regard de la conduite de l'information[390]. En effet, les prérogatives de l'inculpé restent largement en deçà de celles du parquet devant le juge d'instruction actif dans la recherche de la vérité.

La consécration des droits de l'inculpé ayant été effectuée au sein d'une procédure d'instruction préparatoire fondée sur l'inquisitoire, l'égalité des armes est encore insuffisante. Que ce soit en droit gabonais ou en droit français l'inculpé qui est dans l'impossibilité d'éviter son inculpation va se trouver dans une situation de net désavantage par rapport au ministère public. Cependant, ces différenciations méritent d'être qualifiées de résiduelles, car elles constituent des restes qui ne peuvent être supprimés. Elles touchent aussi bien l'information lors de l'instruction (A) que la participation (B) et le droit au recours (C).

A- La situation privilégiée du ministère public concernant l'information au cours de l'instruction

L'information sur la procédure qui a pour but de permettre à l'inculpé de se défendre utilement, mais aussi de rendre la recherche de la vérité plus objective, même si elle a le mérite d'exister au profit de l'inculpé, demeure insuffisante dans de nombreux cas en comparaison de celle accordée au ministère public.

Pour commencer, le Code de procédure régissant le droit gabonais refuse encore de consacrer la communication du dossier à l'inculpé qui se défend seul et même à celui qui dispose d'un avocat. En France, où la communication du dossier peut se faire à tout moment, l'avocat en recevoir une copie, le Code de procédure pénale oblige quand même les défenseurs à obtenir une autorisation du juge pour pouvoir transmettre des pièces à leur client. Le magistrat peut même s'opposer à la remise des documents en cause par ordonnance spécialement motivée. De plus, la consultation ne peut se faire que les jours ouvrables et « *sous réserve des exigences du bon fonctionnement du cabinet* »[391] alors que le

[390] Rapport sur la mise en étude des affaires pénales, La Documentation Française, Paris, 1991, p. 121.

[391] CPP français, art. 114.

ministère public peut y accéder sans aucune restriction. Dans le même sens, seules les parties privées risquent une amende si elles divulguent le dossier à une tierce personne. Par ailleurs, le juge d'instruction, en droit gabonais comme en droit français, doit avertir le procureur de la République lorsqu'il effectue un transport sur les lieux, en revanche l'inculpé n'est informé de ce déplacement que s'il fait suite à une demande de sa part.

Pour permettre au conseil, mais surtout à l'inculpé, de suivre l'évolution de la procédure, et surtout pour garantir les droits de la défense, le Code de procédure pénale gabonais, tout comme le Code de procédure pénale français, ne prévoit une notification à ce dernier que concernant un certain nombre d'ordonnances ; il s'agit de celles pour lesquelles l'inculpé peut interjeter appel. Donc l'inculpé ne bénéficie que partiellement d'un droit à la notification des actes de la procédure. Cette garantie présenterait pourtant un grand intérêt, celui de permettre à l'intéressé d'être informé expressément des actes effectués par le juge d'instruction. De plus, au Gabon, cette notification n'est prévue qu'à travers le conseil de l'inculpé. On a donc une information déjà incomplète, mais qui, de plus, est subordonnée à l'entremise d'un avocat. Par conséquent, l'insuffisance de l'information concernant la procédure qui révèle encore la limite du développement des droits est caractérisée par la réduction du droit à la notification. Pendant ce temps, le procureur de la République bénéficie d'un droit permanent d'information sur l'état d'avancement de l'instruction qu'il exerce spontanément par la possibilité qui lui est accordée de se faire communiquer à tout moment le dossier d'instruction, à charge pour lui de le restituer dans les vingt-quatre heures[392]. Le juge d'instruction est, en effet, tenu d'informer spécialement le ministère public de certains actes ou faits : avis de transport sur les lieux comme dit plus haut, perquisitions[393], notification des interrogatoires, confrontations ou auditions si le ministère public a manifesté son désir d'y assister[394], communication de la procédure pour avis avant de rendre une ordonnance juridictionnelle, information le jour même où est rendu une ordonnance non conforme aux réquisitions.

[392] Délai au surplus non sanctionné – art. 112 CPP.
[393] Art. 87 CPP français et article 103 CPP gabonais.
[394] Art. 103 CPP.

Le droit d'information des parties privées au cours de l'instruction est donc beaucoup plus limité que celui du ministère public. Même si le droit de prendre connaissance du dossier a été élargi, l'information sur la procédure n'est que partiellement donnée à l'inculpé. Malgré les avancées concernant l'information sur la procédure à l'égard de la personne inculpée au Gabon, ce droit est moins important que celui du ministère public. En effet, le procureur de la République a un accès privilégié à l'information tout au long de l'instruction préparatoire. De plus, la proximité existant entre les magistrats du siège et du parquet leur permet de communiquer aisément, ce qui facilite grandement l'accès à l'information[395]. Mieux renseigné que la défense, le ministère public peut ainsi s'impliquer davantage que l'inculpé dans le déroulement de l'instruction.

B- Les droits propres au parquet relatifs à la participation

Depuis la loi du 15 juin 2000 en France et le Code de procédure pénale gabonais de 2010, l'inculpé ou le mis en examen français peut solliciter l'accomplissement par le juge d'instruction des actes qu'il juge utiles à la manifestation de la vérité. Toutefois, tandis que le procureur a le droit d'assister à tous les actes qu'il a requis[396], les législateurs français et gabonais n'autorisent l'avocat du mis en cause à être présent que lors des transports sur les lieux, les auditions ainsi que les interrogatoires à la condition encore que le magistrat instructeur l'accepte[397]. Cette différence dans le droit à la participation s'explique par le fait que les législateurs ont voulu éviter que les investigations ne se transforment en spectacle, surtout lorsque le juge d'instruction veut garder confidentielles les informations qu'il recueillera. Il n'est donc permis la présence des défenseurs que pour les actes les moins coercitifs, au cours desquels la contradiction peut s'exprimer. D'autres disparités entre

---

[395] Une partie de la doctrine française suggère, sur le fondement du principe de l'égalité des armes, que les avocats aient accès aux mêmes logiciels que les parquetiers afin de pouvoir retrouver plus rapidement les informations pertinentes dans le dossier. Voir. BENSOUSSAN A., « Egalité des armes ou le partage de la gestion électronique des dossiers d'instruction », Gaz. Pal. 21 janvier 1999, doct. pp. 122 et s.

[396] Art. 82 CPP français et 102 CPP gabonais.

[397] *Idem.*

l'accusation et la défense, plus importantes, concernent les règles qui régissent les voies de recours.

C- La situation avantageuse du ministère public concernant les voies de recours

La différence de traitement entre le ministère public et la partie mise en cause au moment de l'instruction constitue une rupture avec le principe d'égalité des armes qui se doit pourtant de satisfaire le droit au procès équitable[398]. Cette situation d'inégalité est surtout visible concernant les règles qui régissent les voies de recours durant l'information.

Durant l'information, deux types de recours sont ouverts aux parties. D'abord l'appel, il ne peut concerner que les ordonnances juridictionnelles du juge d'instruction lorsque c'est le mis en cause qui en est l'auteur, alors que le parquet peut faire appel de toutes les ordonnances rendues par le juge d'instruction,[399] car il dispose d'un droit d'appel général contre toutes les décisions[400] du juge d'instruction, même celles qui sont conformes à ses réquisitions[401]. La personne inculpée, elle, ne bénéficie que d'un droit d'appel très restreint, car il ne concerne que les ordonnances et décisions du juge d'instruction limitativement énumérées. Il s'agit, en droit gabonais comme en droit français, des ordonnances qui statuent sur la recevabilité de la constitution de partie civile, de celles concernant la détention provisoire, celles de placement en détention provisoire, de prolongation de la détention provisoire, mais aussi de mise en accusation, les ordonnances de renvoi devant le tribunal correctionnel, pour leur part, ne pouvant pas faire l'objet d'un appel. Cette restriction de l'appel de la partie mise en cause peut venir de la crainte de voir l'inculpé retarder la marche de la

---

398 DEFFERRARD F., Le suspect dans le procès pénal, *op. cit.*, p. 66.

399 DECHENAUD D., L'égalité en matière pénale, Thèse de l'Université de Grenoble II, 2007, p. 648.

400 Article 185 CPP français : « Le procureur de la République a le droit d'interjeter appel devant la chambre de l'instruction de toute ordonnance du juge d'instruction » et article 152 du CPP gabonais : « Le procureur de la République a le droit d'interjeter appel devant la chambre d'accusation de toute ordonnance du juge d'instruction ».

401 Cass. crim., 19 sept. 1990, Bull. crim., n°319 ; DECHENAUD D., L'égalité en matière pénale, *op. cit.*, p. 648.

justice par des appels dilatoires[402], elle est quand même une source d'inégalité véritable entre le ministère public qui peut faire appel de toutes les ordonnances du juge d'instruction d'autant plus qu'il doit en être avisé[403]. Inégalité également au sujet de la requête en nullité.

La requête en annulation par laquelle le requérant conteste la régularité d'un acte ou d'une pièce de la procédure permet désormais à la partie mise en cause, en vertu de l'article 140, alinéa 1er, du Code de procédure pénale gabonais, de soulever les vices de la procédure devant la chambre d'accusation à tout moment pendant la durée de l'instruction par saisine de la chambre d'accusation en vertu d'une procédure tout de même très formaliste. Le succès de telles requêtes en annulation se heurte cependant souvent à des obstacles, car les parties à la procédure ne s'affrontent pas à armes égales.

Cette différenciation dans le traitement des diverses parties à l'instruction démontre que les législateurs gabonais et français s'attachent encore à la particularité du ministère public, ils en déduisent ainsi des conséquences générales, applicables à tout type de recours, sans distinction. Ainsi, la qualité de parquetier justifie-t-elle plusieurs différenciations applicables devant la justice répressive et certaines de ces différenciations concernent les conditions d'ouverture des recours, que les codes gabonais et français assouplissent en faveur du parquet (1), d'autres touchent à leurs effets qui sont parfois plus importants lorsque le recours a été formé par le représentant de la société (2).

2- L'assouplissement des conditions de recours en faveur du parquet

En premier lieu, comme nous l'avons souligné plus haut, le parquet peut interjeter appel de toutes les décisions du juge d'instruction alors que ce droit est limité pour la personne mise en cause aux seules décisions qui lui font grief. En deuxième lieu, les délais dont dispose le ministère

---

402 CONTE Ph. et MAISTRE DU CHAMBON P., Procédure pénale, 4e éd., Arman Colin, 2002, p. 330.

403 Art. 152 du CPP gabonais : « Le procureur de la République a le droit d'interjeter appel devant la chambre d'accusation de toute ordonnance du juge d'instruction ».

public pour interjeter appel ou déposer une requête en nullité sont plus longs. Tandis que les avocats sont maîtres du nombre d'affaires dans lesquelles ils interviennent, les représentants du parquet doivent quant à eux traiter l'ensemble du contentieux qui relève de leur compétence, telle qu'elle est définie par la loi pénale. De ce fait, il n'y a rien d'illogique à leur laisser davantage de temps pour examiner les dossiers et prendre une décision quant à l'exercice ou non des voies de recours. Cependant, le Code de procédure pénale français, en vertu de l'article 173, ne donne aucun délai au procureur de la République qui souhaite présenter une requête en annulation. Il peut donc saisir la cour d'appel jusqu'à la clôture de l'information, quel que soit l'acte concerné. Il en est de même en droit gabonais où l'article 139 du Code de procédure pénale prévoit que si le procureur de la République estime qu'il y a nullité, il requiert du juge d'instruction communication de la procédure et présente la requête à la chambre d'accusation aux fins d'annulation, aucune mention des délais n'étant faite. Concernant la partie inculpée ou mise en examen, la loi française du 4 janvier 1993 avait pourtant adopté la même solution pour le mis en examen, sauf que les parties privées attendaient parfois la fin de l'instruction préparatoire pour contester la régularité d'un acte accompli pendant l'enquête de police afin d'obtenir l'anéantissement d'un grand pan de la procédure[404]. Le législateur français a donc souhaité réagir à ces pratiques et la loi du 15 juin 2000, qui avait pourtant pour objectif d'aligner la situation des personnes poursuivies sur celle du ministère public, a différencié les droits de l'accusation de ceux de la défense. Depuis cette date, le mis en examen, en France, doit invoquer les moyens de nullité affectant les actes réalisés avant l'interrogatoire de première comparution dans les six mois qui la suivent. La loi du 4 mars 2002 a précisé qu'il en était de même pour tous les actes accomplis avant chaque interrogatoire, et celle du 9 mars 2004 a étendu cette règle au témoin assisté. En droit gabonais, le législateur a simplement repris les prévisions du droit français en prévoyant que l'inculpé ait six mois pour saisir la chambre d'accusation d'une demande en annulation à compter de l'accomplissement de l'acte lui faisant grief. Chose étonnante, les délais d'appel sont quant à eux beaucoup moins longs. En France, le ministère public dispose d'un délai

[404] En effet, l'annulation s'étend aux « actes subséquents » à celui entaché d'irrégularité (CONTE Ph. et MAISTRE DU CHAMBON P., Procédure pénale, *op. cit.*, p. 463). Ainsi, tous les actes qui avaient pour support nécessaire celui qui a été annulé doivent l'être également.

de cinq jours pour formuler sa déclaration au greffe alors que les parties privées ont droit à dix jours. Au Gabon, les deux parties ont droit à un délai de 48 heures pour formuler leur déclaration d'appel au greffe. Concernant l'appel, le principe d'égalité entre l'accusation et la défense est donc mieux respecté par les législateurs quand bien même le principe de l'égalité par la différenciation ne s'y oppose pas.

En troisième lieu, et seulement en France, le Code de procédure pénale institue une procédure de filtrage des recours formés par le mis en examen. Concernant l'appel, l'article 186 prévoit en effet que le président de la chambre de l'instruction puisse rendre d'office une ordonnance de non-admission, notamment lorsqu'il constate qu'il porte sur une ordonnance qui ne peut faire l'objet d'un appel ou que le délai est expiré[405]. De plus, lorsque le recours concerne une ordonnance par laquelle le juge d'instruction refuse l'exécution d'un acte que le mis en examen a sollicité, l'article 186-1 confie au président de la chambre de l'instruction le soin de réaliser un filtrage sur le fond, beaucoup plus étendu que le précédent. La loi du 4 janvier 1993 a institué un mécanisme voisin s'agissant des requêtes en annulation. Selon l'article 173 du Code de procédure pénale, le président de la chambre d'instruction peut constater l'irrecevabilité de la requête lorsque certaines conditions de forme n'ont pas été respectées[406]. Par ce biais, le législateur français a voulu éviter l'encombrement des cours d'appel par des actions dilatoires ou manifestement irrecevables[407]. Puisque le ministère public présente des gages de loyauté, il n'est pas à redouter qu'il abuse des droits que lui confère le Code de procédure pénale et, par conséquent, il n'y a aucun privilège à ne pas lui appliquer les règles identiques à celles qui concernent la partie mise en examen. La Cour européenne ne partagerait certainement pas cet avis si elle devait être saisie du principe européen de l'égalité des armes. Pourtant, l'alignement complet des droits des mis en examen sur ceux du parquetier semble impossible, comme en témoigne l'étude des effets des recours.

---

[405] Art. 186 al. 2 CPP français.

[406] Art. 173 al. 5 CPP français.

[407] V. not. LARGUIER J., art. préc., pp. 266-297.

3- Le renforcement de l'effet des recours

Le pouvoir dont dispose chaque partie à l'instruction de faire appel des ordonnances juridictionnelles du juge d'instruction constitue une véritable arme à leur disposition, leur permettant de demander à une autre juridiction de réformer une décision lui faisant grief. Mais cette arme est plus redoutable lorsque c'est le ministère public qui l'utilise ; en effet, par principe, l'appel a un effet suspensif, ce qui signifie que la décision qui en est la cause ne peut être exécutée immédiatement. Toutefois, il existe certaines exceptions, notamment en matière de contrôle judiciaire et de détention préventive ou provisoire en France. Les ordonnances qui prononcent de telles mesures s'exécutent par provision, cela concerne également les ordonnances qui les prolongent, les maintiennent ou y mettent fin. Par conséquent, un individu faisant l'objet d'un mandat de dépôt sera aussitôt incarcéré malgré son appel. Une telle différenciation des effets de l'appel semble nécessaire à la protection de l'ordre public, car la remise en liberté de la personne inculpée ou même condamnée lui permettrait de s'enfuir, ce qui rendrait la mise à exécution du jugement ou de l'ordonnance en cause impossible si l'appel devait être rejeté[408]. Il n'y a rien d'inégalitaire à ce que l'effet de l'appel varie en fonction de qui en est l'auteur[409]. La recherche aveugle d'une égalité tout abstraite entre l'accusation et la défense pourrait menacer sérieusement ici le bon déroulement de la procédure, car le mis en cause pourrait utiliser les pouvoirs qui lui sont reconnus pour ralentir la marche de l'instruction.

Il n'en demeure pas moins que la différence de traitement entre l'accusation et la défense au cours de l'instruction peut parfois être contraire aux principes directeurs de la procédure pénale qui veulent que cette procédure soit équitable et contradictoire afin de préserver les droits des parties ; surtout de la partie inculpée ou mise en examen qui est supposée être considérée comme présumée innocente.

---

[408] PRADEL J., Procédure pénale, *op. cit.*, p. 802. D'une manière générale, la doctrine ne critique pas l'effet particulier de l'appel du parquet lors de l'instruction préparatoire.

[409] Com. DANTI-JUAN M., « Existe-t-il encore une égalité en droit pénal ? », in Mélanges Pradel J., *Le droit pénal à l'aube du troisième millénaire*, Paris, Cujas, 2006, p. 85.

Section II- La relativité du statut de présumé innocent

La présomption d'innocence est décrite sous la plume de Jean Pradel comme étant « *le principe cardinal de la procédure pénale dans un État de droit, autour duquel tout gravite puisque les autres principes directeurs qui gouvernent la procédure pénale sont la conséquence du principe de la présomption d'innocence* »[410]. On retrouve ce principe ancré dans l'esprit du système répressif français et proclamé par la Déclaration des droits de l'Homme et du Citoyen de 1789 dans son article 9 ; il est donc compris dans le bloc de constitutionalité puisque la Constitution de 1958 intègre cette déclaration dans son préambule.

Le principe de la présomption d'innocence est également reconnu comme un pilier de l'idéal démocratique du législateur gabonais, il est consacré dans la Constitution gabonaise à l'article 23, alinéa 2[411], qui fait ainsi de la présomption d'innocence une nécessité absolue à la procédure pénale gabonaise, car touchant plus précisément à la protection pénale de la personne mise en cause durant la phase préparatoire du procès pénal.

Le statut de présumé innocent est défini par rapport au principe de présomption d'innocence[412] et l'individu inculpé bénéficie de cette dernière. En effet, il faut rappeler que la présomption d'innocence est un principe dont la portée innerve l'ensemble du procès pénal[413], tel un « *fil d'or* » que l'on verrait toujours dans la « *toile du droit pénal* »[414] impliquant que la personne poursuivie, mais qui n'est pas encore définitivement condamnée, est censée être innocente tant que la preuve

---

[410] PRADEL J., « Les personnes suspectes ou poursuivies après la loi du 15 juin 2000. Une évolution ou une révolution ? » Dalloz, 2001, n°13, p. 1039.

[411] *« Tout prévenu est présumé innocent jusqu'à l'établissement de sa culpabilité à la suite d'un procès régulier, offrant des garanties indispensables à sa défense ».*

[412] J. Pradel, L'instruction préparatoire, *op. cit.*, p. 112, n°94 ; P. Chambon, Le juge d'instruction. Théorie et pratique de la procédure, *op. cit.*, p. 387, n°717 ; R. Merle et A. Vitu, Traité de droit criminel, Tome 2, Procédure pénale, *op. cit.*, p. 182 s., n°143 s. ; J. Pradel, Procédure pénale, *op. cit.*, p. 308 s., n°366.

[413] CEDH, 25 mars 1983, *Minelli c/ Suisse*, §30[SEP].

[414] Chambre des Lords, Woolmington v/DPP [1935] A.C. 462, cité dans M. Delmas-Marty (dir.), *Procédures pénales d'Europe*, PUF, coll. Thémis Droit privé, 1995, p. 518.

de sa culpabilité n'a pas été établie de manière irréfutable. La phase procédurale de l'instruction ne fait donc pas figure d'exception quant au respect de ce principe directeur et la présomption d'innocence est nécessaire à l'instruction, car elle est l'une des garanties dont bénéficie l'inculpé avant même la phase de jugement.

En vertu du principe de présomption d'innocence, l'inculpé est considéré comme innocent aussi longtemps que sa culpabilité n'a pas été légalement[415] démontrée. Ainsi, le statut de présumé innocent implique-t-il que l'inculpé soit dispensé de prouver son innocence. De même, la présomption d'innocence, règle générale de traitement de la personne poursuivie et intégrée à l'ensemble de la procédure pénale que ce soit au Gabon ou en France, a pour conséquence la mise en place de droits garantis au service de la défense. Le statut de présumé innocent est donc protecteur pour l'inculpé, générateur de droits de la défense face à la poursuite engagée contre celui-ci.

Cependant, la présomption d'innocence, droit fondamental, constitue aussi une règle de preuve et plus précisément une présomption simple. Il en résulte que l'on retrouve en droit gabonais, directement impacté ici par le droit français, un statut de présumé innocent qui n'est pas toujours une protection pour l'inculpé. En effet, le juge d'instruction a, plus ou moins directement, le pouvoir de placer en détention provisoire (dite préventive au Gabon), laquelle est assurément l'un des traits les plus ahurissants de toute la procédure. Ainsi, alors que l'inculpé serait selon la loi « *présumé innocent* », il est possible de l'incarcérer préventivement, pour les besoins de l'enquête. Que la détention provisoire ou préventive puisse être une nécessité, c'est possible, mais la « *présomption d'innocence* » est dans ce cas la formulation d'une parfaite hypocrisie qui ne protège pas réellement celui que l'on déclare tel (§1). En effet, dire que l'inculpé est « *présumé innocent* » n'offre, à notre avis, aucun sens puisque s'il est mis en examen ou inculpé c'est bien parce qu'il est « *présumé coupable* » et que des charges pèsent contre lui, ce qui nous fait dire également que l'inculpation ou la mise en examen est, finalement, une pré-condamnation dont la sanction serait le placement en détention provisoire ou préventive (§2).

---

[415] Etablie (art. 6 de la DDHC de 1789 ; art. 11 de la DUDH du 10 déc. 1948 ; art. 6 §2 de la CEDH du 14 nov.1950 ; art. de la CADH ; art. 14 §2 du PIDCP du 16 déc. 1966).

§1- L'assimilation de l'inculpation à une pré-condamnation

Lorsque le juge d'instruction estime que la participation aux faits de la personne convoquée devant lui pour un premier interrogatoire est vraisemblable, il peut alors décider d'inculper. Cette inculpation, étape procédurale majeure de la procédure d'instruction, confère des droits à la personne inculpée afin qu'elle puisse préparer sa défense de manière adéquate et prouver son innocence. Cependant, cette inculpation au Gabon ou mise en examen en France s'apparente souvent, aux yeux du public, à une pré-condamnation, sans aucune considération pour le terme employé. En effet, bien que la décision d'inculpation[416] garantisse à la personne inculpée le bénéfice d'un certain nombre de droits, elle entraîne cependant également de nombreuses conséquences préjudiciables pour cette dernière : au lieu de conférer à l'inculpé les droits que nécessite son nouveau statut de partie à la procédure, la décision d'inculpation pèse à l'encontre du mis en cause tel un nouvel indice de culpabilité, naturellement grave puisque décidé par un magistrat. Et, c'est d'abord les termes « *inculpation* » et « *inculpé* » qui font directement penser à une pré-condamnation au point que des réformes ont eu lieu en France, notamment avec la loi du 4 janvier 1993, pour substituer le terme de « *mis en examen* » à celui d'« *inculpé* » et celui de « *mise en examen* » à celui d'« *inculpation* ». Ce changement de nom traduit avec justesse le danger qui s'attache aux termes inculpé et inculpation.

Cela étant, quel que soit le terme utilisé, c'est-à-dire mise en examen en France ou inculpation au Gabon, le régime actuel de l'inculpation au Gabon et de la mise en examen en France constitue *de facto* une atteinte au statut de « *présumé innocent* » de l'inculpé ou du mis en examen. Dans l'opinion publique, mais également, ce qui est plus grave, dans celle des magistrats du tribunal correctionnel ou des jurés, qu'elle soit inculpée ou mise en examen, la personne mise en cause par le juge d'instruction est présumée coupable. Ce qui explique les mesures coercitives dont le mis en cause peut faire objet alors même qu'aucune décision sur le fond de l'affaire n'a eu lieu.

---

[416] Ou, en France, la décision de mise en examen.

La décision d'inculpation ou de mise en examen a également ceci de grave qu'elle entraîne de nombreuses conséquences préjudiciables pour la personne qui la subit. Outre les atteintes à la liberté ou au patrimoine, des atteintes à la réputation de la personne mise en examen ou inculpée sont nombreuses, notamment au travers de la communication par les médias, dont l'objet n'est pas toujours de commenter avec rigueur et impartialité l'actualité judiciaire. Les conséquences professionnelles et personnelles peuvent s'avérer désastreuses et il est fréquent d'observer la suspension des personnes inculpées de leurs fonctions professionnelles à titre préventif.

Enfin, la décision de mise en examen ou d'inculpation d'une personne et le caractère de « *pré-condamnation* » qui l'assortit peuvent influencer l'esprit des magistrats ou des jurés, qui auront tendance à s'en rapporter à la décision du juge d'instruction ayant eu en sa possession tous les éléments du dossier, en général depuis le début de l'information. Il est pourtant nécessaire de rappeler que le juge d'instruction, bien que devant instruire à charge et à décharge, poursuit généralement une théorie qui s'accommode mal du principe du contradictoire. Par conséquent, la décision d'inculpation ou de mise en examen n'est en rien anodine, elle pose véritablement le problème de la détention préventive. En effet, le placement en détention préventive constitue la mesure maximale de contrainte de la personne inculpée puisqu'elle entraîne son incarcération avant jugement. La détention préventive entache la présomption d'innocence de celui qui est désormais détenu. Cette mesure de contrainte fondée sur la suspicion va renforcer la croyance de la culpabilité, accentuant encore l'idée de la pré-condamnation de l'inculpation.

§2- Le problème de la détention préventive ou provisoire

Lourde de conséquences psychologiques et professionnelles, l'inculpation s'accompagne souvent d'une restriction, voire d'une privation, de liberté. En effet, l'inculpation est l'étape procédurale préalable aux mesures coercitives. En matière de coercition physique, il n'existe au Gabon que la détention préventive quand dans le même temps en France il y a trois types de mesures : le placement sous contrôle judiciaire, l'assignation à résidence avec surveillance électronique[417] et la détention provisoire[418]. D'autres mesures, notamment financières, comme le versement d'une caution, peuvent également être prises que ce soit en France ou au Gabon.

Rappelons que, au Gabon, le juge d'instruction décide avec l'avis du procureur de la République du placement en détention préventive. Notons ainsi qu'il n'existe pas encore de juge des libertés et de la détention au Gabon, le juge d'instruction se charge de décider si le placement en détention préventive est nécessaire, après consultation du ministère public. En France, lorsque le juge d'instruction envisage une mesure coercitive à l'encontre de la personne qu'il a mise en examen, il doit demander au juge des libertés et de la détention (JLD) d'adopter cette mesure par une ordonnance motivée. Cette situation est bien dommage au Gabon, car le juge d'instruction ne dispose pas d'autres choix que la détention préventive pour restreindre la liberté de l'inculpé. Il se retrouve souvent à prononcer la détention préventive même lorsqu'une mesure comme l'assignation à résidence, que l'on retrouve en procédure française, aurait pu être envisagée. Situation encore plus critiquable lorsque l'on connaît l'état de saturation des prisons gabonaises et surtout celle de la prison centrale de Libreville qui accueille dix fois plus de personnes qu'elle n'en a la capacité.

Dans son esprit, le législateur gabonais a pensé que les alinéas 1 et 2 de l'article 116 posaient le principe de la mise en détention préventive : « *Après l'interrogatoire, et à tout moment de l'instruction, le juge d'instruction peut décerner un mandat de dépôt après avoir pris une ordonnance motivée de mise en détention de l'inculpé qui doit être informé de son droit à l'assistance d'un conseil de son choix ou commis d'office. Cette ordonnance est susceptible d'appel dans les dix jours. L'avocat choisi ou commis d'office est informé, par tous moyens et sans délai, de la mesure de détention. Mention de cette formalité est faite au procès-verbal. L'avocat peut, sur le champ, consulter le dossier et communiquer librement avec l'inculpé* ». Par la suite, les alinéas 3 et 4 de l'article 116 devaient définir les modalités d'application. Sur cet aspect, le législateur gabonais a fait une mauvaise transposition des

---

[417] Cette possibilité a été introduite en France par la loi du 24 novembre 2009, en revanche, pour l'heure, elle est inconnue du système gabonais.
[418] Ou détention préventive au Gabon.

dispositions françaises équivalentes (article 145 CPP). En France, c'est le plus souvent à l'issue de l'interrogatoire de première comparution, au cours duquel le juge d'instruction aura décidé de mettre la personne en examen, que le juge d'instruction décidera de saisir le juge des libertés et de la détention et rédigera à cette fin une ordonnance motivée. En attendant une nouvelle rédaction, le juge d'instruction, comme on l'a vu, joue à la fois son rôle traditionnel et celui de juge des libertés et de la détention, comme en France.

Au cours de l'instruction, la personne poursuivie devrait en principe rester libre en attendant la décision du juge d'instruction de la renvoyer, ou non, devant les tribunaux de jugement, mais, si nécessaire, cette personne peut être placée sous contrôle judiciaire en France et exceptionnellement placée en détention préventive que ce soit en droit français ou en droit gabonais. Selon Jocelyne Leblois-Happe, « *la détention provisoire constitue un moment clé de l'instruction durant lequel des principes contradictoires doivent être conciliés : respect de la liberté et du principe de la présomption d'innocence et en même temps nécessité de préserver les besoins de l'instruction* »[419]. Cette privation de liberté dans le cadre de l'instruction peut s'avérer obligatoire à un moment donné : lorsqu'elle constitue le seul moyen de préserver les preuves ou de limiter l'activité criminelle de l'inculpé, mais aussi lorsqu'elle vise à protéger le délinquant de certaines réactions des personnes se considérant les victimes de l'infraction et qui souhaiteraient se venger. Cet avantage pour la personne du délinquant ne doit pas faire oublier que la privation de liberté reste une mesure très grave à la fois sur les plans psychologique et social, car la détention provisoire engendre l'exclusion : le prévenu placé en maison d'arrêt perd, dans la plupart des cas, son emploi donc ses moyens matériels d'existence, ce qui peut entraîner des conséquences désastreuses pour sa famille. Elle fait ainsi peser sur la personne poursuivie la présomption de culpabilité entraînant, sans doute, une augmentation des risques de condamnation, bafouant, de fait, un principe inscrit dans la Déclaration des droits de l'Homme et du Citoyen de 1789 en vertu duquel « *tout homme est présumé innocent jusqu'à ce qu'il soit déclaré coupable* ». C'est dans le même esprit que Faustin Hélie a pu écrire à ce propos que « *la détention préalable inflige un mal réel, une véritable souffrance, à*

[419] LEBOIS-HAPPE J., « Le placement en détention provisoire », AJ Pénal, octobre 2003, p. 9.

un homme qui non seulement n'est pas réputé coupable, mais qui peut être innocent, et le frappe, sans qu'une réparation ultérieure soit possible, dans sa réputation, dans ses moyens d'existence, dans sa personne »[420]. Le placement du prévenu en maison d'arrêt avant jugement est une négation pure et simple de cette garantie fondamentale. L'incarcération jette le discrédit sur la personne concernée, considérée désormais comme coupable par la société.

Donc, quand bien même la détention préventive apparaît comme la seule issue de la justice, elle ne devrait valablement intervenir que sur le fondement des conditions objectives définies par la loi. L'exigence majeure au Gabon consiste, comme en droit français, à ne faire recours à la détention provisoire que lorsque celle-ci s'impose et à informer le suspect de la mesure, d'autant plus qu'il pèse sur cette détention un doute sérieux sur l'innocence de l'inculpé.

La détention préventive est une mesure que le droit gabonais tire du droit français issu du Code d'instruction criminelle[421] qui avait institué la détention comme la règle et la liberté comme l'exception. En effet, jusqu'à la réforme de 2010, le droit gabonais se basait encore sur les textes de l'ancien droit français issu du Code d'instruction criminelle, car la détention avant jugement était considérée comme allant de soi : le juge d'instruction pouvait placer en détention tout inculpé pour un temps illimité pouvant s'étendre jusqu'au jugement définitif, cette situation avait pour seule conséquence de livrer l'inculpé sans défense à la justice. La réforme de 2010 fut donc la bienvenue, car elle a mieux encadré la détention préventive afin de mieux protéger les droits de la défense comme ce qui a été fait en France. La nécessité de mieux encadrer la détention préventive avait été très tôt perçue par le législateur français et les bases de la réforme engagée depuis 1958[422] avaient donné

---

[420] Faustin Hélie : Tribunal d'instruction criminelle, 1846, IV, n°1948.

[421] CARBONNIER J., Instruction criminelle et détention provisoire, Paris, 1937, GRAVEN J., « Les conditions d'une réglementation satisfaisante de la détention préventive », RIDP, 1950, p. 189.

[422] GUINCHARD S. et BUISSON J., Procédure pénale, *op. cit.*, p. 1154 ; DOUCET J.-P., « La détention préventive, mesure exceptionnelle », Gaz. Pal. 1969, II, Doct., p. 133 ; LEVASSEUR G., « Vers une procédure d'instruction contradictoire », RSC, 1959, p. 297.

naissance à la loi du 17 juillet 1970[423] instaurant la détention provisoire. Présentée au départ comme « *une mesure exceptionnelle* », la détention préventive a vu son régime profondément modifié pour l'amener à le devenir effectivement[424]. Cette évolution s'est s'accompagnée d'une évolution terminologique ; la détention préventive devenant « détention provisoire » et la liberté provisoire devenant « liberté ». En effet, la tendance contemporaine en France était de faire de la liberté un droit dont la privation serait exceptionnelle et n'interviendrait qu'après un débat contradictoire. Sans pour autant changer de terminologie comme ce fut le cas en France, le législateur gabonais s'est tout de même inspiré de l'évolution du droit français lors de la réforme de 2010 en prévoyant plusieurs modifications de la législation gabonaise, surtout concernant la décision du juge d'instruction qui, désormais, doit comporter l'énoncé des considérations de droit et de fait qui l'ont conduit à estimer l'adoption de la mesure de détention préventive nécessaire, après un débat contradictoire avec le procureur de la République et la personne contre laquelle est envisagée la détention ainsi que son avocat.

Aujourd'hui, pour faire comme en droit français, le législateur gabonais a donc innové en considérant la détention préventive comme exceptionnelle à l'article 115 du Code de procédure pénale. Cette dernière n'intervient plus automatiquement : la personne inculpée doit, en principe, rester libre. Une telle conception de la détention préventive aurait pu être accompagnée du changement des termes, car la détention, avant tout jugement, étant encore qualifiée de préventive au Gabon laisse toujours croire que la détention avant jugement reste la règle et donc que la liberté reste précaire au lieu d'être pleine et entière. C'est pourtant bien le cas de cette mesure encore trop assimilée à une peine (A) qui constitue très souvent un chantage à la liberté (B).

---

[423] PRADEL J., « La réforme de la détention préventive. Commentaire de la loi du 17 juillet 1970 », Gaz. Pal. 1972, I, Doct. 1 ; ROBERT J., « Premières réflexions sur la détention provisoire », JCP, 1971, I, p. 2370.

[424] JEAN-DIDIER W., « Détention provisoire, Conv. E.D.H. et CPP ou valse-Hésitation de la chambre criminelle », RSC, 1986, p. 711 ; PRADEL J., « La loi du 9 juillet 1984 sur le recul de la détention provisoire : un pas en avant utile ? », Dalloz, 1985, chron. p. 7.

A- L'assimilation de la détention préventive ou provisoire à une peine

Afin de trouver un juste équilibre entre les nécessités de l'enquête et les droits de la défense, les législateurs français et gabonais ont autorisé la privation de liberté au moment de l'instruction, tout en prenant bien soin de ne pas l'éterniser. Au Gabon, en vertu de l'article 117 du Code de procédure pénale lorsque la détention préventive est ordonnée, les règles ci-après doivent être observées :

- En matière correctionnelle, la durée de la détention préventive ne peut excéder six mois. Elle le peut, néanmoins, si le maintien de la détention apparaît spécialement motivé d'après les éléments de la procédure, rendue sur les réquisitions du procureur de la République. Si, pour les besoins de la procédure, le juge d'instruction estime que l'inculpé doit demeurer en détention au-delà d'un an, il communique le dossier à la chambre d'accusation qui se prononce, par un arrêt motivé rendu après réquisitions du procureur général, sur une nouvelle prolongation dont la durée ne saurait être supérieure à six mois ;
- En matière criminelle, la durée de la détention préventive ne peut excéder un an. Elle peut, néanmoins, être prolongée de six mois par le juge d'instruction dans les conditions spécifiques ci-dessus.

En France, selon les articles 145-1 et 145-3 du Code de procédure pénale, pour un délit, la durée totale ne peut excéder quatre mois s'il n'y a pas eu de condamnation antérieure pour crime et aucune peine de prison supérieure à un an et si, par ailleurs, la mise en examen a été effectuée pour une infraction punie d'une peine de prison inférieure ou égale à cinq ans. Dans les autres cas, la détention provisoire peut être prolongée tous les quatre mois. La durée totale de la détention provisoire peut alors aller jusqu'à un an. Toutefois, la durée maximale est portée à deux ans si un fait constitutif de l'infraction a été commis hors de France (par exemple, si un trafiquant a acheté sa marchandise à l'étranger) ou s'il s'agit de certains délits graves punis de dix ans de prison (trafic de stupéfiants, terrorisme, association de malfaiteurs, proxénétisme, extorsion de fonds, délit en bande organisée). Dans ces deux cas, la chambre de l'instruction de la cour d'appel peut prolonger, à titre exceptionnel, la détention de quatre mois. La détention peut alors durer deux ans et quatre mois. Selon les articles 145-2 et 145-3 du Code de procédure pénale, en cas de crime, la durée initiale du placement en détention provisoire ne peut excéder un an. La détention peut tout de même être prolongée par périodes successives de six mois maximum chacune. La durée totale de la détention étant limitée à deux ans lorsque la personne mise en examen risque une peine inférieure ou égale à vingt ans ; quatre ans pour certains crimes graves : multiples meurtres ou viols, trafic de stupéfiants, terrorisme, proxénétisme, extorsion de fonds, crime commis en bande organisée... ; trois ans, dans les autres cas. Les durées maximales de détention sont augmentées d'un an lorsque l'un des faits constitutifs de l'infraction a été commis hors de France. Par exemple, si des armes ont été achetées à l'étranger.

Bien que la détention soit limitée dans le temps, elle constitue tout de même une véritable atteinte à la liberté de celui qui est toujours considéré comme présumé innocent. Selon le doyen Badinter, il s'agit là d'une mesure grave concernant la liberté individuelle et qui paraît contraire à la présomption d'innocence, l'intéressé subissant l'équivalent d'une peine sérieuse alors qu'il n'a pas encore été jugé[425]. De plus, cette mesure semble contraire aux principes généraux de la procédure pénale, car on sait que la décision au fond n'appartient qu'à la juridiction de jugement. Or, devant la lenteur du procès, cette mesure de détention va être décidée par un juge sortant de sa fonction propre jugeant (ou préjugeant) au fond. Et, cet inconvénient s'aggrave du fait que, en pratique, le juge de jugement a parfois tendance, pour ne pas désavouer le juge d'instruction, à choisir une peine au moins égale à la durée de la détention provisoire et à user moins facilement du sursis ou des substituts à l'emprisonnement lorsque cette durée a été longue[426]. De ce fait, dire que la détention provisoire n'est pas une peine, mais une mesure destinée à rendre l'enquête possible n'est pas moins incohérent : c'est bien en effet purement et simplement à la prison que le prévenu risque d'être condamné par le juge d'instruction qui est en charge du

---

[425] Badinter, « Un préjugement : la détention provisoire », le Monde, 15 avril 1970 ; JUNOSZ-ZDROJEWSKI, « La présomption d'innocence contre la présomption de culpabilité », Gaz-Pal. 27 juin 1989 ; « La durée prolongée de la détention provisoire », Gaz-Pal. 12 juin 1993, voir aussi, sur les raisons d'être et les excès de la détention provisoire : CHAMBON, note D. 1984.404.

[426] Cf. R.M., « Incidence de la détention préventive sur la sentence pénale », RSC., 1965, p. 215.

dossier pénal. Pendant un temps, la prison, au moment de la détention préventive, ne serait pas une peine et, brusquement, elle le deviendrait après le jugement de condamnation par les juridictions de jugement. De plus, il est tellement évident que la détention préventive est une peine que son temps est défalqué du temps de la condamnation. En effet, selon l'article 716-4, alinéa 1, du Code de procédure pénale français et l'article 523 du Code de procédure pénale gabonais, quand il y a eu détention provisoire à quelque stade que ce soit de la procédure, cette détention est intégralement déduite de la durée de la peine prononcée ou, s'il y a lieu, de la durée totale de la peine à subir après confusion.

Cet emprisonnement avant jugement définitif paraît donc introduire une contradiction interne de taille dans la logique d'un ordre juridique reposant sur la légalité : le respect de la présomption d'innocence. Depuis que la prison est devenue une peine, on perçoit dans la possibilité d'incarcérer un innocent une contradiction judiciaire. Et, depuis que le législateur gabonais a suivi la logique de son homologue français en considérant que la liberté était la règle et la détention l'exception, il est difficile de persuader l'opinion publique que la détention provisoire diffère fondamentalement de la peine d'emprisonnement, qu'elle ne constitue pas, selon l'expression d'un vieil auteur[427], une « *peine sans coupable* », bref une entorse à la règle de la liberté comme étant le principe.

Tout en affirmant protéger la présomption d'innocence, on réunit dans un même lieu et dans les mêmes conditions matérielles des prévenus et des condamnés. D'ailleurs, que ce soit en France ou au Gabon, près de quatre détenus sur dix sont des prévenus. En France, en trois ans, le nombre de personnes incarcérées au titre de la détention provisoire a augmenté de 36%, passant en métropole de 15 000 (janvier 2001) à 20 000 (janvier 2004). Trois incarcérations sur quatre résultent d'un placement en détention provisoire. Parmi celles-ci, la moitié est décidée par le juge d'instruction, l'autre moitié provient de la procédure de comparution immédiate. Outre le fait que la personne placée en détention provisoire est fortement handicapée pour préparer sa défense – car les rencontres avec l'avocat sont plus rares, l'accès à l'information plus difficile –, cette confusion n'est pas atténuée par le fait que les personnes comparaissant détenues aient bien plus de risque d'être

[427] Trébutien, 1854, 207.

condamnées à une peine de prison ferme que celles comparaissant libres. En effet, la mesure de contrainte compromet l'avenir judiciaire du mis en cause. Se présentant devant les juges avec un antécédent judiciaire aussi défavorable, ce dernier risque d'être condamné à une sanction sévère par la juridiction de jugement. Priver une personne seulement soupçonnée d'avoir commis ou d'avoir tenté de commettre une infraction de liberté est une mesure qui se heurte à la liberté individuelle dont chacun est détenteur.

Tout comme la doctrine française[428], on peut aisément présenter la détention provisoire comme fâcheuse pour la cohérence du droit et pour les libertés. Elle est tout à fait dans la logique même de l'instruction criminelle inquisitoire, tout entière orientée vers l'obtention d'un aveu.

B- La détention préventive ou provisoire : un chantage à la liberté

La détention préventive est une mesure qu'il convient de n'appliquer que là où elle est absolument indispensable du fait qu'elle peut avoir des conséquences particulièrement graves[429] pour celui qui, bien que présumé innocent, est emprisonné. Sauf que cette détention compromet la garantie d'un procès équitable et remet en cause la présomption d'innocence. Non seulement le recours fréquent à la détention préventive accroît, de manière générale, le risque de violence de la part des gardiens et des codétenus, mais il contribue également à généraliser le problème du surpeuplement carcéral, ce qui aggrave davantage les conditions de détention et renforce le risque de torture et de mauvais traitements. Mais, le problème que l'on rencontre particulièrement avec cette mesure c'est le fait qu'elle accroît le risque d'extorsion d'un aveu.

Elle est tout à fait dans la logique même de l'instruction criminelle inquisitoire, tout entière orientée vers l'obtention d'un aveu. Qu'on le veuille ou non, il n'y a qu'une manière d'obtenir des aveux : il faut exercer une pression. Peu de juges d'instruction le reconnaissent – en revanche, tous les anciens prévenus l'attestent – mais la détention

---

[428] *Importante bibliographie in Grebing,* 1974, pp. 21-34.

[429] V. tout particulièrement CARBONIER J., Le problème de la détention préventive (Revue générale du Droit) 1937, pp. 113 et s., 187 et s., 1938, pp. 45 et s.

préventive constitue un énorme moyen de pression exercé sur le prévenu pour lui faire reconnaître les faits dont on l'accuse. C'est ce qui ressort d'une étude de deux chercheurs pour l'Observatoire régional de la délinquance et des contextes sociaux (ORDCS)[430] qui dissèque les parcours de 117 mis en examen à Marseille, de leur placement à leur procès. Cette problématique que l'on rencontre en droit français comme en droit gabonais, droit dont le législateur se contente de transposer ce qui se fait en France au Gabon, met en question l'éthique professionnelle du juge d'instruction qui est pourtant essentielle dans l'exercice de sa mission sachant de plus qu'au Gabon il n'y pas de juge des libertés et de la détention comme en France qui aurait pu jouer le rôle d'un contre-pouvoir et s'assurer de la nécessité de la mesure.

Cette éthique est donc parfois soumise à de vives critiques, notamment de la part des avocats, lorsque la détention qui suit la première comparution constitue une sorte de « *chantage à la liberté* » alors que des pressions sont exercées par les magistrats non seulement sur la personne inculpée, mais également sur ses proches. Dans les mains d'un juge d'instruction plus obsédé par l'efficacité que par le respect des personnes, la détention préventive peut être un moyen de contrainte illégitime par la crainte que la menace d'une mise en détention peut faire naître chez l'inculpé qui se résignerait, par exemple, à avouer pour être laissé en liberté.

La détention préventive pourrait être vue alors comme une forme moderne de torture servant à « *asservir* » un prévenu dans le but de le faire avouer. Selon le rapport de l'Observatoire régional de la délinquance et des contextes sociaux, sur les quinze critères avancés par les juges pour motiver leur décision de laisser un détenu sortir en contrôle judiciaire, l'aveu est le critère le plus considérable. Ce qui est très impressionnant c'est que sans aveu il n'y a quasiment personne qui sort de détention provisoire. Ce qui n'est absolument pas le cas pour les autres critères (la gravité de l'infraction, les antécédents judiciaires, un projet d'emploi, etc.). Sur les 117 dossiers étudiés par l'Observatoire régional de la délinquance et des contextes sociaux, il n'y a que deux

[430] « Faut-il avouer pour sortir de détention provisoire ? », Étude de 117 trajectoires de détention à Marseille, Les rapports de recherche de l'Observatoire, n°12, octobre 2018.

individus qui ont réussi à sortir sans avoir reconnu les faits qui leur étaient reprochés. Globalement, les juges libèrent les gens qui avouent, qui ont un projet d'emploi et ceux qui n'ont pas de casier. En regardant dans le détail des décisions, c'est bien l'aveu qui constitue le critère le plus important.

L'éthique professionnelle des juges peut encore plus être mise à mal eu égard à l'influence du parquet sur la décision de mise en liberté provisoire. En France, afin de faciliter la mise en liberté d'un inculpé, une exception a été faite au principe de parallélisme des formes : le juge d'instruction, qui doit demander à un juge tiers le placement en détention du mis en examen, dispose de la faculté, seul, de prononcer sa mise en liberté, à tout moment de la procédure, soit d'office, soit en réponse à une demande de mise en liberté[431]. Toutefois, il arrive – rarement – que le juge d'instruction (qui dispose d'un délai de cinq jours pour statuer) fasse directement droit à cette demande, et le juge des libertés et de la détention est généralement saisi, sur ordonnance motivée du juge d'instruction, pour statuer sur le maintien en détention (lui-même disposant à son tour de trois jours pour se prononcer). Si ce deuxième juge ordonne alors la mise en liberté de la personne inculpée sa décision n'est toutefois effective que pour autant que le procureur de la République, s'il avait pris des réquisitions en sens inverse, ne s'oppose pas à son exécution en faisant appel dans les quatre heures et en saisissant dans le même temps le premier président de la cour d'appel d'un référé-détention, ainsi que la loi du 9 septembre 2002 lui en a ouvert la possibilité. Au Gabon, comme il n'y a pas de juge des libertés et de la détention, le procureur seul peut donner son avis sur la décision de mise en liberté. Si l'inculpé vient à solliciter sa mise en liberté provisoire, cette demande sera alors communiquée au parquet, pour réquisitions, dans les vingt-quatre heures qui suivent. Une fois la décision rendue, il aura la possibilité de la critiquer par voie d'appel et surtout faire maintenir l'inculpé en détention même si le juge a fait droit à sa demande. L'inculpé restera en prison jusqu'à ce qu'il ait été statué sur l'appel du procureur de la République et, dans tous les cas, jusqu'à l'expiration du délai d'appel. C'est ce qui fait dire, dans la pratique gabonaise, que c'est le parquet qui a la maîtrise des mises en liberté provisoire et le juge celle des mises en détention. Car un inculpé ne sort jamais de prison sans l'aval du procureur de la République. De la sorte,

[431] Art. 144-1 et 148 du Code de procédure pénale français.

le juge d'instruction devient un subordonné du parquet et non du siège dont il dépend hiérarchiquement. Parallèlement, l'inculpé se résigne à être l'assujetti permanent du procureur de la République, qui est pourtant partie à l'instance au même titre que lui. De ce fait, entre la date de la demande de mise en liberté adressée au juge d'instruction et celle de la décision de la chambre d'accusation, près de quarante jours peuvet s'écouler, quarante jours de prison.

Cette situation accroît le fait que la détention préventive est bien une mesure essentiellement utilisée comme moyen de pression pour arracher l'aveu à la personne poursuivie d'où une atteinte à la liberté psychique de celle-ci. Les maisons d'arrêt sont encore remplies d'individus en attente d'un jugement qui tarde souvent à venir. Pour désengorger ces maisons d'arrêt, la détention considérée comme une mesure exceptionnelle doit correspondre à une réelle nécessité et non à une simple utilité. Or, on relève, dans la pratique, le recours fréquent à la détention que l'on peut contester. Ce qui devrait être utilisé par les juges comme principe de précaution pour protéger les investigations, parer à une éventuelle fuite ou à un risque de réitération tout en tenant compte du trouble causé à l'ordre public est aussi un moyen de pression pour aboutir à l'aveu et, potentiellement, à la liberté, alors que celle-ci était le principe et la détention l'exception. Ce qui nous paraît regrettable.

****

On peut se rendre compte que malgré les réformes ayant eu lieu, en France et au Gabon, pour accroître les droits de la personne mise en cause au moment de l'instruction préparatoire, la situation de la partie inculpée ou mise en examen en France est encore inquiétante. Celle-ci étant dans une position de vulnérabilité permanente du fait justement de sa condition de partie mise en cause ou encore de partie poursuivie. À défaut d'une protection efficace pour les droits individuels, que le principe du secret de l'instruction ne garantit plus, l'inculpation au Gabon ou la mise en examen en France s'apparente souvent, aux yeux du public, à une pré-condamnation sans aucune considération pour le terme employé. Non seulement la personne inculpée ou mise en examen n'a aucun poids dans la décision de son inculpation ou sa mise en examen qui est une décision prise uniquement en fonction de l'intime conviction du juge d'instruction, mais elle ne dispose pas non plus du même arsenal de droits que l'accusation pendant l'instruction alors que le principe de l'égalité des armes entre l'accusation et la défense est constitutionnellement reconnu en France et au Gabon. De plus, la possibilité que cette partie à part entière de l'instruction préparatoire, considérée comme présumée innocente, puisse subir une détention avant un jugement définitif met vraiment à mal sa qualité de sujet et non d'objet de l'information judiciaire.

CONCLUSION DU TITRE II

De nombreuses réformes sont intervenues en France pour faire du mis en examen une véritable partie à l'instruction. Ces réformes ont accru les droits dont ce dernier dispose, que ce soit au cours de l'interrogatoire de première comparution ou tout au long de l'instruction préparatoire. Ces réformes ont positivement été reçues en droit gabonais, car le législateur gabonais avec la loi du 25 novembre 2010 a prévu de véritables droits de la défense au profit de l'inculpé gabonais. Ces droits, bien qu'en deçà des exigences françaises, ont le mérite d'exister et ils permettent à l'inculpé de participer véritablement à la recherche de la vérité au cours de l'instruction préparatoire, mais, surtout ils lui permettent de pouvoir se défendre.

Il s'agit par exemple du droit à l'information, l'influence tonique du droit français, qui en effet a favorisé la possibilité pour l'inculpé, à partir de la première comparution, d'avoir accès à toute information concernant le déroulement de l'instruction même si le législateur gabonais s'est un peu détaché des prévisions du droit français en prévoyant que ce soit uniquement par l'intermédiaire de son avocat, qui est le seul à avoir accès au dossier, que l'inculpé puisse exercer son droit à l'information pendant l'instruction. D'ailleurs, le droit à l'avocat au cours de l'instruction préparatoire gabonaise a aussi fortement été impacté par le droit français et cette forte influence a justifié la reprise par le législateur gabonais des dispositions du Code de procédure pénale français en matière de droit à l'assistance d'un avocat de sorte que l'on retrouve une réelle ressemblance du rôle et des pouvoirs de l'avocat lors de l'instruction préparatoire gabonaise et la pratique en France. De véritables droits ont également été reconnus à l'inculpé gabonais qui lui permettent de participer à l'instruction et de contester tout acte ou toute décision du juge d'instruction qu'il estimerait non régulier.

Seulement, bien que la décision d'inculpation[432] au cours de l'instruction préparatoire gabonaise garantisse à la personne inculpée le bénéfice d'un certain nombre de droits, comme le droit à l'avocat et le droit à la participation, elle entraîne également de nombreuses conséquences préjudiciables pour cette dernière, dues à l'association

[432] Ou la décision de mise en examen en France.

pour l'opinion publique de cette décision à une déclaration de culpabilité. Les atteintes à la réputation de la personne inculpée sont nombreuses, au Gabon, rares étant les médias qui respectent le principe de la vie privée : ils publient les photographies à visage découvert de la personne présumée innocente dans des postures dégradantes et incriminantes. Cette forme de pré-jugement est encore plus accentuée par le fait que l'inculpé est placé dans une situation de vulnérabilité permanente du fait de sa condition de partie poursuivie pouvant subir la détention préventive.

CONCLUSION DE LA PREMIÈRE PARTIE

Le but de la première partie de notre étude était de démontrer le réel progrès ayant été fait par le législateur gabonais de 2010 afin d'adapter sa législation ou encore le Code de procédure pénale gabonais à la logique du droit français. Et le constat que nous pouvons faire d'emblée est que, du fait de leur histoire commune, le droit français a influencé de manière significative l'évolution de la procédure pénale gabonaise en général et l'évolution des droits de la défense en particulier lors de la phase préparatoire du procès pénal. Ainsi, l'adaptation de la phase préparatoire du procès pénal au Gabon aux exigences du droit français a été effectuée dans le sens d'une prise en compte de l'individu et de la société et non plus dans celui de la nécessité répressive. Même si le droit français compte encore des lacunes dans la consécration et l'application de certains droits de la défense, des emprunts ont été faits au système français qui ont eu un impact positif sur la construction des droits de la défense au Gabon au cours de cette phase importante du procès pénal. La démocratisation de la phase préparatoire du procès pénal gabonais, influencée par l'idée de protection des droits de l'Homme comme en France, marque l'abandon progressif en droit gabonais des dogmes inquisitoire, accusatoire.

L'affirmation d'une complémentarité d'intérêts entre la personne poursuivie et la société lors de la phase préparatoire a déjà permis d'améliorer le sort du présumé innocent au Gabon. En effet, la personne suspectée, lors de la phase préparatoire du procès pénal, bénéficie désormais ici d'un certain nombre de droits essentiels qui sont la marque du système français et de son impact au Gabon. Cette affirmation résulte de la prise en compte par le législateur gabonais du fait que la vérité ne peut être obtenue à n'importe quel prix et aux dépens des libertés individuelles.

Même si le droit français offre, de manière générale, une protection supérieure à l'individu confronté à la justice que celle proposée par le droit gabonais, des progrès véritables ont été réalisés au Gabon et l'abandon progressif d'une dualité stricte, entre la nécessité répressive et la liberté individuelle, a entraîné une évolution des droits de la personne mise en cause dans un sens plus protecteur des droits de l'Homme, mais aussi une plus grande crédibilité de la justice, même s'il reste encore beaucoup à faire. Un regard systématique sur les avancées de la procédure pénale française a permis une réelle consécration des principes de défense en procédure pénale gabonaise.

N'étant plus soumise aveuglément à l'impératif répressif, la personne mise en cause a bénéficié peu à peu d'une place plus importante au sein de cette phase préparatoire. Cependant, en confrontant les droits des personnes suspectées lors de la phase préparatoire du procès pénal en France et au Gabon, notre analyse a permis de mettre en lumière certaines lacunes, car l'implantation de droits de types contradictoires au sein de la phase préparatoire du procès gabonais n'a pas rendu contradictoire la procédure dans son ensemble. Une procédure contradictoire implique une égalité de situation des parties au procès, et ceci dès l'enquête policière. Or, cette définition ne convient pas à l'enquête policière menée au Gabon. Celle-ci reste trop souvent l'œuvre d'officiers de police judiciaire et d'un parquet aux pouvoirs forts, octroyant davantage de prérogatives à la partie accusatrice. Lorsque la personne fait l'objet d'une garde à vue, le droit gabonais se distingue du droit français par une méconnaissance, dans la pratique, des droits de la défense. On a, certes, montré que le législateur gabonais accordait aujourd'hui de véritables droits de la défense à la personne dès lors qu'elle est placée en garde à vue, mais ces droits ne sont pas tous effectifs dans leur mise en œuvre, eu égard à la subsistance parfois contestable de la primauté répressive. De surcroît, cette dernière peut encore conduire à l'absence de sanctions alors que certains droits fondamentaux ont été transgressés. Ainsi, l'amélioration des droits de la défense de la personne mise en cause lors de l'enquête n'a pu être que relative, puisque l'adaptation de la phase préparatoire n'a permis qu'un développement limité de ces droits.

Lors de la phase d'instruction, les droits de la défense que le législateur gabonais reconnaît à l'inculpé sont très ressemblants à ceux prévus en France malgré une petite avance du droit français. Les progrès de la législation gabonaise en 2010 permettent de garantir des droits à l'inculpé tels ceux de participation, d'information et de contestation. Le droit gabonais permet ainsi à la personne inculpée d'être active dans son procès en l'autorisant à demander tous les actes d'instruction nécessaires à la manifestation de la vérité, même si ce droit est conditionné à l'autorisation du juge. Toutefois, le droit gabonais, comme le droit français, cumule des insuffisances comme l'impossibilité pour « l'inculpé » d'éviter son « inculpation », car cette décision est prise uniquement par le juge d'instruction. Les droits de la défense de l'inculpé gabonais sont par ailleurs menacés au Gabon par une pratique des juges d'instruction qui consiste à laisser la preuve de leur innocence aux « inculpés » eux-mêmes alors que c'est normalement leur devoir. Cette situation permet de remarquer que, au Gabon, il existe une ambivalence entre les droits sans cesse revalorisés par la Cour européenne des droits de l'Homme, la Cour de justice de l'Union européenne, la Cour africaine des droits de l'Homme et même, désormais, par le Code de procédure pénale gabonais et la réalité de leur exercice au Gabon. On a l'impression que le législateur gabonais, d'une part, et les organes judiciaires, d'autre part, ne font pas assez d'efforts pour assurer la pleine effectivité des droits de la défense de la personne mise en cause et, en l'occurrence, ceux de la personne inculpée que le législateur lui-même garantit.

DEUXIÈME PARTIE

L'IMPACT DU DROIT FRANÇAIS SUR LA MISE EN ŒUVRE DES DROITS ET GARANTIES DE DÉFENSE DE LA PERSONNE POURSUIVIE LORS DE LA PHASE DÉCISOIRE DU PROCÈS PÉNAL GABONAIS

En l'absence de définition légale ou jurisprudentielle, la doctrine enseigne que la phase décisoire du procès pénal, au cours de laquelle a lieu l'instruction définitive, est l'aboutissement des poursuites déclenchées[433]. Elle est le moment décisif du déroulement du procès pénal, le point d'aboutissement du processus pénal. Cette phase décisoire concerne non seulement le jugement, mais également la critique de celui-ci. Dans cette étude nous avons pris le parti d'appréhender la justice répressive de la suspicion à l'exécution du jugement prononcé[434]. Les poursuites déclenchées n'aboutiraient alors que lorsqu'il ne serait plus possible de remettre en cause la décision du juge. Comme le précise M.-L. Rassat : « *la décision pénale définitive est acquise à la suite d'un récolement des preuves qui intervient au cours d'une procédure d'instruction définitive conduisant à un jugement qui deviendra lui-même définitif, par l'écoulement des délais d'exercice des voies de recours dont il est susceptible ou l'exercice effectif de celles-ci* »[435]. Ayant donc choisi d'envisager une conception large de sa phase décisive, le procès pénal est perçu dans notre étude comme l'ensemble des règles juridiques applicables aux phases d'enquête, de jugement et d'après jugement, c'est-à-dire à la phase de recours[436].

Les juridictions qui interviennent au stade de la phase décisive du procès pénal sont bien connues. Mais, au Gabon, ces juridictions ne sont pas

---

433 J. Pradel, « Procédure pénale », Cujas, 5e éd., 1995, p. 513.
434 GUINCHARD S., BUISSON S., Procédure pénale, 1re éd., Paris, Litec, 2000, p. 1.
435 RASSAT M.-L., « Procédure pénale », Ellipses, 2e éd., 2013, p. 637.
436 GUINCHARD S., BUISSON J., Procédure pénale, 1re éd., Litec, 2000, p. 1.

exactement identiques à celles que l'on retrouve en droit français, même si la logique contentieuse reste la même étant donné que les juridictions gabonaises sont issues de l'ancien droit français applicable au Gabon pendant la colonisation. Ainsi, on a d'une part les juridictions de droit commun à savoir : le tribunal correctionnel et la cour criminelle, étant précisé que le tribunal correctionnel gabonais se charge aussi de juger les contraventions contrairement au droit français où ces infractions sont jugées par le tribunal de police. Seule la cour criminelle, correspondant à la cour d'assises en droit français, pourra se prononcer sur toute infraction qualifiée de crime. En cas de recours, peuvent intervenir la chambre correctionnelle de la cour d'appel et la chambre pénale de la Cour de cassation[437]. D'autre part, il existe les juridictions d'exception : le juge des enfants, la haute cour de justice, la cour de sûreté de l'État et la cour spéciale militaire. Ces juridictions, qu'elles soient de droit commun ou d'exception, sont animées par des magistrats professionnels, la cour criminelle étant toutefois composée de jurés (assesseurs) choisis parmi toutes les couches de la société.

Par habitude, on oppose la procédure d'instruction définitive, qui a lieu pendant la phase décisoire du procès pénal, à la procédure d'instruction préparatoire[438]. Les caractères de la première la rendent, par principe, orale, publique et contradictoire alors que la seconde est écrite, secrète et non contradictoire, par nature. Mais, aujourd'hui, la procédure de jugement que l'on retrouve en France et qui a inspiré la procédure décisoire au Gabon n'est pas tout à fait accusatoire comme celle que l'on retrouve dans les pays anglo-saxons. Le schéma actuel de la procédure décisoire du système français demeure celui qui impose au président de toutes les juridictions une activité importante dans la recherche de la preuve, à l'opposé du juge dans le système anglo-saxon qui est sans initiative, concernant la preuve, laissant aux parties la conduite des débats[439].

Cette phase judiciaire est généralement favorable à la mise en œuvre des droits et principes de la défense au Gabon. En effet, le système

---

[437] La chambre correctionnelle connaît des crimes et des délits connexes et la chambre pénale de la cour de cassation statue sur la légalité de toute décision pénale.
[438] RASSAT M.-L., Procédure pénale, 3e éd., Ellipses, 2017, p. 652.
[439] RASSAT M.-L., Procédure pénale, 3e éd., Ellipses, 2017, p. 254.

procédural de la phase décisoire, ici, a évolué faisant d'elle celle durant laquelle la procédure pénale gabonaise s'est le plus rapprochée de la procédure française au point que l'on puisse affirmer que la phase décisoire du procès pénal gabonais est celle qui ressemble le plus au système français. Ce qui a permis une amélioration des droits de défense. En effet, un certain nombre de garanties sont reconnues à la personne poursuivie lors de cette phase décisoire au Gabon et ces garanties lui servent de rempart contre « la menace que constitue pour elle un procès »[440].

Avant l'entrée en vigueur du Code de procédure pénale de 2010 au Gabon, les prérogatives accordées à la défense pendant la phase décisoire par le Code de procédure pénale de 1961 étaient issues du Code d'instruction criminelle français de 1808, du décret n°47-230 du 27 novembre 1947 portant réorganisation de la justice de droit français en Afrique équatoriale et de la loi n°58/203 du 26 décembre 1959 portant adaptation et simplification de la procédure pénale. Ces différents textes offraient également à la personne qui avait été condamnée un droit de recours complet caractérisé par le droit pour elle de faire opposition, d'interjeter appel, du droit de se pourvoir en cassation et du droit de demander la révision.

C'est l'ensemble de ces prérogatives de défense que le législateur gabonais de 2010 a réaffirmé en prévoyant tout de même leur évolution. En effet, il a enrichi les droits de la défense de la personne poursuivie au cours de la phase décision de son procès pénal par l'adoption de nouvelles prérogatives s'inspirant du droit français et ceci que l'on soit au stade du jugement ou à celui d'après jugement (Titre 1). Néanmoins, ces droits que le législateur gabonais reconnaît à la défense ne sont que théoriques, car leur mise en pratique reste problématique du fait de l'existence de nombreux facteurs empêchant réellement l'impact du droit français de se réaliser en pratique (Titre 2).

---

[440] FRISON-ROCHE (M-A), « Les droits de la défense en matière pénale », in Droits et libertés fondamentaux (sous la direction de CABRILLAC R., FRISON-ROCHE M.-A., REVET T.), Paris, 4e édition, Dalloz, 1997, p. 387.

TITRE I

L'IMPACT PROFOND DU DROIT FRANÇAIS SUR LES DROITS DE LA DÉFENSE AU COURS DE LA PHASE DE JUGEMENT ET D'APRÈS JUGEMENT DU PROCÈS PÉNAL GABONAIS

Si la phase préparatoire du procès pénal est une machine qui peut produire la vérité en l'absence de l'accusé en raison de son caractère encore quelque peu inquisitoire et reposant avant tout sur l'initiative d'un juge, la phase décisoire du procès pénal, à l'opposé, se singularise par son modèle plus accusatoire, différent du modèle accusatoire anglo-saxon, mais qui en présente tout de même certains caractères. Il s'agit en effet d'un modèle qui se veut démocratique dans la mesure où il pose une égalité de principe entre les parties lors de leur présentation devant le juge. Contrairement à la phase d'instruction préparatoire, toutes les parties sont, en principe, traitées sur un pied de parfaite égalité lors du déroulement de l'audience ; elles peuvent, toutes, dans les mêmes conditions déposer des réquisitions ou des conclusions, soulever des exceptions, demander telle ou telle mesure d'instruction ou même un supplément d'information. Les parties bénéficient également, suivant certaines conditions, d'un droit au recours.

Le système du procès pénal que le législateur gabonais a adopté correspond, par ses caractères, au système français et on se rend compte, une fois de plus, de l'impact que le droit français a eu sur le législateur gabonais de 1961 d'abord puis sur celui de 2010 qui ont structuré la phase décisoire du procès pénal au Gabon en reprenant le système français. L'influence du droit français a manifestement permis au législateur gabonais, en 2010, d'intégrer au cours de la phase décisoire des prérogatives de plus en plus nombreuses au profit de la défense qui peuvent s'analyser comme des garanties procédurales et dont la finalité est d'assurer l'exercice efficace des droits de la défense de la partie poursuivie ou même condamnée.

Le Code d'instruction criminelle français de 1808, applicable au Gabon, et ses textes modificatifs avaient déjà d'ailleurs prévu pour la défense un minimum de prérogatives pendant le jugement, avant et pendant les débats. Ces prérogatives ont été réaffirmées par le législateur gabonais de 2010 (Chapitre 1) qui a consolidé la perception typiquement française des droits de la personne condamnée dans la phase d'après jugement (Chapitre 2).

CHAPITRE I

L'IMPACT DU DROIT FRANÇAIS SUR LA RECONNAISSANCE DES MOYENS NECESSAIRES A LA PARTIE POURSUIVIE LORS DU JUGEMENT : LA REAFFIRMATION DES DROITS ACQUIS DEPUIS LE CODE D'INSTRUCTION CRIMINELLE DE 1808

La phase de jugement[441] a pour objet de permettre la prise d'une décision sur le fond, une instruction définitive de l'affaire au cours de laquelle seront présentées et discutées de manière publique et contradictoire les preuves pour permettre aux magistrats de délibérer sur la culpabilité du délinquant et la sanction à prononcer à son encontre[442].

Elle est la phase durant laquelle la procédure pénale gabonaise rejoint le plus la procédure pénale française et un point de convergence a rapproché ces deux droits, à savoir la nécessité de prévoir, pour la défense, des garanties procédurales nécessaires pour sa mise hors de cause.

Le système juridique français a toujours reconnu à la personne poursuivie de larges possibilités pour sa défense[443] et « *le principe du contradictoire, source de droits pour le justiciable* »[444] a toujours existé en France au moment du jugement. Cette analyse peut être projetée sur la procédure gabonaise, car avant l'adoption du premier Code de procédure pénale gabonais en 1961, il fut un temps où la procédure gabonaise était régie par le Code d'instruction criminelle français qui fortifiait déjà pour son époque des garanties de défense à la personne

---

[441] Encore appelée phase d'instruction définitive.

[442] MERLE R. et VITU A., Traité de droit criminel, t. II., « Procédure pénale », *op. cit.*, p. 839.

[443] MARECHAL J.-Y., « Le contradictoire dans la procédure pénale française » in Les procédures pénales accusatoires, PUF, Ceprisca, 2012, p. 45.

[444] MERLE R., « Le rôle de la défense en procédure pénale comparée », in Revue La plume et la parole, éd. Cujas, Paris, 1993, pp. 235 et s.

poursuivie devant les tribunaux de jugement. Il en était ainsi, à titre d'exemple, du droit à l'assistance d'un avocat, du droit à l'information, du droit à un interprète et du droit de préparer sa défense.

Il a, de ce fait, toujours existé entre ces deux pays un fond commun de droits de la défense ; le droit français permettant une reconnaissance en droit gabonais de véritables prérogatives accordées à la personne poursuivie au cours du jugement.

Ces prérogatives permettent de mettre la personne poursuivie sur un pied d'égalité avec son adversaire. Elle peut discuter les éléments apportés à l'audience et présenter sa défense de manière libre ; pour cela, elle dispose de véritables droits qui lui serviront pour préparer sa défense (Section 1), mais aussi de ceux nécessaires, bien que parfois mis à mal, pour présenter sa défense lors du jugement (Section 2).

Section I- L'impact marquant du droit français sur la garantie des droits nécessaires à la personne poursuivie pour la préparation de sa défense

La personne poursuivie, pendant la phase de jugement, a toujours bénéficié en procédure pénale gabonaise des droits pour sa défense et surtout de ceux nécessaires pour préparer celle-ci. Cet état de fait est la conséquence de l'impact du droit français en procédure gabonaise, car le Code d'instruction criminelle français applicable sur le territoire gabonais à l'époque reconnaissait déjà plusieurs droits à la personne poursuivie dont : le droit à l'assistance d'un avocat et la possibilité pour la personne poursuivie d'être informée du déroulement de la procédure.

Mieux, le principe du contradictoire et le droit à un délai pour préparer sa défense ainsi que celui à un interprète étaient prévus. En somme, les nécessités d'un procès efficacement préparé étaient réunies.

Il a donc toujours été question au Gabon de l'existence et de la reconnaissance légale de certains droits au profit de la personne poursuivie lui permettant de mieux préparer sa défense tout comme c'était le cas en France où le législateur a toujours reconnu à la partie poursuivie plusieurs prérogatives de défense[445]. Le législateur gabonais de 2010 n'a fait que reprendre dans le Code de procédure pénale des droits classiques qui existaient déjà dans l'ancien Code, droits tirés du Code d'instruction criminelle qui permettaient à la partie poursuivie de bien préparer sa défense. Pour faire comme son homologue français, le législateur gabonais a accordé à la personne poursuivie le droit à l'information (§1) et le droit à un délai nécessaire pour préparer sa défense (§2).

§1- Le droit d'être informé de la procédure

Au stade du jugement, le secret de l'instruction ne peut plus faire obstacle à un libre accès des parties au dossier de la procédure et donc à un droit à l'information concernant le litige. On ne saurait concevoir un débat à l'audience sans que la défense soit informée des faits pour lesquels elle est poursuivie. En effet, au cours de l'audience, et lors de la préparation de celle-ci, il est certain que l'information doit être donnée à la personne poursuivie. Et c'est justement lors de cette phase que le droit à l'information est le mieux appliqué ; la défense, lorsqu'elle est renvoyée devant la juridiction de jugement, a toujours eu le droit d'être informée au cours de l'audience. C'est une exigence respectée par toutes les législations[446].

Aussi, la manifestation la plus efficace du principe du procès équitable lors de la phase de jugement est sans doute l'obligation qui pèse sur les autorités de jugement et de poursuite d'informer la personne poursuivie des faits qui lui sont reprochés afin qu'elle puisse envisager sa défense[447]. Il s'agit d'une véritable obligation pour les autorités dont l'inobservance est fermement sanctionnée. En effet, il est évident que la personne poursuivie ne pourra efficacement se défendre qu'à la condition de savoir de quoi elle est accusée[448]. Cette règle a été affirmée

---

[445] PRADEL. J., Procédure pénale comparée dans les systèmes modernes, rapport de synthèse des colloques de l'ISIC, Ramonville-Saint-Agne, Érès, 1998.

[446] DELMAS-MARTY, Les procédures pénales d'Europe, *op. cit.*, p. 473.

[447] RASSAR M.-L., « Procédure pénale », *op. cit.*, p. 653.

[448] LAPEROU-SCHENEIDER B., « Haro sur l'obligation d'informer le prévenu », D., 2002, p. 31.

à l'article 6-3 de la Convention européenne des droits de l'Homme selon lequel « *tout accusé a droit d'être informé (...) d'une manière détaillée de la nature et de la cause de l'accusation portée contre lui* ». En effet, la personne poursuivie ou son défenseur ne doivent absolument pas être surpris dans leurs moyens de défense, c'est pourquoi elles doivent préalablement être informées de tout ce que la justice entreprend à l'encontre du prévenu pour y répliquer.

L'information sur la nature et la cause de l'accusation trouve également son fondement dans les dispositions de l'article 5 § 2 de la Convention européenne disposant que « *toute personne arrêtée doit être informée, dans le plus court délai et dans une langue qu'elle comprend, des raisons de son arrestation et de toute accusation portée contre elle* ». Ce droit à l'information est également prévu dans la législation française depuis des décennies[449]. En effet, prévenu et accusé en procédure pénale française ont toujours eu le droit de connaître la nature de l'infraction pour laquelle ils sont poursuivis, même avant l'audience[450]. La chambre criminelle, conformément à la Convention européenne des droits de l'Homme, a toujours décidé de manière constante que pour « *être mis en mesure de se défendre* », la personne doit savoir exactement « *la nature et la cause de la prévention dont elle est l'objet* »[451] et la loi française a toujours érigé le droit à l'information et prévu les modalités de son application, selon la juridiction saisie, au moyen d'une citation et en fonction de la procédure enclenchée, à savoir la citation directe, le renvoi devant le tribunal correctionnel ou le renvoi devant la cour criminelle (cour d'assises en France).

En droit gabonais, le droit à l'information existe depuis l'application du Code d'instruction criminelle. Ce Code avait déjà prévu le droit à l'information de la personne poursuivie en distinguant les modalités de

---

[449] DELMAS-MARTY M., Les procédures pénales d'Europe, Revue internationale de droit comparé, éd. Persée, 1996, pp. 713-715.

[450] PRADEL J., « La Convention européenne des droits de l'Homme et le procès pénal français : harmonie ou divergence ? », La revue juridique Thémis, 1990, vol. XXIV, pp. 353-361.

[451] Cass crim. 5 déc. 1978, Bull. crim., n°346, D., 1979, p. 50, note KEHRIG S., Gaz. Pal., 1979, I, 149, note PETTIT L., RSC, 1979, p. 349, obs. ROBERT J. ; JEANDIDIER W. et BELOT J., Les grandes décisions de la jurisprudence. Procédure pénale, *op. cit.*, n°35, p. 184.

son application selon la juridiction saisie, la personne poursuivie devant pertinemment être informée avant l'audience. Le législateur gabonais de 2010 a repris cette prévision et lui reconnaît un droit à l'information avant l'audience (A), mais également pendant cette dernière (B).

A- Le droit d'être informé avant l'audience pénale au Gabon : la pérennisation de la logique française

Dans le souci de préserver les droits de la défense, la procédure pénale, française ou gabonaise, prévoit que, avant de comparaître devant la juridiction saisie, la personne poursuivie ait une connaissance détaillée de la nature et de la cause des faits dont elle est accusée et, par ailleurs, cette dernière doit être informée de tout élément que le juge aura en sa possession et qui forgera son opinion. Donc, avant tout débat, il existe une obligation de notification de l'accusation à la défense. Il s'agit là du droit à l'information dont toute personne poursuivie bénéficie au Gabon depuis des décennies. Ce droit a été repris dans le Code de procédure pénale de 2010 selon la même logique que celle du Code de procédure pénale de 1961 et donc selon la logique du Code d'instruction criminelle français ; il varie selon que la personne poursuivie est appelée à comparaître directement à l'audience de jugement ou qu'elle est renvoyée en jugement suite à une phase d'instruction.

Dans l'un ou l'autre cas, le droit à l'information de la personne poursuivie est garanti par la remise de l'acte d'accusation. Celui-ci est très important dans la manifestation du droit à l'information, car, à compter de sa signification, la personne est officiellement avisée par écrit des charges factuelles et juridiques pesant contre elle[452]. L'acte d'accusation informant le mis en cause est soit une citation directe (1), soit une ordonnance ou un arrêt de renvoi ou encore une ordonnance ou un arrêt de mise en accusation (2), en fonction de la juridiction saisie.

1- La citation directe

Le législateur gabonais de 2010, qui a finalement repris les dispositions du droit français, a consacré un moyen d'informer la défense de la nature des faits pour lesquels elle est suspectée lorsque le ministère public a

[452] KUTY F., Justice pénale et procès équitable, éd. Larcier, Tome 1, 2006.

décidé de ne pas ouvrir d'instruction et qu'il souhaite une procédure de jugement correctionnel ordinaire : la citation directe. En cas de flagrant délit, la procédure d'information est matérialisée par le procès-verbal d'interrogatoire[453].

La citation directe est également le mode d'information pour la victime en matière de contravention et facultativement en matière de délit.

Le droit d'être cité et de connaître l'objet et le fondement de l'action constituent, selon la doctrine, les droits essentiels de la défense[454]. Du point de vue procédural, la juridiction de jugement, en l'occurrence la juridiction correctionnelle, est saisie par la citation directe donnée au prévenu, soit par la partie civile soit par le procureur de la République, selon les termes de l'article 259 du Code de procédure pénale gabonais qui reprend les dispositions de l'article 388 du CPP français : « *Le tribunal correctionnel est saisi des infractions de sa compétence soit par la comparution volontaire des parties, soit par la citation, soit par la convocation par procès-verbal, soit par la comparution immédiate, soit enfin par le renvoi ordonné par la juridiction d'instruction* ». La citation directe doit être personnellement notifiée au prévenu pour être valable. Et, si le Code de procédure pénale gabonais prévoit à l'article 260 que cette citation soit délivrée, par tout moyen, par le procureur de la République, l'article 390-1 du CPP français quant à lui donne plus de détails, prévoyant que la citation soit notifiée au prévenu, sur instruction du procureur de la République, soit par un greffier, un officier ou agent de police judiciaire ou un délégué ou médiateur de procureur de la République, soit par le chef de l'établissement pénitentiaire, si le prévenu est détenu. Cette citation peut être notifiée au prévenu à domicile, sur son lieu de travail, à la mairie ou au parquet.

Le législateur gabonais de 2010 s'est donc, une fois de plus, inspiré du droit français en reprenant la logique que l'on retrouvait déjà dans le Code d'instruction criminelle français, logique selon laquelle il était essentiel aux droits de la défense que nul ne soit attiré devant les juridictions répressives comme prévenu ou accusé sans avoir régulièrement été cité à comparaître en raison des éléments qu'apporte

[453] Art. 259 CPP gabonais.

[454] Répertoire pratique du droit belge, vol. Droit de la défense, p. 281.

ce document à l'intéressé. Il ne suffit donc pas de notifier à la personne mise en cause, en l'occurrence ici le prévenu, l'acte d'accusation, la citation notifiée doit également lui permettre de connaître effectivement les faits qui lui sont reprochés. C'est ainsi que pour reprendre ce qui était déjà prévu depuis le Code d'instruction criminelle, le législateur gabonais de 2010 a prévu cette nécessité d'information détaillée à l'article 260 du Code de procédure pénale. En effet, le Code d'instruction criminelle avait déjà institué la nécessité de détailler l'information donnée dans la citation directe lors de la saisine de la juridiction de jugement en matière correctionnelle[455] et de simple police[456]. Ces exigences que l'on retrouve dans le Code de procédure pénale gabonais à l'article 260, ne sont qu'une reprise de l'article 551 du Code de procédure pénale français actuel qui prévoit que le prévenu devra être informé de la nature, de la date et du lieu de la commission des faits dont il a à répondre.

La citation directe au prévenu est une formalité véritablement importante au point que la chambre pénale de la Cour de cassation gabonaise exige qu'elle soit la plus précise pour permettre à la personne poursuivie de bien préparer sa défense : « *la citation directe, dit la haute cour, qui ne permet pas de connaître exactement la nature des faits dont le prévenu doit répondre et qui oblige la juridiction pour essayer de circonscrire sa saisine de se baser sur des éléments étrangers à la citation, viole l'article 260 du CPP, entraîne l'absence de régularité de la saisine et dès lors prononce l'annulation de la décision du premier degré* »[457]. La citation directe doit permettre à la personne mise en cause de connaître précisément les faits qui font l'objet du litige. Cela étant, la chambre criminelle française nous apprend qu'il n'est pas exigé que la citation directe comporte un exposé détaillé des faits poursuivis et des circonstances de leur commission dès lors que les mentions de ladite citation mettent en mesure le prévenu de préparer ses moyens de défense.

La citation directe, rappelons-le, notifie à la personne poursuivie les faits dont elle aura à répondre, ce qui lui permet de préparer sa défense.

[455] Art. 182 du CIC.
[456] Art. 145 du CIC.
[457] CSJ 25 MAI 1974, Bull. n°4, p. 166.

L'interpeller sur d'autres faits serait la surprendre sans défense, et ce serait d'ailleurs une peine inutile, car le tribunal n'est saisi que des seuls faits mentionnés dans la citation[458]. En effet, il est normal de préciser l'objet et les limites de la poursuite dès lors que le juge statue sur le fait déféré sans pouvoir en appréhender un autre[459] même s'il ne faut cependant pas exagérer la portée de cette règle. La jurisprudence gabonaise considère que si la saisine du tribunal est limitée par les faits de la prévention, le tribunal n'en doit pas moins examiner les faits dans leurs circonstances objectives, même si celles-ci ne sont pas reprises dans la citation, il en sera ainsi pour les circonstances aggravantes légales[460]. On peut désapprouver la jurisprudence gabonaise sur ce point, car les éléments constitutifs d'un vol, par exemple, diffèrent selon les circonstances de sa perpétration.

La partie poursuivie doit être clairement informée de toutes les circonstances de faits libellés dans la citation. Mais les circonstances subjectives qui vont permettre au juge d'individualiser les peines peuvent être totalement étrangères à la prévention. En France, une énonciation sommaire des faits a été jugée suffisante, car aucun texte n'exigeait la mention du détail des circonstances des faits[461] dès lors que les énonciations de la citation ne laissent aucun doute sur l'objet de la poursuite.

Le législateur gabonais a donc grandement repris les prévisions du droit français en matière de citation directe comme moyen de mise en œuvre du droit à l'information avant l'audience. On se rend compte, une fois de plus ici, de l'influence véritable du droit français sur la consécration et la garantie des droits de la défense de la partie mise en cause en droit gabonais. Cette influence concernant le droit à l'information avant l'audience se manifeste également dans les ordonnances ou arrêts de renvoi, ainsi que dans les ordonnances ou arrêts de mise en accusation.

---

[458] LEMOINE P., « Citations et significations », J.-Cl., pr. Pén., Art. 550 à 556, fasc. 20, 2007, p. 11.

[459] COUJARD D., « Instruction à l'audience », Rép. Pén., Dalloz, 1997, p. 9.

[460] Tribunal de première instance de Libreville, le 22 mais 1956, JTO 1957, p. 171.

[461] Cass. crim., 8 nov. 1983, Bull. crim., n°214.

2- Les ordonnances et arrêts de renvoi ou de mise en accusation

L'ordonnance ou l'arrêt de renvoi correspond à l'exposé des faits qui sont imputés à la personne mise en cause, c'est-à-dire à l'inculpé. Cet acte d'accusation devient le seul moyen possible de saisine lorsque la poursuite a donné lieu à une instruction préparatoire. Il est transmis au tribunal compétent sur ordre de la chambre d'accusation ou du juge d'instruction, lorsque l'information a montré que les charges contre la personne mise en cause étaient suffisantes pour l'ouverture d'un procès. Si la juridiction d'instruction estime que les faits sont une contravention ou un délit, elle prononcera le renvoi devant le tribunal correctionnel, sachant que c'est le tribunal de police ou le juge de proximité qui juge les contraventions en droit français.

L'ordonnance ou l'arrêt de mise en accusation correspond également à l'exposé des faits qui sont retenus à la charge des personnes inculpées pour une infraction qualifiée de crime par la loi. Le juge d'instruction ou la chambre d'accusation ordonnent ainsi leur mise en accusation devant la cour criminelle ou cour d'assises en France. Et c'est l'ordonnance ou l'arrêt de mise en accusation qui saisit la cour.

Le respect des droits de la défense nécessite que la décision de renvoi ou de mise en accusation soit signifiée aux parties. En effet, dès qu'elle est irrévocable, cette décision doit être signifiée aux parties par les soins du ministère public qui les fait citer devant le tribunal compétent, étant précisé que la citation ici n'est qu'une simple convocation fixant le jour et l'heure où l'affaire sera examinée en audience.

Tout comme en droit français, la décision de renvoi ou de mise en accusation prise par la juridiction gabonaise d'instruction de renvoyer la personne inculpée devant une juridiction de jugement présuppose que cette juridiction estime qu'il existe contre la personne des charges suffisantes, donc cette juridiction doit rendre une motivation très précise. La décision de renvoi ou de mise en accusation notifiée aux parties à peine de nullité doit, de ce fait, contenir l'exposé et la qualification légale des faits objet de l'accusation[462]. Depuis la loi du 15 juin 2000, l'article 181 alinéa 2 du Code de procédure pénale français

[462] PORTERON C., Droit à l'information et procédure pénale, *op. cit.*, p. 203.

exige, à peine de nullité, que l'ordonnance ou l'arrêt de mise en accusation comporte « *l'exposé et la qualification légale des faits, objet de l'accusation* », l'article 50 du Code de procédure pénale gabonais de 2010 a repris cette prévision disposant que « *les ordonnances de clôture du juge d'instruction contiennent le nom, prénom, âge, lieu de naissance, domicile et profession de l'inculpé, l'exposé des faits, leur qualification légale et la déclaration qu'il existe ou non des charges suffisantes* ». Il s'agit d'une formalité importante et la chambre criminelle française admet que cette signification « *est une formalité substantielle puisqu'elle a pour objet de faire connaître exactement à l'intéressé les charges relevées contre lui* »[463].

Mais, à vrai dire, le législateur gabonais a repris cette exigence du droit français qui existait déjà dans le Code d'instruction criminelle français. En effet, celui-ci prévoyait qu'à la fin de l'instruction le juge d'instruction communique son ordonnance au procureur de la République qui était chargé de faire donner assignation au prévenu pour l'une des plus prochaines audiences[464]. De même, lorsque l'arrêt émanait de la cour d'appel, le Code d'instruction criminelle prévoyait que l'arrêt de renvoi soit signifié à l'accusé et qu'il lui serait laissé copie[465] de celui-ci. Ces dispositions étaient donc déjà applicables en droit gabonais avant même que le premier Code de procédure pénale gabonais soit adopté ce qui montre une fois de plus le rapprochement de ces deux droits, mais surtout l'impact positif qu'a pu avoir et continue d'avoir le droit français sur la consécration des droits à la défense en droit gabonais. En l'occurrence, ici, il s'agit de la prise en compte de l'exigence de notifier à la personne poursuivie la décision de renvoi ou de mise en accusation suffisamment détaillée sur la description des faits qu'elle est supposée avoir commis.

Un véritable droit à l'information avant l'audience est donc reconnu par le législateur gabonais à la personne poursuivie. En est-il de même du droit à l'information lors de l'audience ?

---

463 Voir Cass. crim., 6 juillet 1965, Bull. crim., n°170.
464 Art. 132 al. 2 du CIC.
465 Art. 242 du CIC.

A- Le droit d'être informé pendant l'audience

Le droit à l'information sur la nature et la cause de la prévention est maintenu à l'ouverture de l'audience. Ce droit a existé en droit français depuis l'application du Code d'instruction criminelle et fut maintenu dans le Code de procédure pénale français actuel[466]. Ce droit existait aussi en procédure gabonaise, aussi bien au bénéfice du prévenu que de l'accusé, eu égard à l'application du Code d'instruction criminelle français sur le territoire gabonais. Ce dernier prévoyait à ses articles 190 pour le prévenu et 314 pour l'accusé que les faits qui leur étaient reprochés devaient être portés à leur connaissance, suivant les normes prévues par la loi. En matière criminelle, le président du tribunal était tenu, après lecture de l'acte d'accusation, de rappeler à l'accusé le contenu de l'acte d'accusation en précisant, « voilà de quoi vous êtes accusé… ». Aujourd'hui, le législateur gabonais de 2010 a repris cette exigence aux articles 295[467] pour le prévenu et 214[468] pour l'accusé. Ces articles ne font que reprendre les dispositions du Code de procédure pénale français actuel qui prévoit, d'une part, la délivrance gratuite à chacun des accusés et parties civiles d'une copie des procès-verbaux constatant l'infraction, des déclarations écrites des témoins et des rapports d'expertise et, d'autre part, qu'au début de chaque audience, le président constate l'identité du prévenu ou de l'accusé et lui donne connaissance de l'acte qui a saisi le tribunal, qu'il s'agisse de la citation directe, de l'ordonnance de renvoi ou de mise en accusation du juge d'instruction ou de l'arrêt de renvoi ou de mise en accusation de la chambre d'accusation. Le cas échéant, il rappelle ses antécédents judiciaires[469] pour déceler les erreurs possibles et ainsi les rectifier si nécessaire. Après l'accomplissement de certaines formalités relatives à l'acte de saisine, lecture des charges retenues contre le prévenu ou

---

[466] Aux articles 400, 406 à 408 et 535 du CPP français.

[467] Art. 295 CPP gabonais : « Le président constate l'identité du prévenu et lui donne connaissance de l'acte qui a saisi le tribunal. Il constate aussi, s'il y a lieu, la présence ou l'absence de la personne civilement responsable, de la partie civile, des témoins et éventuellement des experts et interprètes ».

[468] La procédure en matière correctionnelle est applicable devant la cour criminelle, sous réserve des modifications ci- après.

[469] CARON D., « Tribunal correctionnel », J.-Cl., pro. Pén., art. 406 à 417, fasc. 20, 2001, p. 3.

l'accusé est faite[470], même si le président n'a pas à lire toutes les pièces, afin de délimiter le débat. Le législateur gabonais consacre ainsi le droit à l'information lors de l'ouverture du procès (1) sans toutefois le prévoir pendant l'audience, en cas de variation des charges (2).

1- L'existence du droit d'être informé lors de l'ouverture des débats

Le droit à l'information porte sur la nature et la cause des faits et c'est à l'ouverture de l'audience que la défense est informée. En effet, les débats à l'audience ne sauraient avoir lieu sans que la défense soit informée des faits pour lesquels elle est poursuivie. Le législateur gabonais de 2010 a affirmé à travers l'article 295, alinéa 1, du Code de procédure pénale que, dès l'ouverture des débats, le président fasse notifier au prévenu les faits qui lui sont reprochés. Cette disposition, qui est une reprise du droit français[471], affirme clairement le droit à l'information du prévenu, ce droit s'appliquant également à l'accusé selon l'article 214 du Code gabonais. C'est une formalité indispensable au point que la Cour de cassation française estime que l'omission de la lecture des charges par le président du tribunal entraînerait la nullité de la procédure[472]. Elle permet à la cour ainsi qu'aux parties et au public d'avoir connaissance de l'objet de l'accusation et des charges relevées contre l'accusé[473].

Le droit à l'information est bel et bien mis en œuvre dès l'ouverture des débats et doit être complet, c'est-à-dire que l'information ainsi donnée doit porter non seulement sur les faits de la prévention, mais aussi sur tous les éléments de la cause retenus à sa charge. Néanmoins, le droit à

---

470 FRAZIE C., « Tribunal correctionnel », Rép., pén., Dalloz, 2003, p. 13.

471 Le Code de procédure pénale français prévoit que la juridiction de jugement doit rappeler à la personne poursuivie l'accusation dont elle fait l'objet, soit en matière délictuelle, par l'intermédiaire du président qui doit lui donner connaissance de l'acte qui a saisi le tribunal (article 406 du Code de procédure pénale), soit en matière criminelle, par la lecture de la décision de renvoi (article 327 du même code).

472 Cass. crim. 31 janv. 1973, Bull. crim., n°57 ; cass. crim., 6 janv. 1982, bull. Crim., n°8 ; cass. crim., 9 oct. 1985, Bull. crim., n°306 ; cass. crim., 11 sept. 2002, Bull. crim., n°161.

473 ANGEVIN H., « Cour d'assises », J.-Cl., pr. Pén., art. 323 à 346, fasc. 20, 2001, pp. 4 et s.

l'information ne doit pas se limiter à l'ouverture des débats, car les charges sont susceptibles de varier. En effet, durant les débats, l'instruction définitive de l'affaire peut laisser apparaître la nécessité de requalifier les faits contenus dans l'acte de poursuite. La personne poursuivie devrait donc bénéficier d'un droit à l'information en cas de variation des charges.

2- Le droit d'être informé en cas de variation des charges

Étant saisi *in rem*, les juridictions de jugement ne peuvent légalement statuer que sur les faits relevés par l'acte de saisine[474]. Toutefois, ce principe souffre d'une exception que l'on retrouve en droits français et gabonais qui repose sur l'hypothèse que de nouveaux faits apparaissent au cours de l'audience, faits pour lesquels le prévenu a consenti à être jugé. En effet, les juridictions dans les droits français et gabonais ne sont pas tenues par la qualification qui leur est donnée en amont de l'audience, car elle est susceptible d'être modifiée tout au long de la procédure[475] dans le cas où l'instruction définitive aurait laissé apparaître la nécessité de requalifier les faits contenus dans l'acte de saisine de la juridiction. Toutefois, la défense organisée à partir d'une ancienne qualification risque d'être remise en cause lorsqu'il y a eu requalification des faits, objet de l'accusation, le juge ne pouvant se prononcer que sur des faits contradictoirement discutés devant lui, il est important que la défense puisse être informée de cet élément modificatif de la prévention de départ et mise en mesure de se défendre sur ce point devant les juridictions[476].

En droit gabonais, tout comme en droit français, partant du principe que le tribunal est saisi des infractions qui entrent dans sa compétence[477], il

---

[474] PRADEL J., Procédure pénale, *op. cit.*, p. 791 ; BOULOC B., Procédure pénale, *op. cit.*, p. 814 ; RASSAT M.-L., Traité de procédure pénale, *op. cit.*, p. 728.

[475] MARON A., « Il y a requalification et requalification », note sous cass. crim., 16 mai 2001, Bull. crim., n°128.

[476] Cass. crim., 5 déc. 1978, Bull. crim., n°325.

[477] Art. 388 CPP français et art. 252 CPP gabonais. Par ailleurs, l'article 225 du CPP gabonais dispose qu'aucune personne acquittée ne peut plus être reprise ou accusée à raison des mêmes faits, même sous une qualification différente et l'article 226 dispose que s'il résulte des débats que le fait

a toujours été reconnu aux juges du fond la faculté de requalifier les faits poursuivis tels qu'énoncés dans l'acte de saisine. La chambre criminelle de la Cour de cassation française décide par exemple que « *c'est un principe fondamental que la cour d'assises (ou le tribunal correctionnel) doit juger l'accusation telle que les débats la font apparaître et non telle que la procédure écrite l'avait établie ; que les faits résultant des débats peuvent être l'objet d'une question subsidiaire lorsqu'ils ne constituent qu'une circonstance de l'accusation c'est-à-dire lorsqu'ils n'entraînent que la modification, l'aggravation ou l'atténuation de celle-ci sans en changer la substance* »[478]. Il s'agit en quelque sorte de l'obligation pour les juridictions de requalifier les faits dont elles sont saisies en cas de nécessité. Toutefois, cette obligation de requalification doit être mise en œuvre dans des conditions qui garantissent le droit de la défense d'être d'informée de la nature et de l'accusation portée contre elle, notamment lorsqu'une telle requalification intervient après l'ouverture des débats[479]. En effet, le pouvoir de requalification est soumis au principe de procès équitable qui est affirmé dans l'article 6 § 1 et 3 de la Convention européenne des droits de l'Homme[480] qui exige que la personne poursuivie soit mise en mesure de se défendre contre toute accusation portée à son encontre et de préparer sa défense en toute connaissance de cause. Par ailleurs, dans l'arrêt « *Pélissier et Sassi c. France* » du 25 mars 1999[481], la Cour européenne a subordonné l'exercice du pouvoir de requalification du juge à l'information préalable et complète du prévenu sur l'éventualité

---

comporte une qualification légale autre que celle donnée par l'arrêt de renvoi, la cour criminelle statue sur la nouvelle qualification.

[478] Crim., 12 mai 1970, *Bull. crim.* 1970, n 158, pourvoi n 70-90.223.

[479] Rapport annuel de la cour de cassation française : Rapport 2010, Troisième partie : Etude : « LE DROIT DE SAVOIR, L'INFORMATION IMPOSÉE PAR LE DROIT DE SAVOIR ET LE DROIT D'OBTENIR D'AUTRUI UNE INFORMATION-L'OBLIGATION D'INFORMATION ».

[480] L'article 6 § 1 dispose que « Toute personne a droit à ce que sa cause soit entendue équitablement (…) par un tribunal (…) qui décidera du bien-fondé de toute accusation en matière pénale dirigée contre elle ». L'article 6 § 3 dispose que « Tout accusé à droit notamment à : a) être informé, dans le plus court délai, dans une langue qu'il comprend et d'une manière détaillée, de la nature de la cause de l'accusation portée contre lui ; b) disposer du temps et des facilités nécessaires à la préparation de sa défense… ».

[481] CEDH, requête n 25444/94.

d'une modification de la qualification initiale, associée au droit de disposer du temps et des facilités nécessaires pour préparer sa défense sur celle envisagée. Elle a néanmoins précisé que « *les dispositions de l'article 6 § 3 a) n'imposent aucune forme particulière quant à la manière dont l'accusé doit être informé de la nature et de la cause de l'accusation portée contre lui* ».

Il est tout à fait normal, lorsque la requalification des faits est envisagée, de respecter les droits de la défense, car la personne poursuivie doit s'exprimer librement et les juridictions de fond doivent mettre la défense en mesure de présenter sa défense, c'est-à-dire, l'informer d'abord de la nouvelle qualification, puis lui donner la possibilité de préparer sa défense. En effet, il faudra bien à la personne poursuivie un délai pour présenter sa défense et recueillir les observations écrites[482]. La chambre criminelle française prévoit, de ce fait, avec constance que « *s'il appartient aux juges répressifs de restituer aux faits dont ils sont saisis leur véritable qualification, c'est à la condition que le prévenu ait été en mesure de présenter sa défense sur la nouvelle qualification envisagée* »[483]. C'est dire que si la requalification est nécessaire, les droits de la défense doivent tout de même être respectés.

En droit gabonais, le silence du Code de procédure pénale de 2010 laisse supposer non seulement que la possibilité pour la personne poursuivie de disposer d'un temps nécessaire pour préparer une nouvelle défense en cas de requalification des charges est inexistante, mais encore ce silence laisse également présumer que l'information même de la requalification des charges à la défense est inexistante, ce qui en définitive crée une situation défavorable pour la défense. L'article 226 du Code de procédure pénale gabonais mentionne uniquement la possibilité pour la cour criminelle gabonaise, *« s'il résulte des débats que le fait comporte une qualification légale autre que celle donnée par l'arrêt de renvoi, de statuer sur la nouvelle qualification ».* Une situation désavantageuse pour la défense qui risque d'obtenir un jugement

---

[482] PORTERON C., Droit à l'information et procédure pénale, *op. cit*., p. 227.

[483] Crim., 16 mai 2001, *Bull. crim.* 2001, n 128, pourvoi n 00-85.066 ; Crim., 17 octobre 2001, *Bull. crim.* 2001, n 213, pourvoi n 01-81.988 ; Crim., 5 mars 2003, *Bull. crim.* 2003, n 60, pourvoi n 01-87.045 ; Crim., 16 mai 2007, *Bull. crim.* 2007, n 129, pourvoi n 06-87.866 ; Crim., 13 février 2008, *Bull. crim.* 2008, n 38, pourvoi n 07-81.097.

concernant des faits dont elle n'aura pas été informée d'autant plus que la loi gabonaise prévoit que la défense a le droit de disposer de temps pour la préparation de sa défense.

§2- Le droit à un délai nécessaire pour la préparation de la défense

Pour se défendre réellement et efficacement, la personne poursuivie a besoin d'un délai raisonnable pour préparer sa défense, ce délai lui permettant de regrouper ses moyens de défense. En effet, dans l'organisation de la justice, le temps de la défense ne doit pas être mis de côté, celui réservé à la défense servant ses droits[484].

La règle qui veut que l'accusé doive disposer du temps et des facultés nécessaires à la préparation de sa défense participe à l'essence même du procès équitable. Elle tend à corriger le déséquilibre entre l'accusé et les autorités de poursuite qui disposent de moyens d'investigation et de coercition importants. En cela, elle sous-tend, d'une certaine manière, le principe de l'égalité des armes inhérent au procès équitable. Le droit à un délai pour préparer sa défense apparaît ainsi comme un équilibre entre l'impératif de justice et les droits de la personne poursuivie ; le système juridique mis en place au Gabon sous l'influence du droit français estimant nécessaire d'aménager un temps pour la défense. Le législateur gabonais considère, en effet, à bon droit que dans ces conditions la personne citée à comparaître ou son défenseur, a droit à un délai, non seulement pour se remettre de sa surprise, mais encore pour préparer ses moyens de défense sur les faits qu'on lui reproche d'avoir commis.

Le délai pour la préparation de sa défense est si important qu'il est reconnu par des textes internationaux, notamment l'article 14 § 1 du Pacte international relatif aux droits civils et politiques de 1966 qui énonce que toute personne accusée doit « *disposer du temps et des facilités nécessaires pour préparer sa défense* ». Un grand auteur disait d'ailleurs qu'« *une bonne organisation des délais dans lesquels doivent*

---

[484] BOULOC B., « Les lois de procédure », in PUIGELIER C. (Dir.), La loi, Economica, 2005, p. 135.

s'enchâsser les formalités de l'instance est très importante pour la protection des droits de la défense »[485].

Le législateur gabonais a suivi l'aménagement du temps dans le système français et prévoit un droit de disposer du temps avant l'audience (A) et pendant l'audience (B).

A- Le droit de disposer du temps avant l'audience

Le législateur gabonais de 2010 a réaffirmé l'existence du droit de disposer du temps avant l'audience au profit de la défense en reprenant la majorité des dispositions qui existaient déjà dans l'ancien Code de 1961 et dont la source était le Code d'instruction criminelle français. Ainsi, concernant la matière correctionnelle, on retrouve en droit gabonais les exigences que le Code d'instruction criminelle avait instituées à l'époque. En effet, ce dernier prévoyait que lorsque la notification découlait de la citation directe, la partie poursuivie disposait, afin de préparer sa défense, d'au moins un délai de trois jours entre la citation et le jugement[486]. En matière contraventionnelle, ce délai était de vingt-quatre heures[487].

Ces délais qui n'ont pas été modifiés par la loi du 26 décembre 1958[488] en France se retrouvent édictés dans le Code de procédure pénale gabonais de 1961 et, plus récemment, dans le Code de procédure pénale de 2010 à l'article 411 : « *Le délai entre le jour où l'exploit de citation est délivré et le jour fixé pour la comparution devant le tribunal est d'au moins trois jours francs, si la partie citée réside dans la ville où siège le tribunal* ». Néanmoins, le droit français a évolué avec la loi du 1er juillet 2008[489] pour allonger les délais impartis en matière correctionnelle : « *Le délai entre le jour où la citation est délivrée et le jour fixé pour la comparution devant le tribunal correctionnel ou de police est d'au moins dix jours, si la partie citée réside dans un département de la*

485 APPERT B., « Délais de procédure », D. 1973, CHRON. 47 ET d. 1976, chron. 17.
486 Article 184 CIC.
487 Art. 146 al. 1 CIC.
488 Loi n°58/203.
489 LOI n°2008-644 du 1er juillet 2008 créant de nouveaux droits pour les victimes et améliorant l'exécution des peines.

France métropolitaine ou si, résidant dans un département d'outre-mer, elle est citée devant un tribunal de ce département »[490]. Le législateur gabonais de 2010 n'a pas suivi cette logique en préférant conserver les mêmes délais que ceux prévus depuis le Code de procédure criminelle de 1808.

En matière criminelle, le délai pour comparaître est plus précis même s'il n'est pas très consistant. L'article 197 du Code de procédure pénale gabonais prévoit un délai de quinze jours, outre les délais de distance, entre la délivrance de la citation qui contient tous les éléments qui seront débattus à l'audience et la date fixée pour la session, sauf s'il s'agit d'un crime flagrant. Un tel délai est tout à fait utopique quand on sait que, dans la pratique, les délais de comparution sont plus longs que les quinze jours prévus par le législateur. Cela change complètement du droit français actuel qui prévoit à l'article 181 du CPP un délai de un an.

Le législateur gabonais a, par ailleurs, repris les délais de distance qu'avait institués le Code d'instruction criminelle en fonction des myriades, modifiés par la loi du 26 décembre 1958 en fonction des kilomètres. L'article 47, alinéa 1er, de la loi de 1958 prévoyait qu'« *en matière correctionnelle et criminelle, les délais de distance seront de un jour par 50 kilomètres. Ils seront calculés sur la distance séparant la résidence de l'intéressé du lieu du siège de la juridiction où celui-ci doit comparaître* ». Le législateur gabonais de 2010 a donc repris cette disposition dans l'article 412, alinéas 1 et 2 du Code de procédure pénale : « *Si la partie citée ne réside pas dans la ville où siège le tribunal, le délai minimum de trois jours francs est augmenté des délais de distance. Les délais de distance sont d'un jour par 50 kilomètres ou fraction de 50 kilomètres* ». Ici, on voit encore que le législateur gabonais de 2010 n'a pas prêté attention à l'évolution du droit français par la loi du 1er juillet 2008 concernant la matière des délais, reprenant simplement la formule de la loi de 1958. En outre, lorsque la partie citée est domiciliée hors du territoire, le droit de disposer d'un délai à la préparation de sa défense lui est également reconnu et le temps qui lui est accordé par le législateur gabonais est relativement long, contrairement à la personne citée résidant sur le territoire national, ce délai peut atteindre quatre mois pour des personnes domiciliées en Europe et ailleurs dans le monde, en dehors de la France où le délai est

[490] Art. 552 CPP français.

de trois mois[491]. Ces délais peuvent encore augmenter dans le cas où la personne poursuivie ne se présente pas à l'audience, la citation est dès lors déclarée nulle par le tribunal, lequel ordonne une nouvelle citation[492]. Il en va de même au cours de l'audience si la personne poursuivie, présente, demande un renvoi de l'affaire.

B- Le droit de disposer de temps lors de l'audience ou le droit au renvoi

Le droit de disposer de temps pour préparer sa défense, lors de l'audience, est reconnu en droit gabonais. C'est l'application du Code d'instruction criminelle français en territoire gabonais qui a introduit ce droit pour la défense. Ainsi, la loi du 20 mai 1863[493], complétant certaines dispositions du Code d'instruction criminelle, accordait au prévenu en son article 4, en matière de flagrant délit, le droit d'obtenir le renvoi de l'affaire à une date ultérieure afin de mieux préparer sa défense. Le juge, dans ce cas, avait l'obligation d'accorder un délai d'au moins trois jours au prévenu qui en faisait la demande pour lui permettre de préparer sa défense. Cette possibilité d'obtenir le renvoi ne faisait que renforcer le caractère contradictoire de la procédure suivie devant les juridictions de jugement gabonaises.

Le législateur gabonais de 1961 et celui de 2010 ont aussi reconnu le droit de renvoi au profit de la défense en l'instituant comme étant obligatoire, tout comme l'avait prévu le Code d'instruction criminelle en matière de flagrant délit.

Le prévenu comparaissant à la première audience est obligatoirement « *informé par le président qu'il a le droit de demander un délai de trois jours pour préparer sa défense* ». Le juge étant obligé d'ordonner le renvoi si le prévenu use de cette faculté[494]. Le législateur gabonais a donc, une fois de plus, repris les dispositions qui existaient déjà en droit

[491] Art. 412 CPP gabonais.
[492] Art. 413 CPP gabonais.
[493] Cette loi organise également la procédure en matière de délit flagrant en France.
[494] Art. 300 al. 2 CPP français.

français sans pour autant suivre l'évolution de ce droit, en l'occurrence l'allongement des délais pour mieux garantir les droits de la défense[495].

Par ailleurs, comme le droit au renvoi n'est obligatoire qu'en matière de flagrant délit, dans le cas d'une procédure correctionnelle ou criminelle ordinaire, le renvoi n'est pas forcément accordé. Dans ces procédures ordinaires, le renvoi dépend uniquement de la seule bonne volonté du juge. En effet, en droit gabonais le tribunal n'est pas toujours obligé d'accorder le renvoi à la défense qui souhaite disposer de temps supplémentaire lors de l'audience pour préparer sa défense, en procédure ordinaire correctionnelle ou en procédure ordinaire criminelle. Ce système est le même en droit français qui ne prévoit la possibilité de renvoi d'un procès ordinaire qu'à la survenance d'en événement empêchant sa tenue. Le renvoi étant facultatif, il dépend uniquement de la volonté du juge qui a toujours la possibilité, en dehors des renvois obligatoires, de refuser ou d'accorder le renvoi. Quand il refuse le renvoi, le juge peut obliger le prévenu ou l'accusé à présenter sa défense.

Section II- L'impact moins marquant du droit français sur la consécration des droits nécessaires à la présentation de la défense au cours de l'audience pénale gabonaise

Après la phase de préparation vient la phase au cours de laquelle la défense doit présenter ses moyens de défense pendant l'audience qui est le moment où les protagonistes se retrouvent pour examiner ensemble, publiquement et dans le cadre d'un débat contradictoire, les éléments de preuve produits par le ministère public, la partie civile, la partie poursuivie et son avocat, pour faire valoir tous les arguments propres à éclairer la décision des juges.

Afin de garantir le respect des droits de la défense de l'accusé ou du prévenu, le législateur gabonais a voulu instituer au Gabon une

[495] Le droit français a fait évoluer les délais concernant les cas des délits flagrants à travers les lois du 6 août 1975, 2 février 1981 et 10 juin 1983. La loi du 9 septembre 1986 a porté à deux semaines les délais en cas de renvoi lors du jugement d'un délit flagrant.

procédure de type accusatoire influencée par la procédure française et caractérisée par la publicité, l'oralité et la contradiction des débats. C'est d'ailleurs pour que l'instance se déroule équitablement qu'il est reconnu à la partie poursuivie au Gabon un ensemble de prérogatives, qui peuvent s'analyser comme des garanties procédurales et dont la finalité est d'assurer l'exercice efficace des droits de la défense. Ces garanties sont de deux ordres : elles touchent non seulement les prérogatives relatives aux moyens de défense généraux (§1), mais elles concernent aussi l'exigence de prérogatives au profit de la défense, spécifiques à chaque juridiction (§2).

§1- Les moyens de défense généraux : un classique de tout système juridique

Les moyens de défense généraux peuvent être invoqués comme des moyens de parvenir à une bonne administration de la justice. Ils ont pour fondement l'exigence globale du procès équitable. Et, pour parvenir à cet objectif de procès équitable, les procédures suivies devant les différentes juridictions ont en commun certains principes fondamentaux. Nous sommes ici en présence de principes qui, d'une part, gouvernent l'organisation et le fonctionnement des juridictions pénales et, d'autre part, de principes qui permettent au défenseur de participer au procès, c'est-à-dire l'autoriser à discuter la prétention et à faire valoir ses moyens de défense dans les mêmes conditions que les parties adverses.

La plupart de ces principes sont présents en procédure pénale française depuis la Révolution déjà et pour certains, comme le principe du contradictoire par exemple, depuis plus longtemps encore. Le souci de rendre une bonne justice pénale a en effet conduit à la mise en place progressive des principes de défense généraux au sein du procès pénal en France, notamment pendant l'audience, cœur de la procédure. Mais c'est plus particulièrement en 1789 que les révolutionnaires, animés par la volonté de rompre avec l'arbitraire du pouvoir qui caractérisait l'Ancien Régime, ont pris l'initiative d'inscrire quelques-uns de ces principes, fondamentaux pour la procédure pénale, dans la Déclaration des droits de l'Homme et du Citoyen (DDHC). Le Code d'instruction criminelle de 1808 a donc repris certains de ces principes que l'on retrouve aujourd'hui garantis au plus haut niveau en France. En effet, depuis la décision du 16 juillet 1971 du Conseil constitutionnel français[496], les principes qui y sont inscrits ont valeur constitutionnelle et ont pu être réaffirmés à plusieurs reprises par la jurisprudence du Conseil constitutionnel.

Ces principes ont existé en procédure pénale gabonaise à travers l'application du Code d'instruction criminelle et ont été repris, en l'occurrence les principes ayant trait à l'organisation des juridictions, d'abord dans le Code de procédure pénale de 1961 avant d'être réaffirmés par le législateur en 2010. Bien que leur mise en application ait posé problème dans la pratique gabonaise, ce sont des principes que les juridictions gabonaises se doivent de respecter. Ces principes qui fondent la défense de la personne poursuivie rendent plus contradictoire la procédure suivie devant les juridictions de jugement gabonaises et rapprochent encore plus le droit gabonais du droit français.

Nous verrons donc que les différentes garanties telles que la publicité de l'audience (A), l'oralité des débats (B) et la contradiction (C) sont, effectivement, des moyens de défense généraux nécessaires à la personne poursuivie que le législateur gabonais a tenu à instituer pour gouverner l'organisation de toutes les juridictions pénales gabonaises.

A- La publicité des débats pendant l'audience

Le principe de publicité des débats pendant l'audience est l'un des droits affirmés pour toute juridiction et non pas seulement pour les juridictions pénales. Il consiste à rendre la justice accessible au peuple. En effet, la justice au nom du peuple doit être rendue en sa présence. Cette publicité de l'audience est considérée comme un principe conforme à la fois à l'intérêt des personnes poursuivies, en ce qu'elle assure que l'opinion publique puisse être juge de l'œuvre de justice, mais elle participe également à l'intérêt de la justice elle-même qui y gagne en autorité. C'est un principe de droit affirmé pour toute juridiction et non seulement pour les juridictions pénales. Il s'applique au jugement de l'action civile comme à celui de l'action publique[497]. Il protège « *les justiciables contre*

[496] Décision n°71-44 DC.
[497] Crim. 19 avril 2000, B. 186.

une justice secrète échappant au contrôle du public »[498] tout en préservant la confiance des justiciables dans l'institution judiciaire. Il participe pleinement au droit à un procès équitable.

La publicité des débats signifie que le grand public doit pouvoir accéder à la salle d'audience lors des débats et que tout ce qui a été dit soit publié[499]. La publicité de la justice *stricto sensu* s'entend, en effet, et en principe, de la possibilité pour tous de se déplacer et d'être admis dans les lieux de justice au moment où celle-ci se rend. Le public a donc librement accès aux salles d'audience même s'il est tenu d'assister aux débats sans donner aucun signe d'approbation ou d'improbation. Cette liberté d'accès s'étend aux journalistes et il est alors interdit de procéder à une quelconque censure. L'exigence de publicité rend licite la reproduction des débats par la presse et même la publication des décisions judiciaires. Il s'agit là d'une garantie fondamentale d'une bonne administration de la justice et une garantie pour la personne poursuivie que son procès se déroulant publiquement, au vu et au su de tout le monde, ne sera pas soumis à des pressions occultes et à des manipulations secrètes[500].

Le principe de publicité des débats pendant l'audience figure à l'article 6 § 1 de la CEDH énonçant que la cause des parties doit être entendue publiquement. Il est également affirmé par les articles 12 de la Déclaration universelle des droits de l'Homme et 14 § 1 du Pacte international des droits civils et politiques. Le Conseil constitutionnel français considère que ce principe à valeur constitutionnel est dégagé de la combinaison des articles 6, 8, 9 et 12 de la DDHC[501]. Donc, en droit français la publicité est une règle qui est strictement respectée, le public ayant librement accès aux salles d'audience. Ce principe a été institué

---

[498] CEDH, « 24 nov. 1997, n°21835/93, Werner c/ Autriche : JCP 1998, I, 107, n°27, OBS. SUDRE ; Revue DE SC. CRIM. 1998, 393, OBS. R. KOERING-JOULIN.

[499] GOULESQUE, La presse et l'information sur les enquêtes et les débats judiciaires, RSC, 1974.926 et s.

[500] GUINCHARD S. ET BUISSON J., Procédure pénale, 10e éd. Lexisnexis, 2014, p. 1283.

[501] Déc. 9 mars 2004, n°2004-492 DC ; §117 ; D. 2004, 2756, obs. de Lamy, 956, chron. DOBKINE, 1387, chron. Schoettl ; Revue de sc. crim. 2004, 725, obs. Lazerges.

depuis le Code d'instruction criminelle en France, et même bien avant par une loi du 24 août 1790 renforcée par la Charte constitutionnelle de 1830 dans son article 55. Il a donc toujours été question en France de rendre les débats accessibles au public.

En procédure gabonaise, ce principe a toujours été suivi du fait de l'application du Code d'instruction criminelle français au Gabon et d'ailleurs le législateur gabonais de 1961 avait repris ce principe fondamental dans l'ancien article 124 du Code de procédure pénale dans la même logique que celle du Code d'instruction criminelle français, à savoir que l'instruction des débats à l'audience serait publique, à peine de nullité, à moins que la publicité soit dangereuse pour l'ordre ou les mœurs. Le législateur gabonais de 2010 a repris ce principe à l'article 289 du Code de procédure pénale énonçant dans son alinéa 1er que : « *Les audiences sont publiques, à peine de nullité* ». Cet article qui reprend les termes de l'article 400 du Code de procédure pénale français prévoit aussi dans son deuxième alinéa la publicité de la décision de la juridiction : « *Le jugement sur le fond doit toujours être prononcé en audience publique* ».

On loue le travail du législateur gabonais qui, influencé par le droit français, a prévu dans le Code de procédure pénale ce principe fondamental qu'est la publicité des débats. Bien qu'il n'ait pas une valeur constitutionnelle comme en France, nul doute qu'il a une importance particulière. En effet, la publicité représente l'une des plus solides garanties de la défense, car on aurait du mal à faire confiance à une justice rendue secrètement.

La publicité des débats pendant l'audience est un réel droit pour la personne poursuivie. Néanmoins, la portée de ce principe est mise à mal par la jurisprudence française qui, en cas de non-respect du principe, ne prévoit pas de véritables sanctions (1). De même, l'article 289 du CPP gabonais prévoit une exception à la règle de publicité des débats lors de l'audience en précisant, comme c'est le cas en droit français, que la juridiction peut ordonner le huis clos d'office ou à la demande d'une ou de plusieurs parties, pour tout ou partie des débats, lorsque la publicité apparaît dangereuse pour l'ordre public ou les bonnes mœurs. Ce qui fait qu'il existe une autre restriction au principe de la publicité outre l'inexistence de sanction en cas de non-respect, que ce soit en droit gabonais ou en droit français (2).

1- La portée du principe mise à mal par la jurisprudence française

Le principe de la publicité des débats constitue l'une des plus importantes garanties pour le prévenu ou l'accusé qui est assuré, du fait de l'assistance du public aux débats, que la vérité ne sera pas étouffée. En effet, la présence du public à l'audience a une influence sur l'action du juge à se contrôler et, par voie de conséquence, à garantir les droits de la défense de la personne poursuivie. On comprend alors pourquoi le Code de procédure pénale gabonais fait de la publicité des débats une formalité substantielle sanctionnée par la nullité du jugement ou de l'arrêt qui ne l'aurait pas expressément inséré dans son dispositif.

En France, ce principe est assuré de manière plus accrue puisqu'est prévue la possibilité de l'archivage en vidéothèque, pendant cinquante ans, de certains procès filmés, mais également en cas de procès aux assises, l'obligation d'un enregistrement sonore et audiovisuel (facultatif). C'est également la Cour de cassation française qui, à travers sa jurisprudence, a tendance à restreindre la portée du principe de publicité. En effet, celui de la publicité des débats a été restreint par la Cour de cassation française au travers de la sanction qui lui est applicable. Celle-ci a jugé qu'une absence de publicité, qu'elle relève comme fautive, ne doit pas être sanctionnée si elle n'a pas porté préjudice aux intéressés[502]. C'est d'abord dire que la publicité ne relève pas de l'ordre public, c'est ensuite confirmer le point de vue qui s'installe systématiquement selon lequel il n'y a plus de nullité qui doive être prononcée sans grief. C'est, enfin, dire indirectement, mais nécessairement que l'absence de publicité ne pourra plus jamais être sanctionnée, car on voit mal comment un préjudice pourrait être démontré en cas de non-respect du principe. La procédure gabonaise, où il n'y a pas encore de jurisprudence nationale sur cette question, va incontestablement s'aligner sur cette vision restreinte de la nullité de la procédure en cas de non-respect du principe de publicité.

---

[502] Crim. 7 mai 1996, B. 195 ; 15 juin 1999, D. 1999.689 note D. Meyer et Chassaing.

En revanche, en droit européen, la nécessité d'une instance publique est souvent réaffirmée par la commission et par la cour, « *afin de protéger les justiciables contre une justice secrète échappant au contrôle du public* ». Cette publicité « *constitue l'un des moyens qui contribuent à réaliser le but de l'article 6-1 : le procès équitable dont la garantie compte parmi les principes de toute société démocratique au sens de la convention* »[503]. La Cour européenne exige le respect de cette règle en appel aussi,[504] mais permet aux parties d'y renoncer de leur plein gré, de manière expresse ou tacite, à la condition que cette renonciation ne soit point équivoque et ne se heurte à aucun intérêt public important[505].

En dehors de cette restriction purement jurisprudentielle liée à la sanction applicable au non-respect du principe de publicité de l'audience, il existe incontestablement d'autres restrictions, légales et jurisprudentielles au principe de publicité des débats pendant l'audience. Le droit gabonais s'est tout simplement aligné sur ce que le droit français avait prévu.

2- L'existence de restrictions au principe

Les textes en droits gabonais et français posent le principe de publicité des débats devant chaque juridiction. Toutefois, il existe plusieurs hypothèses selon lesquelles ce principe fait l'objet d'une restriction, voire d'une suppression. En effet, il existe quelques règles supprimant ou restreignant la publicité de tel ou tel type d'audience, mais ces exceptions sont de droit étroit et en cas de doute sur le point de savoir si une procédure doit être publique ou non, la Cour de cassation française indique que c'est la publicité qui prévaut[506].

D'abord, une décision de jugement à huis clos peut être prise par toute juridiction, y compris par celle dont la publicité est déjà restreinte comme les juridictions pour mineurs par exemple. En effet, l'article 371 du Code de procédure pénale gabonais inspiré de l'article 80 de l'Ordonnance française du 2 février 1945 prévoit en son 1er alinéa que

[503] Arrêts PRETTO et AXEN, 8 déc. 1983 et SUTTER, 22 fév. 1984.
[504] CEDH, 29 oct. 1991, CLUNET 1992.793, obs. P.T.
[505] CEDH, 21 fév. 1990, CLUNET 1991.770, obs. P.T.
[506] Crim. 7 nov. 2006 et 30 janv. 2007, D. 2017.1818.

les mineurs âgés de treize à dix-huit ans sont jugés par le tribunal correctionnel ou la cour criminelle en chambre du conseil, donc à huis clos.

Ensuite, les articles 306, 400 et 512 du Code de procédure pénale français et l'article 289 du Code de procédure pénale gabonais prévoient que le tribunal peut, s'il estime la publicité dangereuse pour l'ordre ou les mœurs, ordonner que les débats aient lieu à huis clos, ce dernier étant une prérogative de la juridiction qui ne peut être prise que par celle-ci en formation et non par son président statuant seul[507]. Il être prononcé pour tout ou partie des débats, ce qui se comprend puisque la publicité est le principe et qu'il ne doit y être porté atteinte que pour ce qui est strictement nécessaire. Si le Code de procédure pénale français prévoit un huis clos à la demande de la victime partie civile, en cas d'infraction de viol, de tortures et actes de barbarie accompagnés d'agressions sexuelles, le législateur gabonais n'a pas prévu de disposition équivalente, mais, en pratique, les juridictions gabonaises ordonnent le huis clos en cas de jugement d'une affaire de viol et autres violences sexuelles, cette décision étant motivée par les dangers qu'une grande publicité ferait courir aux bonnes mœurs. Une juridiction gabonaise[508] s'est d'ailleurs prononcée en faveur du huis clos concernant une affaire de contamination volontaire du sida.

Le droit français prévoit, en outre, un huis clos de protection des témoins. Pour le jugement de certaines infractions (crime contre l'humanité, crime de disparition forcée, crime de tortures ou actes de barbarie, crime de guerre et crime relatif à la délinquance organisée devant le tribunal correctionnel), la législation française a décidé que la juridiction pouvait, par décision prise en audience publique, ordonner le huis clos lors de l'audience d'un témoin si la déposition publique de celui-ci était de nature à mettre gravement en danger sa vie ou son intégrité physique ou celle de ses proches[509].

Les articles 404 du CPP français et 293 du CPP gabonais prévoient, de la même manière, la possibilité d'évacuation des perturbateurs. La

[507] Crim. 12 juin 1949, B. 134 ; 12 fév. 1986, B. 57.

[508] Tribunal de première instance de Libreville, chambre pénale, 30 juil. 2004, répertoire 89.

[509] Art. 306 et 400-1 CPP.

résistance à cet ordre constitue une infraction d'audience à propos de laquelle le président peut faire délivrer un mandat de dépôt et la juridiction prononcer sur le champ une peine d'emprisonnement sans préjudice des autres infractions qui pourraient être commises dans le même temps.

Enfin, reprenant l'article 402 du Code de procédure pénale français, le législateur gabonais a également prévu à l'article 291 du Code de procédure pénale que le président du tribunal puisse interdire l'accès de la salle d'audience aux mineurs ou à certains d'entre eux. Si l'idée peut se comprendre, sa réalisation n'en est pas moins sujette à critique. Il paraîtrait utile, tout d'abord, de distinguer selon que les mineurs sont ou non accompagnés du représentant de l'autorité parentale qui est le meilleur juge de ce que l'enfant peut voir ou entendre. Il est surtout condamnable que le président du tribunal interdise l'audience aux mineurs (ou à certains d'entre eux) sans se référer à des catégories (d'âge notamment), car cela laisse au président un pouvoir arbitraire de la composition du public qui n'est en rien justifié.

Le principe de publicité est, dans l'ensemble, bien respecté par les juridictions gabonaises et françaises. Ces juridictions respectent-elles tout aussi bien le principe d'oralité des débats ?

B- L'oralité des débats pendant l'audience

Le principe de l'oralité des débats, d'origine franque et féodale[510], a été institué en France par la loi des 16-29 septembre 1791 concernant la procédure pénale. Ce principe ne fait l'objet d'aucune définition légale ou jurisprudentielle que ce soit en droit français ou en droit gabonais. Il est cependant déduit des dispositions de l'alinéa 3 de l'article 347 du Code de procédure pénale français selon les termes duquel le président ordonne, une fois les débats clos, que le dossier de la procédure soit remis aux mains du greffier. C'est donc selon ce qui résulte de l'instruction orale devant la cour et non du dossier – écrit – de la procédure que doit se former la conviction de la juridiction. En droit gabonais c'est l'alinéa 2 de l'article 313 du Code de procédure pénale

---

[510] Claude-Philippe Barrière, "*L'oralité des débats devant le tribunal d'instance*", Gaz. Pal. 1987.1. Doctr. 420.

qui précise que le tribunal ne peut fonder sa décision que sur des preuves qui lui sont apportées au cours des débats et contradictoirement discutées devant lui. Le législateur gabonais a ainsi prévu, comme son homologue français, que rien ne doive remplacer le débat oral pour forger l'intime conviction du juge, surtout en matière pénale. C'est une constance du procès accusatoire gabonais qui marque, encore une fois, l'influence du droit français sur le droit gabonais.

La doctrine[511] enseigne qu'une procédure orale est « *une procédure qui, ne faisant aucune part aux écritures (...), repose exclusivement sur de simples échanges verbaux, dont principalement le débat à l'audience* »[512]. L'oralité des débats est donc caractérisée par des échanges verbaux lors de l'audience et non par des échanges de conclusions écrites. En effet, la parole fait partie intégrante des garanties offertes à la personne poursuivie en phase d'audience et les seuls éléments écrits du dossier peuvent ne pas être suffisants pour influencer le juge, l'oralité lui permettant de vérifier que ce qui est dit correspond à ce qui a été écrit dans les procès-verbaux.

Ce principe d'oralité découle donc de l'intime conviction du juge selon laquelle la valeur des preuves est appréciée librement par lui : en vertu de l'oralité, le juge ne doit pouvoir se décider que sur des preuves qui ont été directement et immédiatement soumises aux débats, donc devant lui[513]. Et l'audience doit être l'occasion d'une instruction détaillée du dossier pour éclairer les juges.

D'une manière plus générale, il est essentiel que les différents acteurs du procès pénal puissent s'exprimer directement à l'audience, les parties, les témoins, les experts, les avocats des parties, le parquet par ses réquisitions[514]. Il faudra donc lire à l'audience les pièces du dossier que l'on souhaite faire verser aux débats.

Le principe de l'oralité appliqué au Gabon correspond à ce qui se fait en France depuis des années. Bien que le respect dudit principe ne laisse plus aucun doute en procédure gabonaise (1), ce dernier connaît tout de

---

[511] G. CORNU, Vocabulaire juridique, PUF, 1987, p. 627.
[512] G. Cornu, Vocabulaire juridique, PUF, 1987, p. 627.
[513] MERLE et VITU, Traité de droit criminel, T. II (4e éd.), p. 700, n°611 et s.
[514] GUINCHARD S. et BUISSON P., Procédure pénale, *op. cit.*, p. 1286.

même des limites qui correspondent à celles que l'on retrouve en droit français (2).

1- Le principe d'oralité bien appliqué en droit gabonais

L'application du principe d'oralité des débats a pour conséquence que l'ensemble des preuves doit être débattu oralement devant la juridiction de jugement. Et le droit gabonais prévoit que le prévenu ou l'accusé soit interrogé pendant l'audience ; les personnes qui ont constaté les infractions (officiers de police judiciaire, voire juge d'instruction) sont entendues ainsi que les témoins et les experts qui déposent avant de répondre à des questions ; les pièces à conviction circulent ou sont montrées ; le ministère public et les avocats des parties civiles font oralement leurs réquisitions et leurs plaidoiries ; les défenseurs des personnes poursuivies plaident, une partie de l'audience étant consacrée aux plaidoiries orales des avocats des parties et au réquisitoire du ministère public. Les témoins entendus au cours de l'enquête ou de l'instruction sont à nouveau appelés à l'audience pour confirmer leurs dépositions ainsi que les experts pour affirmer verbalement les conclusions de leurs rapports. Les parties peuvent échanger oralement leurs demandes et leurs moyens et ne sont pas tenues de présenter des conclusions écrites. Tout comme l'avait affirmé la Cour de cassation française[515], il est possible en droit gabonais pour les parties lors de l'audience de présenter oralement de nouvelles demandes, des fins de non-recevoir et des exceptions de procédure.

L'oralité des débats de l'audience gabonaise conduit ainsi à limiter la possibilité d'utiliser directement comme preuves les actes réalisés au cours de l'enquête et de l'instruction préparatoire. C'est pourquoi le principe d'oralité est considéré comme proche du principe appelé principe d'immédiateté[516]. Et, à l'extrême, le principe d'oralité implique que si le témoin a varié sa version au cours de la procédure, ce qu'il dit à l'audience doit être préféré à ce qu'il a exprimé au cours de la phase

[515] Cass. 2e civ., 19 mars 2015, n°14-15.740.

[516] Selon HUNERFELD P., avec l'immédiateté, le tribunal doit se baser sur ses propres observations et ne doit pas faire usage des preuves médiates pour remplacer les preuves immédiates, RIDP, 1986, vol. LVII, p. 437.

préparatoire dans le procès-verbal de son audition[517]. Dans la pratique, certains juges s'appuient beaucoup plus sur les déclarations orales qu'écrites parce qu'elles sont faites devant eux et sans aucune contrainte policière même si d'autres estiment qu'ils ne doivent statuer qu'en fonction des convictions qu'ils ont acquises de tous les éléments de preuve produits au cours de l'instruction définitive.

Le principe d'oralité est clairement appliqué en droit gabonais ce qui le rapproche encore un peu plus du droit français. C'est l'application similaire de ce principe au Gabon et en France qui fait que, lorsque les débats sont terminés, la cour criminelle ou la cour d'assises en France n'emportent pas le dossier de l'affaire dans la salle des délibérations, le délibéré devant être vidé oralement. Ces deux droits ont une application si similaire du principe de l'oralité des débats qu'ils prévoient, dans les mêmes conditions, les limites de ce dernier.

2- Les limites au principe d'oralité des débats

La règle d'or de l'oralité des débats, censée apporter plus de célérité au procès pénal, connaît toutefois des limites que l'on retrouve en droit gabonais tout comme en droit français. Ces limites ont trait à l'acceptation de l'écrit lors de l'audience. En effet, l'analyse des dispositions des Codes de procédure pénale gabonais et français ainsi que de la pratique dans les deux pays montre que le principe d'oralité n'est pas si tenace puisque l'instruction de l'affaire devant le tribunal correctionnel ou devant la cour criminelle est émaillée d'écrits judiciaires (procès-verbaux des débats, feuilles de questions, conclusions…) qui apportent des limites au principe d'oralité dans son sens absolu.

L'analyse des dispositions des Codes de procédure pénale gabonais et français montre tout d'abord que, devant les tribunaux correctionnels français ou gabonais, le président peut autoriser exceptionnellement le témoin à s'aider de documents comme le prévoit l'article 452 du Code de procédure pénale français selon lequel « *les témoins déposent oralement. Toutefois ils peuvent, exceptionnellement, s'aider de documents avec l'autorisation du président* » et l'article 536 du même

---

[517] PRADEL J., Procédure pénale, *op. cit.*, p. 810.

Code ainsi que l'article 332 du Code de procédure pénale gabonais selon lequel « *les témoins déposent oralement. Toutefois, ils peuvent, exceptionnellement, s'aider des documents avec l'autorisation du président* ». Aussi, les experts, qui font leur rapport oralement, peuvent consulter des notes en vertu de l'article 168 du Code de procédure pénale français étant dit que « *les experts exposent à l'audience, s'il y a lieu, le résultat des opérations techniques auxquelles ils ont procédé, après avoir prêté serment d'apporter leur concours à la justice en leur honneur et en leur conscience. Au cours de leur audition, ils peuvent consulter leur rapport et ses annexes* » et de l'article 137 du Code gabonais qui stipule que « *les experts sont entendus si nécessaire à l'audience en qualité de témoins. Ils peuvent, dans ce cas, consulter leur rapport et ses annexes* ». Le Code de procédure pénale gabonais, à l'article 221, admet également que le ministère public peut prendre des réquisitions écrites sur lesquelles la cour criminelle ou le tribunal correctionnel doivent statuer immédiatement. De même, le greffier tient note des débats : de manière complète en matière correctionnelle et de police en vertu des articles 453 – « *Le greffier tient note du déroulement des débats et principalement, sous la direction du président, des déclarations des témoins ainsi que des réponses du prévenu* » –, et 536 du Code de procédure pénale français et de l'article 287 du Code de procédure pénale gabonais selon lequel « *les jugements rendus en audiences foraines sont transcrits sans délai par le greffier ou, à défaut, par un président sur un registre spécial. Ils contiennent les énonciations ordinaires des déclarations des inculpés et des dépositions des témoins* » et plus sommairement en matière criminelle, selon les articles 333 – « *Le président fait dresser d'office ou à la requête du ministère public ou des parties, par le greffier, un procès-verbal des additions, changements ou variations qui peuvent exister entre la déposition d'un témoin et ses précédentes déclarations. Ce procès-verbal est joint au procès-verbal des débats* » – du Code de procédure pénale français et 221 du Code de procédure pénale gabonais selon lequel « *le ministère public peut prendre au cours des débats des réquisitions orales ou écrites sur lesquelles la cour statue immédiatement* ».

L'analyse de la pratique gabonaise et même de la pratique française ainsi que de l'article 315 du Code de procédure pénale français montre ensuite que les parties peuvent déposer des conclusions écrites pour lesquelles la cour est tenue de statuer, notamment sur les intérêts civils pour lesquels des précisions peuvent être nécessaires. Ce droit est essentiel même s'il constitue une limite au principe de l'oralité des débats, car il établit sans contestation possible la volonté de la défense d'obtenir de la cour une décision sur un point précis utile à sa cause, faisant l'objet de sa demande. Il permet à la défense d'intervenir à tout moment également pour s'opposer à ce qui lui semble être une atteinte à ses droits[518]. Ces conclusions peuvent être déposées au cours des débats, voire même après, tant que la cour n'a pas statué sur le fond qui met fin à l'instance[519].

Il y a donc ici encore une véritable influence du droit français sur la garantie des droits de la défense en droit gabonais en ce qui concerne l'oralité des débats au cours des audiences correctionnelles ou pénales de sorte que l'on retrouve dans ces deux droits des limites similaires au principe d'oralité. L'influence du droit français sera encore plus considérable sur l'aspect le plus marquant de la défense à ce stade de la procédure, à savoir sur la garantie du droit à la contradiction.

C- Le principe de la contradiction

En droit gabonais, le principe de la contradiction de la procédure menée à l'audience se manifeste à plusieurs égards et si ce principe implique en règle générale que le plaideur soit informé de certains éléments, il induit encore plus que le plaideur peut participer au procès, c'est-à-dire qu'il a la possibilité de discuter la prétention. Cela signifie que la partie poursuivie doive être en mesure de discuter des éléments qui lui sont communiqués, mais également d'apporter ses propres arguments[520]. Ainsi, le trait le plus important de l'influence du droit français sur la contradiction dans la procédure à l'audience gabonaise est sans doute la possibilité offerte par le législateur à chaque partie de discuter les éléments soumis par ses adversaires à l'audience. Cette possibilité, néanmoins, sera vaine sans la présence de la personne poursuivie à l'audience, d'où la prévision de manière générale par les différents

---

[518] ANGEVIN H., La pratique de la cour d'assises, *op. cit.*, p. 163.

[519] Cass. crim., 8 mai 1930, Bull. crim., n°138.

[520] FLEUCHEUX G. « Le droit d'être entendu », in Mélanges Bellet, Litec, 1991, pp. 149 et s. ; FRISSON-ROCHE M.-L., Généralités sur le principe du contradictoire, thèse, Paris II, 1998, n°12.

systèmes de droits, et donc par le système gabonais, de la possibilité pour la personne poursuivie du droit de prendre part à l'audience en personne. Cette présence à l'audience se trouve renforcée par l'assistance d'un défenseur pendant les débats lors d'un procès pénal.

Véritable droit pour la défense, la contradiction de la procédure à l'audience est aujourd'hui d'application généralisée devant les juridictions répressives gabonaises. En effet, la procédure gabonaise, influencée par le droit français, place les parties sur un même pied d'égalité pendant l'audience de jugement : les parties peuvent discuter les éléments soumis à l'audience, solliciter une mesure d'instruction qu'elles estiment opportune ou un supplément d'information. Les parties ont, par ailleurs, la latitude de poser des questions aux témoins et de présenter les leurs propres. À cet effet, le législateur gabonais a renforcé le caractère contradictoire de la procédure en instituant des procédés d'interrogatoire et de contre-interrogatoire du droit français. La jurisprudence française prévoit par ailleurs que la juridiction ne puisse fonder sa conviction sur des pièces et éléments qui n'ont pas été portés à la connaissance de toutes les parties et n'ont pas pu être discutés par elles[521]. En effet, le principe de la contradiction consiste aussi en France, pour les parties, à prendre connaissance de toute pièce ou observation présentée au juge, en vue d'influencer sa décision, d'où la nécessité que les éléments de preuve soient produits en présence de la personne poursuivie lors de l'audience publique en vue d'un débat contradictoire[522].

Le principe de la contradiction correspond finalement au principe d'égalité des armes comme indiqué dans l'arrêt Lamy rendu le 30 mars 1989 par la Cour EDH[523]. Selon celui-ci, à l'audience, toutes les parties ont droit à la parole, y compris la personne poursuivie et avant la clôture des débats, le président de la juridiction est tenu de s'assurer que les arguments avancés et les pièces produites aient réciproquement été discutés.

---

[521] Crim. 3 févr. 1921, D.1923.1.86 ; 26 déc. 1961, B. 560 ; 29 mars et 22 juin 1977, B. 116 ET 234 ; 8 janv. 2013, B. 8.

[522] C'est la définition donnée par la CEDH, v. par exemple 20 février 1996, Lobo-Machado, §31 et Vermeulen, §33.

[523] Série A n°151, p. 19, § 42

Finalement, le choix de renforcer les droits de la défense de la partie poursuivie par le respect du principe de la contradiction passe, en droit gabonais, par la présence de la personne poursuivie aux débats (1), son droit à la parole (2), mais aussi par l'assistance d'un conseil (3).

1- La présence de la personne poursuivie aux débats

Nous avons vu que la procédure devant les tribunaux répressifs au Gabon était dominée par le principe d'oralité des débats ; de ce fait, la présence de la personne poursuivie à l'audience est indispensable pour qu'elle puisse se défendre contre les faits qui lui sont reprochés. Le tribunal doit alors s'assurer de la comparution personnelle de la personne poursuivie et entreprendre toutes les démarches nécessaires à cette fin. Dans cette optique, la cour de cassation française prévoit que la présence des parties, et spécialement celle de la personne poursuivie, est nécessaire, et ce, à peine de nullité[524]. Le Code d'instruction criminelle avait déjà institué cette règle de la présence obligatoire de l'accusé[525] en droit gabonais de par son application au Gabon. Ensuite, le Code de procédure pénale gabonais de 1961 puis celui de 2010 ont repris cette nécessité[526] : libre, le délinquant doit déférer à la convocation ; détenu, il est extrait de la maison d'arrêt et conduit aux débats. Ainsi, la juridiction qui souhaite la comparution de la personne poursuivie peut renvoyer l'affaire à une date ultérieure, en cas de non comparution de celle-ci, en demandant au ministère public de faire délivrer une nouvelle citation. C'est dire l'importance que revêt la présence physique de la personne poursuivie au procès pour sa défense : recueillir ses explications, mais encore engager avec elle la contradiction sur les éléments de preuve recueillis.

---

[524] Cass. crim. 22 juin 1988, B.C., n°286, RSC, 1988, 826, OBS. A. BRAUNSCHEIG, l'accusé doit, en règle générale, être présent à toutes les parties du débat oral.

[525] Art. 185 du Code d'instruction criminelle ; Pradel J., « L'audience en l'absence de l'accusé en droit français » APC, 1980, p. 129.

[526] Art. 299 du Code de procédure pénale : « Le prévenu régulièrement cité à personne doit comparaître à moins qu'il ne fournisse une excuse valable au tribunal. Le prévenu a la même obligation lorsqu'il est établi que, bien que n'ayant pas été cité à personne, il a eu connaissance de la citation régulière le concernant, dans le cas prévu à l'article 420 ci-dessous ».

Comme l'ont écrit MM. Stefani et Levasseur[527], le caractère contradictoire des débats ne peut vraiment exister à l'égard du prévenu que si ce dernier comparaît. Dans la mesure où l'accent est mis sur la personnalité du prévenu lors des débats, il est nécessaire que celui-ci comparaisse personnellement[528]. En exigeant la comparution physique du prévenu dès la première audience, le législateur gabonais manifeste par là même son souhait de voir appliquer le principe de la contradiction au moment des débats. Ce qui rapproche encore un peu plus la procédure gabonaise de celle pratiquée en France. Le rapprochement de ces deux droits concerne également la garantie du droit à la parole de la personne poursuivie lors de l'audience.

2- Le droit à la parole de la personne poursuivie pendant les débats

Le rapprochement le plus marquant entre les droits français et gabonais lors de la procédure de jugement est sans doute la mise en place du caractère accusatoire de la procédure de jugement par le législateur gabonais. Toutefois, le caractère accusatoire de la phase de jugement n'est pas nouveau en procédure pénale gabonaise, eu égard à sa manifestation dans le Code d'instruction criminelle par le droit à la parole accordé à la partie poursuivie.

Le droit à la parole comporte, pour la personne poursuivie, la possibilité d'être entendu sur les faits qui sont reprochés. En effet, entre l'exigence de protéger la société contre la menace permanente des délinquants et celle du respect de la présomption d'innocence et des droits de la défense qui gouvernent le procès pénal, les magistrats du parquet et du siège doivent d'abord interpeller l'individu qu'ils soupçonnent être l'auteur de l'infraction afin qu'il fournisse des moyens de défense avant que le jugement n'intervienne. Cette obligation légale permet aux autorités judiciaires de s'assurer que, en dépit des alibis fournis par l'accusé, ce dernier n'ait pu dissiper l'ombre de soupçons faisant de lui l'auteur des faits.

---

[527] G. STEFAN ET G. LEVASSEUR, Procédure pénale, D., 10e éd., Paris 1997, n°558, p. 588.

[528] P. BOUZAT, Traité de droit pénal et de criminologie, T.II., D., Paris, 1970, 2e éd., p. 1301.

Le droit à la parole est donc véritablement une garantie pour l'auteur présumé des faits, il passe par son droit de se faire interroger afin de mieux s'expliquer sur les faits, sachant que l'interrogatoire de la personne poursuivie est aujourd'hui le moyen le plus utilisé par la justice répressive dans la recherche de la vérité. Il a pour but d'entendre les explications du prévenu ou de l'accusé pour les vérifier, de consigner ses dénégations ou ses aveux et de rechercher dans ses déclarations la vérité des faits[529]. Muyart de Vouglans[530] dit dans ses institutes qu'« *il apparaît que l'interrogatoire n'a pas seulement été introduit parmi nous pour faciliter la découverte de l'infraction, mais encore pour favoriser la défense de l'accusé, en lui donnant un moyen de faire valoir les raisons qui peuvent servir à justifier, moyen d'autant plus précieux pour lui que jusqu'alors toute la procédure criminelle s'est instruite à son insu* ». Lamoignon[531], quant à lui, déclarait dans les conférences qui avaient précédé l'ordonnance de 1670 qu'« *interroger les accusés était absolument nécessaire, parce que c'est principalement dans l'interrogatoire que l'accusé peut employer les moyens naturels de sa défense et parce que c'est en cette occasion principalement que le juge, par sa prudence et son autorité, peut découvrir la vérité et pénétrer dans les déguisements d'un criminel* ». En droit gabonais, l'interrogatoire de la personne poursuivie est prescrit à tous les stades du procès pénal, mais comme moyen de défense, l'interrogatoire de la personne poursuivie devant être réalisé au moins une fois au cours de l'audience de jugement.

L'obligation d'interroger le prévenu s'impose ainsi au juge lors de l'instruction à l'audience. Cet interrogatoire se fait normalement de vive voix même si le juge peut, après un interrogatoire direct, rappeler au prévenu ses déclarations consignées à l'instruction préparatoire, aux fins d'information, infirmation ou précision. On voit, une fois de plus ici, la similitude entre les droits gabonais et français, ce dernier prévoyant aussi que la personne poursuivie soit interrogée à chaque phase de la procédure et surtout pendant l'audience de jugement.

Par ailleurs, la personne poursuivie, interrogée ou non, doit pouvoir parler librement et faire des observations sur ce qui est dit et produit par

---

[529] F. Hélie, Traité d'instruction criminelle, tome IV, 1866, Paris, p. 565.

[530] Muyart de Vouglans, Institutes au droit criminel, 1727, Chap. X, p. 267.

[531] Lamoignon, Procès-verbal des conférences qui avaient précédé l'ordonnance de 1670, p. 154.

les autres parties à l'audience. Elle est également autorisée à discuter des rapports et procès-verbaux produits par des experts et des officiers ou agents de police judiciaire à l'audience. En pratique, ce sont les conclusions de ces rapports et procès-verbaux qui sont contradictoirement discutés à l'audience. Toujours est-il que la partie poursuivie est autorisée à discuter tout élément de preuve soumis par le président. Il en est ainsi des pièces à conviction, des preuves recueillies au cours d'une perquisition ou d'un transport sur les lieux.

Le droit à la parole de la personne poursuivie pendant l'audience de jugement se manifeste véritablement aussi par la possibilité qu'elle a de discuter des témoignages entendus à l'audience. En pratique, la personne poursuivie procède à l'interrogatoire et au contre-interrogatoire des témoins des parties poursuivantes ou des témoins qu'elle a elle-même librement présentés. Les questions sont directement posées aux témoins par toutes les parties ou leurs conseils. Et, si le droit gabonais autorise cette pratique qui consiste pour la personne poursuivie à procéder à des interrogatoires ou contre-interrogatoires, il est dommage que la réforme opérée en France en 2010 par la loi du 15 juin 2000[532] n'ait pas été suivie au Gabon. En effet, depuis cette loi, la pratique de l'interrogatoire direct a été introduite en France alors que, malgré la réforme de 2010, au Gabon les avocats, comme le ministère public, doivent poser leurs questions par l'intermédiaire du président. Toujours est-il qu'un véritable droit à l'interrogatoire ou au contre-interrogatoire a été institué en procédure gabonaise (a). D'autant plus que le droit à la parole permet aussi à la personne poursuivie d'avoir la parole en dernier (b). C'est en ce sens qu'est désormais orienté le droit à la parole de la partie poursuivie au Gabon.

a- Le droit de poser des questions : l'interrogatoire et le contre-interrogatoire renforcés durant les audiences pénales gabonaises

Véritable droit de la défense et réelle consécration de la vision accusatoire de la partie décisoire du procès pénal gabonais, le droit à la parole de la personne poursuivie passe par la consécration en 2010 du droit pour le défenseur lui-même ou son avocat de poser des questions, par l'intermédiaire du président du tribunal. Cette prérogative est

---

[532] GUINCHARD S., BUISSSON J., Procédure pénale, *op. cit.*, p. 1072.

semblable au droit français d'avant la réforme du 15 juin 2000 dans le sens où l'article 217 du Code de procédure pénale gabonais dispose que « *l'accusé, la partie civile ou leurs conseils peuvent poser des questions aux accusés, co-accusés et aux témoins par l'intermédiaire du président* ». Ainsi, la personne poursuivie et son défenseur se trouvent-ils sur un même pied d'égalité concernant la possibilité de poser des questions même si en droit français, aujourd'hui, seule la personne poursuivie passe par l'intermédiaire du président pour poser des questions, l'avocat ayant la possibilité d'interroger directement les témoins. La mise en œuvre de la question directe a rendu le débat plus interactif en France, car elle a supprimé l'intervention artificielle du président qui consistait à dire à la personne interrogée après qu'une partie lui a soumis une question, « *répondez* ». Cet interrogatoire direct oblige, par ailleurs, la personne interrogée à répondre plus rapidement, ce qui permet d'apprécier la spontanéité de cette dernière.

Le droit pour l'accusé ou son avocat de poser des questions, même si c'est par l'intermédiaire du président, est toutefois considéré comme l'un des plus importants que possède la personne poursuivie au cours des débats : elle répond à la nécessité éthique qui commande de renforcer le caractère contradictoire, l'égalité des armes et le rôle de l'avocat dans le procès pénal[533]. De ce fait, la personne poursuivie ou son avocat auront le droit d'interroger ou faire interroger les témoins à charge. Ils ont également un droit à l'interrogatoire des témoins à décharge dans les mêmes conditions que les témoins à charge[534]. En effet, « *en débattant des preuves à l'audience, en croisant le fer avec l'ensemble de ses contradicteurs, l'avocat participe de façon active au débat judiciaire, donnant aux juges des moyens nouveaux pour forger*

---

[533] AYELA C., et DASSA-LE-DEIST D., « *Le développement de la cross examination dans le procès pénal français. Une approche éthique* », JCP., 2006, I, 186.

[534] Les articles 6-3d, conv. Edh et 444 CPP français affirment de manière voisine que : peuvent avec l'autorisation du tribunal, être admises à témoigner les personnes proposées par les parties, qui sont présentes à l'ouverture des débats sans avoir été régulièrement citées, toute partie pouvant par ailleurs citer des témoins (art. 329, 397 et 435 CPP français) ; de cela s'est inspiré l'article 290 qui affirme dans son 2e alinéa que les avocats et les parties citées peuvent interroger directement les personnes entendues sous le contrôle du président.

son impartialité, une intime conviction »[535]. L'avocat de la défense interroge un témoin à décharge et contre-interroge un témoin à charge[536]. À l'inverse, le ministère public et l'avocat de la partie civile, hostiles à la personne poursuivie, interrogent un témoin à charge et contre-interrogent un témoin à décharge. Le président qui, en l'état de la procédure pénale, est le premier à poser des questions à un témoin après sa déposition à l'audience, conduit alors un interrogatoire et non un contre-interrogatoire, que ce témoin soit à charge ou à décharge, le président étant en principe impartial. Le droit français va encore plus loin, car la jurisprudence française prévoit la possibilité pour l'accusé de faire citer des témoins favorables pour les faire interroger ensuite : les juges d'audience sont en principe tenus de procéder à une audition réclamée par le prévenu[537] et ils ne peuvent s'affranchir de ce devoir qu'en motivant très soigneusement leur refus par une impossibilité ou par de graves difficultés suscitées par un risque de pressions ou représailles, qu'il s'agisse d'une procédure correctionnelle ou d'une procédure criminelle.

L'objectif d'un tel interrogatoire ou contre-interrogatoire peut être de détruire la crédibilité du témoin, d'obtenir des clarifications sur un point particulier ou de faire ressortir une faiblesse, voire une contradiction, de la version donnée lors de l'interrogatoire. Si un témoignage à charge comporte des zones d'ombre ou des imprécisions, l'avocat de la défense pourra, parfois, par un contre-interrogatoire efficace du témoin, jeter un doute sur la fiabilité de sa version des faits. Même lorsqu'il vise le témoin le plus honnête qui soit, il peut permettre de jauger la fragilité des témoignages. Il peut servir, par exemple, à montrer le handicap visuel ou auditif d'un témoin. Il peut permettre également d'établir que les conditions météorologiques pertinentes aient pu limiter la capacité d'observation d'un témoin ou que des médicaments pris par le témoin

---

[535] AYELA C., et DASSA-LE-DEIST D., « *Le développement de la cross examination dans le procès pénal français. Une approche éthique* », JCP., 2006, I, 186.

[536] Ce droit est rappelé dans l'article 6 § 3 de la Convention européenne des droits de l'Homme, au terme duquel « *tout accusé a droit notamment à (...) interroger ou faire interroger des témoins à charge et obtenir la convocation et l'interrogation des témoins à décharge dans les mêmes conditions que les témoins à charge* ».

[537] Ass. plen., 2 déc. 2005, Bull. crim., déc. 2005, n°3.

aient pu avoir un effet sur sa vision ou son ouïe. Son importance ne peut être mise en doute. C'est le moyen par excellence d'établir la vérité et d'établir la véracité, l'avocat se faisant ainsi accoucheur de la vérité en éliminant les témoignages fragiles et en permettant aux parties de confronter leurs vérités[538]. Le contre-interrogatoire est, en outre, un avantage pour que la personne poursuivie puisse présenter une défense pleine et entière. La possibilité de contre-interroger les témoins constitue en effet un élément fondamental du procès équitable auquel l'accusé a droit. Il s'agit d'un principe bien établi en procédure gabonaise.

Cependant, poser deux ou trois questions est une chose, interroger en est une autre. Interroger, c'est poser directement au témoin une série de questions et non des questions isolées. L'interrogatoire doit avoir un rythme. Par ailleurs, on n'interroge pas de la même manière un témoin dont la version est favorable aux intérêts qu'on représente et un témoin hostile. Pour autant, ceux qui fréquentent aujourd'hui les salles d'audience gabonaises n'assistent pas à un enchaînement d'interrogatoires et de contre-interrogatoires, comme on en voit dans les films américains, car, de manière générale, en matière pénale, les avocats ne posent pas beaucoup de questions aux témoins ; ce constat peut également se faire concernant la procédure en France. Rares sont ceux qui savent conduire un interrogatoire et un contre-interrogatoire, comme on sait le faire dans les pays anglo-saxons. Il appartient désormais aux avocats de contribuer à l'amélioration de la justice en pratiquant régulièrement l'art du contre-interrogatoire. Le législateur gabonais ayant, quant à lui, amélioré les prérogatives procédurales de la partie poursuivie en instaurant son droit de prendre la parole en dernier.

b- Le droit de parler en dernier

Une fois l'instruction à la barre terminée, il est indiqué l'ordre dans lequel les différents protagonistes du procès interviennent. D'abord la partie civile présente sa plaidoirie, ensuite intervient le réquisitoire du ministère public et, enfin, arrive la plaidoirie de l'avocat de la défense

---

[538] PIN X., « *La privatisation du procès pénal* », *Revue de science criminelle et de droit pénal comparé*, 2002, pp. 245-261.

ou de la personne qui se défend seule pour exposer les arguments qui paraissent propres à leurs intérêts.

La défense de la personne poursuivie passe véritablement par le biais des plaidoiries. À travers la plaidoirie, l'avocat de la défense ou la personne se défendant seule procède à la discussion des faits, des preuves, des documents et des raisonnements sur lesquels l'accusation s'appuie. À cet effet, à la barre, on observe une véritable joute oratoire durant laquelle le défenseur, dans son rôle, essaie de combattre, voire d'anéantir, les charges retenues contre son client, de relever les contradictions des témoins ou la légèreté des témoignages, de discuter de la personnalité même des témoins, d'indiquer les invraisemblances de l'accusation ou le doute qui résulte des circonstances de la cause, de faire valoir les éléments de moralités qui militent en faveur de l'accusé ou les faits qui diminuent sa responsabilité. La plaidoirie apparaît véritablement comme le couronnement du principe de la contradiction et l'avocat doit continuellement avoir la possibilité de développer comme il l'entend ses arguments. Pour cela, il a toujours été reconnu un droit à la parole en dernier à la défense. C'est un droit que les droits français et gabonais prévoient dans tous les cas : le dernier mot doit toujours revenir à la défense.

Le droit à la parole en dernier est un droit qui est établi depuis longtemps en procédure pénale gabonaise à travers l'application du Code d'instruction criminelle qui accordait déjà à la défense le droit à la parole en dernier : après le résumé de l'affaire par le ministère public et ses réquisitions, l'avocat et son client avaient le droit de réplique. Il est aujourd'hui consacré à l'article 346 du Code de procédure pénale français : *« L'accusé et son avocat présentent leur défense. La réplique est permise à la partie civile et au ministère public, mais l'accusé ou son avocat auront toujours la parole les derniers »*. Le législateur gabonais de 2010 a reconduit ce droit au profit de la défense en établissant de façon claire l'ordre de la prise de parole à la fin de l'instruction à l'audience, au dernier alinéa de l'article 340 du Code de procédure pénale en vertu duquel : « *La partie civile et le ministère public peuvent répliquer. Le prévenu ou son conseil auront toujours la parole en dernier* ». Sachant que les règles qui organisent le procès criminel sont les mêmes que celles du procès correctionnel, il est donc évident que « l'accusé » a également le droit à la parole en dernier.

Le droit d'avoir la parole en dernier est un véritable droit pour la défense, voilà pourquoi le législateur français va plus loin et prévoit expressément que si les répliques de l'une des parties à l'audience sont admises, elles doivent préserver le droit reconnu à l'accusé d'avoir la parole en dernier, car elle doit toujours avoir la possibilité « *de rectifier les assertions qui lui paraissent inexactes et de rétablir les faits dans ce qu'il lui semble être sa réalité* »[539]. Le droit gabonais n'a pas prévu de dispositions similaires, mais il nous semble évident qu'en prévoyant que la personne poursuivie ait le droit de prendre la parole en dernier, le législateur prévoit implicitement que dans l'hypothèse où la partie civile et le ministère public auraient formuler des observations après l'intervention de la personne poursuivie ou de son avocat, ces derniers devraient avoir le droit de prononcer le dernier mot au nom du principe de présomption d'innocence qui postule que tout est mis en œuvre pour éviter la condamnation et même la mise en accusation des innocents.

D'autant plus que le droit de dire le dernier mot a un impact sur la défense de la personne poursuivie, car il garantit une réponse à la totalité des arguments de l'accusation et à l'avantage de ne pas être interrompu. Cette formalité qui résulte du caractère contradictoire de l'audience de jugement du procès pénal permet de s'assurer que rien n'aura été ajouté, aucun élément, aucun argument péremptoire, sur lesquels l'accusé n'aura pas pu faire valoir ses moyens de défense.

Il s'applique devant toutes les juridictions gabonaises et la Cour de cassation gabonaise veille particulièrement au respect de ce principe par les juridictions de fond. Ainsi a-t-elle proscrit de « *violer les droits de la défense, l'absence d'indication au procès-verbal établi lors de la dernière audience qu'après les réquisitions du ministère public la parole fut accordée au prévenu* »[540]. Le juge doit donc, avant de clôturer les débats, donner la parole au prévenu personnellement. Cette exigence sera d'autant plus satisfaite par l'intervention d'un avocat aux côtés de la personne poursuivie.

---

[539] ANGEVIN H., « Cour d'assises », J.CP., pro. Pén., art. 323 à 346, fasc. 20, p. 20.

[540] Cour suprême du Gabon, chambre pénale, 10 janv. 1973, bull. 1973, p. 10.

3- Le droit à l'assistance d'un avocat

Pour que soit assuré un véritable débat contradictoire donc une bonne défense de la personne prévenue ou accusée pendant l'audience pénale, l'assistance d'un défenseur est nécessaire. Le droit à l'assistance d'un avocat pendant la phase décisoire du procès est un droit qui a toujours été reconnu à la défense en droit français de même qu'en droit gabonais, selon qu'on se référait au Code d'instruction criminelle, avant qu'il ne soit proclamé dans les Codes de procédure pénale de 1961 et 2010. Le Code d'instruction criminelle avait consacré le principe de l'assistance obligatoire en cas de crime et l'assistance facultative en cas de délit et contravention. Il avait également prévu à l'article 295 la possibilité d'une assistance d'office lorsque la personne poursuivie n'avait pas d'avocat : « *l'accusé sera interpellé de déclarer le choix qu'il aura fait d'un conseil pour l'aider dans sa défense, sinon le juge lui en désignera un sur le champ* ».

Le droit à l'assistance d'un avocat a été modelé en France à travers les exigences européennes et, de ce fait, il est garanti à tout accusé ou prévenu[541]. Il demeure obligatoire en Cour d'assises[542] et devant les juridictions pour mineurs,[543] mais il est facultatif devant les juridictions correctionnelles et de police[544]. Au Gabon, ce droit s'est inscrit dans la tradition gabonaise eu égard à l'application du Code d'instruction criminelle et il sera réaffirmé par le décret du 27 novembre 1947 portant réorganisation de la justice du droit français en Afrique équatoriale[545]. Le législateur gabonais de 1961, et plus récemment celui de 2010, ont également réaffirmé le droit à l'assistance au profit de la défense en matière criminelle et correctionnelle. C'est un droit qui est protégé par le préambule de la constitution gabonaise renvoyant à la Déclaration des droits de l'Homme et du Citoyen de 1789, à la Charte africaine des droits de l'Homme et des Peuples de 1981 et par la Charte nationale des libertés de 1990. Néanmoins, si le Code d'instruction criminelle prévoyait une assistance d'office pour la partie poursuivie qui ne

---

[541] Cass. crim., 22 sept. 1999, n°98_86. 557, B. crim., n°196.

[542] Art. 317 al. 1 du CPP français.

[543] Art. 10 al. 1 de l'ordonnance du 2 février 1945.

[544] Art. 417 al. 1 CPP français.

[545] JOC 1948, p. 118.

disposait pas d'un avocat, en matière criminelle, mais également en matière correctionnelle, les codes gabonais ont fait une sorte de marche arrière, car même en 2010 le législateur gabonais a restreint les cas d'assistance d'office de l'avocat. En effet, le législateur gabonais de 2010 a affirmé, comme son homologue français, le principe de l'assistance obligatoire d'un avocat uniquement en matière criminelle eu égard à la gravité des faits et des peines encourues[546], mais il a prévu une assistance facultative en matière correctionnelle, sans la possibilité de pouvoir recourir au principe de la commission d'office. Il semble donc que, au Gabon, la possibilité d'une représentation d'office ne soit plus prévue en matière correctionnelle alors que, autrefois, elle était prévue dans tous les domaines par le Code d'instruction criminelle.

Cette situation distingue le droit gabonais de la procédure française qui continue de prévoir une représentation d'office par un avocat devant les juridictions correctionnelles lorsque l'intéressé en fait la demande. Le prévenu en droit français peut choisir de se faire assister par un avocat désigné d'office, ce qui n'est pas le cas en procédure gabonaise. La position du législateur gabonais contraste donc avec celle de son homologue français qui a très bien développé le droit à l'assistance d'un avocat et permet à toute personne poursuivie d'être effectivement assistée devant toutes les juridictions. Ce contraste entre les deux droits est également visible concernant les moyens de défense spécifiques dont dispose la personne poursuivie devant chaque juridiction.

§2- Les moyens de défense spécifiques à chaque juridiction : la résurgence des particularités gabonaises

En raison de la compétence matérielle, chaque type d'infraction est examiné par une juridiction donnée. De ce fait, la cour criminelle au Gabon, tout comme la cour d'assises en France, est chargée de juger les crimes, délits et contravention étant jugés par la chambre correctionnelle du tribunal de première instance, les infractions commises par les

[546] C'est l'article 199 dans son alinéa 2 qui prévoit que : « *Lorsque l'accusé n'a pas fait le choix d'un défenseur, il lui en est désigné un d'office par le président, sur proposition du bâtonnier ou de son représentant, parmi les avocats inscrits au barreau national* ». L'article 218 ajoute que la présence d'un défenseur auprès de l'accusé est obligatoire devant la cour criminelle.

mineurs sont quant à elles jugées par le juge des enfants, les infractions politiques par la haute cour de justice, les infractions contre la sûreté de l'État par la cour de sûreté de l'État et les infractions militaires par les juridictions militaires. Devant chacune de ces juridictions, il existe des règles spécifiques qui protègent la personne poursuivie et assurent ses droits de la défense.

Notre étude ne portant que sur les juridictions de droit commun, elle n'abordera les droits de la défense de la personne poursuivie que devant les juridictions de droit commun. La procédure devant ces juridictions se caractérisant incontestablement par le principe du contradictoire dont le respect est assuré par les garanties prévues à cet effet en faveur de la personne poursuivie devant chacune de ces juridictions. L'impact du droit français y est perceptible, car de véritables droits sont aujourd'hui accordés aussi bien à l'accusé qu'au prévenu en droit gabonais. Toutefois, le législateur gabonais de 2010 n'est pas allé aussi loin que son homologue français dans la proclamation des droits de la personne poursuivie devant les juridictions de droit commun, car, finalement, bien qu'inspirées du modèle français, les audiences correctionnelles et criminelles en droit gabonais ne garantissent pas totalement à la personne poursuivie certains droits que l'on retrouve proclamés et garantis pendant le procès pénal français. Il sera alors question ici d'examiner les moyens de défense du prévenu au cours de l'audience correctionnelle (A) avant de voir les moyens de défense dont dispose l'accusé devant la cour criminelle gabonaise (B).

A- L'existence de véritables moyens de défense au cours de l'audience correctionnelle gabonaise

La procédure correctionnelle, droit commun de la procédure pénale, confère de véritables moyens de défense au prévenu en droit gabonais. L'influence du droit français sur la construction des droits de la défense s'est véritablement manifestée pendant la recherche de la preuve à l'audience correctionnelle faisant de celle-ci une audience conférant des droits de la défense au prévenu tels que ceux proclamés en droit français.

Le législateur gabonais, de 1960 d'abord et plus récemment de 2010, a choisi de suivre la pratique juridique française de « *la confrontation* » de deux versions durant l'audience correctionnelle pour faire triompher publiquement le récit le plus vraisemblable[547]. Ce choix a incontestablement renforcé les droits du prévenu par l'instauration de véritables garanties. Par exemple, c'est en s'inspirant de la pratique française des plaidoiries écrites que le système de défense par conclusions a vu le jour dans la pratique gabonaise. Cette pratique des conclusions figure désormais dans le Code de procédure pénale gabonais à l'article 339 qui l'énonce dans les mêmes termes que l'article 459 du Code de procédure pénale français : « *Le prévenu, les autres parties et leurs conseils déposent des conclusions. Elles sont visées par le président et le greffier mentionne au plumitif leur versement aux débats. Le tribunal est tenu de répondre aux conclusions ainsi régulièrement déposées. Il doit joindre au fond les incidents et exceptions dont il est saisi et y statuer par un seul et même jugement en se prononçant en premier lieu sur l'exception et ensuite sur le fond* ». Et, comme indiqué plus haut[548], ce système permet au prévenu de répondre point par point aux diverses accusations de fait comme de droit qui sont portées contre lui et d'apporter des précisions qu'il ne peut développer oralement. Il s'agit d'un véritable droit mis à la charge du prévenu, car le tribunal est tenu de répondre aux conclusions régulièrement déposées.

Le droit français a également influencé le droit gabonais sur d'autres points de la procédure de l'audience correctionnelle. À savoir, la possibilité pour le prévenu de choisir d'être défendu ou non par un avocat durant l'audience correctionnelle (1), alors que ce choix est inenvisageable en procédure criminelle. Le prévenu en procédure gabonaise dispose également de la possibilité de ne pas comparaître à l'audience et de se défendre par représentation (2).

1- Le libre choix du prévenu concernant sa défense

Si la délinquance est un phénomène universellement combattu à toutes les époques, force est de constater que la société répugne toujours à condamner le délinquant sans l'avoir mis à même de s'expliquer sur les faits qui lui sont reprochés, même si les garanties à lui offertes pour

---

[547] GARAPON A. PAPADOPOULOS I., Juger en Amérique et en France, Odile Jacob, 2003, pp. 123 et s.
[548] Voir développement sur les limites du principe de l'oralité de la procédure.

assurer sa défense ont connu et connaissent encore des entraves au cours du déroulement du procès. Tout homme qu'une accusation menace dans sa liberté ou dans sa dignité, voire sa vie, a le droit inviolable de se défendre et l'on pourrait déclarer inadmissibles, d'un point de vue moral et juridique, les lois que dénient à l'accusé ce droit. Et pour assurer la défense des intérêts du prévenu, aussi bien en droit français qu'en droit gabonais, un choix lui est offert : se défendre seul ou par l'intermédiaire de son avocat. Ce principe étant posé, il suppose que le prévenu a la possibilité de renoncer valablement à être défendu par un avocat.

La garantie de l'assistance facultative d'un avocat en matière correctionnelle, consacrée aujourd'hui par presque tous les systèmes judiciaires, est également reconnue par certains instruments internationaux tels que la Charte africaine en son article 7 et la Convention européenne en son article 6 § 3. Il ressort de ces textes que tout plaideur, en particulier la personne poursuivie, a la latitude de faire le meilleur choix de la défense de ses intérêts. Elle peut donc assurer sa défense soit toute seule soit la confier à un tiers, son avocat. La défense par un avocat a toujours été prévue en procédure pénale gabonaise eu égard à l'application du Code d'instruction criminelle en territoire gabonais, ce même code ne prévoyait une assistance obligatoire de l'avocat que pendant l'audience criminelle, la possibilité de se faire assister par un avocat étant facultative en audience correctionnelle selon les dispositions de l'article 149 du Code d'instruction criminelle[549] : le prévenu pouvait donc choisir d'assurer lui-même la défense de ses intérêts devant le tribunal.

Le système français applicable au Gabon à l'époque de la colonisation, favorable à la défense de la personne poursuivie, permettait ainsi au prévenu soit de se défendre seul et de discuter chacune des charges retenues, au moment même où elles étaient articulées, soit de se faire assister par un conseil. Le principe en audience correctionnelle gabonaise, aujourd'hui, est resté le même ; il est également celui appliqué en audience correctionnelle française durant laquelle le principe est celui du choix du prévenu de se faire assister ou non. Le prévenu a, en effet, la possibilité de se défendre seul devant la juridiction correctionnelle (a) ou de se faire assister par un avocat.

---

[549] MEURISSE R., « La représentation des parties devant le tribunal correctionnel » Gaz. Pal., 1943, I, doct., p. 62.

Cependant, contrairement à l'esprit du Code d'instruction criminelle et du droit français actuel, le législateur gabonais depuis 1960 a procédé à une sorte de marche arrière, réaffirmée en 2010, en ne prévoyant pas d'assistance d'office en matière correctionnelle lorsque le prévenu n'a pas la possibilité de se faire aider d'un avocat, ce qui fait de l'assistance du prévenu par un avocat à l'audience correctionnelle gabonaise un droit malheureusement édulcoré (b).

a- La possibilité de se défendre seul pendant l'audience correctionnelle gabonaise : point de rapprochement avec le droit français

Le principe romain selon lequel nul ne peut être condamné sans avoir été entendu ou appelé, fût-il un esclave, est fondamental en droit criminel. C'est un principe aujourd'hui ancré aussi bien en procédure française que gabonaise qui n'admet aucune exception. Il s'applique à toutes les juridictions répressives gabonaises et à toutes les personnes traduites devant elles, aussi bien celles civilement responsables que les accusés. Ce principe permet à tout prévenu de se défendre seul pour combattre les arguments des parties adverses.

L'article 14 du Code de procédure civile français pose le principe selon lequel nulle partie ne peut être jugée sans avoir été entendue ou du mois avoir été appelée, et ce principe est applicable au prévenu qui doit pouvoir contredire l'accusation portée contre lui. Pour ce faire, il lui est permis de se défendre lui-même, seul devant le tribunal. En effet, celui-ci est libre dans le choix de sa stratégie face à l'accusation portée contre lui. Et, se défendre en personne contre l'accusation portée contre soi est à la fois un droit naturel et une garantie accordée au prévenu pour tenter de se mettre hors de cause. Le droit français, dans l'article 417 du Code de procédure pénale, pose ce principe et assure que le prévenu qui comparaît devant le tribunal correctionnel a la faculté de se faire assister ou non d'un avocat. Cette faculté est posée dans l'article 306 du Code de procédure pénale gabonais selon ces termes : « *Les parties citées à comparaître peuvent elles-mêmes assurer leur propre défense, tout comme elles ont la faculté de se faire assister par un avocat* ». En respect des droits de la défense, il convient en effet de laisser la liberté au prévenu de déterminer lui-même le mode de défense qu'il juge plus conforme à ses intérêts.

Le procès aura donc pour but, précisément, de transformer toutes les incertitudes qui peuvent survenir en certitude suffisante pour prononcer la condamnation, après avoir entendu le prévenu dans sa défense. Ce dernier doit, par conséquent, pleinement se défendre pour faire triompher son innocence avant que n'intervienne le jugement. Cette défense en personne permet de soumettre les parties à un débat réel dans lequel elles se contredisent face à face. Cela permettra d'ailleurs au juge d'avoir une bonne connaissance de l'homme à juger et donc d'appliquer le principe d'individualisation de la peine, le prévenu comparaissant étant jugé pour ce qu'il est, ce qu'il vaut.

La Cour européenne des droits de l'Homme estime néanmoins que le droit d'assurer soi-même sa défense n'est pas garanti de manière absolue. Permettre à l'accusé de se défendre personnellement ou de lui affecter un avocat relève de la marge d'appréciation de l'État contractant, lequel est mieux placé que ladite Cour pour choisir le moyen indiqué dans le cadre de son système judiciaire pour garantir les droits de la défense[550]. Les juridictions internes sont donc en droit d'estimer que les intérêts de la justice exigent la désignation d'office d'un avocat[551]. Il s'agit, selon la Cour européenne, d'une mesure de protection de l'accusé visant à assurer une bonne défense de ses intérêts.

Dans la pratique gabonaise, les personnes poursuivies comparaissent le plus souvent en personne, à cause du coût très élevé des prestations d'un avocat, les moyens financiers d'une bonne partie des justiciables faisant défaut, mais également à cause du régime d'assistance judiciaire non opérationnel au Gabon. En effet, on peut se féliciter de la consécration du droit du prévenu de se défendre lui-même dans le droit gabonais en audience correctionnelle, l'analyse des dispositions législatives relatives à l'assistance par un avocat lors de cette audience laisse cependant apparaître la faiblesse de la loi gabonaise. Aucun texte ne prescrit la désignation d'un avocat d'office devant les juridictions correctionnelles. L'analyse des dispositions du Code de procédure pénale gabonais par rapport au droit français permet de comprendre que l'existence du droit à l'avocat devant les juridictions correctionnelles est un droit édulcoré.

---

[550] Requête n°48188/99, arrêt Correira de Matos c. Portugal, 15 nov. 2001.
[551] Requête n°13611/88, arrêt Croissant c. Allemagne, 25 sept. 1992.

b- Le droit édulcoré à l'avocat pendant l'audience correctionnelle gabonaise : point de divergence avec le droit français

Toute personne accusée ou prévenue devant une juridiction de jugement a le droit d'être assistée d'un avocat. C'est un droit qui est largement protégé, que ce soit au niveau national ou international. C'est un droit qui existait déjà au Gabon dans la société traditionnelle où il était exercé par un membre du groupe, notamment du clan, de l'une des parties au procès, ou de simples sympathisants. On aurait pu penser que la consécration dans le Code de procédure pénale du droit à un avocat devant les juridictions correctionnelles au Gabon présagerait le droit d'en bénéficier gratuitement lorsque les moyens financiers de la personne poursuivie ne lui permettraient pas de le rémunérer, surtout que la majorité de la population gabonaise vit en dessous du seuil de pauvreté. Le législateur gabonais de 2010 qui a confirmé le droit à l'assistance d'un avocat à la phase de jugement, à l'instar de la France, a tout de même failli dans la mise en œuvre de ce droit devant les juridictions correctionnelles. En effet, on est bien loin de la philosophie du droit à l'assistance prévu en France où le droit à l'assistance d'office n'a guère subi de profondes modifications depuis l'entrée en vigueur du Code de procédure pénale de 1958. En vertu de l'article 417, alinéa 2, du Code de procédure pénale français, si le prévenu « *n'a pas fait le choix d'un défenseur avant l'audience et s'il demande cependant à être assisté, le président en commet un d'office* ». Le prévenu, en France, peut donc renoncer à l'assistance d'un avocat ou en désigner un de son choix ou encore bénéficier des services d'un avocat commis d'office. Cette formalité est considérée comme substantielle au point que son inobservance soit considérée comme une atteinte aux droits de la défense[552].

En droit gabonais, on est en présence d'un droit à l'assistance par avocat qui n'est pas automatique, car le législateur gabonais a prévu, comme son homologue français, une assistance facultative de l'avocat en

---

[552] Il a été jugé qu'« *encourt la cassation, l'arrêt de la cour d'appel qui, pour rejeter la demande du prévenu sollicitant la désignation d'un avocat d'office, énonce que l'intéressé a, depuis 8 mois, eu tout loisir de choisir un avocat ou de s'en faire désigner un* » : Cass. crim., 22 septembre, 1999, Bull. crim., n°196, Dr. pén., 2000, comm. n°12, obs. A. MARON, Procédures, 2000, comm. n°75, obs. BUISSON J.

audience correctionnelle, mais pas la commission d'office lorsque le prévenu n'en dispose pas. Cela ne permet pas à toute personne poursuivie d'être effectivement assistée devant les juridictions correctionnelles. Nous regrettons, bien évidemment, cette position du législateur gabonais qui contraste fortement avec celle de son homologue français. La restriction de la commission d'office d'un avocat devant les juridictions correctionnelles altère les droits de la défense du prévenu qui n'a pas les moyens financiers de s'offrir les services d'un avocat, sachant la précarité dans laquelle vivent la plupart des justiciables gabonais. On se retrouve ainsi dans la pratique avec un faible pourcentage d'affaires correctionnelles dans lesquelles sont intervenus des avocats au tribunal de première instance de Libreville, notamment en matière de flagrance[553]. Cela s'explique, comme on l'a dit plus haut, par le coût élevé des prestations des avocats en comparaison du niveau de vie des justiciables, mais également du fait des difficultés pratiques engendrées par la mise en œuvre du régime de l'assistance judiciaire. En effet, si une loi du 22 juillet 1982 a mis en place les bureaux de l'assistance judiciaire, aucun à ce jour n'a encore vu le jour.

Des aménagements sont donc à apporter concernant la matière de l'assistance du prévenu par un avocat et le législateur gabonais devrait instituer, comme c'est le cas en France, une assistance d'office même en matière correctionnelle en obligeant le président du tribunal à désigner un avocat commis d'office au regard de la situation du prévenu. C'est une grande nécessité, surtout lorsque l'on sait l'importance de cette assistance en cas de choix par le prévenu d'être défendu par représentation de son avocat.

2- La défense par représentation

La défense par représentation est le fait pour le prévenu de comparaître devant le tribunal correctionnel par l'entremise de son représentant, en l'occurrence son avocat. Si la présence de la partie poursuivie à l'audience est nécessaire, voire même obligatoire dans certains cas, pour qu'elle puisse s'expliquer sur les charges qui lui sont reprochées, la

---

[553] Rôle de l'audience correctionnelle de flagrant délit du 12 mars 2003.

possibilité pour elle d'assurer sa défense par la représentation[554] de son avocat lui est reconnue aussi bien en procédure française qu'en procédure gabonaise. L'avocat apparaissant ici comme un élément naturel du procès équitable.

Déjà, le Code d'instruction criminelle qui posait le principe de la présence obligatoire du délinquant lors des débats à l'audience n'avait prévu cette comparution obligatoire qu'en matière criminelle. Cette règle n'était pas applicable en matière correctionnelle où ce même Code prévoyait une possibilité de représentation au profit du prévenu. En effet, la faculté de se faire représenter à l'audience était largement ouverte au prévenu devant les tribunaux correctionnels. Les articles 185 et 186 distinguaient : -pour les délits passibles seulement d'une amende pour lesquels le prévenu pouvait se faire représenter par un avoué sans qu'il eût fait une demande expresse et sans que le juge mentionnât spécialement qu'il n'avait pas estimé indispensable la comparution ; -pour les délits passibles d'emprisonnement, l'ancienne règle de la comparution personnelle obligatoire, déduite de l'article 185, était depuis 1935 écartée par l'article 186. Plus tard, le Code de procédure pénale français de 1958 avait impérativement exigé la présence du prévenu à l'audience correctionnelle ou de police[555], le législateur estimant qu'un débat contradictoire était indispensable à une bonne connaissance de l'homme qu'il faut juger[556]. Le refus du prévenu de comparaître ou son absence volontaire faisaient alors état d'une attitude désinvolte témoignant d'un mépris inadmissible de la justice[557].

Le principe était alors bien établi : le prévenu doit comparaître en personne lorsqu'il a été cité, à moins qu'il ne fournisse une excuse reconnue valable par la juridiction[558]. Cependant, plusieurs tempéraments existaient, car devant le tribunal correctionnel lorsque le

---

[554] TANKOUA E., « De la représentation du prévenu devant la juridiction statuant en matière pénale », Juris périodique n°53, 2003, p. 109.
[555] HIVERT G., La non-comparution du prévenu devant la juridiction de jugement, Thèse de l'Université de Montpellier I, 2000, p. 9.
[556] MERLE A. et VITU A., Traité de droit criminel, t. II, « Procédure pénale », *op. cit.*, p. 892.
[557] MEURISSE R., « La représentation du prévenu devant le tribunal correctionnel et de police », Revue internationale de Droit pénal, 1967, p. 339.
[558] Anciens art. 410 et 544 al. 1 du CPP français.

prévenu justifiait de sa non-comparution et que cette justification était admise par le tribunal, l'affaire pouvait être renvoyée à une audience ultérieurement ou être jugée, sans renvoi, le prévenu n'ayant pas comparu en présence de son avocat[559]. De même, le prévenu qui encourait une peine inférieure à deux ans de prison ou une amende pouvait demander à être jugé en son absence par une lettre adressée au président et jointe au dossier de la procédure[560]. Le prévenu pouvait également demander à être jugé en son absence, quelle que soit la peine encourue, lorsque le débat sur le fond de la prévention ne devait pas être abordé[561]. Lorsque le tribunal accordait la demande, le jugement était réputé contradictoire malgré l'absence du prévenu[562], mais son avocat était entendu[563]. En cas d'empêchement d'un prévenu malade, le tribunal devait faire droit à la demande de renvoi présentée par l'avocat[564].

La jurisprudence française avait également interprété strictement les dispositions anciennes du Code de procédure pénale français sur la représentation du prévenu. Selon elle, le prévenu cité à personne, non présent et non excusé, encourant une peine supérieure ou égale à deux ans de prison, était privé du droit de faire entendre son avocat[565]. Cette jurisprudence de 1970, confirmée par la suite, était celle qui, étonnement, était appliquée par les juridictions gabonaises exigeant ainsi la comparution personnelle du prévenu alors que le Code d'instruction criminelle, dont les dispositions ont été reprises par le Code de procédure pénale gabonais de 1961, avait établi des règles très claires, c'est-à-dire : la présence de l'avocat comme représentant de la partie poursuivie absente en matière correctionnelle[566]. Les juges gabonais estimaient, en effet, qu'en cas de décision prononçant un emprisonnement, cette décision ne pourrait pas être appliquée sur la personne de l'avocat, de ce fait ils avaient donc choisi d'appliquer la

---

559 LASSALLE J.-Y., « La comparution du prévenu », *op. cit.*, p. 541.
560 Ancien art. 411, al. 1 du CPP français.
561 Ancien art. 414 CPP français.
562 Ancien art. 411, al. 4 et 5. Du CPP.
563 Ancien art. 411, al. 3 CPP.
564 Cass. crim., 5 juin 1997, Bull. crim., n°228.
565 Crim. 29 oct. 1970, bull. crim., n°284 ; Crim. 5 mars 1979 bull. crim. n°153 ; Crim. 10 janvier 1991, bull. crim., n°21.
566 Article 185 du CIC et article 123 du CPP gabonais.

jurisprudence française plutôt que les dispositions de l'ancien article du 123 du CPP gabonais. Ils refusaient ainsi la parole à l'avocat en cas d'absence des prévenus pour lesquels ils s'étaient constitués[567]. On était en face d'une ambiguïté, car le Code de procédure pénale gabonais permettait une possible représentation des prévenus, mais la jurisprudence imposait la comparution personnelle du prévenu.

Cette ambiguïté a disparu, car les droits français et gabonais affirment aujourd'hui clairement la possibilité pour le prévenu de se faire représenter par son avocat. En effet, le droit français, ou plus clairement la jurisprudence française ont évolué du fait de l'éclairage du droit européen qui a censuré le droit français en estimant que « *le droit de tout accusé à être effectivement défendu par un avocat, au besoin commis d'office, figure parmi les éléments fondamentaux du procès équitable. Un accusé n'en perd pas le bénéfice du seul fait de son absence au débat...* »[568]. Cette censure a poussé la Cour de cassation française à affirmer que le refus d'entendre la défense du prévenu absent constituait une atteinte manifeste à son droit à une défense effective[569]. L'assemblée plénière de la Cour de cassation française a, par ailleurs, affirmé clairement que la juridiction ne pouvait juger un prévenu non comparaissant et non excusé sans avoir entendu son avocat présent à l'audience pour assurer sa défense[570]. Le législateur français a lui aussi fait évoluer sa législation en consacrant formellement le droit pour tout prévenu absent de se faire représenter par un avocat devant le tribunal correctionnel ou de police[571]. En effet, le droit français consacre formellement la possibilité pour tout prévenu de se faire représenter par un avocat devant le tribunal correctionnel et le tribunal de police. C'est la loi du 9 mars 2004 qui a posé, aux articles 410 et 412 du Code de procédure pénale, le principe selon lequel tout avocat se présentant à

[567] Arrêt de la Cour suprême du Gabon n°256/p du 16 mars 1978.
[568] Cour EDH, 23 mai 2000, Van Pelt c. France, D. 2001, somm. P. 1061, obs. J.-F. RENUCCI ; Rev. Sc. crim. 2003, p. 809, obs. D.N. COMMARET.
[569] Ass. plen., 2 mais 2001, Bull. crim. 2001, n°56, p. 193.
[570] JCP, 2001.II.10611, obs. C. LIEVREMONT ; Gaz. Pal., 20-21 avril 2001, note j.-M. BURGUBURU ; Pradel J. et VARINAR A., Les grands arrêts de la procédure pénale, 9e éd., Dalloz, 2016 pp. 443-449.
[571] Réforme de la loi du 9 mars 2004 modifiant les articles 410, 411 et 412 du Code de procédure pénale français de manière à admettre le principe de la représentation du prévenu par un avocat non muni d'un mandat.

l'audience, même sans mandat de représentation signé par le prévenu, doit être entendu, ce qui rend le jugement contradictoire à signifier[572]. De même, la possibilité de représentation par l'avocat muni d'un mandat exprès, qui rend le jugement contradictoire, n'est plus limitée au regard de la peine encourue[573].

En 2010, le législateur gabonais a simplement repris dans l'article 300 du Code de procédure pénale les dispositions prévues à l'article 411 du CPP français qui admettent la représentation du prévenu lors de l'audience par l'avocat non muni d'un mandat signé par lui[574] : l'avocat devra intervenir devant le tribunal non seulement en tant que représentant physique de la personne poursuivie, mais également en qualité de défenseur de ses intérêts. Le droit gabonais a véritablement pris en compte les évolutions du droit français, il correspond aujourd'hui à ce que le législateur français avait prévu depuis le Code d'instruction criminelle : la représentation du prévenu absent par son avocat au cours de l'audience correctionnelle.

Le législateur gabonais impose tout de même un motif sérieux et réel pour que le prévenu puisse se faire représenter, le tribunal pouvant ordonner à tout moment des débats la comparution du prévenu et de renvoyer l'affaire à une date ultérieure lorsque les juges estiment que la présence du prévenu est indispensable, conformément à l'article 300, alinéa 2, du Code de procédure pénale gabonais : « *Toutefois, si le tribunal estime la comparution du prévenu en personne, il est procédé à sa citation, à la diligence du ministère public, pour une audience dont la date est fixée par le tribunal* ».

---

[572] BOULOC B., « Le jugement des délits », RSC., 2005, Chron. pp. 114 et s.
[573] Article 411 CPP français.

[574] Article **300 du CPP gabonais** : « *Le prévenu cité pour une effraction passible d'une peine d'amende ou d'une peine d'emprisonnement inférieure à deux ans et un jour peut, par lettre adressée au président et qui sera au dossier de la procédure, demander à être jugé en son absence. Dans ce cas, il peut être représenté par son conseil* », et **article 411 du CPP français** : « *Quelle que soit la peine encourue, le prévenu peut, par lettre adressée au président du tribunal et qui sera jointe au dossier de la procédure, demander à être jugé en son absence en étant représenté au cours de l'audience par son avocat ou par un avocat commis d'office. Ces dispositions sont applicables quelles que soient les conditions dans lesquelles le prévenu a été cité* ».

En tout état de cause, la représentation constitue un véritable droit pour le prévenu et une évolution emblématique du rôle de l'avocat en procédure pénale au Gabon. L'avocat du prévenu peut ainsi intervenir au cours des débats, étant entendu dans sa plaidoirie, et le prévenu est jugé contradictoirement. L'avocat présent à l'audience doit avoir la possibilité d'exercer, au cours des débats, tous les droits de la défense reconnus à l'avocat en cas de présence du prévenu[575]. L'avocat va, en effet, comparaître et assurer la défense de son client, car nombreux sont ces prévenus qui pensent que la comparution entraînerait directement la condamnation et l'incarcération, de ce fait ils préfèrent se faire représenter alors que dans certains cas le prévenu se défendrait mieux en personne que lorsqu'il est simplement représenté. Notons que, en pratique, peu de dossiers examinés devant le tribunal de première instance de Libreville font l'objet d'une représentation[576]. Il y a même des audiences au cours desquelles ne comparaissent physiquement que les personnes détenues et celles issues de couches sociales défavorisées craignant l'humiliation d'une descente de police à leur domicile.

De véritables droits sont donc aujourd'hui garantis au prévenu durant son audience afin que celui-ci bénéficie d'un procès équitable lui permettant de participer effectivement au procès, mais aussi l'autorisant à faire valoir ses arguments pour prouver son innocence. Il est toutefois regrettable que dans certains cas le législateur gabonais n'aille pas aussi loin que son homologue français dans la défense des intérêts de la personne poursuivie et adopte des solutions parfois maladroites, voire restrictives, pour les droits de la défense. Il en est ainsi lors de l'audience criminelle même s'il est vrai que les droits au profit de la défense existent bien au cours de cette audience.

B- Les garanties procédurales de l'audience criminelle

L'audience criminelle désigne le jugement des infractions de droit commun les plus graves. Ces infractions sont jugées par la Cour criminelle qui est une juridiction non permanente se réunissant en

---

575 Circulaire CRIM 04-16 E8 du 21 septembre 2004, n°4.1.2.

576 Voir plumitif de l'audience de la chambre correctionnelle du tribunal de grande instance de Libreville du 7 févier 2015.

principe lors des sessions criminelles tous les trois mois au siège d'une cour d'appel[577] pour juger les individus renvoyés devant elle par l'arrêt ou l'ordonnance de mise en accusation. Cette cour se distingue du tribunal correctionnel par bien des points. D'abord, par le régime d'association qui caractérise la composition hybride de la cour, faite de simples citoyens et de magistrats professionnels, cette juridiction criminelle gabonaise, tout comme c'est le cas de la cour d'assises en France, est un mélange de profanes et d'initiés, les premiers désignant le jury, les seconds la cour. Ensuite, elle suit le même fonctionnement que la cour d'assises française dans le sens où elle fonctionne suivant l'initiative du président[578] investi d'un véritable pouvoir discrétionnaire en vertu duquel il peut, en son âme et conscience, prendre toutes les mesures qu'il croit utiles à la manifestation de la vérité, l'accusation étant représentée par l'avocat général.

S'il existe certaines particularités devant la cour criminelle gabonaise qui la distinguent, comme on le verra, de la cour d'assises française, la cour gabonaise a cependant le même fonctionnement global que la cour d'assises française. En effet, la procédure suivie devant la cour criminelle gabonaise reprend aussi les principes fondamentaux que l'on retrouve en procédure française. Devant la cour criminelle, la procédure est orale, formelle et solennelle, le jury et les membres de la cour ne pouvant s'appuyer que sur les propos tenus au cours de l'audience pour se forger une opinion, tandis que le président est seul habilité à prendre connaissance du dossier. Devant cette juridiction, la détention est de droit pendant toute la durée du procès depuis le Code d'instruction criminelle[579] et la prise de corps[580] devant la juridiction criminelle permet de s'assurer de la présence de l'accusé à l'audience. Même s'il existe des tempéraments qui permettent à l'accusé de demander une mise en liberté en procédure gabonaise, le ministère public pourra autoriser l'accusé à se constituer prisonnier la veille de l'audience ; cette possibilité ayant été supprimée en France par la loi du 15 juin 2000[581].

---

[577] Art. 182 CPP gabonais.

[578] Sur le pouvoir du président de direction des débats, voir REDON M., « Cour d'assises », Rép. Pén., Dalloz, 2004, p. 37.

[579] Art. 292 du CIC.

[580] Art. 195 CPP gabonais et art. 181, al. 7 et 215, al. 2 CPP français.

[581] Abrogation de l'ancien article 215-1.

Après avoir procédé aux clarifications terminologiques, il paraît judicieux de vérifier que l'exercice des droits de la défense devant la cour criminelle gabonaise ne se heurte pas à des obstacles et que le droit français ait eu, ici aussi, un impact favorable comme cela a été le cas concernant la procédure devant la juridiction correctionnelle.

En réalité, le Code de procédure pénale gabonais de 2010 a repris en majorité les dispositions du Code d'instruction criminelle français déjà inscrites dans le code de 1961, il organise la procédure devant la cour criminelle, en reconnaissant à la défense d'importantes prérogatives protectrices de ses intérêts. De façon concrète, il s'agit du droit à l'assistance d'un avocat durant les débats et de la possibilité pour l'accusé d'être véritablement informé du déroulement de la procédure. Selon ce principe essentiel, l'accusé ou son avocat ont droit à la délivrance d'une copie du dossier et des pièces à conviction en vertu de l'article 200 du Code de procédure pénale gabonais dont le législateur a simplement recopié la substance de l'article 279 du CPP français : « *Il est délivré gratuitement à chacun des accusés et parties civiles copie des pièces du dossier de la procédure* »[582]. En effet, l'accusé et son avocat ne peuvent préparer utilement la défense que s'ils peuvent consulter librement le dossier de la procédure. À l'audience, comme à l'instruction, le dossier communiqué doit être complet, toutes les pièces de la procédure devant y figurer[583]. Mieux, le respect du principe du contradictoire et le droit de poser des questions aux témoins sont affirmés, le droit à la liberté de parole et celui d'avoir la parole en dernier sont assurés. En somme, les nécessités d'un procès loyalement conduit sont avérées.

À la lumière de ces éléments, on croirait en apparence que l'exercice des droits de la défense devant la cour criminelle au Gabon soit pleinement effectif, mais, au fond, la réalité est plus complexe, car les garanties offertes par le système répressif gabonais à l'accusé sont marquées par une ambiguïté mise en place par le législateur. Cette dernière se retrouve dans la procédure de citation directe en cas de crime flagrant (1) qui ne confère pas à l'accusé les droits de la défense comme en procédure ordinaire. Cependant, lors de la procédure ordinaire, les droits de la

---

582 RIBEYRE C., « La communication du dossier pénal », *op. cit.*, p. 259.
583 Cass. crim., 8 janv. 1992, Bull. crim., n°4.

défense de l'accusé sont pleinement assurés même si certains mécanismes peuvent les restreindre (2).

1- La citation directe en cas de crime flagrant au Gabon ou la restriction des droits de la défense de l'accusé

Lorsqu'un crime flagrant (et même d'ailleurs un délit flagrant) a été commis et que la personne suspectée d'avoir commis ce crime a été appréhendée, la procédure de citation directe est mise en œuvre en droit gabonais. Elle correspond, en quelque sorte, à la procédure de comparution immédiate du droit français dans le sens où elle permet au procureur de la République de faire juger une personne immédiatement après sa garde à vue. Ceci étant impossible en cas de crime en France, car elle ne s'applique que pour des délits punis d'un emprisonnement de deux ans maximum[584], elle est pourtant appliquée exceptionnellement en matière criminelle au Gabon où elle permet de citer directement le délinquant devant la cour criminelle gabonaise à la plus proche session criminelle. C'est la loi du 26 novembre 1980 relative à la procédure en matière de crime flagrant qui avait institué cette procédure et le législateur gabonais de 2010 l'a introduite dans le Code de procédure pénale aux articles 45 et suivants, dans un chapitre intitulé **« Crimes et délits flagrants »**.

Si la procédure de crime flagrant existe également en France[585] afin de permettre des investigations plus poussées par les officiers de police judiciaire auxquels elle octroie des prérogatives exceptionnelles du fait de l'urgence qu'engendre cette procédure, en aucun cas il n'a pu être envisagé une procédure de citation directe de l'auteur présumé d'un tel crime devant la cour d'assises française. On a ici véritablement une

[584] Art. 395 du CPP français : « *Si le maximum de l'emprisonnement prévu par la loi est au moins égal à deux ans, le procureur de la République, lorsqu'il lui apparaît que les charges réunies sont suffisantes et que l'affaire est en l'état d'être jugée, peut, s'il estime que les éléments de l'espèce justifient une comparution immédiate, traduire le prévenu sur-le-champ devant le tribunal. En cas de délit flagrant, si le maximum de l'emprisonnement prévu par la loi est au moins égal à six mois, le procureur de la République, s'il estime que les éléments de l'espèce justifient une comparution immédiate, peut traduire le prévenu sur-le-champ devant le tribunal* ».

[585] On parle d'enquête de flagrance.

opposition entre les droits français et gabonais, car, en France, en matière de crime[586], même flagrant, l'instruction préparatoire est obligatoire alors qu'au Gabon, en cas de survenance d'un crime flagrant, l'instruction préparatoire peut être abandonnée avec l'accord de la personne poursuivie comme l'indique l'article 62, alinéa 3, du Code de procédure pénale gabonais : « *L'inculpé est interpellé sur le point de savoir s'il s'oppose à cette procédure ou s'il demande l'ouverture d'une information. La réponse est consignée sur le procès-verbal d'interrogatoire établi par le procureur de la République* ». On remarque d'ailleurs que le législateur gabonais emploie le terme « *inculpé* » à l'article 62 alors qu'aucune inculpation n'a eu lieu, et lorsque ce dernier accepte la procédure de citation directe, il est directement avisé par le procureur qu'il sera traduit devant la cour criminelle, à la plus prochaine session criminelle.

L'accusé qui subit la procédure de citation directe peut tout de même interjeter appel de la décision le renvoyant devant la cour criminelle même si cette possibilité ne lui est offerte que durant les quarante-huit heures qui suivent la notification de la décision le renvoyant devant la cour criminelle par le procureur de la République[587]. Dans le cas où la chambre d'accusation ait reçu l'appel, une information est ouverte et débutera alors une procédure plus respectueuse des droits de la défense de l'accusé. Mais si l'appel est rejeté, l'accusé est traduit devant la cour criminelle, sachant que les décisions rendues en la matière par la chambre d'accusation ne sont pas susceptibles de pourvoi en cassation en vertu de l'article 65, alinéa 3, du Code de procédure pénale : « *les décisions rendues en la matière (procédure de citation directe en cas de crime flagrant) par la chambre d'accusation ne sont pas susceptibles de pourvoi en cassation* ». Même si la comparution devant la cour criminelle ne peut avoir lieu moins de huit jours après l'interrogatoire par le parquet, on est tout de même en présence d'une procédure abrégée.

---

[586] Art. 79 CPP français.

[587] **Article 64 du CPP gabonais** : « *Dans les quarante-huit heures de cette notification, l'accusé peut, par déclaration au greffe du tribunal du lieu où il est détenu, interjeter appel de la décision le renvoyant devant la cour criminelle. L'appel est jugé par la chambre d'accusation, suivant la procédure prévue aux articles 158 à 165 du présent Code* ».

La procédure de citation directe en cas de crime flagrant est, en effet, une procédure abrégée qui restreint les droits de l'accusé, même si elle prévoit la communication du dossier de la procédure au conseil ainsi que sa rencontre avec son client sur place[588], avant les débats, l'article 67, alinéa 2, prévoit la possibilité pour le président de désigner sur place un avocat commis d'office à l'accusé qui fait savoir qu'il n'en dispose pas. L'enquête de personnalité et l'enquête sur la situation matérielle, familiale ou sociale de l'accusé sont facultatives, et en vertu de l'article 70, alinéa, 2 du Code de procédure pénale « *il n'y a pas lieu à observation des prescriptions relatives à la citation de l'accusé* », donc il ne sera pas fait de citation à comparaître devant la cour criminelle comme en matière de droit commun, le ministère public devant simplement notifier à l'accusé la date de la comparution. Il n'y aura pas non plus, de tirage au sort des assesseurs[589] pour permettre à l'accusé d'exercer son droit de récusation, car l'article 71 dispose que « *par dérogation aux dispositions des articles 202 et suivants, les assesseurs tirés au sort lors de la dernière session ordinaire seront appelés à siéger s'il n'a pas encore été tenu de session ordinaire de la cour pour l'année judiciaire en cour. S'il a déjà été tenu une ou plusieurs sessions ordinaires de la cour criminelle, les assesseurs seront ceux de la session ordinaire la plus récente* ».

Cette procédure de citation directe en matière de crime flagrant au Gabon, marquée par la célérité, est surtout une procédure restreignant fortement les droits de la défense de la personne accusée. Elle se distingue de la procédure ordinaire où l'accusé dispose de nombreux droits pour assurer sa défense.

2- La procédure ordinaire plus protectrice des droits de l'accusé

L'audience criminelle ordinaire gabonaise se rapproche de celle prévue en procédure française, de ce fait elle est plus protectrice des droits de la défense au profit de l'accusé. En effet, comme dit plus haut, l'accusé dispose de véritables droits lui permettant d'assurer effectivement sa défense. Mais, plus spécifiquement, s'agissant d'abord des formalités préliminaires, on remarque que la procédure suivie au Gabon

---

[588] Art. 67 CPP gabonais.

[589] Le législateur gabonais parle d'assesseur pour désigner le jury.

correspond aux exigences imposées en France qui permettent de s'assurer que l'affaire est bien en état d'être jugée et que les parties, en l'occurrence la partie poursuivie, ont bien été informées. C'est pour cela que l'article 198 du Code de procédure pénale gabonais dispose que « *le président de la cour criminelle doit interroger l'accusé huit jours au moins avant l'ouverture de la session* » ; cet article reprend les prévisions de l'article 272 du CPP français disposant que le président de la cour ou son délégué doive procéder à l'interrogatoire préalable de l'accusé. Cet interrogatoire qui existe au Gabon depuis l'entrée en vigueur du Code d'instruction criminelle permet de vérifier l'identité de l'accusé, de s'assurer que l'ordonnance ou l'arrêt de mise en accusation lui ont été notifiés et qu'il bénéficie d'un avocat. C'est « *l'acte le plus important de la procédure antérieure aux débats de la cour d'assises* »[590]. Même s'il ne porte pas sur le fond de l'affaire, cet interrogatoire constitue une formalité substantielle. Ensuite, s'agissant de l'instruction de l'affaire pendant l'audience, on remarque que l'oralité est renforcée d'où l'interdiction de la transcription des dépositions des témoins et experts, même s'ils peuvent désormais s'aider de documents.

Si la France va plus loin en prévoyant la possibilité, sous contrôle, d'un enregistrement sonore de tout ou partie des débats, le Gabon prévoit tout de même aussi la continuité des débats, qui ne doivent être interrompus que pour le temps de repos des organes et des acteurs du procès. D'ailleurs, la Cour EDH exige, concernant cette interruption, qu'elle puisse être prononcée pour que les accusés et leurs défendeurs « *puissent suivre les débats, répondre aux questions et plaider en n'étant pas dans un état de fatigue excessif* »[591]. Enfin, le législateur gabonais a, comme son homologue français, prévu, l'obligation de délibérer immédiatement après la clôture des débats et l'interdiction d'emporter le dossier de la procédure dans la salle des délibérations. Si ces deux aspects rapprochent les droits gabonais et français sur le déroulement du procès criminel, deux autres éléments de la procédure devant la cour criminelle gabonaise les rapprochent encore plus dans la protection des droits de

---

[590] BROUCHOT J., "L'interrogatoire préalable de l'accusé de la cour d'assises", JCP, 1963, I, 1748 ; ANGEVIN H., « Cour d'assises », J.-Cl., pro. Pén., art. 268 à 287, fasc. 10, 2007, p. 4.

[591] CEDH, 19 oct. 2004, MAKHFI c. France, JCP 2005, I, n°7, obs. SUDRE ; Dalloz 2005, 472, note D. ROTES.

l'accusé. Il s'agit, premièrement, du fait que l'accusé ait droit à un avocat commis d'office lorsqu'il n'en dispose pas, qu'il en fasse la demande ou pas (a) et, deuxièmement, du fait que la présence des jurés, que l'on appelle « *assessorat* » en droit gabonais, est admise ; cet assessorat permet d'associer les composantes de la société au procès pénal, renforçant les droits de la défense de l'accusé (b).

a- L'existence de la commission d'office en procès criminel gabonais

La gravité des faits traités, les peines encourues devant la juridiction criminelle et la complexité des procédures prévues ont conduit les législateurs français et gabonais à exiger la présence obligatoire de l'avocat auprès de l'accusé. L'article 317 du Code de procédure pénale français stipule en effet qu'à l'audience « *la présence d'un défenseur auprès de l'accusé est obligatoire* » et l'article 218 du Code de procédure pénale gabonais dispose que « *la présence d'un défenseur auprès de l'accusé est obligatoire devant la cour criminelle* ». Ces articles, en prévoyant la présence obligatoire de l'avocat aux côtés de l'accusé, permettent de s'assurer de l'existence d'un débat contradictoire pendant l'audience criminelle. Et, conformément aux dispositions de l'article 199 du Code de procédure pénale gabonais, « *lorsque l'accusé n'a pas fait le choix d'un défenseur, il lui en est désigné un d'office par le président, sur proposition du bâtonnier ou de son représentant, parmi les avocats inscrits au barreau national* ». En effet, le législateur gabonais, qui a affirmé le principe de l'assistance obligatoire en matière criminelle, prévoit également la commission d'office lorsque l'accusé ne dispose pas d'un avocat. Il en était déjà ainsi dans le Code d'instruction criminelle qui disposait en son article 294 que « *l'accusé sera interpellé de déclarer le choix qu'il aura fait d'un conseil pour l'aider dans sa défense, sinon le juge lui en désignera un sur le champ...* ». Cette assistance d'office sera reprise dans le Code de procédure pénale gabonais de 1961 à l'article 188B disposant que « *lorsque l'accusé n'aura pas fait le choix d'un défenseur, il lui en sera donné un d'office par le président de la cour criminelle* ». Cette assistance étant garantie en France par l'article 274, alinéa 2, du Code de procédure pénale selon lequel : « *Si l'accusé ne choisit pas son avocat, le président ou son délégué lui en désigne un d'office* ». Une telle désignation d'office doit être faite même si l'accusé dit ne pas vouloir d'avocat.

Il s'agit d'un véritable droit pour la protection des intérêts de l'accusé et on comprend pourquoi le législateur gabonais a tenu à le prévoir en audience criminelle eu égard à la gravité de l'accusation. Il est, en effet, indispensable pour l'accusé d'avoir à ses côtés un praticien du droit en charge de contrôler l'activité de la cour et de veiller à ce que ne soit pas commis d'abus en la défaveur de l'accusé. Cette assistance est, par ailleurs, un devoir pour la cour qui doit s'assurer que l'accusé n'est pas tout seul lors de cette audience aux conséquences graves. C'est pour cela que les droits français et gabonais reconnaissent la possibilité, à titre exceptionnel, que le président autorise l'accusé à prendre pour conseil un de ses parents ou amis[592]. Il peut même arriver qu'une cour criminelle gabonaise fasse appel à des avocats d'un autre ressort juridictionnel lorsqu'il y a une carence. Dans ce cas, elle prend en charge leurs frais de transport et de séjour pour la durée de celui-ci. À défaut, elle se contente de solliciter tout citoyen habilité, notamment les greffiers.

Cela étant, la commission d'office qui n'existe qu'en phase de jugement au cours du procès criminel gabonais réduit considérablement les chances de l'accusé qui aurait pu bénéficier d'un non-lieu devant le juge d'instruction s'il avait été assisté d'un avocat. En effet, au Gabon, la désignation d'office des défenseurs est faite par le président après l'interrogatoire de l'accusé au cours d'une audience publique à laquelle assiste le représentant de l'ordre des avocats du Gabon seulement huit jours avant le début des débats. C'est à partir de ce moment-là que l'avocat commis d'office et son client pourront avoir accès au dossier de la procédure et pourront communiquer librement.

Ce sont les raisons pour lesquelles nous recommandons la commission d'office, au moins dès l'ouverture de l'information criminelle, pour se rapprocher du droit français qui prévoit une telle commission dès le début de la garde à vue. L'accusé gabonais peut tout de même compter sur le jury comme réconfort au cours du procès.

[592] Articles 275 du CPP français, « A titre exceptionnel, le président peut autoriser l'accusé à prendre pour conseil un de ses parents ou amis » et 218, alinéa 3 du CPP gabonais « L'accusé peut être autorisé à titre exceptionnel, par le président, à prendre pour conseil un de ses parents ou amis ».

b- Le jury, un réconfort pour l'accusé pendant l'audience criminelle

Héritage révolutionnaire, le jury a été institué en droit français, par imitation du droit anglo-saxon, il y a deux siècles de cela afin de substituer à l'arbitraire du juge la volonté du peuple souverain représenté par ses jurés. En effet, à la fin de l'Ancien Régime, les philosophes des Lumières, qui préparent la Révolution, sont très critiques à l'égard des juges et de la justice en général qui, désormais, devrait être rendue au nom du « *peuple français* ». Il convenait, selon eux, d'éviter que le juge ne puisse substituer sa volonté à la Loi, rappelle Duport[593], et c'est aux jurés de le lui rappeler. Sont donc apparus un jury d'accusation pour le renvoi des accusés devant la juridiction de jugement et un jury de jugement au fond.

Le Code d'instruction criminelle de 1808 a abandonné l'idée du jury d'accusation, dont la mission était de statuer en appréciant les charges sur le renvoi de citoyens devant la juridiction de jugement qui elle, ne pouvait condamner que s'il y avait des preuves. Or, ce jury confondant charges et preuves votait souvent le non-lieu, c'est-à-dire l'arrêt des poursuites. Ainsi, les rédacteurs du Code de 1808 supprimèrent-ils le jury d'accusation dont les fonctions furent transférées à une structure spéciale de la cour d'appel, la chambre des mises en accusation. Ils ne gardèrent que l'institution du jury de jugement dont le nombre resta fixé à douze membres, pour trois magistrats professionnels.

Si au début les jurés ne pouvaient statuer sur les questions de droit, car une loi du 25 juin 1824 confia à la cour, c'est-à-dire aux trois juges professionnels, le soin de statuer sur les circonstances atténuantes, une seconde loi, en date du 28 avril 1832, attribua cette fois au jury le droit d'appliquer les circonstances atténuantes. Les jurés devenaient ainsi maîtres du jeu, votant la culpabilité et évitant la peine de mort tout à la fois. Une loi du 5 mars 1932 a cependant décidé que le jury, après avoir statué seul sur le fait, se joignait ensuite à la cour pour la délibération sur la peine. En effet, le législateur français était intervenu en 1932 parce que les jurés, devenus certes maîtres depuis 1832 des circonstances atténuantes, restaient dans l'ignorance de ce que la cour en ferait.

---

[593] Séance de la constituante, 29 avril 1990.

L'association fut complètement réalisée avec une loi du 25 novembre 1941[594] qui ramena finalement le nombre de jurés à six. La majorité de cinq voix sur neuf (six jurés plus trois magistrats) pouvant être acquise par le vote des trois magistrats et de deux jurés, le jury n'étant donc plus systématiquement majoritaire dans la décision de jugement. Cependant, le 20 avril 1945, le nombre de jurés fut porté à sept, ce qui ne suffisait pas pour autant à conférer le pouvoir de décision à la majorité du jury, la majorité de six voix pouvant être acquise avec le vote de seulement trois de ses membres.

La composition actuelle du jury de la cour d'assises française remonte aux débuts du Code de procédure pénale : neuf jurés et trois magistrats. Désormais, juges et jurés statuent ensemble, en un collège unique, sur le fait et sur le droit. Et c'est ce système que la France a exporté lors de ses conquêtes, notamment au Gabon. Il a été repris lors de l'édification d'un droit typiquement gabonais en 1961 et réaffirmé par le législateur de 2010 : le jury et les juges professionnels, que ce soit en droit français ou en droit gabonais, disposent des mêmes pouvoirs, ils doivent statuer ensemble sur la culpabilité puis sur la peine. Le Code de 1808 avait sur ce point rappelé que « *la loi ne demande pas compte aux jurés des moyens par lesquels ils se sont convaincus ; elle ne leur prescrit point de règles desquelles ils doivent faire particulièrement dépendre la plénitude et la suffisance d'une preuve ; elle leur prescrit de s'interroger eux-mêmes dans le silence et le recueillement, et de chercher, dans la sincérité de leur conscience, quelle impression ont fait sur leur raison les preuves rapportées contre l'accusé et les moyens de sa défense. La loi ne leur dit point : 'Vous tiendrez pour vrai tout fait attesté par tel ou tel nombre de témoins' ; elle ne leur dit pas non plus 'Vous ne regarderez pas comme suffisamment établie toute preuve, qui ne sera pas formée de tel procès-verbal, de telles pièces, de tant de témoins ou de tant d'indices' ; elle ne leur fait que cette seule question, qui renferme toute la mesure de leurs devoirs : 'Avez-vous une intime conviction ?'* ».

L'institution du jury permet ainsi de voir la nature du jugement criminel autrement dans le sens où il amène au jugement une réflexion non plus essentiellement juridique, mais prenant en compte d'autres variables comme la réflexion humaine, plus proche des intérêts de la défense. Elle

---

[594] Mimin P., Commentaire de la loi du 25 novembre 1941 [sur le jury], Dalloz, 1942, Législation, pp. 21-31.

est l'une des formes les plus populaires de la démocratie participative du fait de la contribution des citoyens à la gestion de la chose publique. Ainsi, Tocqueville écrivait-il au sujet des jurés qu'« *ils prêtent à l'arrêt l'autorité de la société qu'ils représentent, et lui (le juge), celle de la raison et de la loi* », il ajouta même « *Je ne sais si le jury est utile à ceux qui ont des procès, mais je suis sûr qu'il est très utile à ceux qui les jugent. Je le regarde comme l'un des moyens les plus importants et les plus efficaces dont puisse se servir la société pour l'éducation du peuple* »[595].

Le jury est un droit de la défense en ce qu'il permet d'associer toutes les composantes de la société à la lutte contre le crime : les magistrats professionnels et les citoyens participent ici à rendre une justice plus humaine et réellement incarnée sur les valeurs de la société. L'accusé qui comparaît est ainsi jugé par des « pairs » tirés au sort et, en quelque sorte, mandatés par le peuple au nom duquel ils se prononcent. Les jurés ont alors le devoir de rendre la justice, mais aussi de défendre les intérêts des citoyens par un contrôle efficace sur l'instruction à l'audience. Cette institution a pourtant toujours fait débat chez les penseurs. Certains y étant favorables, par exemple Goupil de Preflin qui tenait ces propos en 1790 : « *Les jurés nous préserveront des erreurs et du despotisme du pouvoir judiciaire qui peut, même en matière civile, porter une véritable atteinte à notre liberté* »[596] ; Benjamin Constant aussi estimait qu'il n'était pas nécessaire d'avoir recours aux lumières d'une élite pour se prononcer sur les affaires criminelles : « *Certes, si on me proposait d'être à mon choix jugé par douze artisans, sans connaissance aucune, ne sachant, si l'on veut, ni lire ni écrire, mais tirés au sort, et ne recevant d'ordre que de leur conscience, ou par douze académiciens les mieux façonnés à l'élégance, par douze hommes de lettres les plus exercés dans les finesses du style, mais nommés par l'autorité, qui tiendraient suspendus sur les têtes les cordons, les titres et les salaires, je préférerais les douze artisans* »[597]. D'autres auteurs sont quant à eux plus critiques à l'encontre de cette institution estimant que les jurés sont souvent influencés par leurs habitudes professionnelles et leur niveau

---

[595] Extrait du chapitre « De la démocratie en Amérique » intitulé « Du jury aux Etats-Unis considéré comme institution politique ».
[596] AP, XII, 580.
[597] BENJAMIN C., « Commentaire sur l'ouvrage de Filangieri », Paris Ailland J.-P. et DUFART P., nouvelle éd., Tome 3, p. 361.

social, par les journaux et la radiodiffusion au moment même où ils jugent, par un incident d'audience parfois voulu par un avocat habile et par l'appareil solennel de la justice criminelle, au point de ne plus défendre les intérêts des personnes poursuivies. Portalis, par exemple, trouvait le jury inutile au point d'en dire que : « *La conscience, ce sentiment intime qui est dans tous les hommes, doit guider les juges comme les jurés. Les jurés ne sont donc que des juges si, comme eux, ils prononcent d'après leur conscience. Si, en les y renvoyant, on veut leur accorder le droit de juger comme ils voudront, on tombe dans une absurdité. La conscience ne doit pas être considérée là comme un sixième sens qui se dirige par des règles arbitraires : juges et jurés, tous ceux qui prononcent doivent se décider d'après les preuves qui convainquent leur raison ; car la conscience ne peut parler qu'après que la raison est éclairée* »[598]. Pour se retrouver face à un jury de confiance, il faut donc trouver des moyens qui profitent à l'accusé. Il en est ainsi du droit de récusation au profit de l'accusé, même si le ministère public en dispose également.

Le droit de récusation est un véritable droit pour l'accusé qui pourra identifier chacun des jurés par la signification des listes de session et écarter discrétionnairement qui il veut même si cette faculté est limitée quantitativement. En effet, l'article 206, alinéa 1, du Code de procédure pénale gabonais et l'article 298 du CPP français disposent que l'accusé puisse exercer la faculté de récusation envers quatre jurés (ou assesseurs).

Ce mécanisme de récusation est important, car « *il est nécessaire que l'accusé qui veut défendre sa liberté ou sa vie ait des juges en qui il ait confiance et desquels il acceptera plus facilement la sentence* »[599]. Donc, pour que la récusation soit effective, il est nécessaire que l'accusé dispose d'éléments nécessaires à l'identification des jurés de session.

La liste qui est communiquée à l'accusé doit comporter les noms, prénoms, dates et lieux de naissance ainsi que la profession des jurés. Ces informations sont très importantes, car si elles sont fausses « *elles*

---

[598] LOCRE, t. XIII, p. 17, Portalis veut montrer que le jury est inutile.

[599] MARTINAGE R., ROYER J.-P., Les destinées du jury criminel, Lille, L'espace juridique, Hellemmes, Ester, 1990, p. 266.

détruisent la personnalité desdits jurés et ôtent ainsi aux accusés les moyens de les connaître et de préparer contre eux les récusations que la loi leur accorde »[600].

******

De véritables droits à la défense sont accordés par le législateur gabonais à la personne poursuivie que ce soit en audience correctionnelle ou criminelle. Même si le législateur gabonais ne va pas aussi loin que son homologue français, concernant par exemple la commission d'office de l'avocat en audience correctionnelle, on ne peut nier l'effort de celui-ci pour garantir l'effectivité des droits de la défense au cours de la phase décisoire du procès. On ressent véritablement l'impact du droit français qui a lieu dans un premier temps avec l'application du Code d'instruction criminelle de 1808 au Gabon puis avec la prise en considération par le législateur gabonais de 2010 des évolutions du droit français pour reconnaître des droits à la personne poursuivie qui étaient inexistants ou peu affirmés en droit gabonais. Seulement, si on a pu voir qu'il existait des obstacles pouvant parfois restreindre les droits de la défense de la personne poursuivie durant la phase décisoire du procès pénal gabonais, reste à savoir si les droits de la personne poursuivie sont mieux garantis durant la phase d'après jugement. Le droit français a-t-il aussi impacté le droit au recours de la procédure pénale gabonaise ?

[600] Crim., 26 déc. 1823, B. C., n°165.

CHAPITRE II

L'IMPACT REMARQUABLE DU DROIT FRANÇAIS SUR LA CONSOLIDATION DES DROITS DE LA DÉFENSE APRÈS LA PHASE DU JUGEMENT

Tout procès pénal porte sur des faits pour lesquels la personne mise en cause est poursuivie et débouche sur l'application de la loi pénale. La personne poursuivie lors d'un procès pénal se défend, quant à elle, contre les faits de l'accusation, mais aussi contre l'application erronée de la loi pénale ; elle doit continuer à jouir de son « *droit d'être reconnue innocente de manière irrévocable* »[601], même lorsqu'une décision a déjà été prise à son encontre.

Il est, en effet, reconnu à la personne poursuivie, dans la quasi-totalité des systèmes juridiques, le droit de demander que le procès soit à nouveau jugé lorsqu'elle estime que la décision juridictionnelle est entachée d'erreurs de fait et de droit. C'est son droit au recours[602] dont la mise en œuvre lui permet de critiquer la décision défavorable prononcée à son encontre, lui offrant la possibilité de saisir le juge répressif, quel que soit le stade du procès. Ainsi, le rôle de la partie poursuivie ne se résume-t-il plus à une simple participation[603], il se traduit désormais en termes de contestation et les droits de la défense subsistent même après le prononcé d'un jugement.

Le droit au recours permet à toute partie, à l'issue de la phase décisoire du procès pénal, d'obtenir un nouvel examen du procès[604], d'une partie de celui-ci ou encore de faire valoir les irrégularités observées dans le déroulement de la procédure. Il s'agit d'un véritable droit de la

---

[601] DEFFERRARD F., Le suspect dans le procès pénal, *op. cit.*, p. 6.
[602] CHAPELLE-BOUCHARD V., Le droit au recours en matière pénale : contribution à l'étude des droits de la personne poursuivie, ANRT, 2000, p. 3.
[603] Procédures pénales d'Europe, sous la direction de DELMAS-MARTY Mireille, *op. cit.*, p. 488.
[604] Guide juridique, Dalloz, Voies de recours, p. 540.

défense[605] et le Conseil constitutionnel français[606] ainsi que la doctrine française[607] le conçoivent ainsi. Ce droit au recours subsiste alors même qu'une décision de justice a déjà eu lieu ayant pour principal objet la contestation de la décision juridictionnelle[608]. Il offre à toute personne déclarée coupable d'une infraction par un tribunal, la possibilité de se faire rejuger et de faire réexaminer la décision par une juridiction hiérarchiquement supérieure ou par la même juridiction.

Le droit au recours est garanti par le droit conventionnel européen qui reconnaît à « *toute personne déclarée coupable d'une infraction pénale par un tribunal, le droit de faire examiner par une juridiction supérieure la déclaration de culpabilité ou la condamnation* » dans l'article 2 § 1 du protocole n°7 additionnel à la Convention EDH. Ce droit est également garanti par l'article 8 de la Déclaration universelle des droits de l'Homme et l'article 2 § 3 du Pacte international relatif aux droits civils et politiques. Le droit français a, quant à lui, toujours reconnu à la partie poursuivie le droit de contester sa culpabilité[609]. L'histoire législative française le montre bien, le droit au recours n'a jamais été retiré à la personne poursuivie : si les périodes de crise où l'on sacrifie quelque peu les droits de la défense correspondent à un certain étranglement du droit au recours, les périodes normales voient au contraire son plein épanouissement. Aujourd'hui, l'article préliminaire du CPP français affirme que « *toute personne condamnée a le droit de faire examiner sa condamnation par une autre juridiction* ». Il en est de même en droit gabonais où le législateur garantit à ses justiciables un droit de recours afin de solliciter une sentence plus favorable[610]. Ce droit

[605] CONTE P., MAISTRE DU CHAMBON P., Procédure pénale, 1re éd. Masson/Armand Colin, 1995, p. 540.
[606] Pour le conseil constitutionnel français les droits de la défense incluent le droit au recours : Décision du CC, 12-13 août 1993, 325 DC.
[607] PRADEL J., Procédure pénale, *op. cit.*, p. 855 ; FRISSON-ROCHE M.-A., Les droits de la défense en matière pénale, art. préc., p. 416.
[608] WIEDERKEHR G., Le système des voies de recours en droit judiciaire privé français, RIDC, 1989, n°11, pp. 226-227.
[609] LEVASSEUR G., « De quelques singularités des voies de recours en matière répressive », Mélanges Vincent, 1981, pp. 219 et s. ; CHAPELLE-BOUCHARD V., « Le droit de recours en matière pénale : contribution à l'étude des droits de la personne poursuivie », ANRT, 2000.
[610] CHAPELLE-BOUCHARD V., Le droit au recours en matière pénale : contribution à l'étude des droits de la personne poursuivie, *op. cit.*, p. 3.

au recours existait déjà dans le Code d'instruction criminelle où il était conçu de manière large[611] au moyen de quatre voies : l'appel[612], l'opposition[613], le pourvoi en cassation[614] et le pourvoi en révision[615]. C'est un droit qui est en effet mis en œuvre par différents procédés qui sont regroupés sous le vocable de « *voies de recours* »[616], procédures permettant de critiquer ou d'attaquer une décision rendue afin de lui en substituer une nouvelle, présumée meilleure[617].

Dans l'intérêt de la partie poursuivie, les voies de recours permettent de contester la culpabilité[618] et un principe de justice élémentaire veut que les parties soient assurées qu'à l'intérieur du système procédural il soit possible de remettre en cause le contenu de ce qui a été décidé[619] à leur encontre en vue d'une réformation lorsqu'une atteinte à leurs droits a été portée[620]. L'utilité de telles voies de recours est évidente : bien que celles-ci puissent entraîner la lenteur du procès pénal[621], elles ont pour objectif commun « *de contester la régularité de la procédure qui a trouvé son issue dans la décision, et de remettre en cause le bien-jugé que cette décision consacre* »[622]. Elles permettent de corriger les erreurs de fait ou de droit des magistrats[623], de corriger le dysfonctionnement de

---

[611] PRADEL J. Procédure pénale, *op. cit.*, p. 955.
[612] Art. 199 à 216 du CIC.
[613] Art. 187, 188 et 208 du CICI.
[614] Art. 416 du CIC.
[615] Art. 443 à 444 du CICI.
[616] Pour une étude approfondie sur le sujet, voir ORILLARD-LENA M., Les voies de recours en matière pénale. Essai d'une théorie générale, Thèse de l'Université de Paris II Panthéon-Assas, 2007 ; CHAPELLE-BOUCHARD V., Le droit au recours en matière pénale : contribution à l'étude des droits de la personne poursuivie, *op. cit.*
[617] PRADEL J., Procédure pénale, *op. cit.*, p. 953.
[618] BUSSY F., L'erreur judiciaire, D., 2005, chron., pp. 2562 et s.
[619] DEFFERRARD F., Le suspect dans le procès pénal, *op. cit.*, p. 62.
[620] BOULOC B. et MATSOPOULOU H., Droit pénal général et procédure pénale, Dalloz, 16e éd., 2006, p. 377.
[621] CHOLET D., La célérité de la procédure en droit processuel, Thèse de l'Université de Poitiers, 2003, pp. 140 et s.
[622] LEVASSEUR G., « De quelques singularités des voies de recours en matière répressive », in Mélanges J. VINCENT, Dalloz, 1981, pp. 213-219.
[623] STEFANI G., LEVASSEUR G., BOULOC B., Procédure pénale, 17e éd., Paris, Dalloz, 2000, précis de droit privé.

la justice et apparaissent conformes à l'intérêt général et à celui des justiciables pour lesquels elles constituent un aspect des droits de la défense[624]. Ces voies de recours existent, car l'erreur comme l'injustice sont humaines[625], face à des décisions susceptibles de préjudicier aux droits de la défense de la personne poursuivie, le formalisme procédural qui entoure le procès peut s'avérer insuffisant, dans ce cas il faut permettre aux parties un examen nouveau de leur affaire.

Les voies de recours se présentent alors comme une garantie contre les risques d'erreur et d'injustice et constituent une garantie de bonne justice à laquelle on ne saurait porter atteinte dans le seul but d'accroître la célérité. Elles sont conformes à l'intérêt général et à celui des justiciables, car, en provoquant un nouvel examen du procès, les voies de recours permettent la rectification d'erreurs formelles et remettent en cause le bien jugé du procès quant au fond. Elles obligent, de par leur existence, le magistrat à ne pas trancher trop vite et à examiner consciencieusement le dossier qui lui est soumis en fait et en droit sous peine de voir sa décision infirmée ou cassée[626].

Le législateur gabonais de 2010 a véritablement marqué son attachement au système français en consolidant le droit au recours de la défense à travers les voies de recours ordinaires (Section 1) et les voies de recours extraordinaires (Section 2).

Section I- Le maintien du droit au recours par les voies ordinaires sous l'influence du droit français

Le système français des droits de la défense a toujours reconnu à la partie poursuivie, insatisfaite d'une instance, la possibilité de saisir les juridictions hiérarchiquement supérieures ou la même juridiction pour

---

[624] BUSSY F., L'erreur judiciaire, D., 2005, chron., pp. 256 et s.

[625] SAVATIER cité par MADIOT Y. Qualité du droit et protection des droits fondamentaux, in Mélanges offerts à Jorge CAMPINIS, 1re éd., Paris : PUF, 1996, Publication de la faculté de droit et des sciences sociales de Poitiers, Tome XXIX.

[626] CHOLET D., La célérité de la procédure en droit processuel, *op. cit.*, p. 154.

continuer de faire valoir sa défense[627]. Cette possibilité se concrétisait, depuis le Code d'instruction criminelle, par la reconnaissance du droit d'appel des parties devant une cour d'appel et du droit de faire opposition. Ces deux voies de recours ont donc, en parallèle, toujours existé en droit gabonais eu égard à l'application du Code d'instruction criminelle en territoire gabonais.

L'appel et l'opposition entrent dans la catégorie des voies de recours ordinaires. Elles correspondent à la vision naturelle que l'on se fait du procès dominé par deux principes : le principe de réformation qui veut que l'on puisse voir juger son procès deux fois par des juges différents, ce qui correspond à l'appel, et le principe de la rétractation qui veut que l'on puisse être jugé contradictoirement si l'on a été défaillant, tel est le cas de l'opposition. Ces voies de recours ont pour objet de faire examiner à nouveau l'affaire dans tous ses éléments, de fait et de droit[628]. En d'autres termes, les voies de recours ordinaires doivent pouvoir s'exercer en toutes circonstances et être ouvertes à toutes les parties, sauf exception prévue par la loi. Tel est le cas de l'appel qui a été confirmé par le législateur gabonais de 2010 contre les décisions des juridictions correctionnelles et contraventionnelles[629]. Il correspond, en règle générale, à la logique française (§1), tout comme le droit de faire opposition (§2).

§1- La confirmation du droit d'interjeter appel en droit gabonais

Le système romano-germanique qui est appliqué en France et au Gabon reconnaît l'appel comme la voie de recours par excellence[630]. Que ce soit en France ou au Gabon, l'appel est « *la voie de recours ordinaire la*

---

[627] LEGEAIS R., Grands systèmes de droit contemporains, approche comparative, 3e éd ; LexisNexis, 2016, p. 405.
[628] PRADEL J., Procédure pénale, *op. cit.*, p. 955.
[629] L'appel en droit gabonais qui n'est pas possible contre les décisions de la cour criminelle, à la différence du droit français qui, depuis 2000, a finalement consacré le recours en appel contre les décisions de la cour d'assises. V. PRADEL J. « *L'appel contre les arrêts d'assises : un apport heureux de la loi du 15 juin 2000* », D., 2001, chron., p. 1967.
[630] LEGEAIS R., Grands systèmes de droit contemporains, approche comparative, 3e éd., LexisNexis, 2016, p. 404.

plus connue des justiciables et la plus populaire, celle-ci étant associée à toute espèce de décision de justice qui lui semble défavorable »[631]. L'appel est la mise en œuvre du principe du double degré de juridiction[632] « *qui permet à la partie insatisfaite d'attaquer un acte ou un jugement afin de le faire réexaminer en tout ou partie par une juridiction hiérarchiquement supérieure* »[633]. Cette voie de recours est présentée traditionnellement comme une garantie de bonne justice[634] nécessaire pour prévenir les défaillances possibles de l'appareil judiciaire et ainsi renforcer le crédit de la justice.

L'appel comme voie de recours ordinaire et de réformation a toujours été très connu des justiciables étant déjà prévu par les textes du Code d'instruction criminelle qui reconnaissait dans son article 172 le droit, pour les justiciables, de contester « *par la voie d'appel* » les décisions en matière de police et, dans son article 199, il conférait à la défense le droit de faire appel des décisions rendues en matière répressive. Le législateur gabonais a institué ce droit en 1961 et en 2010 il l'a maintenu en suivant la logique du droit français (A) sans toutefois l'étendre en matière criminelle (B). Il a néanmoins reconnu à l'appel en droit gabonais les mêmes effets que ceux reconnus à l'appel en France (C).

A- L'orientation du droit d'interjeter appel au Gabon suivant la logique du droit français

Depuis le Code d'instruction criminelle, le système français enseigne que la défense ne peut exercer son droit d'appel qu'en ayant respecté au préalable certaines conditions et le législateur gabonais a fait le choix de s'aligner sur cette logique française. En effet, au Gabon, la partie poursuivie peut, certes, exercer son droit d'appel, mais sous certaines conditions. Ces conditions tiennent, d'une part, à l'obligation de faire

---

[631] CHAPPELLE-BOUCHARD V., Le droit au recours en matière pénale : contribution à l'étude des droits de la personne poursuivie, *op. cit.*, pp. 261 et s.

[632] KUTY F., Justice pénale et procès équitable, vol. II, Larcier, 2006, p. 513 ; CHAPELLE-BOUCHARD V., Le droit au recours en matière pénale : contribution à l'étude des droits de la personne poursuivie, *op. cit.*, p. 261.

[633] DEFFERRARD F., Le suspect dans le procès pénal, *op. cit.*, p. 65.

[634] ALLIX D., Les droits fondamentaux dans le procès pénal, 2e éd., Montchrestien, 2002, p. 103.

une déclaration d'appel au greffe de la juridiction qui a statué. Cette déclaration qui doit être signée par l'appelant ou son mandataire et par le greffier doit, en outre, être inscrite sur un registre et toute personne peut en obtenir copie (article 502 du CPP français et 388 du CPP gabonais). Le condamné détenu peut aussi faire connaître sa volonté d'interjeter appel au moyen d'une déclaration auprès du chef de l'établissement pénitentiaire, cette déclaration étant signée par ce dernier et par l'appelant, puis adressée sans délai au greffe de la juridiction qui a rendu la décision attaquée (art. 503 du CPP français et 389 du CPP gabonais). Les conditions de l'appel en procédure pénale gabonaise tiennent, d'autre part, aux délais. Le délai d'appel des parties est de dix jours à compter du prononcé du jugement contradictoire[635], pour l'appel principal, que ce soit en droit gabonais ou en droit français (art. 380-9 du CPP gabonais et 498 du CPP français)[636]. Et, concernant l'appel incident[637], le délai est de cinq jours qui s'ajoutent au délai initial de dix jours ; il court à partir du jour où le jugement contradictoire a été rendu (art. 380-10 et 500 CPP français et art. 386 du CPP gabonais). Ces délais s'appliquent à toutes les décisions rendues en matière correctionnelle, qu'elles soient rendues ou non uniquement sur l'action publique.

En 2010, le législateur gabonais a donc choisi de perpétuer cette logique conditionnelle de l'exercice du droit d'appel, mais il a aussi opté pour rendre ce droit d'appel automatique, comme c'est le cas dans tous les

---

[635] Le jour du prononcé de la décision attaquée n'est pas compris dans ce délai qui prend fin le dixième jour à minuit ; on assimile aux jugements contradictoires ceux réputés contradictoires c'est-à-dire « les jugements contradictoires à signifier », selon la terminologie introduite par la loi du 9 mars 2004 ; GUINCHARD S. et BUISSON J., Procédure pénale, *op. cit.*, p. 1130.

[636] Un auteur estime que ce délai de dix jours est trop bref pour permettre « une sage réflexion », il entraîne des appels hâtifs et inconsidérés à l'origine d'encombrements inutiles. TALLON-FROUIN I., « Les droits de la défense liés à l'information dans le procès pénal », in L'information en droit privé, Travaux de la conférence d'agrégation, sous la direction de Y. LOUSSOUARN et P. LAGARDE, LGDJ, 1978, p. 3 et spéc. p. 23.

[637] « L'appel incident est un appel formé par l'intimé, souvent in extremis, en réponse à l'appel principal que son adversaire a fait contre lui », v. PRADEL J., Procédure pénale, *op. cit.*, p. 875 ; MERLE R. et VITU A., Traité de droit criminel, t. II, « Procédure pénale », *op. cit.*, p. 971.

pays ayant adopté le système romano-germanique, différent du système anglo-saxon dans lequel le droit d'interjeter appel est soumis à l'autorisation du tribunal[638]. Le droit d'interjeter appel dans le système romano-germanique a, en effet, toujours été automatique, c'est un droit qui n'a jamais été soumis à une quelconque autorisation du juge. Le législateur gabonais de 2010 qui a suivi cette logique a alors accordé à la défense le droit d'exercer l'appel contre une décision qui lui est défavorable sans filtrage. Cette législation correspond au droit français qui a décidé de ne pas soumettre le droit d'interjeter appel à un quelconque filtrage. En effet, même si le droit d'appel n'a été élargi en France que par la loi du 15 juin 2000[639] contre les décisions de la cour d'assises, il a cependant toujours été automatique concernant l'appel des décisions relatives aux délits et aux contraventions[640]. C'est ce système que le législateur gabonais a consolidé en 1961 et maintenu en 2010, uniquement concernant l'appel des décisions des juridictions correctionnelles et contraventionnelles, l'appel contre les décisions de la cour criminelle étant proscrit.

L'automaticité du droit d'appel de la défense consiste pour cette dernière, à l'issue d'un procès pénal qui ne lui est pas favorable, à interjeter appel à l'encontre des décisions juridictionnelles autres que celles de la cour criminelle au Gabon. Ce système date du Code d'instruction criminelle qui attribuait déjà aux parties prévenues le droit d'appeler expressément[641]. Il permettait à la défense d'exercer librement son droit d'interjeter appel ou d'y renoncer. Aucune limite n'étant apportée à ce droit si ce n'est que la déclaration d'appeler devait être faite au greffe du tribunal ayant rendu la décision contestée, et ce dans un délai précis. Depuis 2010, le régime d'appel prévu par la loi gabonaise continue donc de s'inscrire dans la logique du droit français. La défense peut, lorsqu'elle est insatisfaite d'une décision, interjeter appel pour une question de droit ou de fait. C'est un véritable droit de la défense, car en cas de condamnation par un premier jugement, le

---

638 DELMAS-MARTY, Procédures pénales d'Europe, *op. cit.*, p. 137 ; PRADEL J., Droit pénal comparé, 4e éd., Dalloz, 2016, p. 114.

639 Loi n°2000-516 renforçant la protection de la présomption d'innocence et les droits des victimes.

640 VITU A., « La réglementation de l'appel et de l'opposition dans le Code de procédure pénale », JCP, 1959, 1486.

641 Art. 202 al. 1er du CIC.

condamné a toujours la possibilité de voir le jugement révoqué et de le déclarer innocent par la cour d'appel.

L'appel, véritable voie de réformation, vise à contrôler le bien ou le mal jugé en droit et en fait et ainsi, à permettre de réparer les erreurs intellectuelles des premiers juges. Seulement, si conformément à la tradition française ce droit d'appel est automatique et permet que tout jugement rendu par les juridictions inférieures soit susceptible d'être réformé, cette règle générale et absolue en droit français comporte des restrictions en droit gabonais concernant les décisions prises par la cour criminelle qui continuent de ne pas être soumises à la voie de réformation que constitue l'appel.

B- La restriction du droit d'interjeter appel contre les décisions de la cour criminelle au Gabon

Depuis l'adoption de la loi du 15 juin 2000, le droit français reconnaît à la défense et même au parquet et à la partie civile, en ce qui concerne les intérêts civils, le droit de faire appel des décisions prises par la cour d'assises en première instance. Cet élargissement du droit d'appel a permis au législateur français d'offrir à l'accusé condamné une « *seconde chance* », car l'appel des arrêts d'assises est ainsi porté devant une autre cour d'assises[642], composée cette fois de douze jurés (et non plus neuf) en application du système d'« *appel tournant* », différent du système classique hiérarchique. Le second arrêt ne pourra être attaqué, en revanche, que par renvoi en cassation. Le législateur français, avec cette loi de 2000, se mettait en accord avec le droit européen pour qui le double degré de juridiction est une règle générale[643]. La loi du 15 juin 2000 correspondant ainsi à l'idée selon laquelle le pourvoi en cassation, seule voie de recours possible jusqu'alors contre les arrêts d'assises qui ne sanctionne que les erreurs de droit, était insuffisant.

Pourtant, le législateur gabonais de 2010 a choisi de confirmer la position du législateur de 1961 et de rester dans l'ancienne logique

[642] ANGEVIN H., « Mort d'un dogme. A propos de l'instauration par la loi du 15 juin 2000 d'un second degré de juridiction en matière criminelle » JCP, 2000, Doct., I, 260, p. 1795.
[643] Art. 2§1 du protocole n°7 additionnel à la Convention européenne.

française, prévoyant une restriction du droit d'appel de l'accusé contre les arrêts rendus par la cour criminelle. Surgissent alors des interrogations similaires à celles soulevées en France avant l'entrée en vigueur de la loi du 15 juin 2000 relative à l'injustice à laquelle sont soumis les accusés condamnés et privés du bénéfice d'un recours, contrairement aux prévenus qui peuvent faire appel. On peut penser que le législateur gabonais ait estimé, comme ce fut le cas pour la chambre criminelle française, qu'un recours en cassation existe contre les arrêts de la cour criminelle même s'il est limité au contrôle de l'application de la loi d'autant plus que l'institution de l'assessorat a été faite pour défendre les intérêts de la défense et les libertés publiques. L'assessorat serait donc à même de neutraliser les pressions du gouvernement ainsi que l'arbitraire dans l'application de la loi. Dans cette optique, on ne saurait juger en appel une décision du peuple souverain, de la même manière qu'il n'y a pas d'appel des élections ni du vote d'une loi (hormis le droit du président de demander une deuxième lecture). Par l'intermédiaire du jury c'est finalement le peuple qui juge à la cour criminelle. Cette position du législateur gabonais fut admise par l'ensemble de la doctrine pendant presque les deux siècles qui suivirent l'importation du jury français. Le recours au concept de juridiction « populaire », à propos de la cour d'assises française – qui fut pourtant pendant longtemps une juridiction de notables – servit à évacuer toute interrogation sur le fait que les délinquants frappés de peines relativement faibles aient la possibilité de voir leur affaire rejugée alors que des criminels pouvant être condamnés à la peine de mort ne bénéficiaient que d'un seul degré de juridiction.

Heureusement, l'évolution des mentalités à la fois de la doctrine presque unanime et de l'opinion a conduit, après un certain nombre de péripéties, à admettre en France, par la loi du 15 juin 2000, un appel contre les décisions criminelles. Et, cette évolution correspond non seulement à la logique de la Convention européenne des droits de l'Homme, mais aussi à celle du Pacte international relatif aux droits civils et politiques qui prévoit de faire examiner « par une juridiction supérieure » la déclaration de la culpabilité et la condamnation. Si le législateur français a finalement opté pour un système d'appel tournant, on ne saurait continuer à admettre au Gabon que le prévenu condamné à une peine d'un mois d'emprisonnement puisse faire appel et pas l'accusé susceptible de se voir condamné aux peines les plus lourdes. Le législateur gabonais qui prévoit le principe du double degré de juridiction a tout intérêt à penser, comme son homologue français, l'appel contre les arrêts de la cour criminelle. Ce droit d'appel permettrait à l'accusé, tout comme c'est le cas du prévenu qui exerce son droit de recours, d'être considéré à nouveau comme innocent en attendant la décision de la cour d'appel. Une évolution du droit gabonais est donc attendue sur ce sujet, les effets de l'appel étant quant à eux maintenus en droit gabonais et suivant la logique du droit français.

C- Les effets de l'appel gabonais en adéquation avec le droit français

Bien que le système gabonais ne prévoie pas le double degré de juridiction concernant les arrêts de la cour criminelle, les effets que produit l'appel des décisions correctionnelles ou contraventionnelles en droit gabonais sont quasi identiques à ceux prévus par le droit français. Ces effets ont un impact certain sur la situation de la partie poursuivie, car les droits français et gabonais reconnaissent qu'ils peuvent, d'une part, suspendre l'exécution du jugement initial, non seulement pendant le cours du délai pour faire appel, mais également pendant toute la durée de la procédure d'appel, sauf pour les décisions exécutoires par provision : c'est l'effet suspensif de l'appel permettant à la partie condamnée en première instance de retrouver sa présomption d'innocence, commun à tous les systèmes juridiques romano-germaniques[644]. D'autre part, au regard de l'effet dévolutif de l'appel, que reconnaissent les droits français et gabonais, l'appel n'annule pas la procédure antérieure, mais se combine à celle-ci pour rejuger certains, mais pas nécessairement tous, des points de fait et de droit sur lesquels la première juridiction avait déjà statué[645]. L'effet dévolutif de l'appel est déterminé par l'acte d'appel et la qualité des appelants. C'est ainsi qu'il est interdit à la cour d'appel de réformer les dispositions d'un jugement dont elle n'est pas saisie par l'appelant. Une cour d'appel ne peut pas non plus apporter à un appel des restrictions que ne prévoit pas l'acte qui le manifeste[646]. En outre, la partie civile ne peut interjeter appel que du jugement portant sur ses intérêts civils.

---

[644] PRADEL J., Droit comparé, *op. cit.*, pp. 460 et s.
[645] RASSAT M.-L., Traité de procédure pénale, *op. cit.*, p. 718.
[646] Crim., 25 mai 2004, B. 133.

Ces effets ont été applicables à l'appel en droit gabonais dès l'entrée en vigueur du Code d'instruction criminelle sur le sol gabonais qui avait prévu, de manière explicite, l'effet suspensif de l'appel à l'article 203 selon lequel pendant le délai d'appel et pendant l'instance d'appel, il y avait sursis à l'exécution du jugement. Le législateur gabonais de 2010 a confirmé de manière explicite cet effet classique de l'appel en prévoyant à l'alinéa 1er de l'article 392 du Code de procédure pénale que : « *Pendant les délais d'appel et durant l'instance d'appel, il est sursis à l'exécution du jugement* ». Cet alinéa reprend les prévisions de l'article 506 du Code de procédure pénale français prévoyant que l'effet suspensif de l'appel se poursuit non seulement une fois l'appel interjeté, mais aussi pendant toute la durée du délai de l'appel. La suspension ainsi accordée permet à la partie poursuivie de retrouver, tout du moins partiellement, sa présomption d'innocence. Mais elle n'empêche pas le tribunal de délivrer contre le prévenu condamné à une peine de prison, un mandat de dépôt s'il est présent à l'audience, ou un mandat d'arrêt s'il ne s'est pas présenté. Le prévenu devra également rester en prison s'il s'y trouvait déjà lorsque le jugement rendu par le tribunal est la condamnation, malgré l'exercice du droit d'appel. Avec l'effet dévolutif[647], le législateur gabonais rejoint son homologue français en permettant à la cour d'appel de substituer sa propre décision à celle du premier juge. Dans les deux droits, l'effet dévolutif suppose que l'affaire soit déférée avec tous les éléments de fait et de droit qu'elle comporte[648] et qui ont été résolus en premier ressort devant la juridiction supérieure. En effet, la cour d'appel ne pourra statuer que sur les demandes soumises au premier tribunal, l'effet dévolutif de l'appel impliquant que les parties, par leur volonté, puissent limiter la saisine de la cour en déterminant dans l'acte d'appel, les chefs du jugement qui sont attaqués. Cela étant, l'appel étant en principe général[649], l'appel du prévenu est censé être dirigé à la fois contre les dispositions pénales et les dispositions civiles.

---

647 Pour une étude plus approfondie, voir ORILLARD-LENA M., Les voies de recours en matière pénale. Essai d'une théorie générale, *op. cit.*, pp. 447 et s. ; CHAPELLE-BOUCHARD V., Le droit de recours en matière pénale : contribution à l'étude des droits de la personne poursuivie, *op. cit.*, pp. 246 et s.

648 PRADEL J., Procédure pénale, *op. cit.*, p. 897.

649 Voir cass. crim., 16 mars 1960, bull. crim., n°151 ; cass. crim., 27 octobre 1971, bull. crim., n°284.

Des limitations éventuelles de l'appel à la seule action publique, ou aux dispositions civiles, doivent être expressément mentionnées par l'appelant dans l'acte d'appel[650].

L'effet dévolutif de l'appel impose également un dessaisissement de l'affaire par les premiers juges. La juridiction qui juge en appel va, en quelque sorte, recommencer le procès même si elle ne peut pas élargir son examen à des faits nouveaux qui n'auraient pas été soumis au premier juge. Cela est avantageux pour le prévenu qui ne pourra pas être condamné pour des faits nouveaux apparus au cours des débats en appel, même si la cour d'appel peut modifier la qualification initialement retenue. Si tel est le cas, le prévenu sera mis en mesure de présenter sa défense sur la nouvelle qualification envisagée. De plus, de manière générale, il est de principe absolu que « *l'appel ne peut produire que des effets conformes à l'intérêt de son auteur* »[651], c'est-à-dire que l'appel ne peut jamais nuire à la partie privée, en l'occurrence à la partie condamnée, faisant appel seule. Si le prévenu est seul appelant, en vertu de la règle de la prohibition de la « *reformatio in prejus* »[652], le juge d'appel ne peut prononcer contre lui une peine plus grave ou modifier en un sens plus sévère la qualification d'abord retenue[653]. En droit gabonais, ce principe est prévu à l'article 401, alinéa 2, du Code de procédure pénale selon lequel la cour peut ne pas aggraver la peine prononcée, pouvant tout de même modifier le jugement dans un sens favorable au prévenu. La cour d'appel ne peut même pas se déclarer incompétente, si cette déclaration aggrave la situation de l'appelant[654]. En revanche, en droit français, comme en droit gabonais, l'appel du ministère public laisse une liberté entière à la cour qui peut confirmer le

---

650 GUINCHARD S. et BUISSON J., Procédure pénale, *op. cit.*, p. 1142

651 BOUZAT P. et PINATEL J., Traité de droit pénal et de criminologie, *op. cit.*, p. 1412.

652 EHRARD F., « L'interdiction de la reformatio in prejus », RSC, 1939, p. 1939 ; ORILLARD-LENA M., Les voies de recours en matière pénale. Essai d'une étude générale, *op. cit.*, pp. 77 et s. ; CHAPELLE-BOUCHARD V., Le droit de recours en matière pénale : contribution à l'étude des droits de la personne poursuivie, *op. cit.*, pp. 252 et s.

653 Cass. crim., 30 octobre 1963, Dalloz, 1964, p. 678, note FRANÇON A. ; Cass. crim., 19 juillet 1966, Bull. crim. n°203 ; chambre pénale de la cour de cassation gabonaise n°75 :57, 1975.

654 K. AL SAÏD, Procédure pénale, Les théories des jugements et des voies de recours, p. 227.

jugement ou l'infirmer, dans un sens favorable ou défavorable au prévenu.

Cette vision commune des effets de l'appel, et plus globalement une vision commune du droit d'appel, rapproche encore plus le droit gabonais du droit français. Elle permet une meilleure garantie des droits de la défense de la personne poursuivie qui aurait même déjà été condamnée par une première décision du tribunal. Cette vision commune concerne également le droit de faire opposition qui a été maintenu par le législateur gabonais de 2010.

§2- Le maintien du droit de faire opposition par le législateur gabonais de 2010

Il est conforme d'affirmer que la volonté du législateur réside en matière de procès pénal dans l'affirmation selon laquelle nul ne peut être condamné sans avoir présenté sa défense. En effet, « *le principe d'équité élémentaire exige que nul ne soit condamné sans avoir pu faire valoir ses arguments* »[655] ce qui suppose en matière répressive que la personne poursuivie devant les tribunaux doive comparaître en personne devant les juges. Seulement, il peut arriver que la personne poursuivie n'ait pas eu connaissance de l'assignation à comparaître ou même qu'elle refuse volontairement de comparaître devant les tribunaux. Dans ce cas il convient de ne pas retarder indéfiniment le cours de la justice en l'attendant et surtout de ne pas permettre à un plaideur de mauvaise foi de freiner la procédure. Mais il importe aussi de protéger les intérêts de la personne poursuivie contre une éventuelle procédure dont elle n'aurait pas eu connaissance. Le législateur gabonais, reprenant la procédure du droit français, a alors consacré une solution presque similaire à son homologue dans la mesure où les droits gabonais et français prévoient une procédure d'opposition autorisant, dans l'hypothèse où le prévenu ou l'accusé aurait été jugé et condamné en son absence, de faire revenir l'affaire dans la juridiction qui a jugé la première fois pour qu'il soit de nouveau statué sur son sort.

---

[655] BOULOC B. et MATSOPOULOU H., Droit pénal général et procédure pénale, *op. cit.*, p. 378.

L'opposition désigne dans le système romano-germanique une voie de recours ordinaire[656] et de rétractation[657] contre les décisions rendues par défaut en matière pénale. Cette voie de rétractation n'est pas un moyen pour la partie poursuivie de dénoncer un « *mauvais* » jugement, comme avec l'appel, mais elle l'autorise à faire valoir son absence pour bénéficier d'un nouveau procès. En d'autres termes, l'idée est de permettre au condamné qui n'a pas comparu à l'audience de bénéficier du droit à un débat contradictoire[658] et de faire valoir sa défense.

Le droit de faire opposition est largement admis en France et au Gabon alors même qu'il existe des critiques sur l'essence de la procédure qui conduit à ce droit[659], c'est-à-dire la procédure par défaut. Pour Marc Ancel et F. Clerc, une sanction prononcée en l'absence de la partie poursuivie est le plus souvent mal comprise et donc mal acceptée, c'est pourquoi F. Clerc préconise de l'éviter dans la mesure du possible[660] ou tout simplement de l'abolir. Le législateur gabonais a tout de même gardé dans son corpus législatif le droit de faire opposition du fait de l'existence en droit gabonais du jugement par défaut. Il confirme ainsi sa volonté de s'inspirer davantage du système français de défense pénale, car, tout comme le droit français l'exige, il existe en droit gabonais des conditions nécessaires à l'ouverture et à la mise en œuvre du droit de faire opposition (A). Le législateur gabonais s'est également inspiré du droit français concernant les effets de l'opposition (B).

A- Les conditions de l'ouverture du droit de faire opposition en droit gabonais semblables aux exigences du droit français

En droit gabonais, tout comme en droit français, le droit de faire opposition est une prérogative au profit de la personne condamnée lorsqu'un jugement a été rendu par défaut ; cependant, ce droit n'est pas accordé à toute personne condamnée, car la notion de défaut est

---

[656] PRADEL J., Procédure pénale, *op. cit.*, p. 857.
[657] PRADEL J., Procédure pénale, *op. cit.*, p. 856.
[658] M.-A. FRISSON-ROCHE, Généralités sur le principe du contradictoire, thèse de l'Université de Paris, 1988, p. 55.
[659] CLERC F., « Jugement par défaut et défense sociale », in Mélanges MARS ANCEL, Tome II, éd. A. Pédone, 1975, pp. 203 et s.
[660] CLERC F. « Jugement par défaut et défense sociale », art. préc., p. 204.

entendue très restrictivement pour éviter les abus. La chambre criminelle de la Cour de cassation française nous apprend par exemple que, bien qu'absente, la personne poursuivie est réputée jugée contradictoirement dès qu'elle comparaît à l'audience même si elle refuse de se défendre[661]. Ensuite, que ce soit dans le Code de procédure pénale français ou gabonais, il est prévu que si le prévenu a été cité à personne ou a eu connaissance effective de la citation ou bien si un avocat s'est présenté pour le représenter, il ne peut faire opposition au jugement, car la décision est réputée contradictoire à son égard.

Concernant l'accusé, la procédure d'opposition à proprement parler n'existe pas. Certes, l'accusé peut être jugé par défaut si, libre il ne se présente pas à l'audience ou, détenu, il s'enfuit. Dans ce cas, la procédure applicable à l'accusé absent est le jugement par contumace[662], procédure pour laquelle la France a été condamnée par la Cour EDH qui estimait que les intérêts de l'accusé n'y étaient pas suffisamment défendus,[663] car il n'y avait pas de débat, pas de jury[664] et pas d'avocat ; la cour statuait uniquement sur les réquisitions du ministère public[665], ce qui faisait que l'accusé se trouvait dans une situation aggravée par une condamnation systématique[666]. L'opposition faite par un accusé jugé en son absence prend finalement le nom de « *purge de contumace* » en droit gabonais et de défaut criminel[667] en droit français depuis la loi du 9 mars 2004. Elle correspond à la « *procédure moins formaliste, plus efficace et plus respectueuse des droits de la défense* »[668] durant laquelle le

---

[661] Crim., 17 fév. 1993, Bull. 81.

[662] GINESTE C., « Procédure de contumace et procès équitable », dr. pén., 2001, chron. 41 ; BOUCHARD V., « Procédure par contumace et par défaut au regard de l'article 6 § 1 de la Convention européenne des droits de l'Homme, RSC., 2003, p. 517 ; ROUMIER W., « Contumace », Dictionnaire des sciences criminelles, sous la direction de LOPEZ G. et TZITZIS S., Dalloz, pp. 172 et s.

[663] 13 fév. 2001, Krombach.

[664] Ancien art. 632, al. 4 CPP français.

[665] Ancien art. 632 al. 1 et 2 CPP français.

[666] CONTE Ph. et MAISTRE DU CHAMBON P., Procédure pénale, 4e éd., Armand Collin, 2002, p. 380.

[667] Le Titre I bis du Livre IV sur la contumace a été abrogé et inséré au Titre I du livre II du Code de procédure pénale avec un nouveau chapitre VIII intitulé « Du défaut en matière criminelle ».

[668] GUINCHARD S. et BUISSON J., Procédure pénale, *op. cit.*, p. 1009.

fuyard a été retrouvé avant que la prescription de la peine prononcée ne soit acquise. L'arrêt rendu en son absence étant de ce fait non avenu l'accusé sera rejugé selon la procédure ordinaire.

Cette procédure se rapproche évidemment de l'opposition en ce sens qu'une cour d'assises ou cour criminelle est à nouveau saisie pour examiner, tant en droit qu'en fait, l'intégralité de l'affaire. L'accusé condamné peut toutefois acquiescer à l'arrêt de la cour et renoncer, en présence de son avocat, au nouvel examen de son affaire dans un délai d'un mois à compter de la date de son arrestation ou de sa constitution de prisonnier. Cette procédure est la même que l'on soit en droit gabonais ou français, il y a juste une différence sémantique.

L'opposition aux décisions correctionnelles ou de simple police ou le défaut en matière criminelle constituent une voie de recours qui permet au prévenu et à l'accusé qui n'a pas participé à l'instance d'obtenir que l'affaire soit à nouveau jugée. Elle ne consiste pas à dénoncer un mauvais jugement, comme l'appel, elle autorise simplement le prévenu et l'accusé à faire valoir leur absence pour bénéficier d'un nouveau procès. Nous entrerons ici plus en détail dans les conditions de l'ouverture du droit de faire opposition qui correspondent également à celles nécessaires pour ouvrir la procédure de défaut criminel ou de purge de contumace.

Pour avoir le droit de faire opposition, il est nécessaire que le prévenu jugé ait été absent et non représenté au cours de son procès. Par ailleurs, il faut savoir que l'arrêt de la cour criminelle ou cour d'assises ne peut être rendu que par défaut, de sorte que même si les débats ont lieu en présence d'un avocat qui plaide pour l'accusé, la décision de la cour sera toujours mise à néant en cas d'arrestation de l'intéressé, c'est dans ce cas qu'intervient le jugement par défaut (1). S'il s'agit de la condition primordiale pour l'ouverture du droit de faire opposition, il existe par ailleurs d'autres conditions qui encadrent ce droit (2). Ces conditions sont semblables à celles existant en droit français et rapprochent encore plus la législation gabonaise du droit français.

1- La condition d'ouverture du droit de faire opposition : le jugement rendu par défaut

La présence de la personne poursuivie à son procès est nécessaire pour une bonne justice, mais surtout pour une bonne défense. Seulement, il peut arriver que cette dernière ne comparaisse pas à l'audience répressive, par elle-même ou par son représentant : dans ce cas elle n'est pas en mesure de faire valoir sa défense alors que son absence peut très bien ne pas être de sa faute.

Non seulement, si la défense n'a pas eu connaissance de la citation ou si elle a une excuse reconnue valable pour ne pas être venue à l'audience, la décision rendue hors de sa présence ou celle de son représentant n'obéit pas au principe du contradictoire, elle est dans ce cas rendue par défaut. Et, le droit gabonais, depuis l'application du Code d'instruction criminelle, a toujours admis les jugements par défaut en matière de simple police, correctionnelle ou criminelle. L'article 149 du CIC prévoyait ainsi que « *si la personne citée ne comparaît pas au jour et à l'heure fixés par la citation, elle sera jugée par défaut* », l'article 186 concernant la matière correctionnelle disposait quant à lui que « *si le prévenu ne comparaît pas, il sera jugé par défaut* ». En matière criminelle ce sont les articles 465 à 478 du CIC qui prévoyaient le jugement par contumace. Le législateur gabonais de 2010 a maintenu l'existence du jugement par défaut concernant ces trois matières, manifestation de son attachement au système français. Toutefois, pour répondre à la fois aux exigences des droits de la défense, à l'impératif de justice et à la prévention de la voie de recours que constitue l'opposition à des fins dilatoires, la faculté de faire opposition a été délimitée et l'encadrement de l'opposition est alors passé par une conception plus étroite de la notion de jugement rendu par défaut. En effet le domaine du défaut a été réduit[669] : le défaut ne sera possible que lorsque la défense, non citée à personne, ne comparaît pas et lorsqu'il est établi qu'elle n'a pas eu connaissance de la citation[670]. Cette condition est celle que l'on retrouve également en droit français à l'article 412 du CPP. Le législateur gabonais a vraiment suivi la logique du droit français sur la conception du défaut et considère que les

---

[669] ASCENSI L., Du principe de la contradiction, LGDJ, collection Thèse, 2006, p. 389.

[670] BOULOC B., Procédure pénale, *op. cit.*, p. 889.

citations à domicile, à mairie ou à parquet doivent aboutir à un jugement par défaut dès lors que le ministère public n'est pas en mesure de démontrer que l'intéressé en a eu connaissance[671]. Selon l'article 410 du Code de procédure pénale français, il y a également jugement par défaut lorsque la personne ayant été citée à personne ou ayant eu connaissance de la citation a fourni une excuse reconnue comme légitime par le tribunal.

En somme, toute absence de la personne poursuivie à l'audience de jugement n'entraîne pas la qualification de jugement par défaut et n'ouvre pas la voie à l'opposition. Il faut vraiment que la personne poursuivie se soit abstenue de manière involontaire pour qu'on ne puisse pas lui reprocher son défaut de comparution ou de représentation à l'audience.

Le jugement par défaut a donc lieu lorsque la personne poursuivie est jugée hors de sa présence et l'opposition des décisions correctionnelles ou contraventionnelles est le mode adéquat de contestation des jugements rendus en l'absence du prévenu, ces jugements devant avoir été rendus soit par les tribunaux correctionnels et de simple police en France, soit par les chambres des appels correctionnels ou encore par la chambre criminelle de la Cour de cassation. Le Code de procédure pénale gabonais prévoit ainsi à l'article 374, alinéa 1er, concernant le prévenu que ce dernier peut former opposition au jugement par défaut dans toutes ses dispositions, sauf en ce qui concerne le mandat d'arrêt qui demeure effectif. Cette prévision du législateur gabonais correspond au droit français et particulièrement à l'article 489 du Code de procédure pénale suivant lequel « *le jugement par défaut est non avenu dans toutes ses dispositions, si le prévenu forme opposition à son exécution* ».

L'objectif du législateur gabonais est certain, tout comme son homologue français, il veut permettre au condamné qui n'a pas comparu à l'audience de bénéficier du droit à un débat contradictoire par la réouverture du procès. Et, l'opposition reste un véritable droit de la défense pour les personnes condamnées qui ont fait l'objet d'une décision rendue par défaut par les juridictions de jugement. D'autres conditions existent cependant pour que l'opposition puisse être engagée.

---

[671] Cass. crim., 19 janvier 1988, bull. crim., n°27 ; art.377.

2- Les autres conditions pour la mise en œuvre du droit de faire opposition

De manière générale, l'opposition suppose que la décision ait porté atteinte aux intérêts du défaillant. La partie qui prétend exercer l'opposition doit donc justifier procéduralement d'un intérêt à agir[672] et l'intérêt à exercer cette voie de recours qu'est l'opposition existe toutes les fois où la décision par défaut est susceptible de préjudicier aux intérêts du défaillant.

La personne condamnée qui était absence lors du jugement de son affaire et qui est admise à faire opposition doit encore s'assurer que la décision n'ait pas été déjà frappée d'appel. Cette limite est partagée en droit français et en droit gabonais, car selon ces deux droits un jugement par défaut ouvre au condamné une possibilité d'opposition, mais ne le prive pas de la possibilité de former un appel. La personne condamnée peut donc faire un choix entre l'appel et l'opposition qui sont ouverts parallèlement[673]. La Cour de cassation française considère en effet que « *la partie à l'encontre de laquelle il a été statué par défaut a la faculté de choisir la voie de l'opposition ou celle de l'appel* »[674] et en droit gabonais l'article 381 du Code de procédure pénale prévoit que les jugements contraventionnels et correctionnels puissent être frappés d'appel sans faire de distinction entre les jugements contradictoires et les jugements par défaut ; l'article 374 dispose que le prévenu puisse former opposition à un jugement rendu par défaut. L'articulation de ces deux articles nous permet d'affirmer que la partie défaillante en procédure gabonaise a le choix entre la voie d'appel et celle de l'opposition en cas de jugement rendu par défaut.

Le défaillant doit, par ailleurs, respecter certaines conditions pour mettre en œuvre son droit de faire opposition. Tout d'abord, en droit français comme en droit gabonais, l'opposition est enfermée dans un délai. Si le droit gabonais s'est inspiré du droit français actuel pour prévoir un délai

---

[672] GUINCHARD S. et BUISSON J., Procédure pénale, *op. cit.*, p. 1124 ; PRADEL J., Procédure pénale, *op. cit.*, p. 884 ; BLANCHOT A., « Tribunal correctionnel », J.-Cl., proc. Pén., art. 489 à 491-1, fasc. 20, 2007, p. 2.
[673] ASCCENSI L., Du principe de la contradiction, *op. cit.*, p. 380.
[674] Cass. crim., 7 février 1984, Bull. crim., n°44.

normal de dix jours[675] pour faire opposition lorsque la signification du jugement a été faite à la personne jugée[676], le législateur gabonais[677] a quand même gardé certaines dispositions du Code d'instruction criminelle, notamment celles de l'article 187 prévoyant, en plus du délai de dix jours, un jour par tranche de cinquante kilomètres[678]. L'article 376 du Code de procédure pénale gabonais prévoit un autre délai d'un mois dans le cas où la personne ne réside pas sur le territoire gabonais, tout comme l'article 491 du CPP français. Le délai d'opposition est fixé au jour de la signification du jugement en personne, mais lorsque ce jugement est signifié au domicile ou à la mairie ou au parquet du domicile du condamné, l'opposition est recevable à partir du jour où le prévenu en a eu connaissance effective par une mesure d'exécution. Un autre délai spécial existe lorsque le prévenu n'a pas eu connaissance effective de la signification de la décision prononçant sa condamnation, et la jurisprudence française[679] exige une prise de connaissance certaine de la décision rendue par défaut par la personne concernée pour considérer que le délai d'opposition a couru, c'est-à-dire à partir du lendemain du jour où la personne en a eu connaissance effective par une mesure d'exécution, donc jusqu'à l'expiration des délais de prescription de la peine fixés selon l'article 376 du CPP gabonais et l'article 492 du Code de procédure pénale français.

S'agissant des conditions de forme, l'opposition n'est soumise à aucune exigence de forme particulière[680]. Selon l'article 375, alinéa 1er, du CPP gabonais qui reprend la substance de l'article 490 du CPP français,

---

[675] VITU A., « Les délais des voies de recours en matière pénale », in Mélanges offerts à CHAVANNE ALBERT, Droit pénal, propriété industrielle, Litec, 1990, pp. 179-191. Voir également du même auteur : « La réglementation de l'appel et de l'opposition dans le Code de procédure pénale », JCP., 1959, I, 1486.

[676] Art. 491 du CPP français.

[677] Voir art. 376 du Code de procédure pénale gabonais.

[678] Art. 47 al. 1er de la loi du 27 nov. 1947 modifiée par celle du 26 décembre 1958.

[679] Cass. crim., 17 mai 2000, Bull. crim., n°197.

[680] Toutefois, devant la cour de cassation française, l'opposition se fait par déclaration au greffe de la juridiction qui a rendu la décision (article 579 du CPPF). De même, contre l'ordonnance pénale du greffe correctionnel ou de police, l'opposition se forme par déclaration au greffe du tribunal (article 527 CPPF). Voir également cass. crim., 9 juin 1980, Bull. crim. n°181.

l'opposition doit simplement être portée à la connaissance du ministère public, à charge pour lui d'en aviser la partie civile. Cette disposition a été introduite en droit français par la loi du 30 décembre 1985 qui a modifié l'article 490 du Code de procédure pénale français. Donc, la forme de l'opposition est libre pour informer le parquet, l'opposant pouvant se contenter d'une simple déclaration, même verbale, qu'il lui adresse directement.

L'opposition qui respectera toutes les conditions exigées permettra au prévenu condamné de bénéficier d'un nouveau procès. Tout comme c'est le cas en droit français, il est prévu en droit gabonais que l'acte d'opposition saisisse la juridiction qui avait statué antérieurement ; alors un nouveau débat contradictoire aura lieu en présence de la partie principale. Cela fait de l'opposition une procédure au service de l'effectivité des droits de la défense qui permet un jugement contradictoire et « *les débats contradictoires apparaissent si importants pour une bonne administration de la justice que si le prévenu, sans faute de sa part, n'y a pas participé, il a la faculté par sa seule déclaration de mettre à néant la décision du tribunal* »[681].

L'opposition a finalement pour but d'anéantir la décision précédente pour que la juridiction statue de nouveau.

B- L'adhésion aux règles françaises des effets de l'opposition en droit gabonais

Le législateur gabonais de 2010 a réaffirmé sa position de 1961 concernant les effets de l'opposition. Ceux-ci étaient déjà prévus par l'article 187 du Code d'instruction criminelle qui prévoyait, d'une part, l'effet suspensif de l'opposition et, d'autre part, son effet extinctif[682]. Que ce soit en droit français ou dans les autres pays ayant reconnu la procédure de l'opposition comme le Gabon, l'opposition comporte en effet un double effet essentiel, à savoir un effet suspensif attaché au délai pendant lequel peut être formée l'opposition et qui interdit provisoirement l'exécution du jugement par défaut, car l'exercice du

---

[681] Juris-classeur de procédure pénale, art. 487 et 488, n°2.
[682] VITU A., « La réglementation de l'appel et de l'opposition dans le Code de procédure pénale », art. préc., 1486.

droit de faire opposition suspend l'exécution de la décision rendue[683] et un effet extinctif concernant l'opposition elle-même.

L'effet suspensif de l'exécution de la décision rendue, en attendant que la personne condamnée donne ses explications, est immédiat[684]. En droit français comme en droit gabonais, toute voie de recours en matière pénale a pour effet de suspendre l'exécution de la décision rendue par défaut immédiatement, en attendant que le prévenu ait été appelé à s'expliquer et que la nouvelle juridiction saisie se soit prononcée[685]. L'effet suspensif de l'opposition concerne également le cours du délai généralement accordé à la partie jugée par défaut[686]. Ce délai permet à la partie condamnée de se manifester[687] et pendant tout ce délai qui court du jour de la signification à l'épuisement de la possibilité de faire opposition, la décision est manifestement un jugement, mais son exécution est suspendue[688], sauf pour les mesures exécutoires par provision sur décision de la loi ou du juge[689] et les mandats d'arrêt décernés par le tribunal[690]. Entre le jour du jugement et la signification, la décision est dénuée d'autorité. Elle n'a aucune incidence pratique, aucune inscription n'a lieu au casier judiciaire, la condamnation ne compte ni pour la récidive ni pour la relégation : l'effet suspensif de l'opposition oblige à surseoir à l'exécution de tout jugement à l'endroit du condamné. Il permet ainsi de conforter l'innocence du condamné par défaut, bien que celui-ci ait été déjà condamné. Toutefois, certaines dispositions du jugement rendu par défaut peuvent néanmoins être exécutées, à moins que le tribunal en accorde la mainlevée par décision

---

683 GOULESQUE J., « Les effets de l'opposition avant son jugement », RS. Crim., 1969, pp. 720 et s.

684 Pradel J., Procédure pénale, *op. cit.*, p. 861.

685 GOULESQUE J., « Les effets de l'opposition avant son jugement », RSC., 1969, p. 720.

686 PRADEL J., *Procédure pénale, op. cit.*, p. 959.

687 VITU A., *« La réglementation de l'appel et de l'opposition dans le Code de procédure pénale », art. préc., 1486.*

688 Voir cass. crim., 20 septembre 1994, Bull. crim., n°299.

689 RASSAT M.-L., *Procédure pénale, op. cit., p. 710 et voir art. 374, al. 1er CPP gabonais qui reprend les art. 464 al. 3 et 465 du CPP français.*

690 Art. 374, al. 2 : « Si le prévenu forme opposition à son exécution, le jugement par défaut est non avenu en toutes ses dispositions, sauf en ce qui concerne l'exécution du mandat d'arrêt qui demeure effective ».

spéciale et motivée[691]. Il en est ainsi du mandat d'arrêt[692] et, en droit français, des sanctions déclarées exécutoires par provision telles que les provisions allouées à la partie civile[693].

Le législateur gabonais reconnaît également **l'effet extinctif** de l'opposition à l'article 374 : « *Si le prévenu forme opposition à son exécution, le jugement par défaut est non avenu en toutes ses dispositions* ». Cet effet du jugement rendu par défaut est généralement admis aussi en droit français[694] et dans tous les pays ayant adopté le système français[695]. Il résulte de la mise en œuvre effective du droit de faire opposition. Cela signifie que lorsque la partie condamnée par défaut saisit le tribunal, son action anéantit le jugement précédent qui est alors considéré comme non avenu dans toutes ses dispositions[696]. Cette formule était déjà prévue dans le Code d'instruction criminelle dont l'article 187 considérait comme non avenue la condamnation par défaut lorsque le condamné formait opposition. Le législateur français a reproduit cet effet extinctif de l'opposition à l'article 489, alinéa 1er, du Code de procédure pénale, mais, contrairement au Code d'instruction criminelle, le droit français actuel vise le jugement par défaut et non la condamnation[697]. En conséquence, l'opposition en droits français et gabonais suppose de reprendre les débats, comme s'ils n'avaient pas existé[698], le procès revenant devant le tribunal ayant prononcé le

---

691 Voir GUINCHARD S. et BUISSON J., Procédure pénale, *op. cit.*, p. 1126.

692 Article 374 du Code de procédure pénale gabonais : « *Si le prévenu forme opposition à son exécution, le jugement par défaut est non avenu en toutes ses dispositions, sauf en ce qui concerne l'exécution du mandat d'arrêt qui demeure effective* ». Art. 465, alinéa 2 du Code de procédure pénale français : « *Le mandat d'arrêt continue à produire son effet même si le tribunal, sur opposition, ou la cour, sur appel, réduit la peine à moins d'une année d'emprisonnement* ».

693 Article 462, alinéa 2 CPP français.

694 Article 489 du CPP français : « Le jugement par défaut est non avenu dans toutes ses dispositions si le prévenu forme opposition à son exécution ».

695 GOULESQUE J., « Les effets de l'opposition avant son jugement », *op. cit.*, p. 726.

696 Art. 489, al. 1 du CPP français et 374, al. 1 du CPP gabonais.

697 GOULESQUE J., « Les effets de l'opposition avant son jugement », art. préc., p. 720.

698 BLANCHOT A., « Tribunal correctionnel », J.-Cl. Proc. Pén., art. 489 à 494-1, fasc. 20, 2007, p. 4.

jugement anéanti pour être recommencé dans sa totalité afin d'assurer le principe du contradictoire.

Le désir du législateur gabonais de se rapprocher du droit français afin de protéger les intérêts du prévenu est réellement visible ici. Le rapprochement de la législation gabonaise et du droit français sur l'opposition permet à la personne poursuivie, puis condamnée en son absence de mettre en œuvre son droit d'être jugée contradictoirement et d'être entendue sur l'affaire. Ce législateur gabonais n'a pas entendu rompre en 2010 avec les règles admises depuis par le Code d'instruction criminelle sur l'opposition, les dispositions du Code de procédure pénale gabonais de 2010 ayant été adoptées dans le but de protéger les intérêts du prévenu, notamment son droit à être entendu. Ce désir de protéger les intérêts plus larges du mis en cause est également présent à travers la préservation par le législateur gabonais de 2010 des voies de recours extraordinaires.

Section II : l'influence du droit français sur l'élargissement du droit au recours à travers les voies de recours extraordinaires

Au regard des dispositions du Code de procédure pénale gabonais, il est tout à fait possible d'affirmer que le législateur gabonais a opté pour l'élargissement des voies de recours qui permettent à la défense de contester sa culpabilité. Cet élargissement est la conséquence de l'application du Code d'instruction criminelle français au Gabon, qui avait consacré au profit des justiciables les voies de recours extraordinaires que sont le pourvoi en cassation et le pourvoi en révision[699]. L'article 177 du CIC prévoyait en effet que le ministère public et les parties pourraient, s'il y a lieu, se pourvoir en cassation contre les jugements rendus en dernier ressort par le tribunal correctionnel et l'article 412 prévoyait que l'accusé condamné puisse se pourvoir en cassation contre l'arrêt définitif de la cour d'assises. Le chapitre III du titre III (Des manières de se pourvoir contre les arrêts ou jugements) du CIC, quant à lui, était entièrement dédié à la question des révisions des arrêts. Les différentes réformes pénales intervenues au

---

699 LETURMYL L., « La révision pour erreur judiciaire. Le droit français », Rev. Sc. crim., n°4, 2001, L'erreur judiciaire, pp. 669 et s.

Gabon et l'adoption de deux Codes de procédure pénale en 1961 et en 2010 n'ont pas dilué cet héritage colonial. Ces deux Codes ont, au contraire, affirmé avec force un droit au recours élargi en référence au droit français qui avait, de son côté, toujours reconnu à la personne poursuivie, de manière effective, la possibilité d'adopter une démarche active pour faire valoir ses droits de la défense par le biais des voies de recours extraordinaires[700] et les différentes réformes n'ont jamais supprimé cette possibilité.

Les voies de recours extraordinaires ont pour but de faire apprécier la régularité d'une décision judiciaire. Ces voies ne sont ouvertes que dans les cas énumérés par la loi et ne permettent de faire valoir que certains griefs. Elles jouent finalement le rôle d'ultime solution dans la mesure où elles sont accessibles seulement lorsque les voies de recours ordinaires ont été épuisées[701]. L'exercice de ces voies de recours extraordinaires constitue un véritable droit fondamental destiné à assurer le respect de la loi[702] en censurant les erreurs de droit par le biais du pourvoi en cassation et, de fait, par le biais du pourvoi en révision. Par l'intermédiaire du droit français ces deux pourvois ont été admis très tôt au Gabon et le législateur gabonais de 2010 a opté pour le maintien du pourvoi en cassation (pour des raisons de droit) suivant les règles du droit français (§1) ainsi que l'orientation du pourvoi en révision (pour des raisons de fait) en fonction de la logique française (§2).

§1- Le maintien du droit au pourvoi en cassation à travers les règles du droit français

Lorsqu'une partie au procès est insatisfaite de la décision rendue en appel, ou par une juridiction de première instance dont les décisions sont insusceptibles d'appel, elle dispose de la faculté de se pourvoir en cassation. Cette faculté permet à la personne poursuivie et condamnée

---

[700] RENAUT M.-H., « L'erreur judiciaire et la violation des droits de l'homme : des lettres de révision (1670) à la procédure de réexamen (200) », Rev. Pénit., 2010, p. 11.

[701] BOUZAT P. et PINAL J., Traité de droit pénal et de criminologie, *op. cit.*, p. 1394.

[702] CHAPELLE-BOUCHARD V., Le droit de recours en matière pénale : contribution à l'étude des droits de la personne poursuivie, *op. cit.*, p. 129.

de clamer son innocence une fois de plus. En effet, lorsque les voies de recours ordinaires sont épuisées, la partie, en l'occurrence la partie condamnée, estimant que les règles de droit[703] n'ont pas été correctement appliquées peut se pourvoir en cassation devant un nouveau juge, hiérarchiquement supérieur au juge ayant rendu la décision, qui au final pourra reconnaître son innocence. Cette voie de recours s'exerce devant la Cour suprême, il en est ainsi dans tous les pays qui appliquent le système romano-germanique[704].

Le pourvoi en cassation est d'une nature juridique un peu particulière, il ne s'agit ni d'une voie de rétractation puisque l'affaire ne revient pas devant les mêmes juges ni d'une voie de réformation puisque la Cour de cassation ne reprend pas l'affaire dans son entier, elle ne reprend que la solution du procès et, ce faisant, accepte les faits tels quels et ne juge que le droit. La Cour de cassation n'apprécie en effet que le droit, elle juge le jugement et non le procès et ne décide pas des peines[705]. L'objectif du pourvoi en cassation est simple : apprécier la régularité du jugement au regard des règles de droit. Sans rejuger les faits, la Cour de cassation contrôlera et éventuellement annulera la décision attaquée rendue par les juridictions inférieures[706]. Cette voie de recours, tout comme l'appel, est très utilisée en France[707].

Le pourvoi en cassation permet à la Cour de cassation d'assurer l'unité et la justesse de la jurisprudence dans l'interprétation de la loi,[708] mais il constitue surtout pour la personne mise en cause une garantie de l'application correcte du droit. Il a été introduit en France par le Code d'instruction criminelle et ce recours a été maintenu par le Code de

---

703 Selon BURGELIN J.-F., les parties devraient être autorisées à demander à la cour de statuer sur le fond du droit sans avoir à revenir devant le juge d'appel : « La cour de cassation », Dalloz, 2001, Point de vue, p. 932.

704 ANCEL M., « Réflexions sur les cours suprêmes et le recours en cassation », Annales des institutions de droit comparé, Université de Paris, 1938, pp. 285 et s.

705 MERLE R. et VITU A., Traité de droit criminel, t. II, Procédure pénale, *op. cit.*, p. 1001.

706 BORE J., La cassation en matière pénale, Dalloz, 2011, pp. 8-9.

707 BORE J., DE SALVE DE BRUNETON J., « Quelques idées sur le pourvoi en cassation », Dalloz, 2005, n°3, chron., p. 180.

708 PRADEL J., Procédure pénale, *op. cit.,* p. 909 ; BOULOC B., Procédure pénale, *op. cit.*, p. 922.

procédure pénale de 1958. Le droit de se pourvoir en cassation a, par ailleurs, toujours existé en droit gabonais, car il figurait dans les dispositions du Code d'instruction criminelle appliqué en territoire gabonais. À ce titre, la partie poursuivie avait le droit de se pourvoir en cassation[709] devant la juridiction suprême du Gabon. Le Code de procédure pénale gabonais de 1961 avait repris cette disposition en son article 563 : « *Les arrêts de la chambre d'accusation et les arrêts et jugements rendus en dernier ressort en matière criminelle, correctionnelle et de simple police peuvent être annulés en cas de violation de la loi sur pourvoi en cassation formé par le ministère public ou par la partie à laquelle il est fait grief, suivant les distinctions qui vont être établies* ». En 2010, avec la réforme du Code de procédure pénale gabonais, le droit au pourvoi en cassation, tel qu'il avait été organisé en 1961, a été maintenu par le législateur.

Par ses conditions d'ouverture et les effets qui sont attachés au pourvoi en cassation que le législateur gabonais a institué en 1961 puis en 2010, on retrouve l'attachement du législateur gabonais aux règles françaises organisant le pourvoi en cassation (A). Cette logique française se retrouve également dans la conception même de la Cour de cassation en tant que juridiction suprême unique (B).

A- L'attachement du législateur gabonais aux règles du droit français organisant le pourvoi en cassation

Le système français que le législateur gabonais tend à vouloir reproduire en droit gabonais reconnaît un droit au pourvoi en cassation à toutes les parties au procès. Ce droit est basé sur le principe selon lequel tout justiciable doit pouvoir faire vérifier que la décision qui le concerne et surtout qui le condamne, pour la partie mise en cause, est une décision qui est conforme au droit en général et à la loi en particulier[710]. C'est une procédure lourde qui a pour effet d'allonger le procès, mais il a une importance indéniable, car il permet d'assurer l'unité d'interprétation de la loi par les juges.

---

[709] Art. 412 du CIC.

[710] BARTHELEMY J., Le droit au pourvoi, in Le juge entre deux millénaires, Mélanges offerts à P. DRAI, Dalloz, 2000, p. 185.

Sur la base de ce système romano-germanique français appliqué au Gabon à travers d'abord le Code d'instruction criminelle de 1808, à travers ensuite l'influence du droit français, le législateur gabonais n'a soumis le pourvoi en cassation à aucun critère de sélection comme c'est le cas pour le système anglo-saxon qui, lui, soumet les pourvois en cassation à une sélection[711] limitant leur exercice de droit. En effet, les cours suprêmes d'inspiration anglo-saxonne sélectionnent les pourvois en cassation et ne retiennent que ceux qui soulèvent une question nouvelle de droit ou une question de nature à faire évoluer la jurisprudence[712]. Contrairement à elles, les cours suprêmes d'inspiration française ne sélectionnent pas les pourvois et n'exercent un contrôle que sur le bien-fondé des pourvois[713]. Ce système est celui qui est appliqué au Gabon et qui a été réaffirmé par le législateur gabonais en 2010.

De ce fait, on peut affirmer qu'il y a eu, concernant le pourvoi, une réelle appropriation du modèle français par le législateur gabonais, ce qui a permis d'ouvrir effectivement cette voie de recours à toutes les parties au procès, surtout à la défense. Cette appropriation se concrétise par les conditions exigées pour l'ouverture du droit au pourvoi en cassation, tout à fait similaires à celles exigées en France (1). Mais l'appropriation reste tout de même modérée en ce qui concerne les effets du pourvoi en cassation, car les effets du pourvoi gabonais ne sont pas tout à fait semblables à ceux que la loi française reconnaît au pourvoi en cassation (2).

1- Les conditions de recevabilité du pourvoi en cassation au Gabon

Le pourvoi en cassation est prévu par l'article 424 du Code de procédure pénale gabonais de 2010 dans les termes suivants : « *Les arrêts de la chambre d'accusation ainsi que les arrêts et jugements rendus en dernier ressort en matière correctionnelle, criminelle et de simple police peuvent être annulés en cas de violation de la loi, sur pourvoi en*

---

[711] BORE L., De SALVE de BRUNETON J., « Quelques idées sur le pourvoi en cassation », Dalloz, 2005, n°3, chron., p. 182.
[712] HARVEY M., KIRBY-LERGIER C., CHARRET-DEL BOVE M., Droit anglais et droit américain, éd. Armand Colin, 2011, 192 p.
[713] BORE L., De SALVE de BRUNETON J., « Quelques idées sur le pourvoi en cassation », art. préc., p. 182.

cassation formé par le ministère public ou par la partie à laquelle il est fait grief ». Cet article est une reprise de l'ancien article 563 du CPP gabonais de 1961, lui-même reprenant les dispositions de l'article 407 du Code d'instruction criminelle français : « *Les arrêts et jugements rendus en dernier ressort en matière criminelle, correctionnelle ou de police, ainsi que l'instruction et les poursuites qui les auront précédés, pourront être annulés en cas de violation de la loi, sur pourvoi en cassation formé par le ministère public ou par la partie à laquelle il est fait grief* ». On retrouve des dispositions similaires dans le Code de procédure pénale français actuel à l'article 567, alinéa 1 : « *Les arrêts de la chambre de l'instruction et les arrêts et jugements rendus en dernier ressort en matière criminelle, correctionnelle et de police peuvent être annulés en cas de violation de la loi sur pourvoi en cassation formé par le ministère public ou par la partie à laquelle il est fait grief, suivant les distinctions qui vont être établies* ». Autrement dit, il existe bien en droit gabonais un droit au pourvoi en cassation qui traduit, comme les autres voies de recours, la logique du droit français[714] et donc l'influence du système romano-germanique français sur l'organisation des droits de la défense au Gabon.

Ainsi, les droits français et gabonais prévoient-ils ensemble des conditions de recevabilité du pourvoi en cassation[715]. En effet, la défense peut utiliser son droit de se pourvoir en cassation sous certaines conditions de fond (a) et de forme (b).

a- Les conditions de fond ou les différents cas d'ouverture du pourvoi en cassation

Étant une voie de recours extraordinaire, l'ouverture du pourvoi en cassation repose sur l'existence d'un ou plusieurs cas d'ouverture, ce sont « *les cas dans lesquels il est permis à un justiciable de déférer à la Cour de cassation une décision des juges du fond en vue d'en obtenir l'annulation* »[716]. Ils concernent le type d'erreurs de droit que les juges

---

[714] FRANÇOIS SAINT-PIERRE, Pratique de la défense pénale, éd. LGDJ, 2018, 760 p.
[715] SAINT-PIERRE F., Le guide de la défense pénale, 6e éd., D., 2011, p. 1030.
[716] DE BOUILLANE DE LACOSTE O., « Pourvoi en cassation », J.-CL., Proc. Pén., art. 591 à 600, fasc. 10, 1998, p. 4.

peuvent commettre et qui exposent leur décision à la censure – même le fait pour le demandeur de pouvoir invoquer l'un des cas d'ouverture du pourvoi n'assure pas forcément la cassation de la décision qu'il critique – : il faut tenir compte de plusieurs autres conditions[717]. Ainsi en est-il par exemple de l'exigence d'avoir une décision juridictionnelle rendue en dernier ressort, ce qui exclut les pourvois contre les actes judiciaires à caractère administratif et les pourvois contre les décisions susceptibles d'une voie de recours ordinaire.

Ces cas d'ouverture, véritables conditions de fond pour l'ouverture du pourvoi en cassation, se ramènent tous finalement à une violation de la loi par les juges[718] et se présentent sous des aspects différents. Le législateur gabonais, à l'instar de son homologue français aux articles 567 et 591 du Code de procédure pénale, les a énumérés à l'article 433 de son Code de procédure pénale. Le demandeur sera ainsi amené à faire valoir l'un des cas d'ouverture sous la forme de moyens de cassation, ceux-ci étant l'application concrète d'un cas[719]. Les moyens de cassation ainsi invoqués doivent se rapporter au droit et non aux faits, car ils sont destinés à démontrer que la décision attaquée est rendue en violation de la règle de droit. Il existe en tout cinq cas d'ouverture à cassation qui sont les mêmes dans les deux droits étudiés :

- Le premier cas concerne l'irrégularité de la composition des juridictions[720] (juridiction incomplète, ministère public absent ou non entendu, non-respect de la règle de séparation des fonctions...)[721] ;
- Le deuxième cas concerne le non-respect des règles relatives à l'incompétence de la juridiction ayant rendu le jugement. Il s'agit de l'incompétence *rationae materiae*, *personae* ou *loci* ;
- Le troisième cas concerne l'excès de pouvoir. Dans ce cas la juridiction s'est dotée des pouvoirs qu'elle n'avait pas pour prendre une décision qu'elle n'avait pas le droit de prendre ;

---

[717] PRADEL J., Procédure pénale, *op. cit.*, p. 982.
[718] Art. 591 du CPP français et 446 et s. du CPP gabonais.
[719] PRADEL J., Procédure pénale, *op. cit.*, p. 982.
[720] Voir BORE J. et BORE L., La cassation en matière pénale, Dalloz, 2017, p. 149.
[721] BORE J. et BORE L., La cassation en matière pénale, *op. cit.*, p. 229.

- Le quatrième cas est celui où il y a eu violation des règles de forme prescrite à peine de nullité au cours de l'instruction ou du jugement. Il en est ainsi en cas de défaut de publicité ;
- Le cinquième et dernier cas concerne quant à lui « *la violation de la loi pénale de fond* »[722]. C'est le cas lorsque les faits retenus par le juge du fond ne peuvent être qualifiés comme ils l'ont été ou lorsque la peine appliquée n'est pas celle prévue par la loi. Il existe aussi le cas d'ouverture voisin qui réside dans les contrariétés intervenues au sein même du jugement (insuffisance ou contrariété de motifs ou encore contrariété entre les motifs et le dispositif)[723] ou entre plusieurs décisions incompatibles entre elles.

Notons qu'avec l'encombrement des chambres pénales depuis quelques années, l'appréciation de ces cas d'ouverture a donné lieu à la création d'une sorte de filtre consistant en la création d'une chambre dite de non admission en France et d'un pouvoir discrétionnaire du président de la chambre pénale au Gabon, qui peuvent renvoyer à la chambre criminelle (ou pénale au Gabon) un pourvoi qu'ils estiment à proprement parler recevable[724].

L'existence de ces cas d'ouverture communs aux droits gabonais et français est un exemple concret de l'appropriation du droit français par le législateur gabonais. Pour s'assurer que le motif du pourvoi soit bien juridique, les deux droits imposent au demandeur de se situer dans les cas d'ouverture. C'est donc dans une perspective française que les conditions de fond du pourvoi en cassation sont envisagées en droit gabonais. Toute personne, en particulier la personne condamnée, peut se pourvoir en cassation en respectant les conditions de fond prévues par la loi. Elle doit, par ailleurs, respecter les conditions de forme et de délais.

---

722 GUINCHARD S. et BUISSON J., Procédure pénale, *op. cit.*, p. 1159.
723 Crim ; 19 mars et 7 mai 1986, Dalloz 1987.I.R.85, obs. Pradel.
724 *Cette pratique a été légiférée en France aux articles 567-1-1 CPP du français et L.131-6, al. 4 du Code de l'organisation de la justice et art. 441, al. 2 CPP gabonais.*

b- Les conditions de formes et de délais du pourvoi en cassation

Le respect de l'exigence d'un cas d'ouverture du pourvoi en cassation n'empêche pas la personne qui se pourvoit en cassation de respecter d'autres conditions pour voir son recours prospérer. Il s'agit premièrement des **délais**, comme dans toutes les voies de recours offertes aux parties, le pourvoi en cassation n'est recevable que s'il a été formé dans un certain délai imposé par la loi et dont l'inobservance rend, en principe, le pourvoi irrecevable. En droit français et gabonais, ce délai, tant à l'égard du ministère public que des parties privées, est en principe de cinq jours francs[725]. Ainsi, l'article 425, alinéa 1er, du Code de procédure pénale gabonais dispose que « *le ministère public et toutes les parties ont cinq jours francs après celui où la décision a été rendue pour se pourvoir en cassation* », ces dispositions sont exactement les mêmes que celles du premier alinéa de l'article 568 du CPP français suivant lequel : « *Le ministère public et toutes les parties ont cinq jours francs après celui où la décision attaquée a été prononcée pour se pourvoir en cassation* ». Ces deux articles similaires prévoient donc que le délai du pourvoi ne commence à courir que le lendemain du jour où la décision attaquée est prononcée, et il n'expire que le lendemain du cinquième jour[726]. En outre, le délai du pourvoi ne court à compter de la signification de l'arrêt que pour la partie qui, après débats contradictoires, n'était pas présente ou représentée à l'audience pendant laquelle l'arrêt a été prononcé ; c'est également le cas pour le prévenu ayant demandé à être jugé en son absence ainsi que pour le prévenu qui n'a pas comparu, sous certaines conditions. Ce court délai de cinq jours a parfois été l'objet de critiques,[727] mais il a le mérite d'être unique pour toutes les parties. Passé le délai prévu par la loi, le pourvoi est irrecevable comme tardif.

Après avoir respecté les délais, la personne condamnée par la juridiction inférieure peut exercer son droit au recours en cassation. Ce pourvoi qui,

---

[725] Sous l'empire du code d'instruction criminelle, le délai était de trois jours (article 373). Voir VITU A., « Les délais des voies de recours en matière pénale », *op. cit.*, p. 179.

[726] Cass. crim., 29 mars 1978, Bull. crim. n°17 ; cass. crim., 4 février 1980, Bull. crim. n°43.

[727] Voir VITU A., « Les délais des voies de recours en matière pénale », *op. cit.*, p. 179.

rappelons-le, n'est soumis à aucune autorisation, n'est pas obligé d'être de nature à faire évoluer la jurisprudence ou à soulever une question nouvelle comme l'exige le système anglo-saxon. Il doit, en revanche, respecter des conditions de forme. En effet, le pourvoi en cassation résulte de plusieurs types de formalités qui sont imposées ou recommandées au demandeur. Ces formalités doivent être respectées, ayant pour objectif de rendre une justice irréprochable où chaque partie est en mesure de faire valoir ses prétentions. En vertu **de ces conditions de forme**, le pourvoi en cassation se forme par une déclaration du demandeur ou de son mandataire au greffe de la juridiction ayant rendu la décision attaquée (art. 434 du CPP gabonais et art. 576 du CPP français) ou bien au greffe de la résidence du demandeur en cassation. Si le demandeur est détenu, la déclaration est laissée au chef de l'établissement pénitentiaire (art. 435 du CPP gabonais et art. 577 du CPP français). Cette déclaration est constatée, datée et signée par le chef de l'établissement et par le demandeur. Le document est alors adressé sans délai, en original et en copie, au greffe de la juridiction ayant rendu la décision attaquée par le chef de l'établissement pénitentiaire. De manière générale, la déclaration du demandeur a pour effet d'exclure tout autre procédé, elle est donc une formalité substantielle. Elle doit contenir, en vertu des droits français et gabonais, le nom du demandeur, la décision attaquée et le cas échéant les cas qui limitent le pourvoi. Cette déclaration doit être signée par le greffier et par le demandeur en cassation lui-même[728] et, en application de l'article 436 du Code de procédure gabonais, il revient au greffier de la juridiction ayant statué, sous peine d'une amende civile de 5 000 francs CFA prononcée par la juridiction de cassation, de notifier le recours dans un délai de trois jours au ministère public ainsi qu'aux autres parties. Cette tâche est, en vertu des arrêts 578 et 579 du CPP français, réservée au demandeur du pourvoi en France, cette formalité devant être effectuée dans un délai de trois jours par lettre recommandée avec accusé de réception. Toutefois, les deux droits estiment tout de même que la méconnaissance de cette obligation de notification n'entraîne pas l'irrégularité du pourvoi, la partie n'ayant pas reçu notification ayant seulement le droit de former opposition à l'arrêt rendu en cassation sans son intervention à l'instance. C'est assez surprenant quand on sait que la notification renforce le caractère contradictoire la procédure suivie.

---

[728] ANGEVIN H., La pratique de la cour d'assises, *op. cit.*, p. 477.

Véritable similarité donc entre les droits gabonais et français en ce qui concerne les conditions du pourvoi en cassation. En est-il de même des effets que la loi gabonaise accorde au pourvoi en cassation ?

2- Les effets du pourvoi en cassation au Gabon

La personne condamnée qui forme un pourvoi en cassation ne verra sa défense être effective que si le pourvoi ainsi formé entraîne, au moins provisoirement, comme c'est le cas de l'appel, la suspension de l'exécution de la décision attaquée pour que ses moyens de droits soient effectivement examinés.

Il est donc important que le pourvoi en cassation comporte des effets à la fois suspensifs et dévolutifs. Néanmoins, si le droit français admet que le pourvoi en cassation formé contre les décisions des juridictions pénales revêt un caractère suspensif, du fait même du délai du pourvoi, mais aussi du pourvoi formé à l'article 569 du CPP – suivant lequel : « *Pendant les délais du recours en cassation et, s'il y a eu recours, jusqu'au prononcé de l'arrêt de la Cour de cassation, il est sursis à l'exécution de l'arrêt de la cour d'appel, sauf en ce qui concerne les condamnations civiles, et à moins que la cour d'appel ne confirme le mandat décerné par le tribunal en application de l'article 464-1 ou de l'article 465, premier alinéa, ou ne décerne elle-même mandat sous les mêmes conditions et selon les mêmes règles* » –, le droit gabonais, lui, ne reconnaît pas l'effet suspensif du pourvoi en cassation.

Le législateur gabonais est clair, à l'alinéa 1 de l'article 426, prévoyant que le pourvoi en cassation n'est pas suspensif. Il estime que « *pendant les délais du recours en cassation et s'il y a eu recours en cassation, il n'est pas sursis à exécution de l'arrêt attaqué* ».

Cette position du législateur gabonais rend malheureusement illusoire toute défense de la partie condamnée (a). Heureusement, le législateur gabonais reconnaît tout de même l'effet dévolutif du pourvoi en cassation, ce qui ouvre une perspective de défense à la personne condamnée par la juridiction inférieure (b).

a- L'absence d'effet suspensif du pourvoi en cassation gabonais

L'effet suspensif du pourvoi en cassation que le législateur français a reconnu à l'article 569, alinéa 1, du CPP commence à courir pendant les délais pendant lesquels la recevabilité du pourvoi est examinée. Cet effet court également lorsque le pourvoi a été formé[729]. Il est dommage de constater que le législateur gabonais a sciemment rejeté l'effet suspensif du recours en cassation, d'autant plus qu'il l'admet pour l'appel. L'absence de consécration de l'effet suspensif en droit gabonais est d'autant plus regrettable que la nécessité de cette reconnaissance tient à la gravité des sanctions encourues et au caractère irréversible des préjudices matériel, moral et social que risque de subir la personne condamnée ; Faustin Hélie soulignait d'ailleurs que « *si le pourvoi en cassation n'a pas d'effet suspensif, cette voie de recours peut apparaître comme illusoire* »[730].

Le législateur français, ayant compris l'importance de l'effet suspensif, a donc prévu que le pourvoi en cassation ait un effet suspensif, le but étant de suspendre l'exécution de la décision attaquée. De fait, l'effet suspensif du pourvoi en cassation paralyse l'application de la décision rendue en dernier ressort, tant durant le délai donné pour se pourvoir que durant l'examen du pourvoi lorsqu'il est formé. Dans cette perspective, la défense reste considérée comme innocente et l'effet suspensif, courant jusqu'à la décision de la chambre criminelle[731], accroît l'effectivité des droits de la défense de la partie poursuivie.

Même si des exceptions[732] existent en droit français qui atténuent le principe de l'effet suspensif du pourvoi en cassation, la possibilité de suspendre la force exécutoire de l'arrêt de la cour d'appel rend les droits de la personne condamnée plus effectifs, notamment son droit à la présomption d'innocence. Le législateur gabonais a estimé, quant à lui,

---

[729] Pour plus de détails voir ORILLARD-LENA M., Les voies de recours en matière pénale. Essai d'une théorie générale, *op. cit.*, pp. 480 et s.

[730] HELIE F., Traité de l'instruction criminelle ou de théorie du code d'instruction criminelle, Bruxelles, Bruylant, 1869, III, n°5330.

[731] Art. 569, al. 1 CPP français.

[732] Ces exceptions concernent les condamnations civiles, les mandats de dépôt ou d'arrêt, les mesures de contrôle judiciaire, les mesures pénales assorties de l'exécution provisoire...

alors même qu'il a calqué le droit au pourvoi en cassation sur les règles du droit français, que l'exercice du recours en cassation et même le délai prévu pour exercer ce recours ne suspendraient pas l'exécution de la décision. Cela suppose que les condamnations soient mises à exécution alors qu'elles sont encore susceptibles de voies de recours, même extraordinaires[733]. Cette position du législateur gabonais rend, en principe, le pourvoi de la partie condamnée illusoire dans la mesure où la décision attaquée est déjà exécutoire dans son entièreté. Il aurait été préférable que le législateur gabonais adopte la même position que son homologue français, car en reniant au pourvoi en cassation un effet suspensif, l'exercice de ce recours en droit gabonais ne constitue ainsi pas un obstacle à l'exécution de la décision critiquée, ce qui porte préjudice à la défense ayant exercé un moyen de recours susceptible, au final, de l'innocenter. Heureusement, le droit gabonais reconnaît tout de même au pourvoi en cassation son effet dévolutif, ce qui permet à la partie condamnée de se défendre devant le juge de cassation.

b- L'application de l'effet dévolutif au pourvoi en cassation gabonais

L'effet dévolutif suppose que le juge de cassation statue à nouveau sur l'affaire, comme en matière d'appel, la chambre criminelle de la Cour de cassation se trouvant saisie par l'effet dévolutif du pourvoi en cassation. C'est à travers l'effet dévolutif que la Cour de cassation est saisie des décisions et moyens de cassation visés dans l'acte de saisi ; on conçoit mal que le pourvoi en cassation puisse n'avoir aucun effet dévolutif d'autant que la doctrine pénaliste[734] reconnaît unanimement cet effet au pourvoi en cassation en droit français. Toutefois, le pourvoi n'a pas d'effet dévolutif comme l'appel, car l'affaire n'est pas soumise dans son ensemble, en fait et en droit, à la Cour de cassation. Par ailleurs, cet effet dévolutif du pourvoi en cassation n'est pas inscrit dans la lettre du Code de procédure pénale gabonais. Le législateur gabonais est resté

---

[733] DE BOUILLANE DE LACOSTE O., « Pourvoi en cassation », J.-Cl., proc. Pén., p. 305.

[734] PRADEL J., Procédure pénale, *op. cit.*, p. 893 ; GUINCHARD S. et Buisson J., Procédure pénale, *op. cit.*, p. 1430 ; RASSAT M.-L., Traité de procédure pénale, *op. cit.*, p. 811 ; BOULOC B., Procédure pénale, *op. cit.*, p. 1008 ; BORE J., BORE L., La cassation en matière pénale, *op. cit.*, p. 389.

silencieux sur cette question bien que l'on ne puisse y voir un rejet, mais davantage une simple omission.

L'effet dévolutif de cette voie de recours extraordinaire qu'est le pourvoi en cassation en droit gabonais a pour conséquence que le juge de cassation ne statue que sur ce qui lui est demandé et qui a été discuté devant le juge du fond. La Cour de cassation gabonaise ne statue que par rapport aux moyens du pourvoi qui doivent être en relation avec le problème de droit soulevé en première instance. Il en est ainsi lorsque le pourvoi est dirigé contre un chef de jugement. La cour ne doit donc pas examiner les autres chefs de jugement : le pourvoi ne peut être que partiel. Sont donc irrecevables tous moyens de cassation présentés à la cour, portant sur des parties de la décision que le demandeur avait initialement exclues de son pourvoi[735]. Et, en vertu de l'effet dévolutif du pourvoi en cassation, la Cour de cassation ne doit statuer que par rapport à l'intérêt de l'auteur du recours, n'examinant donc que les moyens étant expressément invoqués à l'appui du pourvoi en cassation.

Par ailleurs, en se pourvoyant en cassation, la défense saisit la cour de quelque chose qui n'est pas totalement nouveau et l'effet dévolutif permet à la Cour suprême de se pencher sur les dispositions et décisions visées dans l'acte de saisine. Mais, la défense ne peut saisir la cour sur l'ensemble du contentieux comme c'est le cas de l'appel. De fait, l'effet dévolutif du pourvoi en cassation n'est pas aussi large que celui de l'appel et on remarque sur ce point que, en adoptant le système français, le juge gabonais a limité l'effet dévolutif du pourvoi en cassation. Que ce soit en droit gabonais ou en droit français, le pourvoi qui saisit la Cour de cassation, à la différence de l'appel, ne la saisit que des seuls éléments de droit. Cette solution semble être un désavantage pour la défense qui ne peut alors pas présenter les faits de l'affaire devant le juge suprême. Un vrai désavantage lorsque l'on sait que le législateur gabonais n'a pas prévu pour la Cour de cassation gabonaise le pouvoir d'évocation dont dispose la Cour de cassation française. Le pouvoir d'évocation permet, en effet, à la chambre criminelle de la Cour de cassation française, lorsqu'elle annule une décision, d'évoquer et de statuer sur le tout[736].

---

735 Crim., 28 avril 1997, Bull. n°153.

736 SCHMID J., « La cassation sans renvoi en matière pénale. Essai d'une justification », Revue de science criminelle et de droit pénal comparé, 1955, n°2, pp. 205-227.

Ainsi, dans le cas où la Cour de cassation évoque, elle est amenée à connaître les faits. Cette possibilité n'est pas envisagée au Gabon, car le législateur, qui pourtant s'inspire beaucoup du droit français et de ses évolutions, est resté dans la logique qui était déjà celle du Code d'instruction criminelle et qui ne prévoyait pas de cassation sans renvoi, donc la possibilité pour la Cour suprême de substituer sa décision à celle rendue par les juges du fond.

Ce moyen de contrôle de la légalité qu'est le pourvoi en cassation nous permet d'affirmer que le législateur gabonais conçoit vraiment la Cour de cassation non pas comme un troisième ou deuxième degré de juridiction, mais comme une juridiction à part entière, unique, ne statuant que sur le droit.

B- La cour de cassation gabonaise : une juridiction suprême unique à l'image de la Cour de cassation française

La Cour de cassation gabonaise, à l'image de la Cour de cassation française, est, dans l'ordre judiciaire, la juridiction la plus élevée. Elle a, par rapport aux autres juridictions, une spécificité qui tient au fait qu'elle est unique dans le sens où il y a pour toute la République (français ou gabonaise) une seule cour de cassation. Ce principe met en exergue la finalité essentielle de la Cour de cassation qui est d'unifier la jurisprudence, de faire en sorte que l'interprétation des textes soit la même sur tout le territoire ; ainsi, elle élabore une jurisprudence appelée à faire autorité.

Que l'on se place du point de vue français ou du point de vue des pays ayant adopté le système français, comme le Gabon, la Cour de cassation, cour suprême, depuis l'origine joue un rôle limité en matière de cassation, car le pourvoi en cassation est considéré comme un recours en annulation et ne constitue pas une voie de réformation. En effet, le droit français interdit au juge de cassation de connaître du fond des affaires et l'autorise seulement à vérifier que la loi ait été correctement appliquée aux faits. C'est pour cela qu'il est souvent indiqué que « *la Cour de cassation n'est pas un troisième degré de juridiction* »[737].

---

[737] HOUIN R., « Les pouvoirs de la juridiction de renvoi après cassation en matière criminelle », Rev. Sc. crim., 1941, p. 120.

Les cours de cassation d'inspiration française sont ainsi appelées, pour l'essentiel, non à trancher le fond, mais à dire si, en fonction des faits qui ont été souverainement appréciés dans les décisions qui leur sont déférées, les règles de droit ont été correctement appliquées. Cela fait de ces cours de cassation, et donc en réalité de la cour gabonaise, le juge des décisions des juges, et son rôle est de dire si les juges précédents ont fait une exacte application de la loi au regard des données de fait, déterminées par eux seuls, de l'affaire qui leur était soumise et des questions qui leur étaient posées.

Chaque recours a ainsi pour objet d'attaquer une décision de justice à propos de laquelle la Cour de cassation doit dire s'il y a eu, ou non, bonne application des règles de droit. C'est pour cela qu'à l'issue du recours qui casse et annule la décision attaquée, l'affaire doit à nouveau être jugée dans la mesure de la cassation par les juges inférieurs. Ainsi, le Code de procédure pénale français concernant les décisions correctionnelles, dans son article 609 et les décisions criminelles de l'article 610, prévoit le renvoi du procès devant les juridictions précédentes autrement constituées. Le Code de procédure pénale gabonais, aux articles 458 en matière correctionnelle et 459 en matière criminelle, organise également un renvoi du procès devant les juridictions inférieures. Il est certain à travers ces dispositions que ni le droit français ni le droit gabonais ne considèrent leur cour de cassation comme un degré supplémentaire de juridiction, comme le sont certaines cours suprêmes étrangères[738] et, si le législateur français, à travers différentes réformes[739], a entraîné un « *accroissement de l'autorité de 'sa' cour de cassation* »[740] et a prévu des cas de cassation sans renvoi qui permettent à la cour, exceptionnellement, d'évoquer, c'est-à-dire rejuger l'affaire elle-même, ce pouvoir d'évocation n'entraîne pas, ici, le principe de discussion[741], il est réduit par rapport à celui de la cour d'appel.

---

[738] CADIET L. (Dir.), Dictionnaire de la justice, PUF, 2004, v. cour de cassation, p. 260.
[739] LOBIN Y., « Les réformes de la cour de cassation », in Études offertes à André Audinet, Paris, PUF, 1968, pp. 159-172.
[740] HEBRAUD P., « Aggiornamento de la cour de cassation », Dalloz, 1979, chron., pp. 205-218
[741] HOUIN R., « Les pouvoirs de la juridiction de renvoi après cassation en matière criminelle », Rev. Sc. crim., 1941, pp. 120-150.

Les cours de cassation française et gabonaise répondent finalement bien à l'idée de juridiction de cassation qui fait d'elles des juridictions suprêmes uniques et non un troisième ou deuxième degré de juridiction dont l'objectif est de contrôler et vérifier, dans les décisions qui leur sont déférées, la bonne application du droit. Ces faits fondent l'originalité de ces cours de cassation et il est important de souligner que le législateur gabonais s'est parfaitement aligné sur cette conception française de la Cour de cassation. Il en est ainsi aussi de la conception du pourvoi en révision.

§2- L'orientation du droit de demander la révision au Gabon suivant la logique du droit français

Nul n'est à l'abri d'une erreur de fait des juges, malgré l'instruction et malgré le double degré de juridiction et le pourvoi en cassation. En effet, il peut arriver, malgré les précautions prises par les législateurs et les juridictions pour éviter les erreurs de fait, qu'une décision définitive, donc exécutoire et passée en force de chose jugée, soit entachée de graves erreurs de fait. Lorsqu'un innocent a été injustement condamné, à cause de ces erreurs, tout principe d'autorité de chose jugée et de sécurité juridique s'efface devant la nécessité absolue de faire déclarer l'innocence de la personne injustement condamnée et de la rétablir dans ses droits[742]. L'erreur judiciaire fragilise la vérité judiciaire et trouble parfois profondément la société. Comme il a été dit : « *L'institution de l'autorité de la chose jugée, socialement indispensable pour éviter que les procès s'éternisent, n'en est pas moins entachée d'un vice congénital : elle fait triompher la valeur de la sécurité juridique sur la valeur de la justice* »[743].

Une procédure particulière, dite de révision des erreurs de fait ayant entaché une décision définitive, a donc été instituée par les législateurs dans la quasi-totalité des pays ayant adopté le système romano-germanique, elle est une sorte de soupape de sécurité, conçue tout de

---

[742] Rinaldi F., Le contentieux des décisions pénales définitives, thèse dactyl. Paris-V, 1999.

[743] MOTULSKY H., « Pour une définition plus précise de l'autorité de la chose jugée en matière civile », Dalloz, 1968, chron. 14.

même de manière étroite pour ne pas ruiner l'autorité de la chose jugée. La demande en révision a pour objet la proclamation de l'innocence d'une personne injustement condamnée, ayant été définie comme « *un nouvel examen juridictionnel d'un procès pénal rendu définitivement par une décision passée en force de chose jugée, afin de la reformer si par hasard, elle contient quelques erreurs...* »[744]. L'existence du recours en révision dans les pays de droit romano-germanique ne fait donc pas de doute, elle est une voie de recours qui existe en France depuis le XVIe siècle[745] où le législateur n'admet cependant qu'exclusivement la révision *in favorem*, position qui a été transmise à plusieurs pays parmi lesquels le Gabon. La révision *in defavorem* aurait supposé la possibilité d'un recours en révision lorsqu'une décision de relaxe ou d'acquittement, passée en force de chose jugée est entachée d'erreurs dues à la fraude de la partie au profit de laquelle elle a été rendue. Un tel recours n'est pas envisagé par les législations française et gabonaise.

En 2010, le législateur gabonais a réaffirmé sa position concernant l'existence du recours en révision, un recours uniquement *in favorem*. Il s'agit d'une voie de recours importante dans l'arsenal des droits de la défense au Gabon même si une interrogation apparaît concernant le fait de savoir pourquoi, depuis l'existence de la procédure de révision dans le corpus législatif gabonais, celle-ci n'a pratiquement jamais été mise en œuvre, contrairement à la France, même si le pourvoi en révision y est aussi exceptionnellement admis[746]. Il s'agit certainement de la conséquence de qualité du système judiciaire gabonais, encore en retard par rapport à certains pays qui, bien qu'ayant institué un double degré de juridiction et un pourvoi en cassation, ne sont pas toujours à l'abri d'une erreur des juges. Au regard de l'inutilisation de cette voie de recours, n'aurait-il pas été préférable de l'abroger en 2010 lors de

---

[744] ROMEIRO J.-A., « La révision comme facteur d'ennoblissement de la justice », Rev. Sc. crim. 1970, p. 629.
[745] PRADEL J., Procédure pénale, *op. cit.*, p. 998 ; RENAUT M.-H., « Erreur judiciaire et violation des droits de l'homme : des lettres de révision (1670) à la procédure de réexamen (2000) », Rev. Pénit., 2010, p. 10.
[746] De 1989 à 2014, 3358 demandes avaient été présentées et 84 décisions ont été prises par la cour. Voir GUINCHARD S., BUISSON J., Procédure pénale, *op. cit.*, p. 1412. De 1983 à 1988, n'ont été prononcées que onze annulations pour dix-neuf saisines de la cour de cassation. Voir Rapport Ph. Marchand devant la commission des lois de l'Assemblée nationale 1988-1989, n°404.

l'adoption du nouveau Code pénal gabonais ? Le législateur de 2010 a quand même gardé cette procédure de révision afin d'affirmer son attachement au système juridique romano-germanique français. En maintenant la révision, le législateur gabonais partage l'idée selon laquelle « *il n'y a pas lieu de craindre que la correction des erreurs du pouvoir judiciaire, lorsqu'elle est faite par lui-même, puisse ébranler le respect dû à ses décisions, déjà revêtues du prestige de la chose jugée* »[747]. Ce législateur conçoit comme son homologue français que le recours en révision ne s'explique que dans l'intérêt du condamné, en sollicitant la révision de son procès, ce dernier exerce légitimement son droit[748].

La révision serait alors le fondement du « *droit que tout condamné a de proclamer son innocence devant la justice, même lorsque la sentence est passée en force de chose jugée* »[749]. À ce titre, le Code de procédure pénale gabonais énonce à l'article 469 que le droit de demander la révision appartient au condamné ou à son représentant légal en cas d'incapacité. Cet article reprend les dispositions du Code d'instruction criminelle appliquées au Gabon ; son article 444 accordait en effet au condamné ou à son représentant « *le droit de demander la révision du procès* ». Cette formulation rejoint celle qui est adoptée par le droit français actuel énonçant que « *la révision peut être demandée par le condamné, ou en cas d'incapacité, son représentant légal* »[750]. Le législateur gabonais, qui reconnaît au condamné le droit de demander la révision, reprend les conditions qui étaient déjà celles que le Code d'instruction criminelle prévoyait (A). Le législateur gabonais de 2010 a cependant fait évoluer sa législation pour se rapprocher au plus près du recours en révision actuellement pratiqué en France (B).

---

[747] ORTOLAN M., Éléments de droit pénal, tome II, Paris, 1824, n°2379, p. 568.
[748] RENAUT M.-H., « Erreur judiciaire et violation des droits de l'homme : des lettres de révision à la procédure de réexamen », Rev. Pénit. 2010, p. 10.
[749] ROMEIRO J. A., « La révision pour erreur judiciaire : le droit japonais », Rev. Pénit. 2001, p. 72.
[750] Art. 623 al. 2 du CPP français.

A- Les conditions du droit de demander la révision datant du Code d'instruction criminelle

Au Gabon, pendant l'application du Code d'instruction criminelle, la procédure de révision, et donc le droit de demander la révision existaient dans le Code d'instruction criminelle. La matière était régie par les articles 443 et 447 du CIC. Ce droit a été réintroduit dans les Codes de procédure pénale gabonais de 1961 et de 2010, celui-ci prévoyant, comme l'article 622 du CPP français, que la révision d'une décision pénale définitive puisse être demandée au bénéfice de toute personne reconnue comme étant l'auteur d'un crime ou d'un délit. Cette formule suppose, premièrement, que la révision ne soit ouverte que si la décision porte sur le fond et que cette décision est irrévocable, c'est-à-dire qu'il n'existe plus aucun autre moyen de faire disparaître l'erreur judiciaire comme l'opposition ou l'appel. Bref, le pourvoi en révision doit être l'ultime recours sachant qu'il n'y a pas de révision des arrêts de la chambre pénale (ou criminelle) de la Cour de cassation.

Les dispositions des articles 622 du Code de procédure pénale français selon lesquelles « *la révision d'une décision pénale définitive peut être demandée au bénéfice de toute personne reconnue coupable d'un crime ou d'un délit* » et celles de l'article 468 du Code gabonais en vertu desquelles *« la révision peut être demandée, quelle que soit la juridiction qui a statué au bénéfice de toute personne reconnue auteur d'un crime ou d'un délit »* supposent, deuxièmement, que la décision attaquée en révision contienne une affirmation de culpabilité. En effet, les droits français et gabonais l'ont exclue du champ d'application de la révision les décisions d'acquittement ou de relaxe[751]. La formule des articles 622 et 468 précités suppose enfin que le pourvoi en révision soit exclu contre les sentences de police. L'injuste condamnation pour contravention est loin d'être déshonorante, même si elle peut être fâcheuse[752]. La révision d'une condamnation contraventionnelle est donc exclue.

Concernant les conditions à proprement parler du recours en révision, voies de recours extraordinaires, elles soumettent l'ouverture de ce

---

[751] Il s'agit de l'exclusion de toute révision in defavorem dont nous avons parlé.
[752] Crim. 5 mai 1899, Bull. crim., n°172.

pourvoi à l'existence de cas d'ouverture limitativement énumérés par la loi gabonaise. Ces cas d'ouverture sont strictement les mêmes que ceux que le législateur gabonais de 1961 avait repris du Code d'instruction criminelle français de 1808. Ce qui nous permet d'affirmer que le législateur gabonais de 2010 a donc réintroduit à l'identique les quatre cas d'ouverture du pourvoi en révision que prévoyait le Code d'instruction criminelle. Le législateur français, quant à lui, par une loi du 20 juin 2014[753], a modifié l'article 622 dans un souci de simplification. Cet article ne reconnaît aujourd'hui qu'un seul cas d'ouverture correspondant à l'un des quatre cas que le Code d'instruction criminelle avait institués. En vertu de cet article 622, la révision peut être demandée en droit français lorsque'« *après condamnation, vient de se produire un fait nouveau ou vient de se révéler un élément inconnu de la juridiction au jour du procès, de nature à établir l'innocence du condamné ou à faire naître un doute sur sa culpabilité* ».

Le législateur gabonais de 2010 a gardé les quatre cas d'ouverture du Code d'instruction criminelle (1). Il réserve également le droit d'exercer le recours en révision à certaines personnes (2).

1- Les cas d'ouverture de la procédure de révision

Le recours en révision du procès pénal en droit gabonais, en vertu de l'article 468 du Code de procédure pénale, peut être demandé au profit de toute personne condamnée pour crime ou délit lorsque, après une condamnation pour homicide, de nouveaux indices fournis révèlent l'existence de la prétendue victime de l'homicide. Il s'agit ici du premier cas d'ouverture. Le deuxième intervient, toujours en vertu de l'article 468 du Code de procédure pénale gabonais, lorsqu'il a été établi que pour la même infraction ont été rendues, contre deux individus, deux condamnations différentes revêtues toutes deux de l'autorité de la chose jugée et inconciliables entre elles. Le troisième cas, en vertu de l'alinéa 4 de l'article 468 du Code de procédure pénale gabonais, est celui où, après la condamnation, un témoin est condamné pour faux témoignage.

---

[753] Loi n°2014-640 du 20 juin 2014 relative à la réforme des procédures de révision et de réexamen d'une condamnation pénale définitive.

Ces trois premiers cas correspondent à ceux qui étaient énoncés par l'article 622 du CPP français avant la loi du 20 juin 2014. Ils étaient tous contenus dans l'article 443 du Code d'instruction criminelle et avaient été repris par les Codes de procédure pénale français et gabonais à l'identique. Les législateurs gabonais de 1961 et 2010 ont préféré rester dans la logique du Code d'instruction criminelle en reconduisant ces trois cas d'ouverture qui ne posent aucun problème d'application. En effet, la victime de l'homicide encore vivante, la contrariété des jugements et le faux témoignage sont des éléments objectivement et facilement constatables par la justice.

Cela étant, la loi gabonaise prévoit un quatrième cas d'ouverture. Alors que les trois premiers étaient reconnus depuis l'entrée en vigueur du Code d'instruction criminelle de 1808, le dernier cas a été ajouté par une loi du 8 juin 1895 et fut intégré d'abord dans le Code d'instruction criminelle puis dans le Code de procédure pénale gabonais de 1961 et réaffirmé par le législateur de 2010. C'est un cas d'ouverture indéterminé. L'article 468, alinéa 4, du Code de procédure pénale gabonais, tout en reprenant l'article 443 du Code d'instruction criminelle prévoit que ce quatrième cas d'ouverture survienne « *lorsque, après une condamnation, un fait vient à se produire ou à se révéler ou lorsque des pièces inconnues lors des débats de nature à établir l'innocence du condamné sont présentées* ». Jugé trop rigoureux, ce cas donnait lieu à interprétation divergente par la jurisprudence française. La notion de fait nouveau était conçue largement, pouvant être les révélations d'une personne : aveu d'un tiers[754], rétractation d'un témoin après la condamnation et dont les dires avaient fondé la condamnation[755]… La portée du fait nouveau était, elle aussi, entendue libéralement. Bien que la loi de 1895 ait exigé que le fait établisse l'innocence, la jurisprudence se contentait d'éléments rendant celle-ci probable, voire possible[756]. Cette jurisprudence a été consacrée en France par une loi de 1989 qui parlait de « doute sur la culpabilité du condamné ».

Le changement de la législation française en 2014 correspond à la reprise du cas d'ouverture indéterminé, dans les termes de la loi de 1989,

---

[754] Crim., 15 juin 1899, S., 1901.I.541.
[755] Crim. 16 mars 1993, Bull. crim., n°116.
[756] Crim. 9 nov. 1955, Bull. crim., n°474 ; 27 fév. 1957, Bull. crim., n°206.

et intervient lorsque vient de se produire ou de se révéler un fait nouveau, après une condamnation, ou un élément inconnu de la juridiction au jour du procès, de nature à faire naître un doute sur la culpabilité du condamné. Cette modification de la loi française n'a pas inspiré le législateur gabonais qui a maintenu en 2010 le quatrième cas tel qu'il avait été énoncé dans le Code d'instruction criminelle. Cela ne facilite certainement pas la mise en œuvre du droit à la révision accordé au condamné.

Les différents cas d'ouverture ne sont pas les seules conditions exigées par les législateurs gabonais et français pour l'ouverture d'un pourvoi en révision. D'autres conditions sont nécessaires pour permettre un tel pourvoi qui tient à la personne pouvant exercer le recours.

2- Les personnes pouvant exercer le recours en révision

Les articles 469 du Code de procédure pénale gabonais et 662-2 du Code de procédure pénale français énumèrent les personnes qui peuvent exercer le recours en révision. Cette liste est la même dans les deux articles, mais uniquement concernant les trois premiers cas d'ouverture en révision du droit gabonais. Il s'agit des :

- ministre de la Justice ;
- procureur général près la Cour de cassation ;
- condamné, ou en cas d'incapacité, son représentant légal ;
- après la mort du condamné ou une fois son absence déclarée, ses enfants, ses parents, ses légataires universels, ceux ayant reçu de lui mission expresse. La législation gabonaise qui ne connaît ni le PACS ni le concubinage n'a pas prévu que le concubin ou le partenaire lié par un pacte civil de solidarité puisse demander la révision, à la différence de la loi française.

Ces dispositions reprennent la substance de l'article 444 du Code d'instruction criminelle français qui avait prévu que le droit de demander la révision du procès pénal appartienne « *dans les trois premiers cas, au ministre de la Justice, au condamné ou en cas d'incapacité à son représentant légal. Après la mort ou l'absence déclarée du condamné, à son conjoint, à ses enfants, à ses parents, à ses légataires universels, à ceux qui ont reçu de lui mission expresse* ».

Dans le quatrième cas d'ouverture du droit gabonais, le droit de demander la révision est uniquement réservé au ministre de la Justice. L'alinéa 5 de l'article 469 du CPP gabonais énonce en effet que « *dans le quatrième cas, le droit de demander la révision appartient au ministre chargé de la Justice seul, qui décide après avoir fait procéder à toutes recherches et vérifications utiles et pris avis de la cour d'appel en assemblée générale. Si la demande en révision lui paraît devoir être admise, le ministre transmet le dossier de la procédure au procureur général près la Cour de cassation de ladite juridiction* ». Le législateur gabonais n'a donc pas fait évoluer sa législation sur ce point en 2010. Tout comme l'article 444 du Code d'instruction criminelle, l'article 469 du Code gabonais actuel continue d'exclure le condamné de la possibilité de demander l'ouverture de la révision de son procès pénal lorsque l'on est en présence du quatrième cas d'ouverture. Il s'agit ici de la limitation du droit du condamné d'exercer son droit de la défense dans ce cas et les erreurs de fait pourront alors perdurer. Le législateur gabonais a simplement rejeté l'idée de s'inspirer des avancées du droit français et refuse de généraliser le droit de demander la révision du condamné à tous les cas d'ouverture. En droit gabonais, pour déterminer quelles sont les personnes aptes à solliciter la révision, il faut continuer à distinguer selon le cas de révision invoqué. Alors qu'en France, après la réforme de 1989 sur les conditions de la révision des condamnations pénales, le droit de demander la révision a été élargi en faveur du condamné, quel que soit le cas d'ouverture. C'est ce qui ressort de l'article 622 du Code de procédure pénale français.

Heureusement, le législateur gabonais s'est quand même inspiré de la législation française lors de la réforme du Code de procédure pénale en 2010. C'est particulièrement le cas pour la juridictionnalisation totale de la procédure de révision qui était, avant cette réforme, à la fois administrative et judiciaire.

B- La nouveauté de la réforme gabonaise de 2010 : la juridictionnalisation de la procédure de révision

La procédure de révision prévue par le Code de procédure pénale gabonais de 2010 change de celle que le Code de 1961 avait prévue qui correspondait à celle du Code d'instruction criminelle de 1808. Cette procédure était également celle appliquée en droit français avant la réforme de 1989. Elle comportait une phase administrative et une phase judiciaire. Et c'est la phase administrative qui restreignait le droit de demander la révision, car elle était du ressort du ministre de la Justice. La loi du 23 juin 1989 modifia de manière importante les articles 622 à 626 du Code de procédure pénale français relatifs à la procédure de révision. Cette modification décisive, concernant la révision, concernait la « *judiciarisation* » de la procédure.

Le ministre de la Justice était, en effet, l'intermédiaire entre le condamné, demandeur en révision, et la Cour de cassation[757]. La loi de 1989 a donc remplacé le filtrage des requêtes par le Garde des Sceaux par un examen effectué par une commission composée de magistrats de la Cour de cassation ayant pour mission d'instruire les requêtes et de saisir la cour de révision de celles qui lui paraissaient pouvoir être admises.

Dans la procédure pénale gabonaise, la révision a aussi été réformée pour arriver à la judiciarisation de cette procédure. Si en vertu de l'ancien article 597, alinéa 5, du Code de procédure pénal gabonais de 1961, reprenant le texte de l'article 444 du Code d'instruction criminelle, « *la Cour suprême, chambre criminelle, sera saisie par son procureur général en vertu de l'ordre express que le ministre de la Justice aura donné, soit d'office, soit sur réclamation des parties indiquant un des trois premiers cas* »[758], le ministère de la Justice était le seul à pouvoir saisir la Cour suprême en donnant l'ordre à son procureur général de requérir la révision de la décision criminelle. À travers la réforme du Code de procédure pénale de 2010, le législateur gabonais s'est inspiré de la législation française pour réformer la procédure de révision gabonaise. Comme son homologue français en 1989, le législateur gabonais en 2010 a supprimé la phase administrative mettant en avant le ministère de la Justice. Seule l'autorité judiciaire est désormais investie du pouvoir de recevoir les demandes de révision. En

[757] ANGEVIN H., « La réforme de la révision des condamnations pénales », Semaine juridique, 1989, I, n°3416.

[758] Dans le quatrième cas, ne disposant pas du droit de demander la révision, la partie condamnée était à la merci du ministre de la Justice, car lui seul disposait du pouvoir exécutif de filtrer les requêtes en écartant celles qui ne lui paraissaient pas admissibles.

effet, la demande est adressée, comme le prévoit la loi française, à une commission composée de cinq magistrats de la Cour de cassation.

Dès que la demande est transmise à la commission, celle-ci, qui est un organe d'instruction, entreprend les investigations ou vérifications nécessaires. Elle peut suspendre l'exécution de la condamnation comme pourra également le faire plus tard la chambre pénale de la Cour de cassation qui, elle, statuera en tant que cour de révision si la commission décide de la saisir.

Le législateur gabonais s'est vraiment inspiré du droit français pour réformer la procédure de révision, car la révision est exécutée de la même manière dans ces deux législations, que ce soit l'instruction des demandes, confiée à une commission, ou la suite de la procédure.

La suite de la procédure est de la compétence de la chambre pénale ou criminelle de la Cour de cassation qui statue alors comme **cour de révision**. Si celle-ci estime à son tour la demande fondée, elle annule la condamnation et renvoie l'affaire à une juridiction autre, mais de mêmes degrés que celle dont procède la décision annulée, ou bien statue définitivement au fond s'il est impossible de procéder à de nouveaux débats contradictoires[759].

La similarité entre ces deux procédures de révision montre que les deux législations ont pour finalité de veiller au droit au recours du condamné. Lorsque la demande de révision du condamné aboutit à une décision de relaxe ou d'acquittement son droit au recours lui aura permis de défendre son innocence, finalement proclamée par la Cour de cassation. Et même lorsque la demande de révision n'aura pas abouti, le droit au recours du condamné aura tout de même été garanti dans la mesure où il lui aura permis d'utiliser les moyens que lui procure la loi afin de se défendre efficacement.
Les voies de recours qui sont reconnues en droit gabonais depuis l'application du Code d'instruction criminelle sur le territoire gabonais ont toujours été bénéfiques à la défense à qui elles offrent un droit de contestation. Par ailleurs, l'influence du droit français a toujours permis à la loi gabonaise de bénéficier des voies de recours aussi bien

---

[759] Art. 471 du CPP gabonais et art. 624 à 624-3 du CPP français.

ordinaires, comme l'appel et l'opposition, qu'extraordinaires, comme le pourvoi en cassation et le pourvoi en révision.

Un tel droit de recours au profit de la défense gabonaise constitue, pour elle, un véritable droit qui lui permet, même déjà condamnée par un premier jugement, de garder la possibilité de faire rejuger son affaire une deuxième fois et souvent par une juridiction hiérarchiquement supérieure.

CONCLUSION DU TITRE I

La personne poursuivie dispose, lors de son jugement en procédure gabonaise, d'un véritable arsenal de moyens de défense qui lui permet de participer activement à son procès et de faire valoir son innocence. Elle dispose de moyens généraux qu'elle peut revendiquer devant toutes les juridictions de jugement pénales, mais elle dispose aussi de moyens de défense particuliers qu'elle peut utiliser devant chaque juridiction. On se rend compte que le droit gabonais a véritablement été impacté par le droit français, car même si le législateur gabonais n'est pas allé aussi loin que son homologue français dans la garantie de certains droits pour la défense, on ne peut que remarquer que le Code de procédure pénale gabonais de 2010 proclame de nombreux droits de la défense d'inspiration française au cours du jugement. À l'issue de ce titre, nous avons pu dresser un constat d'ensemble relativement rassurant pour la garantie des droits de la défense au cours du jugement, tant correctionnel que criminel. Cependant, des craintes persistent surtout en droit gabonais où des failles sont existantes au niveau du procès correctionnel dans la mesure où la commission d'office n'a pas été instaurée ; il existe, en effet, un risque pour le prévenu de ne pas bénéficier de la présence d'un défenseur lorsque celui-ci ne peut s'offrir les services d'un avocat lui-même. Mais, en règle générale, à part cet écart, le procès pénal gabonais a bien les garanties d'une bonne défense, l'impact du droit français étant clairement visible lors de cette phase de jugement.

L'impact du droit français en droit gabonais, depuis l'application du Code d'instruction criminelle au Gabon, a par ailleurs permis l'essor des prérogatives de défense après le jugement. Ces prérogatives résident dans l'existence du droit d'exercer des voies de recours qui sont un domaine particulier des systèmes de droit romano-germanique en tant que contrôle du respect des droits de la défense. Ils offrent à la défense un droit de contestation après un jugement qui leur est défavorable. Ces voies de recours renforcent une véritable potentialité à garantir la mise en œuvre des droits de la défense, même lorsqu'une décision de condamnation est déjà intervenue. À travers le maintien, dans le Code de procédure pénale de 2010, des voies de recours ordinaires telles que l'appel et l'opposition, et les voies de recours extraordinaires comme le pourvoi en cassation et le pourvoi en révision, le législateur gabonais montre, une fois de plus, son attachement aux règles du droit français. Par exemple, l'appel en droit gabonais, comme en droit français, n'est soumis à aucune condition de validation comme cela est le cas dans le système anglo-saxon. Il reste ouvert pour toutes les parties qui estiment avoir été lésées dans le jugement de première instance. Le pourvoi en cassation gabonais correspond également à celui qui est exercé en France et, comme en droit français, la Cour de cassation gabonaise n'est pas considérée comme un troisième degré de juridiction, mais comme une juridiction suprême, à part entière, chargée d'uniformiser l'interprétation de la loi sur tout le territoire. Toutefois, un certain nombre de déséquilibres peut apparaître en droit gabonais : il en est ainsi de l'appel des décisions de la cour criminelle gabonaise. Alors que le droit français a été modifié pour permettre un réexamen des décisions prises par la cour d'assises, le législateur gabonais de 2010 a souhaité rester figé sur la procédure inspirée par les anciennes dispositions du droit français dans ce domaine, continuant à dénier l'appel contre de telles décisions. Par ailleurs, le droit français a également été marqué par la modernisation de sa procédure par l'instauration de nouvelles dispositions en ce qui concerne le pourvoi en cassation, car la Cour de cassation française dispose de la possibilité d'évoquer, donc de rejuger l'affaire entièrement, c'est-à-dire de connaître les faits et le droit, sans renvoyer l'affaire à un autre tribunal, possibilité qui n'a pas encore été offerte à la Cour suprême gabonaise. L'observation du nouveau dispositif français devrait inciter le législateur gabonais à réfléchir à la mise en place d'une réforme allant dans le même sens, comme ce fut le cas pour le pourvoi en révision pour lequel le législateur gabonais de 2010 a prévu une nouvelle procédure se rapprochant des dispositions du droit français.

On félicite les avancées du droit gabonais qui, à travers l'inspiration du droit français, a accordé de véritables droits de la défense à la personne poursuivie que ce soit avant, pendant ou même après le jugement. Il apparaît, en effet, que le droit français, en dépit de ses propres failles, constitue un véritable point de référence auquel le législateur gabonais devrait consacrer plus d'attention afin d'en tirer les conséquences nécessaires à une garantie encore plus pertinente des droits de la défense. Nous regrettons toutefois que l'impact du droit français ayant poussé le législateur gabonais à réformer sa procédure pénale ait encore plus de mal à se concrétiser en pratique. Il y a, effectivement, de véritables obstacles qui limitent l'impact du droit français dans la mise en pratique des droits de la défense lors du procès pénal au Gabon.

TITRE II

LES FACTEURS PARTICULIERS LIMITANT L'IMPACT DU DROIT FRANÇAIS SUR LA MISE EN PRATIQUE DES DROITS DE LA DÉFENSE LORS DU PROCÈS PÉNAL AU GABON

Généralement, les États ont le devoir d'accorder à chaque citoyen le droit d'agir en justice et, plus particulièrement, un droit d'obtenir justice. Ce dernier est un droit civique, politique et social que le citoyen peut réclamer[760], qui se conçoit pour la personne mise en cause au cours du procès pénal à travers la mise en pratique des droits de la défense qui lui sont reconnus par le législateur, en d'autres termes à travers le respect de ces droits par les juridictions répressives.

La mise en pratique des droits de la défense de la personne mise en cause et plus particulièrement de la personne poursuivie au cours de la phase décisoire du procès pénal lui permet de participer à son procès qui est supposé être équitable[761]. Cette mise en pratique lui permet également d'exercer un recours pour critiquer une décision défavorable prononcée à son encontre, en quelque sorte elle lui octroie la possibilité de saisir le juge répressif, quel que soit le stade du procès. Elle représente, pour la personne poursuivie lors d'un procès pénal, la garantie du strict respect par le tribunal de ses droits de la défense et de sa volonté à participer au procès de manière équitable pour obtenir une sentence favorable. Toutefois, la mise en pratique des droits de la défense de la personne poursuivie consiste surtout en une prérogative accordée par le législateur, de ce fait, elle suppose une intervention de l'État pour

---

[760] VANNIER G., De l'universalité et de la particularité des droits de l'homme, in Droits fondamentaux et spécificités culturelles, 1re éd., L'Harmattan, 1997, Horizons du droit, p. 126.
[761] DELMAS-MARTY M. (dir.), Procédures pénales d'Europe, 1re éd., PUF, 1995, Thémis : DROIT PRIVÉ, p. 468.

existter, ainsi que des infrastructures judiciaires et des voies de droit appropriées pour être exercées[762].

Avec l'accroissement du contentieux répressif qui entraîne un engorgement inévitable des tribunaux, avec l'allongement des mesures privatives de liberté, la pénurie de moyens et l'inflation du contentieux[763], la nécessité de préserver la mise en pratique et donc l'effectivité des droits de la défense de la personne poursuivie doit être une préoccupation omniprésente du législateur gabonais et une obligation du juge. Un véritable droit d'obtenir justice passe, en effet, par une reconnaissance légale, mais aussi par une mise en pratique effective des droits de la défense que le législateur garantit. À cet égard, certains pays étrangers reconnaissent un droit de contestation au justiciable dès lors que les droits et libertés fondamentaux de celui-ci sont méconnus par l'État. C'est un mécanisme de protection des droits de la défense de la personne poursuivie qui est performant et efficace.

Le législateur gabonais qui a réaffirmé son attachement aux principes démocratiques et aux valeurs universelles de protection et de promotion des droits de l'Homme, à travers la réforme du Code de procédure pénale en 2010, a montré son intérêt croissant pour la garantie des droits de la défense et notamment pour les prérogatives de la partie poursuivie telles que garanties en droits français, ce qui l'a conduit à s'aligner le plus possible sur le système français de protection des droits de la défense. Il consacre, à son niveau, un droit pour le justiciable d'obtenir justice, mais surtout l'impact du droit français lui a permis de prévoir de véritables moyens de défense pour tout justiciable mis en cause dans un procès pénal.

Néanmoins, l'effectivité des droits que le législateur gabonais garantit aux justiciables et en particulier à la personne poursuivie reste encore problématique sur le territoire gabonais. On se rend compte que l'impact du droit français a du mal à être mis en œuvre dans la pratique par les tribunaux gabonais et, en dépit de la volonté politique de restauration de la justice par des réformes juridiques au Gabon, l'effectivité des droits

[762] CHAPELLE-BOUCHARD V., Le droit au recours en matière pénale : contribution à l'étude des droits de la personne poursuivie, ANRT, 2000, p. 6.
[763] VARAUT J.-M., Le droit au juge, 1re éd., Quai Voltaire, 1991, pp. 149, 153, 157.

que le législateur gabonais consacre à toute personne mise en cause lors d'un procès pénal reste encore une source de préoccupation. Malgré la volonté du législateur de moderniser l'appareil judiciaire, ou tout du moins la procédure pénale gabonaise, pour accroître ses performances et s'aligner sur le système français qui prévoit des droits pour chaque partie au procès pénal, de nombreux facteurs portent atteinte à la mise en pratique ou à l'effectivité de l'impact du droit français sur les droits de la défense au Gabon.

S'il est vrai que les problèmes de l'effectivité des droits de la défense au Gabon ne sont pas tout à fait différents de ceux rencontrés en France et dans le reste du monde, leur ampleur attire notre attention et nous conduit à les mettre en relief dans ce titre. Il nous a semblé important de souligner que l'impact du droit français sur les droits de la défense était menacé dans sa mise en pratique au Gabon par de nombreuses difficultés de fait que rencontre quotidiennement la personne poursuivie dans le procès pénal gabonais. Ces difficultés sont dues à des facteurs objectifs qui limitent l'accès à la justice au Gabon d'une part (Chapitre 1) et, d'autre part, elles sont dues à des facteurs subjectifs portant directement atteinte à la crédibilité de la justice gabonaise (chapitre 2).

CHAPITRE I

LES FACTEURS OBJECTIFS RESTREIGNANT LA MISE EN PRATIQUE DE L'IMPACT DU DROIT FRANÇAIS SUR LES DROITS DE LA DÉFNSE DU MIS EN CAUSE AU GABON : LE PROBLÈME DE L'ACCÈS A LA JUSTICE

Dans son discours préliminaire au Code civil, Portalis avait affirmé que « *la Justice est la première dette de la souveraineté* ». Un État souverain digne de ce nom doit consacrer cette institution universelle et assurer la garantie de l'accès à la justice pour permettre aux citoyens de jouir effectivement de leurs droits et prérogatives.

L'accès à la justice étant un droit naturel de l'homme, il doit être garanti à toute personne qui s'estime lésée par une infraction pénale, une faute civile ou administrative, de pouvoir saisir les juridictions compétentes. L'accès à la justice représente également les différentes exigences procédurales qui assureront la mise en œuvre des droits garantis au citoyen. Il s'appréhende à travers la faculté qu'a tout individu de connaître ses droits pour s'y conformer et exiger leur respect, voire leur protection[764].

Comme toutes les parties aux procès pénaux, les personnes poursuivies, qui ne peuvent rester passives au litige, disposent aussi du droit d'accéder à la justice. Il consiste, pour ces personnes, à saisir un magistrat, une juridiction en vue de critiquer la décision judiciaire précédemment rendue. Mais le droit d'accéder à la justice et particulièrement le droit d'obtenir justice pour la partie poursuivie passe surtout par le respect de ses droits de la défense, il suppose l'existence d'un procès équitable. Il doit être effectif et mis en pratique devant les tribunaux.

La mise en pratique des droits de la défense à travers le concept d'accès à la justice, pour la partie poursuivie, nécessite ainsi la réunion de deux

---

[764] Xavier Souvignet, « L'accès au droit. Principe du droit, principe de droit », Jurisdoctoria, n°1, 2008, p. 25.

aspects complémentaires intimement liés : l'accès au juge et l'accès au droit, l'un étant un moyen d'accéder à l'autre. Nous verrons que ces deux concepts ont du mal à être pleinement appliqués au Gabon.

L'accès au juge s'entend du droit qu'a « *toute personne, physique ou morale, d'accéder à la juridiction pour y faire valoir ses droits* »[765]. Dans ce but, tous les systèmes juridiques du monde reconnaissent l'importance de l'accès au juge consacré par les textes internationaux comme la Déclaration universelle des droits de l'Homme de 1948 qui reconnaît en son article 8 le droit à un recours effectif devant les juridictions nationales compétentes, le Pacte international relatif aux droits civils et politiques de 1966 qui en fait un cadre de référence et en impose le respect à tout État-partie, la Charte africaine des droits de l'Homme et des Peuples de 1981 et la Convention européenne de sauvegarde des droits de l'Homme en son article 6 § 1 qui reconnaît que « *toute personne a droit à ce que sa cause soit entendue équitablement, publiquement, et dans un délai raisonnable, par un tribunal indépendant et impartial, établi par la loi, qui décidera soit des contentieux sur des droits et obligations de caractère civil, soit du bien-fondé de toute accusation en matière pénale dirigée contre elle* ».

Ce droit au juge figure au rang des principes fondamentaux reconnus par les juridictions françaises et le Conseil constitutionnel français a ainsi consacré « *Le droit d'exercer un recours effectif devant une juridiction* »[766]. Le juge judiciaire français, quant à lui, s'est attaché à lui donner une portée large. Ainsi, par un arrêt rendu en Assemblée plénière le 30 juin 1995[767], la haute juridiction française a-t-elle

---

[765] Serge Guinchard, L'impartialité du juge et de l'arbitre. Etude de droit comparé, éd. Bruylant, 2006, p. 199.
[766] Conseil constitutionnel, déc. 93-325 du 13 août 1993 ; 93-335 du 21 janvier 1994 ; 96-373 du 9 avril 1996 ; 96-378 DC du 23 juillet 1996.
[767] Ass. plén. n°4 : l'affaire concernait la procédure du rabat d'arrêt, prévue par aucun texte, et qui est destinée à réparer une erreur manifeste. L'intéressé demandait que soient rabattus deux arrêts de la chambre criminelle qui, selon lui, violaient les droits inhérents à sa qualité de partie civile. Il avait sollicité du Conseil de l'Ordre le bénéfice d'une commission d'office, qui lui avait été refusée, et invoquait le droit d'accès à la justice et à un recours effectif.

consacré le droit d'accès au juge, quelle que soit la valeur de la prétention.

L'État gabonais qui, depuis son indépendance, a imité les institutions de l'ancien colonisateur français a, de ce fait, organisé entièrement son système judiciaire et les procédures à suivre devant les tribunaux et cours en référence au système français afin de garantir plus efficacement l'accès au juge. Il a, ainsi, eu en tête la nécessité d'assurer à chaque citoyen, mais surtout à la personne mise en cause dans un procès pénal, un plein accès au juge. Un objectif qui a du mal à être atteint en raison de nombreuses contraintes qui empêchent la personne poursuivie et les justiciables gabonais en général d'accéder à la juridiction (Section 1).

L'accès au droit s'étend, quant à lui, à toutes les garanties institutionnelles d'un bon procès, c'est-à-dire les qualités[768] que le juge doit avoir et que Serge Guinchard qualifie de droit à un bon juge. L'accès au droit a principalement pour objectif l'indépendance de la justice qui se doit d'être transparente pour la mise en place effective du respect des droits que le législateur garantit. Et, pour répondre à cet objectif, la constitution gabonaise affirme l'indépendance de l'autorité judiciaire par rapport aux pouvoirs exécutif et législatif. Cette indépendance concerne autant l'autorité judiciaire que les magistrats, car lorsqu'un tribunal où siègent les magistrats n'est pas indépendant vis-à-vis de l'exécutif et d'autres organes, les juges mêmes qui le composent ne peuvent prétendre être indépendants. De fait, les premières décennies après l'accès du Gabon à la souveraineté internationale ont montré que les juges gabonais étaient loin d'être indépendants. En effet, le chef de l'État gabonais, directement ou par l'intermédiaire du ministre de la Justice, a toujours pu interférer dans le cours des procès ou dans l'exécution des décisions de justice. La justice au Gabon est finalement considérée comme un instrument politique de contrôle social et non telle une institution garantissant les droits du citoyen.

---

[768] Guillaume Joseph FOUDA, ''L'accès au droit : richesse et fécondité d'un principe pour la socialisation juridique et l'état de droit en Afrique noire francophone'', AFRILEX, 2000/01, p. 5.

L'indépendance du juge caractérise le deuxième facteur objectif qui restreint l'accès à la justice au Gabon et la mise en pratique des droits de la défense (Section 2).

Section I- Les contraintes géographiques et matérielles restreignant l'accès au juge au Gabon

L'accès au juge doit être garanti de manière égale à tous les justiciables, mais en particulier à la personne poursuivie qui aurait besoin d'accéder à la juridiction pour déposer un élément du dossier nécessaire à sa défense (la pratique du dépôt de dossier en ligne n'existant pas au Gabon) ou pour être présente lors de son audience afin de mieux se défendre en personne. L'accès au juge entraîne également pour la personne poursuivie que son affaire soit traitée par une juridiction qui ait les capacités matérielles de rendre un jugement dans des délais raisonnables. C'est de cette façon que les droits de la défense de la personne poursuivie seront effectifs. En effet, il ne servirait à rien que des prérogatives soient reconnues à la défense si elles ne peuvent être mises en pratique.

Il existe néanmoins plusieurs contraintes entravant la mise en œuvre des droits que le législateur gabonais accorde à la personne poursuivie au Gabon et, donc, l'impact du droit français. Les contraintes envisagées ici sont nombreuses et variées. Elles tiennent à la complexité, au langage ésotérique et hermétique de la justice, mais également aux coûts du procès auxquels les justiciables doivent faire face : frais de procédure et de consignation, frais de transport judiciaire, frais de déplacement des témoins et honoraires des médecins pour expertises médicales. Ces contraintes entravent la matérialisation des droits de la défense au Gabon et à l'accès au juge en général. Elles sont purement physiques et résultent notamment de l'éloignement des juridictions et des disparités entre provinces pouvant être regroupées sous l'appelation « contraintes d'ordre géographique » qui empêchent la personne poursuivie d'accéder à la juridiction (§1) et « contraintes d'ordre matériel » dans la mesure où elles gênent le tribunal dans son travail du fait des conditions qui garantissent le respect du droit au délai raisonnable (§2).

§1- Les contraintes d'ordre géographique

René Cassin avait affirmé qu'« *il faut que l'accès au prétoire soit relativement aisé pour les justiciables... C'est là une condition d'une bonne justice* »[769]. Cette réflexion se traduit concrètement par l'accès du justiciable au prétoire pour faire entendre sa cause. En effet, si le justiciable ne peut accéder à la justice, il ne peut faire valoir ses droits. Il s'agit là d'une condition de l'application des droits de la défense, droits essentiels, que le législateur garantit à la partie poursuivie. Toutefois, des contraintes d'ordre géographique portent atteinte au droit des justiciables et surtout des personnes poursuivies pour accéder aux prétoires. Ces contraintes s'expliquent par le nombre restreint de tribunaux par rapport à la superficie du territoire. On compte en effet seulement neuf tribunaux de première instance et neuf cours d'appel au Gabon, ce qui coïncide avec les neuf provinces que compte administrativement le pays. Sachant qu'il n'existe pas de tribunal de police au Gabon, comme c'est le cas en France, et qu'en première instance ce sont les tribunaux correctionnels qui jugent le contentieux des infractions contraventionnelles et correctionnelles, on déplore que le pouvoir en place n'ait pas procédé à la création d'autres tribunaux de première instance.

Cette répartition géographique déplorable implique des disparités criantes entre localités : par exemple dans la région de l'Estuaire, la plus peuplée du Gabon, la distance qui sépare Bifoun (desservie) de Libreville (pourvue d'un tribunal de grande instance) est de 162 km. Autre cas, dans la région du Woleu-Ntem, la distance séparant Oyem (pourvue d'un TGI) de Lalara s'élève à 110 km. On voit mal comment les prévenus habitant dans les zones les plus reculées, dépourvus de moyens de transport, pourraient se présenter devant le tribunal pour mieux défendre leur affaire sachant que dans la plupart des cas les justiciables ne font pas appel aux avocats pour les représenter.

Cette mauvaise répartition judiciaire trouble actuellement les pratiquants du droit en France. Avec la réforme de la justice, avocats,

---

[769] CASSIN R., De l'unité de la justice dans un pays à dualité de juridictions, in La Justice, Centre de sciences politiques de l'institut d'études juridiques de Nice, Paris, PUF, 1961, pp. 261-284.

magistrats et greffiers s'inquiètent du fait que le projet de loi prévoyant la fusion des tribunaux d'instance (absorbés par les tribunaux de grande instance) n'aboutisse à la réduction de l'accès au juge et de celui au droit avec, pour conséquence, le sacrifice d'une justice rendue dans des délais raisonnables. L'exemple de la mauvaise répartition judiciaire sur le territoire gabonais montre clairement que la suppression les juges d'instance envisagée par le projet de loi en France ne peut aboutir à un véritable droit pour le justiciable d'obtenir justice. La concentration judiciaire demeure un inconvénient majeur entraînant très souvent des lenteurs excessives et l'éloignement des juridictions explique, de ce fait, en grande partie l'absence des justiciables lors des procès qui ont lieu dans les provinces les moins desservies du pays alors que la défense en personne est censée mieux garantir les droits de la défense de la personne poursuivie. La mauvaise répartition et la concentration des juridictions dans les grands centres éloignent ainsi les justiciables de la justice.

À la mauvaise répartition territoriale des juridictions au Gabon s'ajoute le manque de personnel judiciaire. Pourtant, on sait que pour qu'une justice soit rendue dans un délai raisonnable, surtout dans les conditions de la répartition territoriale judiciaire gabonaise, il faut s'assurer que les ressources humaines soient suffisantes. Il y a, en effet, une très faible couverture judiciaire au Gabon. Il existe, pour une population d'environ 1 800 000 habitants, seulement 2,2 juges pour 100 000 personnes (en 2015), bien que les normes internationales préconisent qu'il y ait un juge pour 2 000 habitants. Il résulte de cela que l'exigence d'une justice rendue avec célérité n'est pas respectée au Gabon où le déficit de personnel a pour conséquence des lenteurs et des dénis de justice.

Très souvent la tenue d'une audience peut se révéler impossible parce que la juridiction compétente ne compte pas en son sein l'effectif normalement requis pour rendre régulièrement une décision. Il arrive très fréquemment que les juges affectés dans les localités les plus éloignées du pays ne s'y rendent qu'occasionnellement. Ainsi, la solution pour pallier leur absence est celle du renvoi de l'affaire à une prochaine audience. Mais cette solution ne peut être considérée comme adéquate aussi longtemps que le tribunal n'a pas reçu l'assurance d'un prochain renforcement de ses effectifs. La conséquence toute naturelle qui en résulte est la surcharge du personnel en place et des dossiers en instance qui s'entassent de façon inquiétante. Cette difficulté apparaît d'autant plus ces dernières années avec le gel des recrutements de fonctionnaires et l'arrêt des concours comme celui de la magistrature, décision prise par le gouvernement en place. Il ne peut en résulter qu'un retard dans le traitement des affaires et des détentions préventives encore plus longues.

Il est plus qu'important de renforcer les moyens humains de la justice gabonaise si la répartition judiciaire reste telle qu'elle est actuellement. En effet, parler de respect du droit du justiciable à obtenir justice et du respect des droits de la défense garantis par le législateur implique l'impérieuse nécessité de revoir les moyens humains au premier rang desquels figurent les magistrats chargés de rendre la justice. Mais, ne nous y trompons pas, telle mission ne pourra être accomplie avec succès que si les magistrats disposent d'un environnement convenable et de moyens de travail suffisants, voire performants. Notons que le manque de moyens matériels des tribunaux gabonais est également patent et responsable, en partie, des nombreux renvois. Ce qui ne garantit pas les droits de la défense de la personne poursuivie, en l'occurrence son droit d'être jugée dans un délai raisonnable.

§2- Les contraintes d'ordre matériel

Les équipements des tribunaux sont primordiaux pour un bon fonctionnement de la justice or, on constate que les tribunaux gabonais fonctionnent dans un état de pénurie avéré. Les moyens matériels font défaut. D'abord, il a été constaté que 80% du budget du ministère de la Justice étaient affectés aux dépenses en personnel et seulement 9% aux dépenses de matériel. L'absence d'autonomie budgétaire est une cause de la lenteur judiciaire. Les juridictions doivent, par exemple, pour rémunérer le personnel ou acheter du matériel, attendre la dotation du ministère de la Justice. Cette attente peut constituer un blocage dans le traitement des dossiers. De plus, il y a un manque criant de moyens matériels : les locaux par exemple, les machines à dactylographier et les ordinateurs. En effet, les tribunaux gabonais n'ont pas forcément d'ordinateurs et les rares matériels dont ils disposent sont souvent dans un état de vétusté avancé. Les bureaux sont insuffisants, exigus et vétustes, les machines à écrire ne sont guère en nombre suffisant pour permettre la rédaction rapide des jugements et autres actes liés aux décisions de justice. Ce qui cause un problème considérable pour imprimer les convocations ou dresser la synthèse des auditions des parties et témoins, contribuant largement à la lenteur chronique de la justice et induisant les conséquences qui s'ensuivent quant à l'exigence d'un « *délai raisonnable* » pour les jugements. Dans un tel contexte, le justiciable doit savoir faire montre de patience et de ténacité avant de voir le juge trancher la cause qui lui a été soumise.

Le siège de la plupart des juridictions est exigu, vétuste et inadapté, il s'agit en général d'anciennes maisons louées. Il est même arrivé qu'un président de tribunal se soit fait expulser pour non-paiement régulier des loyers mensuels ! Selon certains magistrats, les dernières recrues, une quarantaine sont toujours sans moyens de travail. Elles ne disposent pas de bureaux et sont ainsi réduites à faire la navette entre leur domicile et le tribunal. De ce fait, on se retrouve avec un grand nombre de détenus qui attendent depuis des mois, voire des années, avant d'être jugés. Ces longues détentions sans jugement portent préjudice aux individus détenus et à leurs familles, ceux-ci demeurant tout ce temps dans un état de psychose et d'anxiété.

Les contraintes d'ordre matériel s'expliquent aussi par le fait de l'intervention des autres maillons de la chaîne judiciaire. En certaines matières, le juge ne peut, sans être dans l'illégalité, juger qu'après des citations qui peuvent durer trois mois ou plus, alors qu'il doit entendre les parties. Or, les huissiers ne jouent pas souvent leur rôle et prétextent de l'incertitude de l'adresse des justiciables pour adresser automatiquement les citations à la mairie ou au parquet[770].

En tout état de cause, les lenteurs du procès au Gabon qui sont dues à ces nombreux facteurs et l'ineffectivité des droits que le législateur garantit au justiciable sont imputables à l'État, sans que ce dernier ne puisse se retrancher derrière les lacunes essentielles de sa loi nationale. L'accès à la justice au Gabon est, en effet, mis en péril par l'organisation judiciaire qui ne favorise pas la présence des justiciables lors des procès, mais surtout cette organisation judiciaire met en péril la célérité de la

[770] Tout comme les huissiers, les officiers de police judiciaire en matière de commission rogatoire prétextent à leur tour du manque de moyens pour effectuer le déplacement pourtant nécessaire.

procédure alors qu'elle va dans le sens de l'intérêt de la défense puisqu'au bout d'un certain temps la défense devient plus malaisée[771] et, comme le disait le Docteur Locard, « *justice tardive équivaut à injustice* »[772].

Section II-Les atteintes à l'indépendance du juge gabonais

Le juge doit être libre, c'est-à-dire totalement indépendant, pour assurer la mise en œuvre des droits de chaque justiciable et particulièrement les droits de la défense de la partie poursuivie, l'objectif étant la nécessité du droit à un procès équitable. Toutefois, l'indépendance de la justice, condition *sine qua non* de l'efficacité dans son action et sa crédibilité aux yeux des citoyens, dépend d'une combinaison de plusieurs éléments, à savoir l'organisation et le fonctionnement de la justice, le statut, les attributions et les moyens du juge. Ces divers éléments varient selon les pays et ont une influence également différente en fonction de la place du politique, du social, de l'idéologie ou de la religion dans le système étatique considéré[773].

Ainsi, les pays occidentaux, comme la France, se distinguent-ils nettement des autres pays situés en Afrique. En effet, dans la majorité des pays européens faisant preuve, a priori, d'une longue tradition démocratique, loin de penser ou de dire que le juge bénéficie d'une totale indépendance dans ces pays, il est permis d'avancer l'idée que la justice y évolue et s'y exerce dans une « *atmosphère* » globalement démocratique où la séparation des pouvoirs et l'indépendance du juge n'y sont pas constamment et systématiquement violées de manière flagrante. Depuis quelques années, le juge français, par exemple, procède régulièrement, avec ténacité, à la moralisation de la vie

---

[771]Ch. Acc. Liège, 20 mars 1986 : « une personne ne peut rester trop longtemps sous le coup d'une accusation à raison d'un préjudice moral et physique qui peut lui être causé par cette accusation », cité par H. BOSLY ET C. DE VALKENEER, RIDP, 2006, pp. 433 et s.

[772] Edmond Locard, *Confidences. Souvenirs d'un policier*, Lyon, Lugdunum, 1942, p. 147.

[773] BADARA FALL A., Les menaces internes à l'indépendance de la justice. L'indépendance de la justice, nov. 2007, Dakar (Sénégal), pp. Sous-thème I, AHJUCAF, p. 43.

publique en mettant en examen plusieurs hommes politiques de tout bord, y compris un ancien président de la République[774]. Mais, même dans ces pays, l'indépendance du juge n'est jamais complètement acquise et fait l'objet d'une conquête permanente.

Les pays d'Afrique et surtout ceux au sud du Sahara, dont le système institutionnel et politique est, pour une large part, une reproduction du modèle français ont, dès leur accession à l'indépendance, logiquement institué un appareil judiciaire à côté des organes législatif et exécutif. Le principe de la séparation des pouvoirs que les constitutions africaines, dans leur quasi-totalité, ont également consacré devait permettre au juge de bénéficier théoriquement d'une indispensable indépendance vis-à-vis des autres organes constitutionnels pour faire respecter la loi, les droits et libertés individuels. Les premières décennies après l'accession de ces pays à la souveraineté internationale ont toutefois révélé que le juge africain, loin d'être indépendant, était sous la domination d'un exécutif fort, marqué par un chef de l'État omnipotent et d'un corps législatif dont les actes ne faisaient l'objet pratiquement d'aucun contrôle.

Le Gabon entre parfaitement dans cette catégorie des pays d'Afrique dont l'indépendance du juge peut être remise en cause. Pourtant, le processus de démocratisation entamé au début des années 1990 laissait croire que cette indépendance de la justice, si longtemps ignorée ou bafouée, allait enfin devenir réalité, même si une telle conquête devait être réalisée progressivement. Les plus hautes autorités de la République gabonaise n'ont cessé, depuis l'amorce de cette démocratisation politique entamée dans les années 1990, de rappeler et d'insister sur la nécessité d'un appareil judiciaire indépendant et impartial. Ces attributs permettraient au juge d'être, protecteur naturel des libertés individuelles contre les atteintes émanant notamment des pouvoirs publics, de favoriser l'essor des droits du justiciable et encore plus des droits de la défense de la personne poursuivie. Malheureusement, aujourd'hui, l'indépendance du juge gabonais pose problème. Bien qu'elle soit un principe constitutionnel garanti à l'article 69 de la Constitution gabonaise, l'indépendance réelle de l'autorité judiciaire n'est pas assurée et cela se ressent dans la mise en pratique des droits de la défense

---

[774] Nicolas Sarkozy a été mis en examen pour corruption passive, financement illégal de campagne électorale et recel de fonds publics libyens.

de la personne mise en cause et, plus largement, du droit du justiciable d'obtenir justice, car, si le tribunal ne juge pas en toute indépendance, rien ne garantit plus au justiciable que l'acte du juge n'ait pas été pris sous pression ou menace.

Plusieurs facteurs mettent en évidence la dépendance du juge gabonais vis-à-vis du pouvoir politique. Il s'agit, d'une part, des immixtions du pouvoir politique (§1) et, d'autre part, de l'absence du principe d'inamovibilité (§2).

§1- Les immixtions du pouvoir politique dans la pratique judiciaire gabonaise

L'indépendance de la justice apparaît comme la condition essentielle d'un État de droit où les citoyens, et surtout les citoyens dont la responsabilité pénale est engagée, peuvent obtenir un jugement équitable. Et c'est à l'État qu'il revient d'assurer cette indépendance qui veut que la justice soit *« rendue de façon indivisible au nom de l'État »*. Notons que de tout temps le pouvoir politique a toujours cherché à s'attirer les grâces de la justice ou, à défaut, à la contrôler[775].

Le problème de l'indépendance de la justice est très évoqué en Afrique en général, bien qu'on le retrouve aussi dans les pays occidentaux comme en France où l'on constate quotidiennement que cette indépendance n'est pas définitivement acquise[776]. La politisation de la justice, qui est une forte réalité en Afrique, est plus insidieuse et s'organise de façon beaucoup plus subtile, ce qui a pour effet de renforcer son caractère néfaste. C'est exactement le cas du Gabon où la politisation de la justice apparaît à travers la crainte éprouvée par certains magistrats de se voir infliger des sanctions de toute nature ou l'intime et indéfectible conviction d'autres magistrats, selon laquelle les décisions de justice ne devraient pas entraver des décisions administratives ou gouvernementales qui seraient dans un sens prétendument favorables au développement politique et économique du

[775] MASSON G., Les juges et le pouvoir, éd. A. Moreau/Syros, 1977, p. 32.
[776] En France, l'indépendance du parquet fait souvent l'objet de nombreux débats au sein de la classe politique.

pays. Les restrictions apportées aux libertés, dans cette dernière hypothèse, sont « un mal nécessaire » que la collectivité doit supporter au prix d'un épanouissement futur hypothétique. Cette inféodation de la justice par le pouvoir politique apparaît parfois assez nettement à la lecture de certains jugements rendus par les tribunaux gabonais[777].

La politisation de la justice entre aussi en compte à travers l'institution du Conseil supérieur de la magistrature au Gabon (B). Mais, cette politisation de la justice n'est pas le seul facteur qui rende le juge dépendant du pouvoir exécutif, il y a également le problème de la hiérarchie qui constitue un frein à l'indépendance des juges gabonais (A).

A- La hiérarchie au sein de la justice gabonaise

La hiérarchie entre les personnes crée des rapports complexes et soulève des questions quant à l'indépendance du magistrat. Le pouvoir hiérarchique ne concerne nullement la prise de décision ; celle-ci relève de la seule conscience de chaque juge qui n'a de compte à rendre ni à son chef de juridiction ni à qui ce soit.

Le juge gabonais fait exclusivement carrière dans l'institution. Dans cette mesure, il est tributaire de ses supérieurs qui le proposeront ou l'appuieront en vue d'une promotion. Les chefs de juridiction sont, en effet, investis de pouvoirs administratifs qui peuvent constituer des menaces à l'indépendance du juge s'ils ne sont pas limités aux nécessités du service. Il leur revient le pouvoir de réglementer l'organisation des audiences, de pourvoir aux affectations et d'évaluer l'activité professionnelle des magistrats placés sous leur autorité (élément important pour leur avancement). Sur quoi se basent alors les chefs de juridiction pour appuyer cet avancement ? Certainement sur les éléments les plus facilement observables du travail des magistrats, à savoir les arrêts rendus. Et le juge se « *signale* » auprès de son chef de corps en cherchant à lui faire plaisir, ce qui est susceptible de nuire à la qualité des jugements et aux droits de la défense que le juge est censé mettre en

[777] BADARA FALL A., Les menaces internes à l'indépendance de la justice. L'indépendance de la justice, nov. 2007, Dakar (Sénégal), pp. Sous-thème I, AHJUCAF, p. 56.

pratique. En effet, même si des garanties entourent les pouvoirs des chefs de juridiction, pour éviter tout arbitraire de leur part, le juge n'est pas à l'abri de pressions ou de sanctions de la part de ses supérieurs hiérarchiques, les rapports qui les lient dans le service n'étant pas d'une parfaite sérénité.

La situation est encore plus visible pour les magistrats du parquet qui évoluent dans un véritable lien de dépendance vis-à-vis de leurs autorités hiérarchiques, même dans leur prise de décision, à l'opposé des magistrats du siège[778]. Ainsi, en France par exemple, *« les magistrats du parquet sont placés sous la direction et le contrôle de leurs chefs hiérarchiques et sous l'autorité du Garde des Sceaux, ministre de la Justice »*[779]. Cette disposition a été reprise par le législateur gabonais et a entraîné de nombreuses controverses et critiques. Elle reste, en effet, au cœur des préoccupations actuelles sur l'indépendance de la justice, certains souhaitant une totale rupture entre le parquet et le gouvernement. Le président de la République français, Emmanuel Macron, à l'occasion de l'audience solennelle de rentrée de la Cour de cassation française de janvier 2018, a rappelé que les juges représentant le ministère public, chargés pendant les procès de défendre les intérêts de la société et l'application de la loi, continueront d'être nommés par le pouvoir politique. Et, cette nomination par le pouvoir exécutif alimente la suspicion du public qui ne comprend déjà pas pourquoi il est possible pour le ministre de la Justice puisse donner des instructions à un « *magistrat* », notamment lorsque des personnalités politiques sont mêlées à des « *affaires* » révélées au grand public par les médias. Une suspicion est vite née dans l'opinion publique lorsque le ministre, évoquant le principe de l'opportunité des poursuites, demande au parquet des « *classements sans suite* » de ces affaires.

La hiérarchie au sein de la justice n'est que l'un des éléments susceptibles de remettre en cause l'indépendance des magistrats, dans la mesure où leur comportement juridictionnel individuel ne peut pas être disjoint du fonctionnement de l'institution. L'autre élément qui marque le plus la dépendance du juge face au pouvoir politique reste son affiliation au Conseil supérieur de la magistrature.

---

[778] Certes il existe des aménagements…

[779] Art. 5 de l'Ordonnance n°58-1270 du 22 décembre 1958.

B- Le Conseil supérieur de la magistrature et l'indépendance du juge

Quand on observe les textes relatifs au statut du juge gabonais, il apparaît que les magistrats sont encore sous l'emprise, directe ou indirecte, des autorités politiques. En effet, le juge est sous le contrôle d'un Conseil supérieur de la magistrature, présidé par le chef de l'État en personne.

En France c'était aussi le cas, le Conseil supérieur de la magistrature a longtemps été présidé par le président de la République et le Garde des Sceaux, ministre de la Justice, en était le vice-président. Une loi organique du 22 juillet 2010[780] a réformé en profondeur le Conseil supérieur de la magistrature français en renforçant son indépendance, elle a mis fin à la présidence du Conseil par le président de la République et permis la désignation des membres par élection.

Au Gabon, le Conseil reste toujours présidé par le président de la République, le ministre de la Justice en étant le vice-président, les autres membres étant nommés par le président de la République[781]. La fonction principale du Conseil de la magistrature étant, en principe, de garantir le respect des règles de fonctionnement du service public de la justice et la protection des magistrats contre les éventuelles pressions du pouvoir politique afin de garantir l'indépendance des magistrats et leur inamovibilité pour une bonne administration de la justice, il est dommage que ce Conseil soit composé en partie des membres du pouvoir exécutif et surtout qu'il est présidé par la plus haute autorité de l'État.

---

[780] La loi organique n°2010-830 du 22 juillet 2010.

[781] Le Conseil supérieur de la magistrature au Gabon est composé, en dehors du président de la République et du ministre de la Justice, de membres qui n'ont parfois rien à voir avec la justice : - les présidents des cours judiciaire, administrative et des comptes ; - les procureurs généraux près les cours judiciaire, administrative et des comptes ; - le commissaire général à la loi près la cour administrative ; - le secrétaire général de la chancellerie ; - l'inspecteur général des services judiciaires ; - les présidents des cours d'appel et les procureurs généraux près lesdites cours ; - un président du tribunal et un procureur de la république désignés par le conseil pour une année judiciaire ; - trois députés et deux sénateurs ; - le ministre chargé des finances.

On peut, par ailleurs, constater l'existence de dysfonctionnements au sein de cet important organe qui ne fait pas toujours l'objet de commentaires élogieux. En effet, le Conseil supérieur de la magistrature gabonais est généralement suspecté de connivence avec le pouvoir en place et ne dispose d'aucune crédibilité, aussi bien au sein de la magistrature elle-même qu'auprès des populations. En outre, les magistrats gabonais se retrouvent dans une situation de dépendance vis-à-vis de cette haute autorité. Il ne serait pas exagéré de penser que la nomination ou le recrutement de certains magistrats reste sous le contrôle des hommes politiques qui voudraient s'assurer, avant tout, que les hommes installés à ces postes leur soient acquis ou ne manifestent aucune hostilité à leur égard. Il y a un véritable danger pour l'effectivité des droits de la défense, car le juge, qui n'est pas totalement indépendant du pouvoir politique, est aux ordres de celui-ci et donc en capacité de repousser le respect des droits de la défense au second plan.

§2- L'absence du principe d'inamovibilité

L'inamovibilité des magistrats signifie que ces derniers ne doivent faire l'objet d'aucune affectation par voie d'avancement sans leur consentement, sauf lorsque les besoins de service l'exigent. C'est une garantie pour la bonne administration de la justice. Mais, la réalité que traduit le Conseil supérieur de la magistrature gabonais, dans sa composition comme dans son fonctionnement, ne favorise pas le principe d'inamovibilité solennellement inscrit dans les textes de loi. C'est d'autant plus paradoxal que les atteintes à ce principe ont été aménagées par les textes juridiques eux-mêmes[782]. Ainsi, au Gabon, le principe d'inamovibilité est-il mis en échec par l'article 5 de la loi organique portant statut des magistrats[783]. Il permet à l'exécutif d'arguer des « *nécessités du service* » pour neutraliser les juges opposés au dictat

[782] Il faut admettre que le principe d'inamovibilité n'est pas fondamentalement incompatible avec les besoins du service public. Il n'est, par exemple, pas toujours souhaitable qu'un magistrat soit maintenu à son poste pour une période très longue, ne serait-ce que pour des besoins de mobilité. Cette raison n'est malheureusement pas, parfois, celle qui motive les décisions de mutations dont les magistrats font l'objet.
[783] Loi 2/93 du 14 avril 1993.

du pouvoir politique. Ainsi, il peut procéder, avec l'accord du Conseil supérieur de la magistrature, à des déplacements de magistrats sans avoir besoin de solliciter leur accord et, surtout, sans que cela ne soit objectivement commandé par les impératifs du service. Cette entorse au principe d'inamovibilité est, par ailleurs, doublée d'une autre : l'article 68, alinéa 2, de la loi organique sur le statut des magistrats gabonais permet en effet d'assurer l'intérim si le nombre de magistrats disponibles dans la juridiction est insuffisant.

Les atteintes au principe d'inamovibilité sont régulièrement dénoncées par les magistrats gabonais, tant au niveau des nominations qu'au sujet des sanctions prises à l'encontre des juges, notamment dans le cadre des procédures disciplinaires. En effet, au Gabon, les rencontres organisées par les magistrats ne cessent de dénoncer ces dysfonctionnements du Conseil de la magistrature. Ni la notation, ni les nominations ou autres promotions ne sont véritablement transparentes, ne semblant obéir à aucun critère précis et objectif qui éviterait pourtant toute ambiguïté dans la gestion et le déroulement de leur carrière. Le pouvoir exécutif n'hésite pas à procéder à des affections pour des raisons parfois obscures et inavouées dont les liens avec le service sont parfois ténus. Ainsi en est-il du subterfuge consistant à affecter le juge d'une localité à une autre pour le dessaisir d'une affaire. Généralement, le juge affecté n'est pas de connivence avec le pouvoir en place, tandis que celui qui arrive lui fait allégeance[784]. Les autorités qualifient cette situation d'affectation pour nécessité de service alors qu'il s'agit de neutraliser des juges ne cédant pas à l'influence du pouvoir politique. C'est là une affectation proche de la sanction. Le magistrat peut donc être affecté dans un coin reculé du pays où il sera alors isolé.

Ces atteintes au principe d'inamovibilité poussent les magistrats à s'assujettir au pouvoir exécutif. Le chef de l'exécutif étant garant de leur indépendance et président du Conseil de la magistrature, les décrets d'affectation des magistrats sont soumis à ce Conseil et ne peuvent, sauf cas rares, rencontrer de difficultés pour être adoptés. Il serait pourtant souhaitable que le constituant gabonais suive l'audace de son homologue français en consacrant le principe d'inamovibilité du

---

[784] Bon nombre de magistrats au Gabon soutiennent ouvertement le pouvoir en place lors des campagnes électorales dans l'espoir d'obtenir des promotions à des postes à responsabilité.

magistrat du siège, si cher à la Charte africaine des droits de l'Homme et des Peuples pour permettre au juge d'être indépendant et juste lors de sa prise de décision.

****

L'accès à la justice est un frein à la mise en pratique du droit d'obtenir justice du justiciable gabonais et encore plus des droits de la défense de la partie poursuivie. Il met en péril l'impact du droit français qu'on a pu observer dans le Code de procédure pénale gabonais de 2010, et même avant, par des facteurs objectifs rendant difficile l'accès au juge et limitant l'accès au droit au Gabon. D'autres facteurs, subjectifs cette fois, mettent également en danger la mise en pratique des droits de la défense au Gabon. Ces facteurs subjectifs peuvent pousser le juge gabonais, délibérément ou non, à restreindre les droits de la défense.

CHAPITRE II

LES FACTEURS SUBJECTIFS RESTREIGNANT LA MISE EN PRATIQUE DE L'IMPACT DU DROIT FRANÇAIS SUR LES DROITS DE LA DÉFENSE AU GABON : L'ATTEINTE A LA CRÉDIBILITÉ DE LA JUSTICE GABONAISE

La matière pénale est très souvent exposée aux critiques concernant la justice. En effet, dans ce domaine plus qu'ailleurs les critiques se font acerbes, la personne poursuivie étant particulièrement exposée sur le plan des libertés individuelles, la justice doit être rendue rigoureusement à son égard dans le respect de ses droits de la défense. Toutefois, il y a des facteurs, ici subjectifs, qui restreignent l'application des droits de la défense de la partie poursuivie que le législateur gabonais a reconnue eu égard à l'influence du droit français. L'idée étant ici pour le magistrat gabonais d'avantager une partie par rapport à une autre, en contrepartie d'une faveur qui lui sera accordée (Section 1). Cette possibilité explique aujourd'hui la réelle méfiance des justiciables gabonais à l'égard du juge. Par préjugé, à tort ou à raison, les justiciables s'avouent souvent vaincus lorsqu'ils savent qu'ils auront affaire à la justice gabonaise. Les facteurs subjectifs qui restreignent la mise en œuvre des droits de la défense tiennent ensuite de l'ignorance criante du droit (que ce soit la loi ou la jurisprudence), du personnel de justice, mais aussi des justiciables eux-mêmes, le tout couronné d'un manque d'entrain et d'enthousiasme des avocats à défendre véritablement leur client (Section 2).

Section I- La prééminence des intérêts personnels du juge : une menace persistante pour les droits de la défense au Gabon

Nul doute que, au Gabon, nombreux sont les magistrats faisant preuve quotidiennement d'une compétence et d'un comportement exemplaire dans l'exercice de leur fonction comme à l'extérieur de leur service.

Néanmoins, ce n'est pas toujours le cas[785]. Conscients des garanties et des protections dont ils font l'objet, certains magistrats gabonais se sont donné des libertés incompatibles avec les exigences de leur fonction. On peut citer le cas du laxisme d'un juge qui a été dénoncé à l'occasion d'une ordonnance de référé ayant duré du mois d'août au mois d'avril de l'année suivante ou la méconnaissance du droit à être jugé dans un délai raisonnable dans une affaire où le requérant a attendu quatorze ans avant d'être jugé[786].

Un sentiment tout à fait compréhensible de méfiance à l'égard du juge est, de ce fait, éprouvé par la plupart des justiciables gabonais. En France, cette méfiance classique se justifie par « *la hantise persistante d'une résurrection des parlements d'Ancien Régime* »[787], perdurant tout au long du XXIe siècle. Aujourd'hui, elle se matérialise par une crainte du « *mal-jugé* », omniprésente.

La méfiance à l'encontre du juge jette la suspicion sur l'acte juridictionnel prononcé. Et c'est surtout l'impartialité du juge qui est mise en cause. Cette impartialité, qui se doit d'être le rempart contre l'éventuel arbitraire du juge, est sujette à critique, le juge gabonais étant accusé d'avoir une opinion prématurément arrêtée, avant l'ouverture des débats ou durant le cours des débats. Il lui est reproché par la majorité de la population gabonaise de se fonder, pour remplir sa mission, sur des considérations étrangères à la cause[788] ou, quels que soient les faits, sur les arguments et les interprétations qu'une partie fait valoir, leur articulation ou véracité n'ayant aucune influence, car l'appréciation par

---

[785] Bien évidemment ceci n'est pas le propre du Gabon ou des pays africains, loin de là ; des magistrats peu consciencieux ou peu vertueux se rencontrent partout y compris, bien sûr, dans les pays occidentaux comme la France. Le vol d'une carte bancaire par un magistrat français participant à un colloque dans un pays étranger avait fait la chronique judiciaire en France, un fait que la presse avait largement diffusé par la suite (le magistrat avait finalement été condamné par les tribunaux).

[786] Aff. Moussamou Alain Noaga c/ Derme Moussa, rapportée par S. YONABA, Indépendance de la justice et droits de l'homme, le cas du Gabon, éd. Pioom, 1999, p. 166.

[787] CADIET L., GUINCHARD S., La justice à l'épreuve des pouvoirs, les pouvoirs à l'épreuve de la justice, in Justice et pouvoirs, Revue générale de droit processuel, janvier-juin 1996, n°3, p. 32.

[788] D. ROETS, Impartialité et justice pénale, éd. Cujas, 1997, p. 18, n°9.

le juge de fond de l'affaire est déjà définitivement acquise[789] (§1). La méfiance des justiciables vis-à-vis de la justice a également pour fondement, et non des moindres, la corruption qui gangrène les milieux judiciaires. Précisons que le milieu judiciaire gabonais est très affecté par la corruption (§2).

§1- L'impartialité du juge gabonais mise à mal

L'impartialité constitue, à l'instar de l'indépendance, le fondement de toute justice sur laquelle reposent les fondations de l'état de droit. D'après le dictionnaire Le Robert, l'impartialité est le fait d'être impartial, c'est-à-dire d'être sans parti pris[790]. Ce principe impose donc au juge qu'il soit impartial à l'égard de l'une ou l'autre des parties au procès. D'après J. Pradel, « *l'impartialité est la qualité de celui qui statue selon sa conscience en tenant la balance égale entre accusation et défense, en ne faisant pas une meilleure part à l'un des prévenus ou accusés au préjudice des autres. En d'autres termes, l'impartialité est : égalité, équité et justice* »[791]. D'après Hans Danelius, « *l'impartialité vise surtout l'attitude neutre que tout tribunal doit maintenir vis-à-vis des parties et dont résulte également la nécessité que le tribunal ne doit, en aucune manière, avant d'avoir pris connaissance des arguments présentés par les parties et des preuves offertes, s'être formé une opinion sur l'issue de la cause* »[792].

Le principe de l'impartialité a fondamentalement son importance dans la fonction de juger, c'est pourquoi l'impartialité est recommandée par les différents textes internationaux. En effet, l'article 10 de la Déclaration universelle des droits de l'Homme dit que « *toute personne a droit, en pleine égalité à ce que sa cause soit entendue par un tribunal*

[789] M.-A., FRISSON-ROCHE, « L'impartialité du juge », Dalloz, Chroniques, 1999, n°6, 11 fév. 1999, p. 54.
[790] Le Robert illustré d'aujourd'hui, 2014, p. 732.
[791] PRADEL J., « La notion européenne de tribunal impartial et indépendant selon le droit français », in Rev. Sc. crim., n°4, oct-déc. 1990, p. 693.
[792] DANELIUS, D., « L'indépendance et l'impartialité de la justice à la lumière de la jurisprudence de la Cour européenne des droits de l'Homme », Discours à la conférence de la Commission internationale des juristes à Strasbourg, les 23 et 24 avril 1992.

impartial ». Les principes des Nations unies relatifs à l'indépendance de la magistrature[793], aux points 2 et 8, recommandent que les magistrats règlent les affaires dont ils sont saisis impartialement. Notons d'ailleurs que l'exigence d'impartialité a été confirmée par la jurisprudence du Comité de l'ONU pour l'élimination raciale en ce qui concerne l'article 5.a de la Convention internationale sur l'élimination de toutes les formes de discrimination raciale. Par ailleurs, les points 1.1. et 4.2. de la Charte européenne sur le statut des juges tendent à assurer l'impartialité que toute personne attend légitimement des juridictions et de chacun des juges auxquels est confiée la protection de ses droits[794]. Enfin, l'article 6 § 1 de la Convention européenne des droits de l'Homme, l'article 14 § 1, alinéa 1er, du Pacte international sur les droits civils et politiques et l'article 7 § 1.d, de la Charte africaine des droits de l'Homme et des Peuples, font de l'impartialité une obligation des États membres.

Le maître mot de toutes ces recommandations est : absence de parti pris, exprimant la conviction, favorable ou défavorable, d'un juge envers une partie au cours d'un procès. L'impartialité est donc l'une des clés de voûte de tout système pénal[795]. Ce principe est un droit primordial pour la défense et la Cour européenne des droits de l'Homme considère que celui des juges est la condition même de « *la confiance que les tribunaux se doivent d'inspirer aux justiciables dans une société démocratique* »[796]. De ce fait, l'impartialité figure à l'article préliminaire du Code de procédure pénale français. Le législateur gabonais a, quant à lui, manqué d'inscrire ce principe dans le Code de procédure pénale, mais prévoit un renvoi, à l'article 502 du CPP, vers

---

[793] Adoptés par le septième Congrès des Nations unies pour la prévention du crime et le traitement des délinquants, du Milan 26 août au 6 septembre 1985 et confirmés par l'Assemblée générale dans ses résolutions 40/32 du 29 novembre 1985 et 40/146 du 13 décembre 1985. Le projet de Déclaration universelle sur l'indépendance de la justice du rapporteur spécial M.L.M. SINGHVI a retenu les mêmes principes.

[794] Réunion multilatérale sur le statut des juges en Europe, organisée par le Conseil de l'Europe les 8-10 juillet 1998.

[795] D. ROETS, préface de J. PRADEL, *Impartialité et justice pénale,* éd. Cujas, 1997.

[796] CEDH, 26 octobre 1984, *Cubber c/ Belgique* et CEDH 1er octobre 1982, *Piersack.*

les dispositions des articles 338 à 345 du Code de procédure civile relatives à la prise à partie des juges. Les articles 338 à 345 du Code de procédure civile gabonais permettent, en effet, d'engager la responsabilité personnelle des magistrats en cas de concussion, de déni de justice et de faute lourde, et l'impartialité est considérée comme une faute lourde du magistrat.

Le principe d'impartialité est donc un principe que le législateur gabonais n'a pas négligé au vu de l'influence que le droit français exerce sur lui. Il doit, de ce fait, être respecté par les juridictions pénales gabonaises, car il favorise l'effectivité des droits de la défense que le législateur accorde à toute personne mise en cause dans un procès pénal. Toutefois, il semble que ces juridictions pénales gabonaises aient parfois du mal à mettre en pratique le principe d'impartialité.

Pour apprécier l'impartialité d'une juridiction, ses fonctions ou activités, sa composition et son organisation doivent être prises en compte. Notons que si la composition et l'organisation des tribunaux gabonais ne sont pas remis en cause ici, c'est parce que la règle de la séparation des fonctions est bien respectée. Il y a donc, en général, une impartialité fonctionnelle[797] qui est respectée par les juridictions gabonaises. Le problème se pose donc au niveau de l'impartialité personnelle des juges gabonais[798], l'image que la justice gabonaise est susceptible de renvoyer d'elle-même étant importante ici.

L'impartialité personnelle suppose que le juge doive être neutre par rapport à la situation qu'on lui soumet et par rapport à chacune des parties qui argumentent devant lui. Elle garantit le droit à un procès équitable. Les liens du juge avec les parties au procès et son rapport à l'objet de la cause doivent également être pris en compte[799]. Néanmoins, les juges étant avant tout des êtres humains vivants au sein de la société des hommes peuvent avoir des opinions. Par ailleurs, l'environnement dans lequel ils vivent est susceptible d'influencer leur opinion sur une affaire. Leurs liens avec leur famille, leurs amis ou leurs ennemis

---

797 Elle veut qu'une certaine distinction des fonctions soit respectée.

798 La personne du juge l'emporte sur le type de fonction exercé et les éléments permettant de la révéler sont essentiellement objectifs.

799 Cour d'arbitrage belge, 3 mars 1999, n°29199, Arr. C.A., 1999, p. 321 ; J.T., 1999, p. 343.

potentiels peuvent aussi les influencer et c'est tout le problème du juge gabonais qui évolue dans un environnement assez restreint, un environnement peu peuplé aux croyances bien ancrées. Il est donc plus souvent confronté à des affaires pour lesquelles il peut avoir une opinion préconçue. En effet, il peut plus facilement arriver que le juge gabonais se retrouve face à une situation dans laquelle il a une amitié ou inimitié notoire avec l'une des parties, un lien d'alliance ou de parenté avec l'une d'elles, donc une situation où il pourrait vouloir favoriser un plaideur par rapport à un autre.

Il est donc assez fréquent de voir le juge gabonais, au cours de l'instruction ou de l'audition des parties et témoins[800], ou à l'occasion du jugement, adopter un comportement ou utiliser des termes de nature à susciter dans l'esprit des parties un doute légitime quant à son attitude à juger la cause de manière impartiale[801]. On peut citer l'exemple d'un juge qui, avant jugement, laisse entendre qu'il est déjà convaincu de la culpabilité du prévenu[802] ou encore l'exemple d'un autre qui a déjà polémiqué avec l'avocat du requérant[803], ou encore celui de ce juge dont on peut craindre la partialité personnelle parce qu'il a des liens de parenté, d'intérêts ou de dépendance avec l'une des parties et, encore, de ce juge qui, pendant l'audience de jugement, dit que « *l'accusée est une menteuse et qu'elle devrait avouer* »[804].

L'impartialité du juge gabonais est donc un réel problème pour la mise en œuvre des garanties de défense, car on peut se douter que le juge qui n'est pas impartial fait preuve de favoritisme, il avantage un plaideur au détriment d'un autre, de sorte qu'il est amené à statuer au profit de l'un d'eux pour d'autres raisons que celles qui tiennent au bien-fondé des prétentions avancées. Un juge partial vis-à-vis de la défense fait craindre que les droits de cette dernière ne soient pas respectés, que les éléments favorables présentés par elle ne soient ni discutés, ni examinés avec la même attention que les éléments défavorables, tout cela dans le but que la défense soit en net désavantage par rapport aux autres parties. La

[800] Tribunal de première instance de Libreville, chambre correctionnelle, 16 avril 1999, répert. 196/98-99.
[801] C.A. Libreville, chambre correctionnelle, 21 octobre 2006, répert. 1/06-07.
[802] C.A. Libreville, chambre correctionnelle, 15 juillet 1987, répert. 43/86-87.
[803] C.A. Libreville, chambre correctionnelle, 15 mai 2000, répert. 27.
[804] C.A. Libreville, cour criminelle, 3 janvier 2001, repertoire 98.

défense serait ainsi en face d'un juge qui ne ferait pas preuve d'objectivité ni de neutralité, gage de sa crédibilité. Sa décision pouvant être perçue comme arbitraire, il est nécessaire d'envisager des sanctions pour le juge qui n'a pas respecté le principe d'impartialité. Notons que les sanctions pénales pour cause de partialité sont impossibles au Gabon en raison du régime de la preuve en la matière et du fait que le Code de procédure pénale gabonais ne réprime pas la partialité du juge. Les sanctions disciplinaires sont, quant à elles, incertaines. Pourtant, la partialité du juge de jugement, du juge instructeur ou la déloyauté du parquetier sont indiscutablement constitutives d'une faute disciplinaire, mais celle-ci est indéterminée en droit gabonais et reste une source de difficultés[805]. Cette indétermination de la faute et de la sanction de la partialité du juge amoindrit l'effet dissuasif de la menace de la poursuite disciplinaire. Il confère ainsi à la répression du magistrat partial un caractère aléatoire. Le magistrat partial peut donc estimer qu'il ne craint rien en agissant de la sorte. C'est également le cas du magistrat corrompu.

§2- Le problème de la corruption au sein de la justice gabonaise

En décembre 2017, L'ex-ministre gabonais de la Justice avait dénoncé « *la corruption des magistrats comme étant un fléau social auquel les Gabonais sont quotidiennement confrontés* » et, selon lui, « *il n'est pas rare de voir des justiciables payer de fortes sommes à des juges pour obtenir des décisions de justice en leur faveur. Même si cela ne veut pas dire que tous les juges sont des corrompus...* »[806]. L'ex-ministre de la Justice avait également laissé entendre que le président de l'organisation syndicale des magistrats était corrompu, il avait ainsi annoncé que « *ce dernier (à savoir le président de l'union syndicale des magistrats gabonais) est venu à mon cabinet sans la présence des autres membres du bureau pour solliciter l'octroi de fortes sommes d'argent en contrepartie du silence. Pour me débarrasser de lui, j'ai dû lui remettre*

[805] LAMBERT P., « A propos du caractère confidentiel de la jurisprudence disciplinaire des magistrats » in *Revue trimestrielle JUGER,* édit. ASSOCIATION SYNDICALE DES MAGISTRATS, n°2, 1991, p. 9.

[806] https://www.gabonmediatime.com/francis-nkea-accuse-les-magistrats-detre-des-corrompus-notoires/

la somme de 200 000 F CFA »[807]. Après ces propos jugés diffamatoires, Francis Nkéa Ndzigue, l'ex-ministre de la Justice fut accusé d'« *immixtions intempestives dans le pouvoir judiciaire* » par le syndicat des magistrats gabonais. Il n'en fallait pas plus pour confondre les autorités judiciaires et conforter l'opinion publique dans sa méfiance à l'encontre des juges gabonais et à la renforcer dans sa thèse consistant à affirmer que la justice gabonaise, en dehors d'être aux ordres, est corrompue. En effet, pour la majorité des justiciables gabonais, la justice tranche en faveur du riche contre le pauvre, du puissant contre le faible.

Les justiciables gabonais estiment que les magistrats cèdent facilement à la corruption. Certes, on admet que tous les acteurs de la justice ne sont pas corrompus au Gabon, mais la méfiance du justiciable vis-à-vis de la justice est justifiée au regard du pourcentage de magistrats suspectés d'être corrompus dans ce pays. Les juges gabonais sont soumis à toutes sortes de pressions, notamment celles du pouvoir et de l'argent. Or, cette dernière est très forte. Elle s'inscrit dans le contexte global de la corruption généralisée qui gangrène toute l'administration africaine[808]. Les causes économiques révèlent, en effet, que du fait de son statut le magistrat reste très vulnérable face à certains justiciables qui usent très souvent de leurs moyens pour offrir des pots de vin. La plupart des cas de corruption en milieu judiciaire proviennent d'ailleurs d'initiatives ou de suggestions des justiciables eux-mêmes. Les justiciables gabonais peuvent ainsi être des corrupteurs sans forcément donner ce sens à cette action : le fait de payer le juge pour obtenir une décision favorable ne leur paraît pas forcément surprenant.

Le statut de juge le place également à un certain rang social et entraîne certains coûts qu'il faut assumer, même si le salaire ne le permet pas, afin de ne pas être totalement discrédité par son entourage, surtout au Gabon où il est admis que les magistrats sont les agents les mieux payés de l'État. Selon M. Alioune Badara Fall, la faible rémunération et le manque de moyens matériels qui en découle placent les magistrats dans une situation trop précaire pour qu'ils puissent jouir d'une certaine

---

[807] Voir également https://www.gabonmediatime.com/francis-nkea-accuse-les-magistrats-detre-des-corrompus-notoires/#ixzz5EpCGEWlp

[808] Degni-Segui ; 1994, Sawadogo ; 1994.

aisance[809]. Il se demande si on peut concevoir qu'un juge prenne le même autobus qu'un prévenu qu'il vient de condamner. Assurément non. Ainsi, l'envie de se distinguer socialement des autres catégories de la société et de donner une image d'aisance pousse certains magistrats à commettre des actes de corruption. Mais, les magistrats ne sont pas les seuls agents judiciaires à être soumis à la corruption. Il y a aussi le personnel et les habitués du palais de justice qui jouent un rôle dans le mauvais fonctionnement de la justice en ayant recours à la corruption. Certains se font passer pour des intermédiaires indispensables et monnayent leurs services, parfois à l'insu des magistrats. Il arrive très souvent que les greffiers fassent payer la délivrance d'actes, en tête desquels le casier judiciaire. On comprend dès lors que la notion de service public soit faiblement intériorisée au Gabon, la justice moderne tendant à devenir un service marchand. L'exemple des peines négociées est tout aussi parlant, c'est-à-dire la manipulation des registres normatifs qui régulent le système de sanction que les magistrats sont précisément chargés d'appliquer. Il s'agit, par exemple, de classement sans suite, de marchandage de liberté provisoire ou de remise gracieuse de peine en échange d'une certaine somme d'argent.

Concernant particulièrement la preuve de la corruption, bien qu'elle soit difficile à établir, elle est très visible dans certaines décisions qui heurtent tellement le simple bon sens que seule la corruption peut les avoir inspirées. Précisons que les affaires pénales sont perçues comme étant celles pour lesquelles se conçoivent le plus les actes de corruption[810].

La corruption est un frein considérable porté à l'effectivité des droits de la défense qui sont proclamés par le législateur gabonais, car elle met en avant les intérêts du juge et de la partie la plus fortunée. Elle ne permet pas du tout l'essor de la justice. Devant un tel constat, il serait nécessaire de proposer des solutions pour rendre plus crédible la justice gabonaise. Toutefois, cela ne semble pas être une préoccupation des pouvoirs politiques gabonais en place, car il n'y a aucune recommandation faite

[809] BADARA FALL A., Les menaces internes à l'indépendance de la justice. L'indépendance de la justice, nov. 2007, Dakar (Sénégal), pp. Sous-thème I, AHJUCAF, p. 15.
[810] Par exemple, C.A. Libreville, chambre criminelle, 2 février 2015, répert. 85.

pour combattre la corruption. Il serait pourtant nécessaire, d'une part, de mettre le magistrat à l'abri du besoin en améliorant sa condition de vie et en accroissant son revenu, mais également de respecter le principe d'inamovibilité, car un juge qui a peur pour sa place ne rend pas équitablement la justice. D'autre part, le plus important selon nous reste néanmoins de renforcer le droit des parties privées devant la justice afin de lutter efficacement contre la corruption. Chaque requérant, et encore plus la partie mise en cause, devrait pouvoir obtenir des informations utiles sur ses droits, à savoir les différentes possibilités de recours, et pouvoir les utiliser pendant toute la procédure. Il a en effet été constaté une ignorance du droit, par les justiciables certes, mais également par les magistrats ou personnels de la justice.

Section II- L'incertitude quant à la connaissance de la règle de droit

Le respect des droits du justiciable, et en particulier des droits de la défense du mis en cause, passe par la connaissance de ce dernier de ces droits à travers la règle de droit, c'est-à-dire la constitution, la loi ou encore la jurisprudence ; l'accès à la justice ne pouvant se concrétiser que par l'accès à la règle de droit. Toutefois, les justiciables gabonais méconnaissent souvent la règle de droit et l'on attribue par principe la faute de cette méconnaissance aux justiciables eux-mêmes. Pourtant, au Gabon, le problème de l'ineffectivité du droit est si crucial que les praticiens du droit eux-mêmes, avocats et surtout magistrats, ne font pas exception à la règle. Ces acteurs de la justice, qui sont censés connaître le droit, méconnaissent parfois la règle de droit qu'ils doivent appliquer.

Le droit d'obtenir justice par le respect des droits que le législateur octroie aux justiciables est donc aussi entravé au Gabon par l'ignorance de la règle de droit par les justiciables (§1) et la méconnaissance du droit par les magistrats (§2).

§1- L'ignorance du droit par les justiciables

L'accès à la connaissance du droit s'entend de l'accès de tout justiciable non seulement de la norme juridique régissant la vie en société, c'est-à-dire le droit objectif, mais aussi de chacune des prérogatives, ou droits subjectifs, attachés à sa personne ainsi que des moyens de les faire valoir devant un juge. Si on peut faire le constat en France que les justiciables ne sont pas totalement informés du droit qui est en vigueur dans le pays, l'accès à la règle de droit y est quand même facilitée. Au Gabon, comme dans la plupart des pays sous-développés, l'effectivité du principe de l'accès à la règle de droit et donc à la connaissance de leurs droits par les citoyens est rendue difficile à cause de certaines limites, aujourd'hui inadmissibles en France, qui sont liées à l'insuffisance de la diffusion des textes (A) même si cela ne justifie pas tout. En effet, il existe au moins dans le système juridique gabonais des lois publiées, mais que les justiciables n'arrivent ni à lire ni à comprendre. La situation intellectuelle des justiciables pose également un problème, car ces derniers ne comprennent ni le fonctionnement de la justice gabonaise ni, surtout, le droit gabonais (B).

A- L'insuffisante diffusion de la règle de droit au Gabon

La connaissance des normes par le justiciable est en principe assurée par la publication de la loi au Journal officiel. D'autres modes de diffusion existent et diffèrent en fonction de la nature de la règle. Concernant la loi, une fois publiée, elle est censée être connue de tous, c'est l'application de l'adage, « *nul n'est censé ignorer la loi* ». Mais en Afrique, d'une manière générale, et au Gabon, en particulier, cet adage apparaît comme une notion irréaliste, car la plus grande catégorie des justiciables auxquels s'adresse la loi l'ignore, ce qui est un handicap si sérieux qu'on est en droit d'affirmer que la présomption de connaissance de la loi qui leur est applicable devrait être renversée. La méconnaissance des textes de loi votés par le parlement et entrés en vigueur, la méconnaissance de la jurisprudence et de la constitution sont quasi-totales au regard de la grande majorité des justiciables gabonais et le fait qu'elles ne soient pas connues restreint leur application et ne permet pas aux justiciables de les revendiquer ou de les défendre.

Cette méconnaissance est le résultat d'une diffusion insuffisante des ressources juridiques et surtout de la non-publication régulière du Journal officiel[811]. Même lorsqu'il est publié, le JO de la République

---

[811] Sur les 50 parutions requises du Journal officiel avec une moyenne de 3 numéros par mois, le Journal officiel a cessé de paraître à cet intervalle régulier pour accuser un retard de trois mois.

gabonaise est très difficilement accessible dans certaines zones à cause de l'irrégularité de ses parutions et de sa faible diffusion à l'échelle nationale, ce qui circonscrit l'accès aux textes juridiques aux seules zones urbaines, voire même seulement à la capitale. Il est permis d'affirmer à l'aide de certaines études que moins de 20% de la population est susceptible d'accéder à l'information diffusée par les canaux classiques de publication. En effet, la faiblesse des moyens classiques de publication des normes juridiques ne permet pas d'atteindre une couche significative de la population et, malheureusement, cette situation ne suscite que peu d'intérêt pour les pouvoirs publics gabonais qui ne se soucient pas de voir le peuple demeurer dans l'ignorance. Aucune politique efficace de diffusion du droit n'est mise en place.

Pour remédier à une telle inadéquation des moyens de communication et permettre à la loi d'atteindre son but, il est souhaitable que soient envisagées un certain nombre de mesures. En effet, pour assurer une connaissance effective des normes il est nécessaire de renforcer le dispositif de diffusion des textes de loi par des points focaux comme les clubs OHADA en vue d'une juste et correcte information des lois, mais aussi de prévoir une diffusion papier du JOR. Cette diffusion peut être faite un jour spécial de la semaine accompagnée de « l'UNION », le quotidien le plus lu au Gabon. Il est également envisageable d'assurer la diffusion en utilisant les nouvelles technologies de l'information et de la communication. Les moyens de publication des normes juridiques (publication au Journal officiel, affichage…) ayant montré leur limite à atteindre une couche significative de la population ; de plus en plus nombreuses sont les personnes au Gabon qui préfèrent lire les informations en ligne.

Mais, il serait également nécessaire d'envisager un dispositif normatif plus approprié pour toucher une bonne partie de la population, parmi laquelle figurent les analphabètes. Cela consistera à assurer la diffusion et l'enseignement des normes de droit dans les langues nationales et par tous les moyens de communication de masse, en particulier par la radiodiffusion et la télévision.

Ainsi, bien averti de l'existence de telle ou telle loi, le citoyen pourra aisément recourir au juge pour faire valoir ses droits qu'il pourra également défendre lorsqu'il est mis en cause dans une affaire pénale.

B- La situation intellectuelle des plaideurs gabonais

Même si le Gabon n'est pas concerné par l'analphabétisme, selon les statistiques de l'Unicef[812], la plus grande majorité des justiciables gabonais dit ne pas comprendre le droit et surtout le droit pénal. En effet, la majorité des justiciables considère le droit pénal et sa procédure comme une matière ardue et complexe, dont l'accès n'est réservé qu'aux seuls initiés que sont les pratiquants du droit. Le problème ne réside donc pas ici au niveau de la réception du droit, mais à celui de sa perception par le justiciable. Il semble que pour les justiciables gabonais, la justice en général relève d'un univers particulier, qu'il s'agisse de faire protéger ou d'exercer ses droits. Il suffit d'ailleurs de relever en ce sens l'incompréhension des textes légaux.

L'une des premières attitudes à adopter par les pouvoirs publics, afin de mieux intéresser le justiciable, relève d'une nécessaire clarification du libellé et de la formulation des lois et des textes réglementaires. La loi et le règlement, surtout en matière pénale, devraient en règle générale, être toujours rédigés en style clair et accessible au plus grand nombre, et non formulés en termes ésotériques ou savants, ainsi que le recommandait déjà Montesquieu qui estimait « *qu'il faut, dans les lois, une certaine candeur, puisqu'elles sont généralement faites pour des gens de médiocre entendement et pour être en définitive comprises par la raison simple d'un père de famille* ». Plus largement, c'est la justice qui est mal comprise et la multiplicité, la complexité des conditions de recevabilité de recours contentieux[813], la complexité des procédures juridictionnelles longues et lentes dont l'issue reste incertaine, son coût en inadéquation avec la majorité de la population pauvre qui ne peut régler les frais incompressibles édictés par la loi, l'éloignent encore plus

[812] Organisation des Nations unies pour l'éducation, la science et la culture (UNESCO), y compris l'évaluation Education pour tous, 2000.

[813] On peut citer les notions d'intérêt à agir, d'acte administratif, la brièveté des délais.

des justiciables. En effet, comprendre les rouages des juridictions est une épreuve pour le commun des justiciables gabonais et cela est, d'ailleurs, source de nombreuses incompréhensions entre les mis en cause et les autres acteurs de la justice, les magistrats et les avocats notamment. Certes, on ne peut pas donner de cours au justiciable mis en cause chaque fois qu'il est attrait devant les tribunaux par le ministère public, mais l'idée avancée parfois de placer dans les juridictions une personne avertie qui pourrait, au besoin, orienter les justiciables et les informer du processus ou du stade de traitement de leur dossier ne peut qu'être cautionnée, car elle contribuerait à égaliser les chances des justiciables qui de fait, dès le départ, seraient en possession des mêmes informations leur permettant d'accéder de façon égalitaire aux juridictions. Au surplus, elle répondrait parfaitement aux préoccupations relatives à l'accueil des justiciables dans les juridictions et services qui collaborent avec elle et qui restent, par appréhension, hermétiquement clos, pour une importante frange des justiciables gabonais peu accoutumée aux procédures judiciaires. C'est souvent avec beaucoup de réticence et de crainte que le commun des justiciables gabonais, même lorsqu'ils n'ont rien à se reprocher, se rendent dans les locaux de la gendarmerie ou de la police, première étape en général du procès, spécialement en matière pénale. Les personnes mises en cause dans une affaire pénale au Gabon perçoivent la justice comme un jeu duquel elles sont totalement exclues et où le droit est dit par des magistrats qui s'appuient sur des procédures qui leur échappent et peuvent leur causer du tort de manière arbitraire.

Un véritable travail de sensibilisation et de formation devrait être envisagé pour assurer une meilleure connaissance du droit et de la justice au Gabon en vue d'une effectivité optimale. Il serait nécessaire d'assurer une meilleure vulgarisation des droits fondamentaux par un enseignement scolaire et universitaire de qualité, de concevoir des programmes de formation adaptés en fonction de groupes spécifiques. Cette formation en droit pourrait ramener les justiciables vers les juridictions, car si les justiciables avaient cette culture ou ce réflexe du recours au droit en s'adressant aux juristes – comme les avocats –, ils comprendraient que l'on peut échapper, par exemple, aux lenteurs judiciaires en agissant en référé, que le non-respect d'une formalité ou qu'un vice de procédure peut faire perdre un procès, que tous les frais occasionnés par le procès leur seront remboursés à titre de dépens si leur adversaire perd le procès et bien d'autres choses encore. Cela leur éviterait de croire absurdement que la justice est truquée et ne donne raison qu'au plus fort financièrement, que les avocats sont des manipulateurs qui transforment la vérité en mensonge et inversement. Combien sont ces justiciables gabonais qui savent que la loi n'existe pas que pour les sanctionner en les condamnant quand ils commettent des infractions, mais qu'elle les protège également par une panoplie de moyens qu'ils peuvent invoquer pour se protéger contre les personnes malveillantes ? Que la loi gabonaise telle qu'elle a été votée par le législateur permet le respect de leurs droits de la défense lorsqu'ils sont mis en cause dans une affaire pénale, en tête desquels le droit à un avocat dès le début de la garde à vue. Tout ceci parce qu'ils ne voient que l'aspect répressif du droit quand on leur parle de droit ou de justice en oubliant l'aspect administratif qui leur accorde des droits en tant qu'usagers de l'administration publique, l'aspect civil qui régit leur vie de famille, leurs relations contractuelles et qui leur permet d'engager la responsabilité civile (délictuelle et contractuelle) des autres lorsqu'un dommage leur est causé, la possibilité d'engager la responsabilité de l'État dans le cas où une affaire aurait abouti à un non-lieu, une relaxe ou un acquittement ? La possibilité d'être dédommagé dans ce cas et de poursuivre le plaignant pour diffamation ?

Outre l'ignorance et l'incompréhension du droit national, les justiciables gabonais ne connaissent pas le droit africain et la protection de leurs droits assurée par la Charte africaine ni la jurisprudence qui en découle. Cette méconnaissance les prive du bénéfice de la protection de l'instrument africain. L'État zambien avait soulevé les difficultés rencontrées dans la mise en œuvre de la Charte africaine, difficultés que l'on rencontre aussi en République gabonaise qui font que la plupart des justiciables n'ont pas connaissance de leurs droits, des dispositions de la Charte et des autres instruments des droits de l'Homme, « *ce qui rend difficile la demande en réparation lorsque les droits des citoyens sont violés* »[814]. Il est certain que l'ignorance du justiciable africain concernant les droits que lui consacre la jurisprudence de la commission africaine limite considérablement les possibilités de recours que l'individu peut faire valoir dans l'ordre interne et international.

---

[814] 1er rapport initial de la Zambie, p. 50, §120.

Cette ignorance du droit ne concerne malheureusement pas que les justiciables, il faut dire que les praticiens du droit eux-mêmes ne font pas exception à la règle, laissant souvent transparaître leur méconnaissance du droit.

§2- La méconnaissance du droit par les magistrats gabonais

Si le justiciable est censé connaître la loi, car « *nul n'est censé ignorer la loi* », les professionnels du droit et de la justice, en tête desquels les magistrats, sont quant à eux présumés la connaître. Lorsque le juge est devant un litige, il est soumis à plusieurs obligations qui peuvent se résumer en une seule : l'application exacte du droit au fait et, pour cela, il est nécessaire que le juge ait une bonne compétence professionnelle et une bonne maîtrise du droit. Cette nécessité est traduite par l'adage « *Jura novit curia* » (la cour connaît le droit). En effet, quand bien même les ressources du tribunal seraient objectivement bonnes, que les auxiliaires du processus judiciaire s'acquitteraient de leurs tâches irréprochablement et que les règles relatives à la procédure ne présenteraient aucun défaut, la qualité d'un procès donné pourra rester médiocre si se présentent des faiblesses au niveau de la compétence professionnelle du juge et, inéluctablement, de sa connaissance du droit. La compétence professionnelle du juge et sa connaissance du droit sont, pour nous, en dernier ressort, une garantie de la protection judiciaire des parties au procès. La confiance générale des justiciables envers l'appareil judiciaire n'en sera que plus accrue.

Toutefois, d'un point de vue qualitatif, les décisions de justice au Gabon sont discutables du fait de la non-maîtrise du droit par certains juges. On peut reprocher au magistrat gabonais sa méconnaissance de certains textes de loi et de la jurisprudence. En droit pénal, les décisions du juge gabonais sont de plus en plus contestées par les avocats, la connaissance de la règle de droit par le juge étant contestée. Nous prendrons pour exemple la multitude de condamnations pénales ou poursuites de mineures pour prostitution alors que de tels faits ne sont pas susceptibles de sanction pénale selon la législation pénale gabonaise. Cette situation a conduit l'Inspection générale de l'administration de la Justice à saisir le Garde des Sceaux, ministre de la Justice et une circulaire du procureur général près la cour d'appel de Libreville à l'adresse des chefs de parquet, ordonnant que cessent de pareilles pratiques. L'absence de spécialisation des magistrats en droit et procédure pénale des mineurs est à l'origine de la marginalisation de la justice des mineurs et, par voie de conséquence, de la méconnaissance des textes applicables en la matière. Cette méconnaissance des textes est d'autant plus inquiétante qu'elle conduit presque systématiquement à la délivrance de mandats de dépôt à l'égard de mineurs de 13 ans, alors que la combinaison des articles 52 et 53 du Code pénal avec l'article 567 du Code de procédure pénale révèle que le mineur de moins de 13 ans ne peut faire l'objet d'une condamnation pénale.

On peut donc faire le constat d'une méconnaissance, voire d'une violation grave, des textes de la part des praticiens du droit au Gabon, c'est-à-dire ceux-là mêmes qui devraient en avoir la maîtrise ou, au moins, la connaissance la plus basique. La situation est d'autant plus alarmante que la méconnaissance des textes ne concerne pas seulement le droit pénal des mineurs. En effet, on compte de multiples condamnations pour meurtre ou agression là où la légitime défense était clairement à prendre en compte, les juges gabonais ayant une mauvaise appréciation de cette cause d'irresponsabilité pénale. Cette méconnaissance des textes par les magistrats gabonais tire son origine de la formation de ces derniers. Même si nous ne nions pas le fait que la compétence professionnelle du magistrat et sa connaissance du droit doivent d'abord reposer sur lui-même, chaque magistrat devrait pouvoir entretenir son savoir-faire et sa compétence professionnelle en prenant connaissance de la législation nouvelle et des préparatifs, devrait suivre la jurisprudence la plus récente et se tenir au courant du contenu de la littérature juridique. Mais, il faut noter qu'il y a un déficit important au Gabon en matière d'information et de formation des magistrats (le meilleur allié de la compétence professionnelle du juge étant sa connaissance du droit) du fait de l'insuffisance de la politique de formation, de l'absence de documentation et de programmes de remise à niveau de tout le personnel judiciaire, de l'absence de Journal officiel et de bibliothèques, de recueils et de classement des décisions.

Les formations qui sont quand même organisées ne sont pas assez diversifiées et ne suscitent pas l'intérêt des principaux concernés alors que ces formations pourraient aussi servir aux magistrats à avoir de plus vastes connaissances dans certains domaines qui nécessitent une spécialisation. Par ailleurs, la seule bibliothèque qui existe à la Cour de cassation est très mal fournie, elle est de ce fait peu fréquentée et c'est seulement depuis la réforme de 2010 que la Cour de cassation, et récemment le Conseil d'État gabonais, ont publié des recueils de jurisprudence.

Aussi bien au niveau des juridictions d'instance qu'à celui de la cour d'appel, les décisions ne sont ni publiées ni même classées. Dans ces conditions, un juge qui doit rechercher par lui-même la jurisprudence face à un litige ne peut connaître ni les décisions rendues par les juridictions, même supérieures, ni celles rendues par sa juridiction dans des affaires similaires. Cela entraîne une lecture superficielle des dossiers qui, selon M. Alioune Badara Fall, implique que « *le juge est incapable de fixer une jurisprudence fiable* ». En effet, aucune jurisprudence ne pourra se former pour inspirer le juge gabonais qui est obligé de recourir aux recueils français pour résoudre les litiges qui lui sont soumis devant les tribunaux gabonais. Devant ces constatations, nous souhaitons qu'il y ait une formation de qualité des magistrats au Gabon et une spécialisation de ceux-ci. En effet, la présence au tribunal de juges spécialisés dans certains types d'affaires est nécessaire. Dans les juridictions judiciaires, les domaines de spécialisation naturels sont, selon le mode de procédure, les affaires pénales et les affaires civiles. Pour que ce critère soit rempli, il faut que le tribunal pousse plus loin la spécialisation si cela est nécessaire en raison de la nature des affaires à traiter, mais, bien sûr, si la taille de la juridiction le permet. Il est également nécessaire que chaque magistrat reçoive le Journal officiel (un abonnement gratuit ou au forfait) et que chaque juridiction soit équipée d'une bibliothèque fournie, moderne et informatisée, que les services de documentation et les greffes soient soutenus financièrement pour l'inventaire et la publication de toutes les grandes décisions de justice.

****

De ce qui précède, il ressort que les facteurs subjectifs qui restreignent la mise en œuvre des droits de la défense que le législateur gabonais garantit surtout depuis 2010 eu égard à l'impact du droit français, ne garantissent évidemment pas à la personne poursuivie un procès pénal équitable et impartial. Ils tiennent tout d'abord au juge lui-même, à la possibilité que ce dernier puisse prendre de manière consciente, pour des raisons purement personnelles et matérialistes, une décision entachée d'irrégularités en écartant les droits de la défense de la personne qu'il doit juger. En effet, ces facteurs concernent la prééminence des intérêts personnels du juge gabonais qui poussent ce dernier à bafouer les droits des justiciables et, pire, les droits de la défense en contre-partie d'une faveur.

Les facteurs subjectifs qui empêchent la mise en pratique de l'impact du droit français concernent aussi la méconnaissance de la règle de droit et donc des droits de la défense par les justiciables eux-mêmes, mais également par les praticiens du droit, en tête desquels les magistrats. Il est dommage de constater que, à côté de la prééminence des intérêts personnels du juge, qui a conduit à un manque de confiance du justiciable, les droits de la défense soient aujourd'hui menacés au Gabon par leur ignorance.

CONCLUSION DU TITRE

Le principe de l'accès à la justice et celui du droit à obtenir justice par le respect des droits de la défense au profit de la partie poursuivie restent encore très théoriques au Gabon en raison de nombreux facteurs, tant objectifs que subjectifs qui mettent en péril leur mise en pratique et donc la mise en place d'un véritable État de droit respectant les droits de la défense que le législateur gabonais, influencé par le droit français, a tant bien que mal réussi à instituer en 2010. En effet, ces facteurs sont des obstacles à l'exercice d'une défense efficace et peuvent être, pour certains, imputables à l'État, par exemple l'éloignement des juridictions et l'insuffisance des ressources tant matérielles que personnelles au niveau des juridictions ; d'autres facteurs, cette fois plus subjectifs, font que l'institution judiciaire gabonaise aujourd'hui est critiquée par les justiciables, car, malgré la proclamation de son indépendance, la justice gabonaise est considérée comme partiale et dépendante du pouvoir politique.

Du fait de leur instrumentalisation politique, les juges gabonais n'arrivent pas à rendre une justice efficace fondée sur la légalité. Leur dépendance vis-à-vis du pouvoir politique ne leur permet pas de rendre des décisions essentiellement basées sur la règle de droit et non influencées par les pressions extérieures, notamment les pressions politiques, économiques ou par certaines opinions et des préjugés. Il est déplorable aujourd'hui que le manque d'indépendance personnelle, la partialité de ceux qui détiennent entre leurs mains la liberté, l'honneur et les intérêts matériels des citoyens, mais surtout la méconnaissance du droit par ceux-ci, soient aussi criards au Gabon. En effet, les facteurs subjectifs qui restreignent la mise en œuvre des droits de la défense au Gabon concernent aussi l'ignorance du droit tant par les justiciables pour qui la justice, instituée uniquement pour punir, ne concerne que les initiés, que par les praticiens. Cette situation inquiétante nécessite la mise en place de réelles formations au profit des juges gabonais que ce soit sur le droit interne et même international ainsi que sur la jurisprudence. Il sera alors plus aisé pour eux d'appliquer la loi qui accorde à la partie poursuivie des droits de la défense, car il sera au courant de tels droits. Il est nécessaire aussi de sensibiliser les justiciables eux-mêmes sur leurs droits à travers la vulgarisation de la loi et des manuels de droits. Nous arriverons certainement ainsi à une meilleure mise en œuvre des droits de la défense que le législateur gabonais garantit sous l'influence du droit français.

CONCLUSION DE LA DEUXIÈME PARTIE

La phase décisoire du procès pénal qui passe par la phase de jugement du procès pénal et la phase d'après jugement, c'est-à-dire les voies de recours, est la phase pour laquelle le législateur gabonais a le plus accordé de droits à la défense. Conscient de la nécessité de garantir à ses justiciables un procès pénal équitable, le législateur gabonais n'a pas manqué de s'inspirer du droit français afin de prévoir une procédure pleinement accusatoire, avantageuse pour la partie poursuivie, car elle entraîne une amélioration considérable des droits de la défense.

L'objectif de l'étude des droits de la défense au cours de la phase décisoire du procès pénal était de démontrer que ceux-ci se sont véritablement développés en droit gabonais en s'inspirant davantage du droit français. En effet, nombreuses sont les prérogatives de la défense qui existent au Gabon depuis l'application du Code d'instruction criminelle français et nombreuses aussi sont celles qui ont été confirmées par les législateurs gabonais de 1961 et de 2010, faisant de la loi gabonaise une protection des droits de la défense de la personne mise en cause dans une affaire pénale. De manière concrète, même si le législateur gabonais ne va pas aussi loin que son homologue français, le droit français a véritablement impacté le procès pénal gabonais dans sa phase de jugement et d'après jugement. Le législateur gabonais assure ainsi à la partie poursuivie sa participation effective à la phase décisive du procès pénal en lui octroyant des droits au cours de chaque audience et même bien avant chaque audience pour préparer sa défense. Il lui alloue aussi de véritables moyens pour critiquer un jugement qui lui est défavorable, c'est ainsi que la personne condamnée par les tribunaux répressifs gabonais peut utiliser les voies de recours inspirées du système français ayant permis ainsi au législateur gabonais de pérenniser certains aspects du droit de la critique de la personne poursuivie comme il existe en France. Néanmoins, les moyens de défense que le législateur gabonais prévoit aussi bien pendant le jugement que pendant la phase d'après jugement ne peuvent s'exercer librement au Gabon. En effet, la mise en pratique, ou l'effectivité des droits de la défense que le législateur gabonais reconnaît est problématique.

De nombreux droits de la défense peinent à être exécutés au Gabon du fait de l'existence de facteurs tant objectifs que subjectifs, qui obstruent le parcours des personnes poursuivies devant les tribunaux répressifs gabonais.

Comment faire pour améliorer la situation pratique des personnes poursuivies devant les tribunaux gabonais ? Les pouvoirs publics doivent combler l'écart qui s'est creusé entre la théorie avec un Code de procédure pénale reprenant globalement les mêmes garanties que le droit français et la pratique qui ne met pas en œuvre ces garanties.

CONCLUSION GÉNÉRALE

Au terme de cette étude portant sur l'impact du droit français sur les droits de la défense en matière pénale au Gabon, il nous paraît tout d'abord nécessaire de rappeler son importance. En effet, la question de son intérêt pouvait se poser en raison de nombreuses publications ayant déjà eu lieu sur le sujet des droits de la défense. Mais le concept des droits de la défense tel qu'il a été envisagé dans notre étude, non pas de façon abstraite, mais de manière concrète, montre l'apport d'un droit (le droit français) sur un autre droit (le droit gabonais) qui est encore en construction. Une étude française avait d'ailleurs montré « *l'influence respective des systèmes juridiques romano-germanique et anglo-saxon dans le monde contemporain* » tout en faisant un « *inventaire des domaines dans lesquels cette influence française constitue une référence… en analysant les moyens par lesquels cette influence s'exerce* »[815]. Notre étude aborde ainsi la référence au droit français dans le système procédural gabonais dont le législateur de 2010 a souhaité mettre en place une procédure plus garante des droits de la défense. Notons que cette référence au droit français est tout à fait logique quand on connaît les liens étroits qui unissent les deux pays et le fait que le système français est celui ayant existé au Gabon à partir du Traité de Versailles[816].

Lors de l'édification d'un droit typiquement gabonais avec l'adoption du Code de procédure pénale en 1961, le législateur gabonais choisit de conserver le système français[817], choix qu'il a, en quelque sorte, répété en 2010. En effet, le législateur gabonais a du mal à se défaire de l'héritage du droit français et l'adoption du Code de procédure pénale

---

[815] C.E., section du rapport des études : l'influence internationale du droit français. Etude adoptée par l'assemblée générale du Conseil d'État le 19 juin 2001, La documentation française, p. 11.

[816] Le traité de Versailles est la convention des Nations unies qui a fait du Gabon un territoire sous mandat dont l'administration fut confiée à la France.

[817] VAN DE KERCHOVE M., « Les rapports entre systèmes juridiques : entre clôture et ouverture », in BERGEL J.-L (Dir.), Le plurijuridisme, Actes du 8e congrès de l'Association internationale de méthodologie juridique, PUAM, 2005, pp. 37-56.

gabonais en 2010 reflète à nouveau cet héritage qui, heureusement, a permis au législateur gabonais de mettre en place une meilleure garantie des droits de la défense. C'est donc à la lumière de l'œuvre d'un législateur gabonais parfois tâtonnant, mais décidé que nous avons été conduits à analyser les droits de la défense tels que consacrés par la procédure pénale gabonaise. Même si cette réforme n'a pas été menée suivant une réflexion de fond, car une vision globale était nécessaire à une évolution profonde et cohérente de la procédure pénale en faveur des droits de la défense, elle permet toutefois de souligner qu'à travers l'adoption du nouveau Code de procédure pénale au Gabon en 2010, les droits de la défense de la personne mise en cause, aussi bien lors de la phase préparatoire que lors de la phase décisoire du procès, ont à l'évidence été accrus rappelant ceux ayant été consacrés en droit français. Ainsi, et sans conteste, l'avancée des droits de la défense en droit gabonais est remarquable à la fois en aval du procès, de l'enquête à l'instruction, et en amont, du jugement aux voies de recours. Cependant, le droit français offre de manière générale une protection supérieure à l'individu confronté à la justice même s'il n'est probablement pas parvenu à son plein développement. Il a tout de même incité le législateur gabonais à prévoir des dispositions nouvelles ayant pour but de protéger les intérêts des diverses parties au procès pénal et spécialement ceux de la personne mise en cause. À ce titre, il convient de noter que nous n'avons pas eu la prétention de mener une étude exhaustive et complète sur les droits de la défense tels qu'ils existent dans les procédures pénales française et gabonaise, mais nous avons souhaité montrer une ascendance, un impact et donc une vision convergente des dispositions clés dans l'intérêt de la personne mise en cause.

À l'issue de notre analyse, force est de constater que des progrès très importants ont été réalisés par le législateur gabonais dès la procédure de garde à vue, car le suspect est désormais doté de prérogatives de défense comme le droit à l'information sur ses droits ainsi que des charges qui pèsent contre lui, il dispose également du droit au silence et surtout du droit à l'assistance d'un conseil. Toutes ces prérogatives sont la marque de l'impact du droit français ayant lui-même évolué pour se mettre en conformité avec le droit européen. Il en est de même de l'inculpé qui apparaît aujourd'hui comme une véritable partie à l'instruction, ce dernier pouvant véritablement se défendre et, à ce titre, il bénéficie du droit à l'information sur ses droits, du droit à la connaissance des charges, de celui à l'assistance d'un conseil qui peut demander la communication du dossier. L'inculpé bénéficie également du droit à la contestation et de celui de participer à l'instruction. Ces droits sont également directement d'influence française.

L'impact du droit français a donc permis une transformation de la procédure gabonaise en ce qui concerne la phase préparatoire du procès pénal, ce qui a poussé le législateur gabonais de 2010 à attribuer de véritables droits à la personne qui est mise en cause. Par ailleurs, le droit français se distingue encore du droit gabonais par un plus grand respect des droits de la défense. Le législateur gabonais est, dans certaines matières, resté figé sur des dispositions françaises anciennes qui sont aujourd'hui manifestement inadaptées. On a pu, en effet, montrer tout au long de cette étude que la personne gardée à vue ou en audition libre en droit français bénéficie aujourd'hui d'un bloc bien plus fourni de droits qui doivent lui être notifiés dès le début de la mesure et, même lorsque les droits ont été consacrés par le législateur gabonais, il est ressorti de notre analyse que leur application reste problématique, car de nombreux obstacles tiennent manifestement à la volonté des acteurs de ne pas voir ces droits appliqués. Il en est ainsi surtout du droit à l'avocat dans la mesure où celui-ci ne peut pas assister son client lors de l'interrogatoire policier alors que la loi le prévoit. Lors de la phase d'instruction, malgré la grande ressemblance entre les deux droits étudiés, on constate tout de même que le droit français a pris le large, car les progrès du droit gabonais ne permettent pas de garantir pleinement les droits de la défense de l'inculpé, et ce dès le début de la procédure, c'est-à-dire au moment de l'interrogatoire de première comparution où le futur inculpé comparaît seul, sans la présence de son avocat, car ce droit ne lui sera notifié qu'à partir de cet interrogatoire. En outre, à la différence du droit français, aujourd'hui le droit gabonais n'admet toujours pas de véritable participation de l'inculpé qui se défend seul, car ce dernier n'a simplement pas accès au dossier pénal. Il a, certes, la possibilité d'assister aux actes du juge d'instruction, mais sans la consultation du dossier il ne saurait faire un choix éclairé pour sa défense.

Le droit gabonais cumule donc plusieurs insuffisances au cours de la phase préparatoire du procès, mais ces insuffisances vont se faire moins présentes lors de la phase décisoire, car les deux droits se rejoignent largement. En effet, la phase décisoire du procès pénal gabonais a connu un renforcement des droits de la défense au profit de la personne poursuivie. Celle-ci dispose par exemple pleinement d'un droit à l'information, d'un accès à son dossier, du droit à un avocat, de celui à la parole et du droit d'interroger ou de contre-interroger les témoins. Bien que nombre de ces prérogatives aient toujours existé au Gabon, on remarque que le législateur de 2010 a innové sous l'influence du droit français en permettant à la partie poursuivie un droit à la contestation des décisions juridictionnelles, c'est-à-dire le droit au recours. L'influence du droit français a permis au législateur gabonais d'organiser ce droit à la contestation autour de quatre voies de recours : l'appel, l'opposition, le pourvoi en cassation et le pourvoi en révision. Ces voies de recours permettront à la défense de clamer son innocence et de la prouver devant des juridictions supérieures. C'est d'ailleurs le but commun à chaque système juridique, en l'occurrence le système romano-germanique duquel le législateur gabonais s'est toujours fortement inspiré.

La consécration de ces principes en droit gabonais laisse tout de même apparaître le danger qui est de procéder à des transpositions aveugles des mécanismes du droit français. En tant qu'héritier du Code d'instruction criminelle français, le droit gabonais semble adapté à la réception des avancées du droit français, mais il ne faut pas oublier que les droits de la défense en procédure pénale sont étroitement liés à la philosophie de la législation, c'est-à-dire à l'histoire, à la culture et à la nature du régime politique d'un pays. Si le législateur gabonais a bien fait de reprendre la philosophie du droit français pour permettre une meilleure garantie des droits de la défense, il y a tout de même un réel problème dans la mise en pratique de ces droits au Gabon. En effet, le constat positif de l'effectivité théorique des droits de la défense au Gabon doit être nuancé par un second constat, celui d'une effectivité pratique des droits de la défense qui est catastrophique. De nombreux obstacles empêchent la mise en pratique de l'impact du droit français sur les droits de la défense que d'ailleurs le législateur gabonais proclame sont parfois lettre morte, et ce de manière sporadique ou systématique. Il y a ainsi au niveau des tribunaux répressifs gabonais trop de facteurs qui restreignent la mise en pratique des droits de la défense que le législateur garantit à la partie poursuivie.

Le constat que nous avons pu faire est finalement qu'il est nécessaire que le législateur gabonais trouve une voie permettant de donner à la justice gabonaise les moyens d'assurer son rôle sinon cette dernière sera, comme le dit l'avocat Jean-Marc Varaut, « *en état de cessation de jugement* ». Il faut pour cela un budget considérable attribué à la justice qui ne soit pas de modestie voire de pauvreté ; que ce budget soit exaltant, que la justice ne soit plus l'éternelle sacrifiée du budget de l'État gabonais. Un appareil judiciaire anémié par la pénurie des moyens ne peut que produire une justice approximative, encombrée et débordée, susceptible de redynamiser la justice privée ou traditionnelle. C'est pourquoi il faudrait une augmentation du budget du ministère de la Justice et des juridictions, la simplification et la rationalisation des procédures judiciaires à la lumière des dysfonctionnements relevés par la pratique en tenant suffisamment compte des réalités socio-économiques et des prégnances culturelles.

Dans l'ensemble il ressort de notre étude que l'expérience française peut servir de base à la réflexion que doit mener le pouvoir politique gabonais pour faire évoluer les droits de la personne mise en cause dans l'ensemble du procès pénal. Il pourra, à ce titre, combler les lacunes qui existent surtout au niveau des différents obstacles rendant difficile la protection des droits de la défense. Par l'observation de la législation française, comme il l'a toujours fait, il incombe à ce pouvoir de trouver l'équilibre nécessaire à la procédure pénale gabonaise. L'assurance d'une mise en œuvre effective des droits de la défense passe, en effet, par des mécanismes permettant à chaque citoyen qui voudrait défendre ses droits – que le législateur lui a consacrés – devant un tribunal d'avoir la possibilité d'accéder au droit et au juge, la possibilité également de constater et de critiquer des mesures et décisions rendues par des autorités compétentes au fil du procès.

BIBLIOGRAPHIE

I/Ouvrages généraux

ALLAND D., RIALS D., (Dir), Dictionnaire de la culture juridique, Paris, PUF, Quadrige, 2003, 1 649 p.

AMBROISE-CASTEROT C., BONFILS Ph., Procédure pénale, PUF, coll. Thémis droit, 2011, 416 p.

ANCEL M., Utilité et méthodes du droit comparé, Ides et Calendes, NEUCHÂTEL 1971, 139 p.

ARON M., *Gardés à vue*, Les Arènes, 2010. 280 p.

BARIL M., L'envers du crime, 1re publication, CICC, Montréal, 1984, éd. L'Harmattan, Coll. Traité de sciences criminelles, vol. VI, 2002, 288 p.

BECCARIA, Traité des délits et des peines (1764), Paris, Garnier-Flammarion, 1991, traduit par ANCEL M. et STEFANI G., Paris, éd. Cujas, 1996, XVII et 148 p.

BERGEL J.L., (Dir.), Le plurijuridisme, actes du 8e Congrès de l'association internationale de méthodologie juridique, PUAM, 2005, 365 p.

BEKAERT H., *La manifestation de la vérité dans le procès pénal,* Bruxelles, Bruylant, 1972, 364 p.

BESSON A., VOUAIN R., ARPAILLANCE P., Code annoté de procédure pénale, Litec, Paris, 1985, 339 p.

BONFILS Ph., *Essai sur la nature juridique d'une institution,* PUAM, 2000, 559 p.

BOUABDALLAH S., La réception du modèle français en droit civil belge, exemple d'un transfert de droit, Bruylant, 2014, 384 p.

BOUCLY J., LECLERE M., Code de procédure pénale commenté, Police revenue, Paris, 1973, 297 p.

BOULOC B., *Procédure pénale*, Dalloz, 24e éd., 2013, 1 126 p.

L'acte d'instruction, Paris LGDJ, 1965, 711 p.

Pénologie, 3e éd., Dalloz, coll. Précis, 2005, 508 p.

BOULOC B., MATSOPOULOU H., Droit pénal général et procédure pénale, 21e éd., Sirey, 2018, 783 p.

BOULOC B., STEFANI G., LEVASSEUR G., Droit pénal général, 26e éd., Paris, Dalloz, 2017, 722 p.

BOUZAT P., PINATEL J., Traité de droit pénal et de criminologie, Tome II, Droit pénal général, Dalloz 2e éd., 1970.

BREDIN J.-D., L'affaire, éd. Fayard-Julliard, Paris, 1993, 856 p.

BRIERE DE L'ISLE G., COGNIART P., Procédure pénale, Lib. Armand Colin, coll. U, Paris, 2002.
CABRILLAC C., FRISSON-ROCHE A.-M., REVET T., Libertés et droits fondamentaux, 24e éd., Dalloz, Paris, 2018, 1 098 p.
CADIET L. (Dir.), Dictionnaire de la justice, PUF, 2004, 1 362 p.
CARBASSE J.-M., Histoire du droit pénal et de la justice criminelle, 3e éd., PUF, coll. Droit fondamental, 2014, 486 p.
CARTUYVELS Y., DUMONT H., OST F., VAN DE KERCHOVE M., VAN DROOGHENBROECK S. (Dir.), Les droits de l'Homme, bouclier ou épée du droit pénal, Bruylant, 2007, 634 p.
CHEVALLIER J., L'État de droit, 6e éd., Montchrestien, 2017, 160 p.
CONTE P., MAISTRE DU CHAMBON P., Procédure pénale, 23e éd., A. colin, 2018, 302 p.
CORNU G. (Dir.), Vocabulaire juridique, 9e éd., Paris, PUF, coll. Quadrige, 2011, 1 095 p.
CUNIBERTI G., Grands systèmes de droit contemporains, LGDJ, 2007, 418 p.
DAVID R., JAUFFRET-SPINOSI C., Les grands systèmes de droit contemporains, Paris, D., 11e éd., 2002, 553 p.
DEBOVE F., FALLETTI, Précis de droit pénal et de procédure pénale, 2e éd., PUF, 2006, 336 p.
DECHEIX P., Réflexion sur la justice pénale Outre-Mer (après la loi camerounaise du 26 décembre 1958), Rev. Jurid. et Pol. Outre-Mer, Paris, 1949, n°1, p. 120.
DELMAS-MARTY M., Les grands systèmes de politique criminelle, PUF, 1re édition, 1992, 462 p.
Procédures pénales d'Europe, PUF, Thémis Droit Privé, 1995, 638 p.
DEFFERRARD, F., *Le suspect dans le procès pénal*, LGDJ, 2005, 297 p.
DESPORTES F., LAZERGES-COUSQUER L., *Traité de procédure pénale*, éd. Economica, 2015, 2 616 p.
DIPLA H., La responsabilité de l'État pour violation des droits de l'Homme-Problèmes d'inculpation, Paris, A. Pedone, 1994, 117 p.
DONNEDIEU DE VABRES H., Traité élémentaire de droit criminel et de législation pénale comparée, Dalloz, 3e éd., Paris, 1947.
FAVOREU L., Droits des libertés fondamentales, 6e éd., Paris, Dalloz, 2012, 720 p.
FOURMENT F., Manuel de procédure pénale, 12e éd., Paradigme 2011-2012, 328 p.
FRANCHIMONT M., JACOBS A., MASSET A., Manuel de procédure pénale, 2e éd., Bruxelles, Larcier, coll. de la Faculté de droit de l'Université de Liège, 2006, 1 407 p.
FRISON-ROCHE M.-A., Généralités sur le principe du contradictoire, LGDJ, 2015, 221 p.

GARE T., GINESTET C., Droit pénal et procédure pénale, 6e éd. Dalloz, Coll. Hyper cours, 2010, pp. 303 et s.
GARRAUD F., Traité théorique et pratique d'instruction criminelle et de procédure pénale, Sirey, 1907, Tome I.
- Traité théorique et pratique d'instruction criminelle et de procédure pénale, Sirey, 1912, T.III.
- Procédure pénale, CPU, Paris, 2002.

GIRARD C., *Culpabilité et silence en droit comparé*, L'Harmattan, 1997, 222 p (Coll. Logiques juridiques).
GUINCHARD S., BUISSON J., Procédure pénale, 3e éd., Paris Litec, 2005, 1 098 p.
GUINCHARD S. *et al.*, Droit processuel. Droit commun et droit comparé du procès, Dalloz, 3e édition, 2005.
HELIE F., Traité de l'instruction criminelle, vol. III, 1848, Hingray, 812 p.
HÉLIE F., BOUCHARD J., Pratique criminelle des cours et tribunaux, I, Code d'instruction criminelle, Librairie Techniques, Tome 2, 5e éd., 1951.
HERZOG-EVANS M., L'intimité du détenu et de ses proches en droit comparé, Paris, L'Harmattan, 2000, 220 p.
JOSSERAND S., L'impartialité du magistrat en procédure pénale, LGDJ, 1998, 651 p.
KUTY F., Justice pénale et procès équitable, vol. I, Larcier, 2006, 849 p.
LARGUIER J., CONTE P., *Procédure pénale*, Memento Dalloz, 23e éd., 2014, 458 p.
LARGUIER J., Procédure pénale, 16e éd., Dalloz, 1995, 223 p.
LEBRETON G., Les droits fondamentaux de la personne humaine en 1995 et 1996, Paris, L'Harmattan, 1998, 220 p.
LEGEAIS R., Grands systèmes de droit contemporains. Approche comparative, 2e éd. LexisNexis, Litec, 2008, 494 p.
LEMEUNIER F., Comment défendre vos droits en justice ? Litiges et procès-Procédure et voies d'exécution, Paris, J. Delmas, 1981, 347 p.
LEVASSEUR G., CHAVANNE A., MINTREUIL J., BOULOC B., MATSOPOULOU H., Droit pénal général et procédure pénale, Sirey, 14e édition, Paris, 2002.
MALABAT V. (Dir.), La réforme du Code pénal et du Code de procédure pénale, Opinio doctorum, Dalloz, 2009, 409 p.
MELLER A., Les grands problèmes contemporains de l'instruction criminelle, Dalloz 1952.
MERLE R., L'inculpation, Mélanges Hugueney, Sirey, Paris, 1964, 111 p.
MERLE R., A. VITU, Traité de droit criminel et de procédure pénale, 5e éd., Paris, Cujas, 2001, 1 180 p.
MERLE R., VITU A., *Traité de droit criminel*, Procédure pénale, 5e éd., t. II, Paris, Cujas, 2001
MIMIN P., La nouvelle enquête policière, JCP, Paris, 1959, 1 500 p.

NERAC P., Les garanties d'impartialité du juge répressif, JCP, Paris, 1978, I, 2890.
OPPETTIT B., Philosophie du droit, 1re éd., 1999, 156 p.
ORTOLAN, Eléments de droit pénal, Plon, 1864, Tome 2.
PLIAKOS A., Les droits de la défense et le droit communautaire de la concurrence, Bruylant, 1987, 470 p.
PRADEL J., L'instruction préparatoire, Paris, Cujas, 1991, 984 p.
- Procédure pénale, 16e éd., 2001-2002, éd., Cujas, 2002, 858 p.
- Droit pénal comparé, 3e éd., Paris, Dalloz, Précis, 2008, 892 p.
- Procédure pénale, 15e éd., Cujas, 2010.

PRADEL J., CORSTENSG, Droit pénal européen, 2e éd., Paris, Dalloz, 2002.
RASSAT M.-L., Traité de procédure pénale, Paris, PUF, 2001, 892 p.
RENUCCI J.-F., Droit Européen des droits de l'homme, 8è éd., LGDJ, 2019, 560 p.
RUIZ-FABRI H., SOREL J.-M., Droit processuel, droit commun et droit comparé du procès, Dalloz, 2e éd., Paris, 1998, 821 p.
SAINT-PIERRE F., *Le guide de la défense pénale*, 4e éd., Dalloz, 2005.
SALAS D., Du procès pénal, PUF, 1992, 262 p.
- La volonté de punir. Essai sur le populisme pénal, éd., Hachette Littératures, 2005, 286 p.

SORDINO M.-C., Droit pénal général, 6èéd., Ellipses, 2016, 384 p.
SOYER J.C., Droit pénal et procédure pénale, Paris, LGDJ, 11994, 448 p.
- Manuel de droit pénal et de procédure pénale, 11e éd., Paris, LGDJ, 1984, 386 p.
- Droit pénal et procédure pénale, 11e éd., Paris, LGDJ, 1984, 386 p.
- Droit pénal et procédure pénale, LGDJ, 18e éd., 2004, 441 p.

STEFANI G., LEVASSEUR G., Droit pénal et procédure pénale, Tome I, 2e éd., Dalloz, 1966 p.
- Procédure pénale, Paris, 19e éd., 2004, 1 038 p.

VITU A., MERLE R., Traité de droit criminel, Tome 2 : Procédure pénale, 3e éd., Paris, Cujas, 1979, 1 002 p.
WEMMERS J.A., Introduction à la victimologie, Les Presses de l'Université de Montréal, Coll. Paramètres, 2003, 228 p.

II/Ouvrages africains

ANKUMAH E. A, The african commission on Human and people's Rights : pratice and procedures. The Hague-London-Boston : Martius NIJHOFF Publisshers, 1996, 246 p.

BIPOUN-WOUM J-M., Le droit international africain. Problèmes généraux, règlement des conflits, LGDJ, Paris, 1970, 327 p.

DJIENNA WEMBOU M-C., L'OUA à l'aube du XXIe siècle : le bilan, diagnoctic et perspectives, LGDJ, 1995, 411 p.

DU BOIS DE GAUDUSSON J., CONAC G., DEQOUCGES C., Constitutions africaines publiées en langue française.

-Tome I – Constitution de l'Algérie à Madagascar, La documentation française, 1997, 450 p.

-Tome II – Constitution du Mali à la Tunisie, La documentation française, 1997, 450 p.

ETEKA YEMET V., La Charte africaine des droits de l'Homme et des Peuples, L'Harmattan, coll. « Logiques juridiques », 1996, 477 p.

FATSAH OUGUERGOUZ, La Charte africaine des droits de l'Homme et des Peuples, une approche juridique des droits de l'Homme entre tradition et modernité, PUF, Paris, 1993, 479 p.

FENET A., Droit de l'Homme, droits des peuples, PUF, 1982, 241 p.

FLAUSS J.-F., LAMBERT-ABDELGAWAD E., L'application nationale de la Charte africaine des droits de l'Homme et des Peuples, Bruylant, 2004, 266 p.

ONIDEC P.F., Les systèmes politiques africains, les nouvelles démocraties, LGDJ, 3e éd. 1997, 242 p.

KAMTO M., La Charte africaine des droits de l'Homme et des Peuples et le protocole y relatif portant création de la Cour africaine des droits de l'Homme, éd. Bruylant, 2011, 1 628 p.

KEBA MBAYE, Les droits de l'Homme en Afrique, éd. A. PEDONE, Paris 1992, 312 p.

MATRINGUE J., Tradition et modernité dans la Charte africaine des droits de l'Homme et des Peuples. Etude du contenu normatif de la charte et de son apport à la théorie du droit international des droits de l'Homme, Bruylant, 1996, 137 p.

MAUGENEST D., POUGOUE P.G., Droits de l'Homme en Afrique centrale, UCAC-Karthala, 1996, 283 p.

MELONE S., MINKOA SHE A., SINDJOUN L., La réforme constitutionnelle du 18 janvier 1996 au Cameroun, Aspects juridiques et politiques, Fondation Friedriech Ebert-Association africaine de science politique (section camerounaise- GRAP), 1996, 418 p.

NDOKO N-C, La culpabilité en droit pénal gabonais, LGDJ, 1985, 209 p.

NGOM B., Les droits de l'Homme et l'Afrique, SILEX, Paris, 1984, 113 p.

SARASSARO H., La corruption des fonctionnaires en Afrique : étude de droit pénal comparé, Economica, 1979, 230 p.
SOUP S., Exécution des décisions pénales, commentaire du livre V du Code de procédure pénale, PUA, 2011, 103.
OLAWALE ELIAST, La nature du droit coutumier africain, traduit de l'anglais par DECOUFLE, éd. Présence africaine 1998.

III/Ouvrages spéciaux

ADER H., DAMIEN A., Règles de la profession d'avocat, 12e éd., Dalloz, 2008
ALLIX D., Les droits fondamentaux dans le procès, 2e éd., Paris, Montchrestien, Libertés et droits fondamentaux, 2002, 114 p.
ANGEVIN H., La pratique de la cour d'assises, 3e éd., LITEC, 2002.
- La pratique de la cour d'assises, 4e éd., LITEC, 2005.
- La pratique de la chambre de l'instruction, 2e éd., LITEC, 2004.

ARNOUX Y., Le recours à l'expert en matière pénale, PUAM, 2004, 336 p.
ASCENSI L., Du principe de la contradiction, LGDJ, 2006.
ASTAING A., Droits et garanties de l'accusé dans le procès criminel d'Ancien Régime (XVIe-XVIIe siècles), Audace et pusillanimité de la doctrine pénale française, PUAM, 1999, 610 p.
AYELA Ch., MESTRE J., PERONNET V., Vérités croisées, Cross examination, une petite révolution procédurale, Paris, LexisNexis, Litec, 2005, 150 p.
BELIVEAU P., PRADEL J., La justice pénale dans les droits canadien et français : étude comparée d'un système accusatoire et d'un système inquisitoire, 2e éd., Bruylant 2008, 1 020 p.
BENILLOUCHE M., Le secret dans la phase préliminaire du procès pénal en France et en Angleterre, PUAM, 2004, 2004, 457 p.
- Les procédures pénales accusatoires, PUF, 2012, 191 p.

BERGER V., Jurisprudence de la Cour européenne des droits de l'Homme, 13e éd., Dalloz, 2014, 968 p.
BLOT-MACCAGNAN S., Procédure criminelle et défense de l'accusé à la fin de l'Ancien Régime, PUR, 2010, 324 p.
BOULOC B., De BECO R., LEGROS P., *Le droit au silence et la détention provisoire*, Bruylant, 1997. 136 p. (Coll. Droit et justice).
BORE J., BORE L., La cassation en matière pénale, 4e éd., Dalloz, 2017, 640 p.
BOULOC B., L'acte d'instruction, LGDJ, 1965.
BOURSIER M.-E., Le principe de loyauté en droit processuel, Dalloz, 2003, 527 p.

CHAMBON P., Droit et pratique de l'instruction préparatoire, 10e éd., Dalloz, 2017.

CHAPAR F., La cour d'assises, 4e éd., Dalloz, 1987.

CHOLET D., La célérité de la procédure en droit processuel, LGDJ, 2006, 736 p.

COHEN-JONATHAN G., La Convention européenne des droits de l'Homme, Economica, 1989, 616 p.

COLSON R., **FIEDL S.**, Les transformations de la justice pénale. Une comparaison franco-anglaise, L'Harmattan, 2011, 189 p.

CUNIBERTI G., Grands systèmes de droit contemporains, 3e éd., LGDJ, 2015, 418 p.

DANET, Défendre. Pour une défense pénale critique, 2e éd., Dalloz, 2004, 270 p.

DECHENAUD D., L'égalité en matière pénale, LGDJ, Lextenso éd., 2008, 606 p.

DEFFERRARD F., Le suspect dans le procès pénal, Paris, LGDJ, 2005, 208 p.

DELMAS-MARTY M., SPENCER J., European criminal procedures, 4e éd., Cambridge, Cambridge University Press, 2002, 775 p.

- Les grands systèmes de politique criminelle, Paris, PUF, 1992, 462 p.

DENIS G., L'enquête préliminaire : étude théorique et pratique, Police-Revue, 1974, 434 p.

DEPREZ F., Rituel judiciaire et procès pénal, LGDJ., Lextenso éd., 2009, 577 p.

DINTILHAC J.-P., *Le procureur de la République*, L'Harmattan, La Justice au quotidien, 2003, 111 p.

EINAUDI T., L'obligation d'informer dans le procès administratif, LGDJ, 2002, 465 p.

ETRILLARD C., Le temps dans l'investigation pénale, coll. Logiques Juridiques, L'Harmattan, 2004, 392 p.

GACHI K., Le respect de la dignité humaine dans le procès pénal, LGDJ, 2012, 549 p.

GARRAUD R., GARRAUD P., Traité théorique et pratique d'instruction criminelle et de procédure pénale, Tome VI, Paris, Larose et Tenin, 1929, 491 p.

GIRARD C., Culpabilité et silence en droit comparé, L'Harmattan, 1997, 222 p.

GIUDICELLI-DELAGE G., Les transformations de l'administration de la preuve pénale, société de législation comparée, 2006, 374 p.

GIULLAIN C., WUSTERFELD A., Le rôle de l'avocat dans la phase préliminaire du procès pénal à la lumière de l'arrêt Salduz, coll. Jeune barreau de Charleroi, Limal, Anthemis, 2012, 223 p.

GUERY Ch., Détention provisoire, Dalloz, 2001, 328 p.

GUINCHARD S., MONTAGNIER G., VARINARD A., Institutions juridictionnelles, 14e éd., 2017, 1 278 p.
HELIE F., Introduction et commentaire de « Des délits et des peines », de C. BECCARIA, éd. D'Aujourd'hui, Les Introuvables, 1980, 424 p.
HAERI K., « Vous avez le droit de garder le silence », Etude, 2010, 56 p.
JOSSERAND S., L'impartialité du magistrat en procédure pénale, LGDJ, 1998, 676 p.
JEANDIDIER W., BELOT J., Les grandes décisions de la jurisprudence, Procédure pénale, 1re éd., PUF, 1986.
KUTY F., Justice pénale et procès équitable, vol. I et II, Larcier, 2006, 635 p.
LEROY J., La garde à vue après la réforme, coll. Actualité, LexisNexis, 2011, 114 p.
MATSOPOULOU H., Les enquêtes de police, LGDJ, 1996, 920 p.
MELLOR A., Les grands problèmes contemporains de l'instruction criminelle, éd. Domat Montchrestien, 1952.
MIHMAN A., Juger à temps. Le juste temps de la réponse pénale, L'Harmattan, 2008, 604 p.
MIMIN P., L'interrogatoire par le juge d'instruction, Sirey, Paris, 1926, 288 p.
MOLINA E., La liberté de la preuve des infractions en droit français contemporain, PUAM, 2001, 620 p.
NAGOUAS-GUERIN M.-C., Le doute en matière pénale, Dalloz, 2002, 389 p.
NGA ESSOMBA T.-M., La protection des droits de l'accusé devant la Cour pénale internationale, coll. Justice Internationale, L'Harmattan, 2012, 655 p.
PAPADOPOULOS I. (Dir.), « Plaider coupable » : La pratique américaine, le texte français, Paris, PUF, Droit et justice, 2004, 550 p.
PERRIER J.-B., La transaction en matière pénale, LGDJ, Lextenso éd., 2014, 91 p.
PERRIER J.-B., GIACOPELLI M. (Dir.), La garde à vue : de la réforme à la pratique, Dalloz, 2013, 112 p.
PIN X., Le consentement en matière pénale, Paris, LGDJ, 2002, 724 p.
PRADEL J., L'instruction préparatoire, éd. Cujas, 1995, 985 p.
- Le juge d'instruction, Dalloz, 1996, 598 p.
- Droit pénal comparé, 4e éd., Dalloz, 1114 p.

PRADEL J., VARINAD A., Les grands arrêts de la procédure pénale, 9e éd., 2016, 520 p.
QUILLERRE-MAJZOUB F., La défense du droit à un procès équitable, Bruylant, 2009, 319 p.
RIBEYRE C., La communication du dossier pénal, PUAM, 2007, 708 p.
- La contradiction dans le procès pénal. Nouvelles perspectives, Éd. Cujas, 2012, 175 p.

ROBIN C., La langue du procès, Presses universitaire de la Faculté de droit de Clermont-Ferrand-L.G.D.J., 2000, 350 p.
ROUMIER W., L'avenir du jury criminel, LGDJ, 2003, 488 p.
ROUSSEL G., Suspicion et procédure équitable, L'Harmattan, 2010, 364 p.
- Les procès-verbaux d'interrogatoire. Rédaction et exploitation, L'Harmattan, 2010, 364 p.

RUIZ FABRI H. (Dir.), Procès équitable et enchevêtrement des espaces normatifs, société de législation pénale comparée, 2003, 290 p.
SAINT-PIERRE F., Le guide de la défense, 9e édition, Dalloz, 2017, 1 377 p.
SCHENIQUE L., La réforme de la phase préparatoire du procès pénal, L'Harmattan, 2014, 331 p.
VALETTE V., La personne mise en examen en matière pénale, Presses universitaires de la Faculté de droit de Clermont-Ferrand, LGDJ, 2002, 432 p.
VERNIER D., PEYROT M., La cour d'assises, 2e éd., PUF, 1996, 128 p.
ZIE W.-F., Droits du détenu et droits de la défense, Petite collection Maspero, 1979, 447 p.

IV/Autres ouvrages

ASSIRA C., Procédure pénale et pratiques des juridictions gabonaises. Depuis le code de novembre 2010, éd. Clé, 2011, 730 p.
BOUBOU P., L'arrestation, le procès et la détention de A à Z. Guide des droits du citoyen face à la police, la justice et la prison, éd. Avenir, 2006, 307 p.
ETEME ETEM S., Les droits de l'Homme et la police judiciaire au Cameroun, L'Harmattan, 2006, 243 p.
EYIKE-VIEUX, L'audience en procédure pénale gabonaise, Coll Vadémécum, PUA, 2007, 230 p.
MINKOA SHE A., Droit pénal et droits de l'Homme au Cameroun, Paris, Economica, Coll. La vie du droit en Afrique, 1999, 322 p.
NANA E.E., Droits de l'Homme et justice, le délai raisonnable dans la procédure pénale au Gabon, coll. L'Harmattan, 2010, 176 p.
NKEA NZIGUE F., Les droits de la défense en matière pénale au Gabon, l'Harmattan, 2009, 265 p.

V/Thèses de doctorat

ABDEL KARIM S., La protection des droits et libertés individuels au cours de la phase policière des investigations en droit comparé français et égyptien, thèse de doctorat, Université de Rennes, 2001.

ALI S., La loyauté de la preuve dans la recherche de la preuve pénale - Etude comparative des droits français, égyptien et syrien, thèse, Aix-Marseille III, 2010.

AMBROISE-CASTEROT C., De l'accusatoire et de l'inquisitoire dans l'instruction préparatoire, thèse, Bordeaux VI, 2000.

AMRANI MEKKI S., Le temps et le procès civil, Dalloz, coll. Nouvelle bibliothèque de thèses, 2002.

ANOUKAHA F., Le magistrat instructeur en procédure pénale camerounaise, thèse, Université de Yaoundé, 1982.

ARCAUTE-DESCAZEAUX M. J., L'aveu. Essai d'une contribution à l'étude de la justice négociée, thèse, Université de Toulouse I, 1998.

ASTAING A., Droits et garanties de l'accusé dans le procès criminel de l'Ancien Régime (XVIe et XVIIIe siècles). Audace et pusillanimité de la doctrine, thèse, Aix-en-Provence, 1999.

BA OUMAR, La Commission africaine des droits de l'homme et des Peuples : contribution à l'étude de la protection internationale des droits de l'Homme et des Peuples, thèse, IRIC, Yaoundé, 1993, 335 p.

BAKAS C., Les principes directeurs du procès pénal au regard de l'intérêt de la partie poursuivie, thèse, Université de Paris II, 1982.

BATTESTI F., La dimension européenne des droits de la défense, thèse, Université de Corse Pascal Paoli, 2005.

BOUCHARD V., Le droit de recours en matière pénale. Contribution à l'étude des droits de la personne poursuivie, thèse, Toulon, 2000, 405 p.

CAPDEPON Y., Essai d'une théorie générale des droits de la défense, thèse, Université de Montesquieu-Bordeaux IV, 2011, 620 p.

CLEMENT S., Les droits de la défense dans le procès pénal. Du principe du contradictoire à l'égalité des armes, thèse, Université de Nantes, 2007.

CORIOLAND S., La place de la victime dans le procès pénal, thèse, Université de Strasbourg, 2009.

DE SIGOYER DE SEZE S., Les droits de la défense au cours de l'information, thèse, Université de Bordeaux, 1971, 670 p.

DANIEL J., Les principes généraux du droit en droit pénal, thèse, Bordeaux, Dalloz, 2008.

DELMAS A., Droit pénal coutumier africain, thèse, Université de Droit, d'Économie et de Sciences sociales de Paris, PARIS 2, 1976.

DIOUF N., La situation des parties au procès pénal pendant l'instruction préparatoire, thèse, Université de Paris 1, 1992, 485 p.

DIKONGUE J.-B., Les privations de liberté individuelle au cours du procès pénal en droit camerounais, thèse, Université de Poitiers, 2000, 340 p.
DJOUAKOUA G., Les droits de la défense devant les juridictions militaires au Cameroun, thèse, Université de Yaoundé II.
EBELE DIKOR A.-M., Le régime juridique de la détention avant jugement en droit français et en droit camerounais, thèse, Université de Paris I, 2000, 551 p.
ESSAID V., La présomption d'innocence, thèse, Paris, 1969.
FRISSON-ROCHE M.-A., Généralités sur le principe du contradictoire, thèse, Paris, II, 1988.
GANOT J., La réparation du préjudice moral, thèse, Grenoble, 1938.
GAGNOUD P., L'enquête préliminaire et les droits de la défense, thèse, Université de Strasbourg 3, 1999.
HENRION H., La nature juridique de la présomption d'innocence. Comparaison franco-allemande, thèse, Montpellier, 2006.
LAM BIDJECK L., La police judiciaire générale au Gabon (étude de réforme législative du projet du Code de procédure pénale), thèse, U.Y.
LAVRIC S., Le principe d'égalité des armes dans le procès pénal, thèse, Nancy 2, 2008.
LEGRAND V., Le droit à l'assistance d'un défenseur dans le procès pénal, thèse, Pau, 2005.
LUCCIANI-MIEN D., L'effectivité des droits de la défense en procédure pénale, thèse, Paris II, 2006.
MASSON B., La détermination de la partie lésée au sens de l'article 1 du Code de procédure pénale, thèse, Faculté des Sciences juridiques de Rennes, 1975, 450 p.
NDOUNA S., Étude comparée de l'instruction préparatoire en droit français et en droit camerounais, thèse, Université de Paris I, 2003, 340 p.
NKEA NZIGUE F., Les droits de la défense en procédure pénale gabonaise, thèse, Université de Poitiers 2005.
NKOLO P., La recherche et la production des preuves dans l'avant-projet du Code de procédure pénale, thèse, Université de Yaoundé, 2006.
PEREIRA B., L'amélioration des droits du mis en examen, thèse, Université de Nice, 2002.
TRACOL X., Les procédures d'appel et de révision devant les juridictions internationales : une synthèse entre les influences des systèmes nationaux et romano-germaniques et de common law, thèse, Université de Paris-Ouest, Nanterre/La défense, 2009.
TOUKAM J., La détention provisoire dans l'avant-projet du Code de procédure pénale camerounais, thèse, 1982, 679 p.
VALETTE V., La personne mise en cause en matière pénale, thèse, Bordeaux IV, 2001.

WOTO J-H., L'instruction préparatoire en droit pénal camerounais : contribution à l'analyse du système pénal camerounais, thèse d'État, Toulouse, 1985.
ZANOUZI G., Les atteintes à la liberté individuelle dans la phase préparatoire du procès pénal en République populaire du Bénin, thèse d'État, Poitiers 1987, 456 p.

VI/Articles et chroniques

ABDOU DIOUF, « Les droits de l'Homme », in RJPIC, n°2, mai-août 1997, pp. 131-137.
ABIABAG I., « Les techniques de protection des libertés publiques en droit public gabonais », in L'Afrique juridique, mai-juin 1980, p. 5.
AGOSTINI F., « Les droits de la partie civile dans le procès pénal », in Rapport de la cour de cassation pour l'année 2000, La documentation française, 2001, pp. 181-212
AKOA Ph. C., « Droits de l'Homme : halte à la torture », in Cameroun-Tribune n°2563, 15 janvier 1997, p. 11.
ALIX J. « Les droits de la défense au cours de l'enquête de police après la réforme de ma garde à vue : état des lieux et perspectives », D. 2011, chron., 1699.
ALLEHAUT M., « Les droits de la défense », in Mélanges Patin, Cujas, 1965, pp. 453-467.
ALLIX D., « La preuve en matière pénale à l'épreuve du procès-verbal équitable », in Justice, n°10, 1998, pp. 45 et s.

- « La preuve en matière pénale à l'épreuve du procès équitable », in Justices, 1998, p. 35.

ALT-MAES F., « Le concept de victime en droit civil et en droit pénal », RSC, 1994, pp. 35-52.

- **AMBASSA L.-C.**, « La présomption d'innocence en matière pénale », Juridis périodique, n°58, avril-juin 2004, pp. 43-51.

AMBROISE-CASTEROT C., « Droits de la défense et secret de l'instruction », in Mélanges Guinchard, Dalloz, 2010, pp. 887 et s.

- « Droits de la défense et secret de l'instruction », in Mélanges S. Guinchard, Dalloz, 2010, p. 887.
- « Présomption d'innocence », Rép. Pén., Dalloz, 2003.
- « Aveu », Rép. Pén. Dalloz, 2006.

ANCEL M., « Le rôle du juge de cassation », RID pén., 1975, p. 31.
ANDRIANTSIMBAZOVINA J., « Bien lus, bien compris, mais est-ce bien raisonnable ? Toujours à propos du droit à un procès équitable et du 'ministère public' », Dalloz, 2004, pp. 886 et s.

ANGEVIN H., « Mort d'un dogme. À propos de l'instauration par la loi du 15 juin 2000 d'un second degré de juridiction en matière criminelle », JCP, 2000, Doct., I, 260, p. 1 795.
ANOUKAHA F., « Le procureur de la République 'Janus' de la magistrature camerounaise », PENANT n°786-787, 1985, pp. 115-134.
- « Droit pénal et démocratie en Afrique noire francophone : l'expérience camerounaise », Juridis info, n°23, avril-juin 1995, pp. 67-82.

ARNOULD M., « Tribunal correctionnel », J.-Cl., pr. Pén., art. 462 à 462, fasc. 20, 2005.
ARRIGHI Cl., « L'extension des pouvoirs propres du président de la chambre d'accusation par la loi du 4 janvier 1993 et celle du 24 août 1993 », RSC., 1995, pp. 271 et s.
- « Les pouvoirs du président de la chambre d'accusation après la loi du 30 décembre 1996 », RSC, 1998, p. 687.
- « De la chambre d'accusation à la chambre de l'instruction », Rev. pénit., 2001, p. 123.

ASCENSI L., PARIZO R., « La participation des acteurs publics et privés du procès pénal à la recherche de la vérité », in Les transformations de l'administration de la preuve pénale. Perspectives comparées, sous la direction de GIUDICELLI-DELAGE, Unité mixte de recherche de droit comparé de Paris, vol. XII, 2006, Société de législation comparée, p. 81.
AUBE B., « La révision pour erreur judiciaire. Le droit canadien », Rev. Pénit. 2001, p. 729.
AUVRET P., « Le droit au respect de la présomption d'innocence », JCP, 1994, I, 3802.
ASSONTA R., KAMNANG KONGUEP I., « L'avenir de l'avocat depuis la réforme de la procédure pénale au Cameroun », Revue de recherche juridique, n°35, 2010, pp. 1 553-1 580.
AUTESSERE M., « Définition du principe du contradictoire en matière pénale », in Problèmes actuels de la science criminelle, PUAM, 1999, p. 101.
AUVRET P., « Le droit au respect de la présomption d'innocence », JCP, 1994, I. 3802.
AYAT M., « Le silence prend la parole : la percée du droit de se taire en droit pénal comparé et en droit international pénal », Arch. Pol. Crim., 2002, pp. 251-278.
AYADALOT M., « La comparution du prévenu devant la juridiction correctionnelle », Recueil de droit pénal, 1965, p. 145.
BADINTER R., « Dans la lutte contre l'insécurité juridique, il faut commencer par assurer la sécurité juridique », JCP, n°38, 2009, pp. 10-13.
BANGREH., « Gabon : la sorcellerie devant la justice. Le manque de preuve rend difficile le travail du juge », jeudi 26 août 2004.
BARON C., « Le droit au silence : une révolution… silencieuse », Dalloz, 2000, n°38, Point de vue, p. III.

BEDIER L., « La loi renforçant la protection de la présomption d'innocence et les droits des victimes », Regards sur l'actualité, 2001, n°272, p. 3.
BENSSOUSSAN A., « Égalité des armes ou le partage de la gestion électronique du dossier d'instruction », Gaz. Pal., 1999, I, Doct., p. 122.
BERNIARD F., « La loi n°2000-516 du 15 juin 2000 et le rôle de l'avocat », in Les dispositions procédurales de la loi du 15 juin 2000 sur la présomption d'innocence. deux années d'application, Travaux de l'institut de sciences criminelles de Poitiers, sous la direction de J. PRADEL, 2003, p. 79.
BIRAME NDIAYE, « De l'Europe à l'Afrique : le modèle européen est-il exportable ? Modèle européen ou universalité des droits de l'Homme ? » in P. TAVERNIER, éd. « Quelle Europe pour les droits de l'Homme », Bruxelles, BRUYLANT, 1996, pp. 439-457.
BLANC G., « La souveraineté populaire en question : à propos de la réforme de la cour d'assises », JCP, 1996, I, 3952.
BOCCARA D., « Le point de départ du délai de dix jours des notifications par courrier du juge d'instruction », Mélanges M. PATIN, Cujas, 1963, p. 199.
BOCCON-GIBOD D., « Défaut et opposition par avocat », Dalloz, 2007, p. 2 912.
BOKALLI V.E., « La protection du suspect dans le Code de procédure pénale », in Revue africaine des sciences juridiques, vol. IV, n°1, 2007, pp. 9-29.
BOLLE P.H., « Les lenteurs de la procédure pénale », RSC, 1982, pp. 291 et s.
BONFILS P., « La participation de la victime au procès pénal : une action innomée », in Mélanges J. Pradel, Le droit pénal à l'aube du troisième millénaire, éd. Cujas, 2006, pp. 179-191.
BORDESSOULLE DE BELLEFEUILLE P., « L'avocat dès la première heure », Rev. Gendarmerie nationale, 1998, n°188, p. 146.
BORE J., BORE L., « Cassation (pourvoi en) », Rép. Pén., Dalloz, 266, pp. 3 et s.
BORICAND J., « L'influence de la Convention européenne des droits de l'Homme sur la jurisprudence française en matière pénale », in Problèmes actuels de science criminelle, PUAM, XII, 1999, p. 81.
BOUCHARD V., « Procédure par contumace et par défaut au regard de l'article 6 § 3 de la Convention européenne des droits de l'Homme », RSC., 2003, p. 517.
BOULAN F., « Le secret de l'enquête et de l'instruction », in Mélanges P. KAYSER, Tome I, PUAM, 1979, p. 127.
BOULOC B., « Observations sur les nullités en matière de procédure pénale », in Mélanges COUVRAT, PUF, 2001, pp. 417 et s.
- « Les droits de la défense en péril », Dalloz., 2005, TRIBUNE, p. 129.

- « La loi n°2005-516 du 15 juin 2000 renforçant la protection de la présomption d'innocence et des droits des victimes », RSC, 2001, Chron. 193 et s.
- « L'instruction par le juge d'instruction après la loi du 24 août 1993 », Rev. Pén., 1994, p. 100.
- « La mise en examen », in La procédure pénale, bilan des réformes depuis 1993, sous la direction de G. ROUJOU DE BOUBEE, 1995, p. 35.
- « Réforme de la détention provisoire », RSC, 1997, chron. législative, p. 673.
- « De quelques transformations de l'instruction préparatoire », Rév., pén., 2000, p. 39.
- « L'institution d'un recours en matière criminelle », RSC, 2002, p. 139.
- « Le renforcement du caractère contradictoire de la procédure pénale », RSC, 2007, p. 577.
- « Le secret professionnel de l'avocat », in Sciences pénales et sciences criminologiques, Mélanges R. GASSIN, PUAM, 2007, p. 121.

BOULOUIS J., « Les principes généraux du droit en droit pénal », RID comp., 1981, p. 190.

BOURGUIGNON S., « Renforcement de la présomption d'innocence d'après la loi française du 15 juin 2000 (aperçu des dispositions relatives à l'enquête, à l'instruction et au jugement) », Rev., pén., Suisse, 2001, p. 168.

BRAULT-JAMIN V., L'appel des arrêts d'assises, RPDP, 2003, n°4, pp. 689-717.

BROUILLAUD J.-P., « Les nullités de procédure, des procédures pénales et civiles comparées », D. 1996. Chron. 98.

BRIERE DE L'ISLE G., « La représentation des parties devant les tribunaux répressifs », Dalloz, 1961, chron., p. 85.

BROUCHOUT V., « L'interrogatoire préalable de l'accusé par le président de la cour d'assises », JCP, 1963, I, 1748.

BUISSON J., « Le placement en garde à vue », RSC, 2001, p. 671.

- « La garde à vue dans la loi du 15 juin 2000 », RSC, 2001, p. 25.
- « Enquête préliminaire », Rép., pén., Dalloz, 2006.
- « Equilibre de la procédure pénale », Procédures, 2007, études n°4.

BROUILLAND J.-P., « Les nullités de procédure : des procédures pénales et civiles comparées », Dalloz, 1996, chron., p. 98.

BUSSY F., « L'erreur judiciaire », Dalloz, 2005, p. 2 552.

CADIET L., « Contradiction », in Dictionnaire de la culture juridique, sous la direction de D. ALLAND et S. RIALS, 1re éd., PUF, 2003, p. 271.

CAPDEPON Y., « Le juge du siège et l'évolution de la procédure pénale. Juger ou contrôler ? », in Rev. dr. pén., sept. 2007, étude n°15, p. 19.

CARON D., « Chronique de la cour de cassation. Chambre criminelle », Dalloz, 2007, p. 109.

CARTUVELS Y., DUMONT H., OST F., VAN de KERCHOVE, VAN DROOGHENBROECK S., « Les droits de l'Homme : bouclier ou épée du droit pénal ? », publication des Facultés universitaires Saint-Louis, Bruxelles, 2007.

CASAROLA F., « La célérité du procès pénal en droit français », RID pén., 1995, p. 521.

CHALTIEL F., « Le régime de la garde à vue est inconstitutionnel (À propos de la décision du Conseil constitutionnel du 30 juillet 2010), LPA, 9 novembre 2010, n°223, p. 3.

CHAMBON P., « Les nullités substancielles ont-elles leur place dans l'instruction préparatoire ? », JCP, 1954, I. 1170.

- « La loi du 8 décembre 1897 sur l'instruction préalable et la jurisprudence de la cour de cassation, JCP, 1952, Doct. I, 979.

CHEHAB M., La Charte africaine des droits de l'Homme et des Peuples, in Revue égyptienne de droit international, vol. XLI, 1985, pp. 149-156.

CHARIOT P., « L'intervention du médecin en garde à vue », AJ Pénal, 2004, p. 279.

CHEVALLIER F., Le droit au juge devant les juridictions administratives, in RIDEAU J., Le droit au juge dans l'Union européenne, Paris, LGDJ, 1792.

CLEMENT G., « De la règle 'pas de nullité sans grief' en droit judiciaire privé et en procédure pénale », RSC 1984. pp. 433 et s.

COCUSSE J.-L., FOUGERE W., « Au préjudice des droits de la défense », Gaz. Pal. 2005. Doct. 1618

COHEN D., « Le droit à l'assistance effective d'un avocat de la défense », RID Pénal, 1992, p. 729.

COHEN JONATHAN G., « L'égalité des armes selon la Cour européenne des droits de l'Homme », Rev. pénit., 1999, p. 489.

CONAC G., Le juge et la construction de l'État de droit en Afrique francophone in « L'État de droit », Mélanges Guy BRAIBANT, Dalloz, 1996, pp. 105-119.

CONTE Ph., « La loyauté de la preuve dans la jurisprudence de la chambre criminelle de la cour de cassation, vers la solution à la quadrature du cercle ? », RD. Pén. 2009, études 8, n°1.

CORBOZ B., « L'abus des voies de recours », Rev. crim. et pol. techn., 1984, p. 272.

COULON J., « Appel », Rép. Pén., Dalloz, 1999, p. 6.

COUVRAT P., « Les méandres de la procédure pénale », Dalloz, 1976. Chron. 43 et s.

DADIA J., « Le rôle de l'avocat dans le procès pénal », Gaz. Pal., 1973, I, Doct., p. 452.

DAMIEN A., « L'assistance par un avocat dans les flagrants délits et aux inculpations des prévenus », Gaz. Pal. 1976. II. Doct., p. 338.

DAMOUR L., « Les voies de recours extraordinaires (Livre III du Code de procédure pénale) », JCP, 1959, I, 1494.

DANTI JUAN M., « L'égalité en procédure pénale », RSC, 1985, p. 505.

- « Les adaptations de la procédure », Rev. pénit., 2003, p. 725.
- « La réforme récente de la justice française après l'affaire d'Outreau », Rev. dr. pén. Crim., 2008, p. 856.

DE BOISVILLIERS P.-D., « La règle de l'interdiction d'aggraver le sort du prévenu », RSC, 1993, p. 694.

DE GOUTTES R., « L'impartialité du juge. Connaître, traiter et juger : quelle compatibilité ? », RSC, 2003, p. 63.

DE LAMY B., La loi n°2004-204 du 9 mars 2004 portant adaptation de la justice aux évolutions de la criminalité, Dalloz, 2004, doct., pp. 1982-1990.

DEGNI-SEGUI R., L'apport de la Charte africaine des droits de l'Homme et des Peuples au droit international de l'homme, in Revue de la Commission africaine des droits de l'Homme et des Peuples, 1992 ou in 3RADIC 1991, pp. 698-741.

DESDEVISES Y., « Accès au droit/accès à la justice », in Dictionnaire de la justice, PUF, 2004, pp. 1 et s.

DETRAZ S., « La prétendue présomption d'innocence », RD pén. 2004. Chron. 3, n°9.

DI MARINO G., « L'implantation et les remises en cause des dogmes accusatoire et inquisitoire », in Inquisitoire-accusatoire. Un écroulement des dogmes en procédure pénale ?, RID pén., 1997, p. 17.

- « Le prévenu et l'accusé absent », Rev. pénit., 2003, p. 677.
- « La redistribution des rôles dans la phase préparatoire du procès pénal », in Le droit pénal à l'aube du troisième millénaire, Mélanges J. PRADEL, Cujas, 2006, p. 317.

DJILA R., Contribution à l'étude de la protection de la liberté individuelle au Gabon depuis 1990 in Juridis Périodique, n°26, avril-mai-juin 1996, p. 84.

- « Du droit d'être jugé sans retard excessif en procédure pénale gabonaise », EDJA, rév. Int. Dr. af. n°36, 1998, pp. 37-48.
- « L'enquête de police à l'épreuve des droits de l'Homme dans le droit positif gabonais » in RJPIC, n°2, mai-août1999, pp. 180-196.

DONNEDIEU DE VABRES H., « La réforme de l'instruction préparatoire », RSC, 1949, p. 499.

DU BOIS DE GAUDUSSON J., Le statut de la justice dans les États d'Afrique francophone, in Afrique contemporaine, n°156, 1990, pp. 6-12.

DUJARDIN S., Justice en Afrique : régionalisme versus continentalisme : « le principe de l'accès à la justice pour tous en Afrique vient de trouver une réalité dans la région ouest africaine, là où il peine à s'ancrer au niveau continental » publié le 21/11/2008.

DUMONTET B., « L'avocat et la garde à vue : aspects pratiques et critiques », AJ pénal, 2004, p. 275.

EDEM KODJO, La Charte africaine des droits de l'Homme et des Peuples, in RUDH, 1989, pp. 33 et s.

EHRHARD F., « L'interdiction de la reformation in prejus », RSC, 1939, p. 469.

EYIKE VIEUX, La libération immédiate : analyse de la doctrine et de la jurisprudence camerounaise, in Tribune du droit, n°5, 1996, p. 9.

- La garde à vue aujourd'hui et demain au Cameroun, in Tribune du droit n°6, 1996, pp. 8-9.
- La preuve testimoniale, note sous cour suprême, arrêt n°316/P du 24 août 1995, aff. NOAH Fédéric c/ MP et ENGUENE EDZOA in Juris Périodique, n°28, oct-nov-déc. 1996, pp. 39-43.

FALQUES C., « La cassation sans renvoi de l'article 429 du Code d'instruction criminelle », RSC, 1937, p. 39.

FAVOREU L., « Droit de la constitution et constitution du droit » RFDC, 1990, pp. 71 et s.

FAVOREU L., PHILIP L., *Les grandes décisions du Conseil constitutionnel*, 10e éd., Dalloz, 1999, n°19, pp. 252 et s.

FATSAH OUGUERGOUZ, La Commission africaine des droits de l'Homme et des Peuples : présentation et bilan d'activité (1988-1989), Annuaire français de droit international, vol. XXXV, 1989, pp. 471-479.

FERRARI I., « L'accès au dossier avant jugement par le prévenu non assisté », Rapport sur cass. Crim., 12 juin 1996, Dr. pén., 1997, chron. n°1.

FINIELZ R., « Nullité de la procédure d'instruction », RSC, 2007, chron., p. 834.

FLECHEUX G., « Le droit d'être entendu », in Mélanges Bellet, Litec, 1991, pp. 145 et s.

FRISSON-ROCHE M.-A., « Le souci de l'effectivité du droit », Dalloz, 1996, p. 301.

- « Les droits de la défense en matière pénale », in Libertés et droits fondamentaux, Dalloz, 8e éd, 2002, p. 77.
- « Contradiction », in dictionnaire de la justice, sous la direction de L. CADIET, 1re éd., PUF, 2004, p. 236.

Gabon A., Principes et mécanismes de protection des droits de l'Homme et des Peuples : la charte de Banjul, in Rev. congolaise de Droit, n°10, juillet 1991, p. 105.

GARÇON E., Le droit à l'assistance d'un interprète impartial au cours de la garde à vue », AJ pénal, 2004, pp. 152 et s.

- La communication du dossier pénal, RD pénal 2008, étude n°15.

GARE T., L'admission de la preuve illégale, la chambre criminelle persiste et signe, D. 2000, p. 394.

- Les droits de la défense en procédure pénale, in Liberté et droits fondamentaux, Dalloz, 10e éd., 2004.

GARET T., GINESTET C., « Les droits de la défense en procédure pénale », in Libertés et droits fondamentaux, 14e éd., Dalloz, 2008, p. 509.
GALVADA-MOULENAT Ch., « Comment renforcer le contradictoire dans le procès pénal français ? », APC, 2007, p. 19.
GIACOPELLI M., « Commentaire de la loi du 14 avril 2011 sur la garde à vue », rev. Pénit.
- « Loi n°2007-291 du 5 mars 2007 renforçant l'équilibre de la procédure pénale », Rev. Sc. crim., 2007, p. 741.

GINESTET C., « Procédure de contumace et procès équitable », Dr. pén. 2001 chron. n°41.
GIRARD M., « L'intime conviction », in Problèmes actuels de science criminelle, XVIII, PUAM, 2005, p. 159.
GIUDICELLI A., Premières applications jurisprudentielles de l'article préliminaire du Code de procédure pénale, RSC, 2003, p. 122.
GOULESQUE J., « Le dépôt d'une plainte avec constitution de partie civile et l'interruption de la prescription de l'action publique », RSC, 1966, pp. 399 et s.
- « Les effets de l'opposition avant son jugement », RSC, 1969, p. 720.
- « La communication des pièces du dossier répressif », RSC, 1970, p. 159.

GOYET C., « À propos des nullités de l'instruction préparatoire, quelques remarques sur la distinction des nullités textuelles et des nullités substancielles », RSC, 1976. p. 899.
GUERRIN M., « Nullités de procédure », Rép. Pén., Dalloz, 2005.
GUERY Ch., « La mise en examen par le juge d'instruction après l'entrée en vigueur de la loi du 15 juin 2000 », JCP, 2001, I, 359.
- « Instruction préparatoire », Rép. Pén., Dalloz, 2004, p. 356.
- « L'avenir du suspect », AJ pénal, 2005, p. 232.
- « La loi du 5 mars 2007 et l'instruction préparatoire », AJ pénal, 2007, p. 105.

GUERY A., GUERY Ch., « De la difficulté pour le juge pénal d'appeler un chat, un chat (requalification « stricte » ou « élargie ») : devoirs et pouvoirs du tribunal correctionnel », Dr. pén., 2005, études n°6.
GUINCHARD A., « La qualité de partie à l'instruction en droits (fédéral) américain et français », RSC, 1997, p. 611.
GUINCHARD S., « Vers une démocratie procédurale », Justices, 1999, p. 91
- « Contradiction (Principe DU) », in Dictionnaire des droits de l'Homme, sous la direction de J. ANDRIANTSIMBAZOVINA, H. GAUDIN, J.-P. MARGUENAUD, S. RIALS, F. SUDRE, 1re éd., PUF, 2008, p. 154.

HALAOUI N., La langue de la justice et les constitutions africaines, Droit Société 2002/2, n°51-52, pp. 345-367.

HAMID BOUKRIF, La Cour africaine des droits de l'Homme et des Peuples : un organe judiciaire au service des droits de l'Homme et des Peuples en Afrique, in 10 RACIC (1998), pp. 237-251.

HENRION H., « La loi du 15 juin 2000 assure-t-elle l'équilibre nécessaire entre les droits et les devoirs de l'État, de la personne mise en cause et de la victime ? », APC, 2002, p. 81.

HERZOG-EVANS M., « Le principe de la légalité et la procédure pénale », LPA, 6 avril 1999, p. 4.

HOROMTALLAH CHEIKH, La présomption d'innocence, in PENANT, n°822 sept-déc 1996, pp. 258-280.

HUGUENEY L., Les droits de la défense devant le juge d'instruction, RSC, 1952, pp. 195-199.

JEANDIDIER W., La présomption d'innocence ou le poids des mots, RSC, 1991. p. 49

- « Dispositions générales. Délai », J.-Cl., pro. Pén., art. 801, 2004.

JURIENS A., « L'assistance de l'avocat au cours de la procédure pénale dans la jurisprudence récente de la chambre criminelle », PUAM, XV, 2002, p. 257.

KAMTO M., Une justice entre tradition et modernisme en Afrique subsaharienne contemporaine. La justice en Afrique, in DARBON D. et du BOIS de GAUDUSSON J., La création du droit Afrique, Karthala, 1997, p. 63.

KEBA MBAYE, Quel avenir pour la justice en Afrique ? Afrique contemporaine n°56, 1990, pp. 289-291.

KITIO E., La garde à vue administrative pour grand banditisme et le respect des droits de l'Homme au Cameroun, in Juridis Périodique, avril-mai-juin 1997, pp. 47-56.

KONDE K., **KUYU C., LEROY E.,** Demandes de justice et accès au droit en Guinée, Droits et société 2002/2, n°51-52, pp. 383- 393.

KONING F., VAILHEN S., Le ministère public à l'audience pénale, tout sauf une simple erreur de menuiserie, LPA, 29 janvier 1999, n°21, p. 10.

LAINGUI A., La phase préparatoire du procès pénal (historique), RID pén. 1985, pp. 43 et s.

LAFARGUE R., Libertés publiques et respect des traditions : le système pénal centrafricain en quête d'un nouvel équilibre, in RJPIC, n°3, sept-déc. 1997, pp. 267-291.

LAPEROU-SCHENEIDER B., « Haro sur l'obligation d'informer le prévenu », Dalloz, 2002, p. 31.

LARGUIER J., « Remarques sur l'évolution d'une voie de recours : le domaine de l'appel des ordonnances rendues par le juge d'instruction », in Droit pénal contemporain, Mélanges VITU A., Cujas, 1989, p. 287.

LARGUIER J., LARGUIER A.-M., « La protection des droits de l'Homme dans le procès pénal dans le sens de la protection des droits des personnes

suspectes ou poursuivies depuis l'enquête jusqu'à la fin du procès », RID pén., 1966, p. 104.
LASSALE J.-Y., « La comparution du prévenu », RSC, 1981, p. 541.
LAVIELLE B., Une réforme pénale impérieuse, la traduction des actes de procédure pénale aux parties civiles, mis en examen ou prévenus étrangers, AJ pénal, 2009, p. 443.
LAZERGES C., « La dérive de la procédure pénale », RSC, 2003, p. 644.
LEAUTE J., Les principes généraux relatifs aux droits de la défense, RSC, 1953, pp. 47 et s.
LEBLOIS HAPPE J., Le droit de ne pas contribuer à sa propre accusation. Travaux de l'Institut des Sciences criminelles et de la Justice, Cujas, 2011, pp. 295 et s.
LEGER N., Enregistrement clandestin et loyauté de la preuve, JCP 2005. II. 10025.
LEGER Ph., « La phase décisoire du procès pénal dans le système d'inspiration française », RID pén., 1986, p. 322.
LEMOINE P., « Citations et significations », J.-Cl., p. pén., 1965, I, 1909.
LENNON J.-L., « Les raisons justifiant le placement en garde à vue du suspect », Dalloz, 2006, chron., p. 887.
- « Saisine du juge correctionnel et requalification des faits », Dalloz, 2008, p. 1 805.

LEROY J., « Garde à vue », J.-Cl., Pr. Pén., App., art. 53 à 73, fasc. 20, 2007.
LESCOUS V., MARSAT C., « Quand et comment peut-on avoir en matière pénale accès au dossier ? », Dr. pén., 1996, chron. n°33.
LEVASSEUR G., « Vers une procédure d'instruction contradictoire », Rev. sc. crim., 1959, p. 297.
- « Les nullités de l'instruction préparatoire », in Mélanges Patin, Cujas, 1965, pp. 469 et s.
- « De quelques singularités des voies de recours en matière répressive », in Mélanges J. VINCENT, Dalloz, 1981, p. 213.

LIMBIO E., Du mauvais et du bon usage de la garde à vue en République démocratique gabonaise, RJPIC, n°2, mai-août1998, pp. 194-206.
BOBE LOBAS M., « La loi du 5 mars 2007 tendant à renforcer l'équilibre de la procédure pénale », LPA, 1er-2 mai 2007, p. 4.
LOBIN Y., La notion de grief dans les nullités des actes de procédure, in Mélanges Vincent, Dalloz, 1981, p. 233.
LOVEMORE MADHUKU, The impact of the european court of human rights in Africa : the zimbabwean experience, in 8RADIC, 1996, pp. 932-943.
MAISTRE DU CHAMBON P., « Propos critiques et désabusés sur une réforme mort-née de la procédure pénale », in Droit pénal, Procédure pénale, Mélanges J. LARGUIER, PUG, 1993, p. 191.
- « Les auxiliaires obligés », Rev. pénit., 2006, p. 5.

MANGIN G., « Quelques points de repère dans l'histoire de la justice africaine francophone », in Afrique contemporaine, n°156, 1990, pp. 21-26.
MARECHAL J.-Y., « Les droits de la défense au cours de l'enquête préliminaire : rien à signaler ! », La semaine juridique, éd. générale, n°17, 22 avril 2013, pp. 818-820.
MARIE C., « La montée en puissance de l'enquête », AJ pénal, 2004, p. 221.
MARTIN R., « La crise du contradictoire entre juge et avocat », Gaz. Pal. 1978. Doct.419, n°4.
- « De la contradiction à la vérité judiciaire », Gaz. Pal. 1981. Doct. 209,
- « L'avocat et le secret de l'instruction », JCP, 2005, Libres propos n°203.

MASTOR W., « Les juridictions constitutionnelles, gardiennes des droits fondamentaux (contrôle a priori et a posteriori) », Rév. Dr. pén., sept. 2011, étude 14, p. 15.
MASSE M., « Protection procédurale contre les abus de la police en droit français », Revue juridique Thémis, V. 23, n°2-3, 1989, p. 491.
MATHIEU G., « La purge des nullités par l'ordonnance de renvoi : étude d'un problème particulier », Dalloz, 2000.
MATSOPOULOU H., « Renforcement du caractère contradictoire, célérité de la procédure et justice des mineurs. Commentaire de la loi n°2007-291 du 5 mars 2007 tendant à renforcer l'équilibre de la procédure pénale », Dr. pén., 2007, études n°6.
- « Plaidoyer pour une redéfinition du rôle de l'avocat pendant la garde à vue », Gaz. Pal., 3 déc. 2009, pp. 19 et s.
- « À propos du rapport du comité de réflexion sur la justice pénale », JCP G., n°38, 2009, pp.14-17.
- « Plaidoyer pour une redéfinition du rôle de l'avocat pendant la garde à vue. À propos de l'arrêt de la CEDH, 13 oct. 2009, Dayanan c. Turquie », Gaz. Pal. 2009, pp. 19-24.
- « Garde à vue, La cour de cassation partagée entre conventionalité et constitutionnalité. À propos des arrêts de la chambre criminelle du 19 octobre 2010 », JCP, 2010, p. 1 104.
- « La motivation des arrêts de la cour d'assises et les exigences du procès équitable », JCP, 2010, p.1 228.
- « Une réforme inachevée. À propos de la loi du 14 avril 2011 », JCP G., n°19, 2011, pp. 908-912.
- « Garde à vue. La cour de cassation partagée entre conventionalité et constitutionnalité. À propos des arrêts de la chambre criminelle du 19 oct. 2010 », JCP G., 2010, pp. 2 094-2 098.

MAUROC C., « Le défaut criminel. Réflexions à propos du droit français et du droit comparé », RSC, 2006, p. 35.
MAYER D., « Principes constitutionnels et principes généraux applicables en droit pénal français », RSC, 1987, p. 53.

MBOUYOM F.X., « Les mécanismes juridiques de protection des droits de la personne au Cameroun et au Gabon », in RJPIC, n°1, 1982, pp. 58-72.

MELONE S., « Les grandes orientations actuelles de la législation pénale en Afrique : le cas du Cameroun (Réflexions sur les ordonnances pénales récentes) », Archives de politique criminelle, Paris, 1975, I, pp. 143 et s.

- « L'instruction préparatoire en Afrique noire francophone », RIDP, Paris, 1985, p. 253.

MERLE R, « La garde à vue », Gaz. Pal. 1969, II, p. 18.

- « Le rôle de la défense en procédure pénale comparée », RSC, 1970, pp. 1 et s.
- « La défense pénale, » Rev. Justice, n°10, 1998, p.91.

MEURISSE R., « La représentation des parties devant le tribunal correctionnel », Gaz. Pal., 1943, II, doct., p. 62.

- « La représentation du prévenu devant le tribunal correctionnel et de police », RID pén., 1967, p. 339.

MEYER P., « Gabon : une nouvelle forme de justice à l'essai », in Connaissance du Gabon, Presses africaines, 1989, pp. 51-56.

MIEN D. et BARRE. J.-F., « Reste-t-il des droits de la défense en phase d'enquête ? », AJ pénal, 2004, p. 235.

MINIATO L., « La consécration du principe du contradictoire par le décret du 20 août 2004 portant modification de la procédure civile », D. 2005, Point de vue, p. 308.

- « Le principe du contradictoire, nouveau principe directeur du procès ? », D. 2005, p. 2 537.

MIMIN P., « Recherche de la vérité », Dalloz, 1956, chron., p. 137.

- « La nouvelle enquête policière », JCP, 1959, I, 1500.

NGUELE ABADA M., « État de droit et libertés fondamentales au Gabon », in RJPIC, n°3, 1995.

NGUEMA I., « Universalité et spécificité des droits de l'Homme en Afrique », in RJPIC, n°3-4, 1989, pp. 341-347.

- « Perspectives des droits de l'Homme en Afrique : les racines d'un défi permanent », in RUDH, 1990, vol. II, pp. 49-53.
- « La démocratie, l'Afrique et le développement » in Review of the African commission on human and people's rights, vol. I, oct. 1991, pp. 16-50 ou RJPIC, n°2, avril-juin 1992, pp.129-162.

NICOLOPOULOS P., « La procédure devant les juridictions répressives et le principe du contradictoire », RSC, 1989, p. 1.

NKIRANUYE J. E. V., « La justice transitionnelle en Sierra Léone : entre stratégies judiciaires et nécessités politiques », in Quelle contribution de l'Afrique de l'Ouest à la tradition universelle des droits de l'Homme ? MAGENEST D. et HOLOT, Abidjan, éd. CERAP, 2006, p. 312.

OWONA J., GODINEC P.F, « Les droits de l'Homme : participation de l'Afrique noire francophone aux mécanismes universels de protection », in

Encyclopédie juridique de l'Afrique, Nouvelles éditions africaines, T. II, 1982, pp. 355-368.
PATIN M., « Sur le principe de la peine justifiée », RSC, 1948, p. 541.
PECKELS B., HUREAU J., « Essai de définition de l'expertise et des experts », Experts, 2008, n°78, p. 79.
PETITTI L.-E., « Droits de la défense : secret de l'instruction et communicabilité du dossier pénal », Gaz. Pal., 1er août 1989, doct., p. 364.
▪ « Les droits de l'inculpé et de la défense selon la jurisprudence de la Cour européenne des droits de l'Homme », in Droit pénal, Droit européen, Mélanges G. LEVASSEUR, Litec, 1992, p. 249.
▪ « L'évolution de la défense et du droit de la défense à partir de la Déclaration universelle des droits de l'Homme », RIDH, 2000, pp. 5 et s.
PIN X., « La privatisation du procès pénal », in RSC et le droit pénal comparé, 2002, n°2, pp. 245-261.
▪ « L'évolution des droits de la défense depuis le Code d'instruction criminelle, in 200 Jahre Code d'Instruction criminelle. Le bicentenaire du Code d'instruction criminelle », dir. Leblois-Happe J. et Witz C., Nomos, coll. Saarbruker studen zum internationalen Rech 2010. Vol. XLIV, 44, pp.157 et s.
POISOT J.-L., « Enquête préliminaire », J.-Cl., pr. Pén., art. 75 à 78, fasc. 20, 2001.
PORTERON C., « Nullités des perquisitions au cours de l'instruction », AJ pénal, 2005, p. 143.
▪ « Nullités de la mise en examen », AJ pénal, 2005, p. 147.
PRADEL J., « La célérité dans le procès pénal », Rev. crim. et pol. techn., 1984, p. 401.
▪ « L'audience en l'absence de l'accusé en droit français », Revue juridique Thémis, 1989, p. 319.
▪ « La montée des droits du délinquant au cours de son procès », in Mélanges Larguier, PUG, 1993.
▪ « Les droits de la personne suspectée ou poursuivie depuis la loi n°93-1013 du 24 août 1993 modifiant celle du 4 janvier 1999 précédent. Un législateur se muant en Pénélope ou se faisant perfectionniste », Dalloz, 1993, chron., p. 299.
▪ « Centenaire de la loi du 8 décembre 1897 sur la défense avant jugement pénal : essai d'un bilan », Dalloz, 1997, chron. p. 375.
▪ « Le droit au juge dans la procédure pénale français », in Le droit au juge dans l'Union européenne, LGDJ, 1998, p. 23.
▪ « Rapport de synthèse », in Inquisitoire-Accusatoire. Un écroulement des dogmes en procédure pénale ?, RID pénale, 1997.
▪ « Encore une tornade sur notre procédure pénale avec la loi du 15 juin 2000, Dalloz, 2000, n°26, point de vue p. V.

- « L'appel contre les arrêts d'assises : un apport heureux de la loi du 15 juin 2000 », Dalloz, 2001, chron., p. 1 964.
- « Le prévenu cité à personne, absent et non excusé, a droit néanmoins à l'assistance d'un avocat », Dalloz, 2001, comm. p. 1 899.
- « Les personnes suspectées ou poursuivies après la loi du 15 juin 2000. Évolution ou Révolution ? », Dalloz, 2001, p. 1 039.
- « Introduction à un cours de procédure pénale comparée », in Problèmes actuels de sciences criminelles, PUAM, XV, 2002, p. 129.
- « Droits de la défense », in Dictionnaire de la culture juridique, sous la direction de D. ALLAND, S. RIALS, 1re éd., PUF, 2003, p. 585.
- « Défense du système inquisitoire », Regards sur l'actualité, 2004, n°300, p. 57.
- « Y aura-t-il encore dans l'avenir une spécialité de la procédure pénale française ? », in De tous horizons, Mélanges X. BLANC-JOUVAN, 2005, p. 789.
- « Notre procédure pénale défend-elle l'intérêt général ? », Rev. pénit., 2005, p. 503.
- « La célérité et le temps du procès pénal. Comparaison entre quelques législations européennes », in Le champ pénal, Mélanges R. OTTENHOF, Dalloz, 2006, p. 251.

RASSAT M.-L., « Premiers regards sur la réforme du Code de procédure pénale », La vie judiciaire, 4-10 janvier 1993, p. 7.

REMILLIEUX P., « Une loi pénitentiaire comme unique réponse au problème carcéral ? Quelques constats pour agir sans attendre la grande loi », RPDP, 2005, n°1, pp. 163-174.

RIBEYRE C., « La communication du dossier d'instruction aux parties privées », JCP, 2006, I, 152.

- « Défense des droits de la défense avant jugement », in La réforme du Code pénal et du Code de procédure pénale. Opinio doctorum, dir V. MALABAT, B. LAMY, M. GIACOPELLI, Dalloz, 2010, p. 232.

ROUJOU DE BOUBEE G., « La protection des droits de l'Homme dans la procédure pénale », RID pén, 1978, p. 502.

ROUMIER W., « Pour en finir avec une réforme inachevée : à propos de l'appel des décisions en matière criminelle », Dr. Pénal, 2003, Chron. n°28.

- « Contumace », in Dictionnaire des sciences criminelles, sous la direction de G. LOPEZ, S. TZITZIS, Dalloz, 2004, p. 172.

SAINT-PIERRE F., « Un point de vue sur l'évolution actuelle de la procédure pénale », Dalloz, 2002, Point de vue, p. 3 019.

- « L'état des droits de la défense à l'hiver 2004 », AJ pénal, p. 67.
- « Les avocats », Rev. pénit., Dalloz, 2006.
- « La nature juridique des droits de la défense », AJ pénal, 2007. 260.
- « L'avocat face au dossier de la procédure », AJ pénal, p. 304.
- SAMET C., « La présomption d'innocence », Rev. pénit., 2001, p. 13.

SCATTOLIN A., « La parole mise au service répressif », in Le droit pénal à l'aube du troisième millénaire, Mélanges J. PRADEL, Cujas, 2006, p. 545.
SCRAMECK O., « Quelques observations sur le principe du contradictoire », in Mélanges Braibant, Dalloz, 1996, pp. 629 et s.
SHAEFFER E., « Procédure pénale et développement. Libre propos sur la procédure pénale dans les États d'Afrique noire d'expression française », Annales africaines, 1962, pp. 246-249.
SOLUS H., « Rôle du juge dans l'administration de la preuve », travaux de l'Association H. CAPITAN, T.V.1949, éd. 1950, pp. 128 et s.
SOURZAT C., « Les droits de la défense », RD pén., sept. 2011, étude 18, p. 28.
SOYER J.-C., De **SALLVIA M.**, « Commentaire de l'article 6 », in La Convention européenne des droits de l'Homme, commentaire article par article, dir. L.-E. PETTITI, E. DECAUX, P.-H. IMBERT, ECONOMICA, 1999.
SUDRE F., « L'arrêt de la cour du 27 août 1992. Tomasi c/ France : mauvais traitements et délai raisonnable », RSC, 1993, p. 33.
- « Les obligations positives dans la jurisprudence européenne des droits de l'Homme », RTDH, 1995, pp. 393 et s.
- « Droit de la Convention européenne des droits de l'Homme », JCP, 2008, I, 118.

TALLON-FROUIN I., « Les droits de la défense liés à l'information dans les procès », in L'information en droit privé, Travaux de la conférence d'agrégation, sous la direction de Y. LOUSSOUARN, P. LAGARDE, LGDJ, 1978, p. 3.
TANKOUA E., « De la représentation du prévenu devant la juridiction statuant en matière pénale », Juridis périodique, n°53, 2003, pp. 109-111.
TEISSIER A., « Garde à vue et droits de la défense », Rev. pénit., 2001, p. 30.
THATA J.C., « La réception du langage juridique français au Gabon », in L'expression du droit. Le français, langue africaine et internationale. La jurisfrancité, Actes de la 18e Biennale de la langue française, 29 octobre-1er novembre 1999, Paris, 2000, pp. 61 et s.
THOMAS D., « Le suspect en quête d'un statut procédural », in Mélanges M. CABRILLAC, Litec, 1999, p. 823.
- « Le concept de procès pénal », in La sanction du droit, Mélanges offerts à P. COUVRAT, PUF, 2001, pp. 401 et s., spéc. pp. 403 et s.

TULKENS F., « La procédure pénale : grandes lignes de comparaison entre systèmes nationaux », in M. DEMAS-MARTY, Procès pénal et droits de l'homme, Paris, PUF, 1992, pp. 33 et s.
- « La Convention européenne des droits de l'Homme du Conseil de l'Europe et la Charte des droits fondamentaux de l'Union européenne », APC, 2000, p. 31.

VAILLANT M., « Entre envie et sollicitude. Du besoin de compensation à la capacité de compassion », in De la dette au don, La réparation pénale à l'égard des mineurs, éd. ESF, 1994, pp. 157-197.
VALLAT J.-P., « Juge d'instruction », J.Cl. pr. Pén., art. 79 à 84, Fasc. 20, 2007.
- « Interrogatoires et confrontations », J.-Cl. Pr. Pén., art. 114 à 121, fasc. 20, 2008.

VANWELKENHUYZEN A., « Les droits de la défense et l'évolution du procès pénal », RD pén. 1959-60, p. 834.
VARAUT J.-M., « La défense pénale », Rev. pénit. et Dr. Pénal, 2003, p.719.
VERGES E., « Procès civil, procès pénal : différents et pourtant si semblables », Dalloz, 2007, p. 1 441.
VITU A., « La réglementation de l'appel et de l'opposition dans le Code de procédure pénale », JCP, 1959, I, 1486.
- « Les délais des voies de recours en matière pénale », in Droit pénal, Propriété industrielle, Mélanges A. CHAVANNE, Litec, 1990, p. 179.

VLAMYNCK H., « Approche policière de la garde à vue », AJ pénal, 2008, p. 262.
- « La garde à vue du Code d'instruction criminelle à nos jours », AJ pénal, 2008, p. 257.

VUILLEMIN-GONZALES C., « La protection de la liberté pendant la phase préparatoire », Rev. pénit., 2001, p. 21.
WALTHER J., « À justice équitable, peine juste ? Vues croisées sur les fondements théoriques de la peine », Rev. Sc. crim., 2007, 2007, p. 23.
WICKER G., « La légitimité de l'intérêt à agir », in Mélanges Serra, Dalloz, 2006, p. 455.
WIEDERKEHR G., « Le principe du contradictoire. À propos du décret n°73-1122 du 17 décembre 1973 », Dalloz, 1974. Chron. 95.
ZOLLINGER L., « L'intime conviction du juge », in Déviance, 1976, pp. 33-34.

VII/Textes législatifs, réglementaires ou institutionnels

Textes internationaux

- Charte africaine des droits de l'Homme et des Peuples de 1981
- Convention des droits de l'enfant adoptée par l'ONU le 20 novembre 1989
- Convention européenne de sauvegarde des droits de l'Homme
- Convention européenne des droits de l'Homme

- Convention du Conseil de l'Europe sur la lutte contre la traite des êtres humains du 3 mai 2005
- Décision cadre relative au statut des victimes dans le cadre de procédures pénales, adoptée par le Conseil de l'Union européenne, le 15 mars 2001
- Déclaration américaine des droits et devoirs de l'Homme de 1948
- Déclaration universelle des droits de l'Homme adoptée à Paris le 10 décembre 1948 par 58 États membres qui constituaient alors l'Assemblée générale des Nations unies
- Encyclopédie juridique de l'Afrique
- Protocole 11 de la Convention européenne des droits de l'Homme, le 1er novembre 1998
- Protocole à la Charte africaine des droits de l'Homme et des Peuples portant création d'une Cour africaine des droits de l'Homme et des Peuples, adopté par l'assemblée des chefs d'États et de Gouvernements de l'Organisation de l'Unité africaine, le 10 juin 1998
- Protocole portant création de la Cour de justice de la Communauté économique des États d'Afrique de l'Ouest adopté par les États membres de la CEDEAO en 1991
- Rapports annuels d'activité de la Commission africaine des droits de l'Homme et des Peuples. Du premier rapport (1989-1990) au 12e rapport : documents de la Commission africaine des droits de l'Homme et des Peuples, Banjul

Textes français

- Loi du 19 novembre 1808 promulguée le 29 novembre instituant le Code d'instruction criminelle
- Loi n°57-1426 du 31 décembre 1957 instituant un Code de procédure pénale
- Loi n°85-1407 du 30 décembre 1985 portant diverses dispositions de procédure pénale et de droit pénal, JO du 31 décembre 1985
- Loi n°85-1407 du 30 décembre 1985, relative à la simplification des procédures et à l'exécution des décisions pénales
- Loi n°90-589 du 6 juillet 1990 modifiant le Code de procédure pénale et le Code des assurances relatives aux victimes d'infractions
- Loi n°93-2 du 4 janvier 1993 portant réforme de la procédure pénale
- Loi n°93-1013 du 24 août 1993 modifiant la loi n°93-2 du 4 janvier 1993 portant réforme de la procédure pénale
- Loi n°2000-516 du 15 juin 2000 renforçant la protection de la présomption d'innocence et les droits des victimes, JO, n°138, 16 juin 2000

- Loi n°2002-1138 du 9 septembre 2002 d'orientation et de programmation pour la justice
- Loi n°2004-204 du 9 mars 2004 portant adaptation de la justice aux évolutions de la criminalité
- Loi n°2007-291 du 5 mars 2007 tendant à renforcer l'équilibre de la procédure pénale
- Loi n°2008-174 du 25 février 2008 relative à la rétention de sûreté et à la déclaration d'irresponsabilité pénale pour cause de trouble mental
- Loi n°2008-644 du 1er juillet 2008 créant de nouveaux droits pour les victimes et améliorant l'exécution des peines
- Loi organique n°2009-1523 du 10 décembre 2009 relative à l'application de l'article 61-1 de la Constitution
- Loi n°2011-392 du 14 avril 2011 relative à la garde à vue
- Loi n°2014-535 du 27 mai 2014 portant transposition de la directive 2012-2012/UE du Parlement européen et du Conseil, du 22 mai 2012, relative au droit à l'information dans le cadre des procédures pénales (JORF n°0123 du 28 mai 2014, p. 8 864)
- Loi n°2015-993 du 17 août 2015 portant adaptation de la procédure pénale au droit de l'Union européenne
- Loi n°2016-731 du 3 juin 2016 renforçant la lutte contre le crime organisé, le terrorisme et leur financement, et améliorant l'efficacité et les garanties de la procédure pénale

<u>Textes gabonais</u>

- Décret du 22 décembre 1945 applicable en AEF le 2 février 1946 consacrant la suppression du régime de l'indigénat
- Décret du 30 avril 1946 consacrant la suppression de la justice pénale indigène
- Loi n°35/61 du 5 juin 1961 portant institution d'un Code de procédure pénale
- Loi n°21/63 du 31 mai 1963 portant Code pénal
- Loi n°10/83 du 31 décembre 1983 sur la détention provisoire
- Loi n°11/83 du 31 décembre 1983 sur l'indemnité en cas de détention abusive
- Loi organique n°9/91 du 26 septembre 1991
- Loi n°036/2010 du 25 novembre 2010 portant Code de procédure pénale
- Loi organique n°009/2011 du 25 septembre 2011

VIII/Table de jurisprudence

Jurisprudence européenne

- CEDH 21 février 1975, Golder c/ RU, Série A, n°18 ; AFDI 1975. 330, note R. PELLOUX
- CEDH 8 juin 1976, Engel et autres c/ Pays-bas, Série A, n°22
- CEDH 9 octobre 1979, Airey c/ Irlande, Série A, n°32 ; JDI 1982. 187, chron. P. ROLLAND AFDI 1980. 323, chron. R. PELLOUX
- CEDH 27 février 1980, Deewer c/ Belgique, Série A, n°35
- CEDH 26 mars 1982, Adolf c/ Autriche, requête n°8269/78
- CEDH 25 août 1987, Lutz c/ République fédérale d'Allemagne, série A, n°123
- CEDH 19 décembre 1990, Delta c/ France, requête n°10563/83
- CEDH 25 février 1993, Funke c/ France, DS 1993 SC 387/388
- CEDH 8 février 1996, John Murray c/ RU, Sudre et autres, Grands arrêts de la Cour EDH, 5e éd. n°34
- CEDH 18 mars 1997, Foucher c/ France, D. 1997. Somm. 360, obs, J-F. RENUCCI
- CEDH 19 mars 1997, Hornsby c/ Grèce, D. 1998. Jurisp. 74, obs. N. Fricéro ; JCP 1997. II. 22949, obs. O. DUGRIP et F. SUDRE
- CEDH 20 juillet 1998, Aerts c/ Belgique, D. 1998. Act. n°38, obs. F. ROLLIN
- CEDH 28 juillet 1999, Selmouni c/ France, JCP 1999. II. 10193, note F. SUDRE
- CEDH 26 février 2002, Del Sol c/ France, RD pén. 2000. 682, obs A. GOUTTENOIRE
- CEDH 10 juillet 2008, Medvedyev c/ France, req. n°3394/03
- CEDH 27 novembre 2008, Salduz c/ Turquie, req. n°36391/02 ; RPDP 2009. Chron. E. VERGES, pp. 837 et s.
- CEDH 13 janvier 2009, Taxquet c/ Belgique, requête n°926/05
- CEDH 13 novembre 2009, Dayanan c/ Turquie, RPDP 2009. Chron E. VERGES, pp. 837 et s.
- CEDH 29 mars 2010, Medvediev c/ France, req. n°3394/03 ; D. 2010 898, note S. LAVRIC
- CEDH 14 octobre 2010, Brusco c/ France, JCP 2010. 1064, zoom par F. SUDRE
- CEDH, 30 juin 2011, *Klouvi c/ France*, req. n°30754/03, *RSC,* 2011 p. 607, note Y. Mayaud
- CEDH, 20 septembre 2011, *Sapan c/ Turquie*, req. n°44102/04, §21.
- CEDH, 27 octobre 2011, *Stojkovic c/ France et Belgique*, req.

n°25303/08
- CEDH, 17 janvier 2012, *Fidanci c/ Turquie*, req. n°17730/07, *D.* 2012. 361, obs. O. Bachelet
- CEDH, 5e sect., 12 avril 2012, *Lagardère c/ France*, req. n°18851/07, *D.* 2012 p. 1708, obs. O. Bachelet ; *D.* 2012 p. 1708, note J.-F. Renucci
- CEDH, 28 août 2012, *Simons c/ Belgique*, req. n°71407/10, *Gaz. Pal.*, 27 octobre 2012, n°301, p. 38, obs. F. Fourment
- CEDH, *M.K. c/ France* du 18 avril 2013, req. n°19522/09, *D. Actualité* 14 mai 2013, obs. M. Léna, *RSC,* 2013 p. 666, note D. Roets
- CJCE, 18 octobre 1989, aff. 374/87, *Orkem c/ Comm.* CE : Rec. CJCE 1989, p. 3 283. CJCE, 21 septembre 1989, *Hoechst AG c/ Commission*, C-46/87 et 227/88
- CJCE, 15 octobre 2002, *Limburgse Vinyl Maatschappij e.a. / Commission*, C-238/99 P. Également, CJCE, 8 juillet 1999, *Montecatini SpA c/ Commission*, C-235/92 P
- CJUE, gde ch., 26 février 2013, *Åklagaren c/ Hans Åkerberg Fransson*, C-617/10

Jurisprudence africaine

- Arrêt n°001/CJ/CEMAC/CJ/01 du 13 décembre 2001, TASHA LOWEH Laurence c/. Décision COBAC n°2000-22
- Arrêt n°001/CJ/CEMAC/CJ/02 du 15 janvier 2002, TASHA LOWEH Laurence c/. COBAC, Amity Bank Cameroon PLC
- Arrêt n° 005-ADD/CJ/CEMAC/CJ/01 du 6 juin 2002, Amity Bank Cameroon PLC c/. TASHA LOWEH Lawrence
- Arrêt n° 004-ADD/CJ/CEMAC/CJ/02 du 16 mai 2002, TASHA LOWEH Lawrence c/. COBAC
- Arrêt n°003/CJ/CEMAC/CJ/03 du 3 juillet 2003, TASHA LOWEH Lawrence c/. Décision COBAC D-2000/22 et Amity Bank Cameroon PLC
- Arrêt n°004/CJ/CEMAC/CJ/03 du 17 Jjuillet 2003, Thomas DAKAYI KAMGA c/. CEMAC
- Arrêt n°003/CJ/CEMAC/CJ/04 du 16 décembre 2004, TASHA LOWEH Lawrence c/. Arrêt n°003/CJ/CEMAC/CJ/03 et Amity Bank Cameroon PLC
- Arrêt n°002/CJ/CEMAC/CJ/07 du 1er février 2007, Société Price Water House (FIDAFRICA) c/. Décision COBAC n° D-2006/132
- Arrêt n°006/CJ/CEMAC/CJ/07 du 24 mai 2007, TASHA LOWEH Lawrence c/. Arrêt n°003/CJ/CEMAC/CJ/04 et Amity Bank Cameroon PLC

- Arrêt n°003//CJ/CEMAC/CJ/09 du 25 juin 2009, GUEREZEBANGA Gabriel Gaétan c/. BDEAC
- Arrêt n°03/CJ/CEMAC/CJ/10 du 25 mars 2010, BDEAC c/. Gabriel Gaétan GUEREZEBANGA
- Arrêt n°06/CJ/CEMAC/CJ/10 du 15 avril 2010, Michel Noé GUI-DIBY c/. ESSEA
- Arrêt n°003/CJ/CEMAC/CJ/10-11 du 7 décembre 2010, Recours en récusation de Magistrat
- Arrêt du 14 juin 2013 sur les affaires jointes Tangayika Law Society & The Legal and Human Rights Centre c. Tanzanie et Révérend Christopher R. Mtikila c. Tanzanie, Cour africaine des droits de l'Homme et des Peuples

Jurisprudence française

Arrêts du Conseil d'État :

- CE 5 mai 1944, Dame veuve Trompier-Gravier, Rec. 133
- CE 26 octobre 1945, Aarmu et autres, D. 158, note G. Morange
- CE 13 décembre 1968, Association syndicale des propriétaires de Champigny sur Marne, RD publ. 1969. 512, note WALINE

Arrêts du Conseil constitutionnel :

- Cons. const. 16 juillet 1971, n°71-44 DC, Rec. 29
- Cons. const. 2 décembre 1976, n°76-70 DC
- Cons. const. 19 et 20 janvier 1981, n°80-127 DC
- Cons. const. 18 janvier 1985, n°85-182 DC, Rec. 27
- Cons. const. 11 août 1993 n°93-326 DC. 12
- Cons. const. 20 janvier 1994 n°93-334 DC, cons 18
- Cons. const. 2 mars 2004 n°2004-492 DC. 31
- Cons. const. 30 mars 2006 n°2006-535. cons. 24
- Cons. const. 8 janvier 2009 n°2008-4518 SEN, Sénat, Ardèche
- Cons. const. 26 juin 2008 n°2007-4176- A.N., Val-d'Oise (8e circ.)
- Cons. const. 26 juin 2008 n°2008-4509 à 2008-4514 - A.N., Eure-et-Loir (1re circ.)
- Cons. const. 17 décembre 2010, n°2010-62 QPC
- Cons. const., 10 mars 2011, n°2011-625 DC, *Loi d'orientation et de programmation pour la performance de la sécurité intérieure*
- Cons. const. 1er avril 2011, DC, n°2010-113/115, QPC
- Cons. const., 18 novembre 2011, n°2011-191/194/195/196/197 QPC,

Mme Élise A. et autres, AJ pénal 497, 2012, note J.-B. Perrier ; *RSC,* 2012 p. 217, note B. De Lamy
- Cons. const., 17 février 2012, n°2011-223 QPC, *Ordre des avocats au Barreau de Bastia, AJ pénal* 2012. 342, obs. J.-B. Perrier
- Cons. const., 18 juin 2012, n°2012-257 QPC, *Société OLANO CARLA et autre, Gaz. Pal.*, 10 juillet 2012 n°192, p. 17, note O Bachelet
- Cons. const., 16 septembre 2012, n°2010-25 QPC, *M. Jean-Victor C.*
- Cons. const., 31 janv. 2014, n°2013-363 QPC, *M. Michel P, JCP G* n°14, 7 avril 2014, 424, note A. Gallois
- Cons. const., 25 mars 2014, 2014-693 DC, *Loi relative à la géolocalisation*
- Cons. const., 29 janvier 2015, n°2014-446 QPC

Arrêts de la Cour de cassation - Assemblée plénière
- Ass. Plén. 30 juin 1995, JCP 1995. II. 22748, note Perdiau ; D. 1995
- Ass. Plén. 7 juillet 2006, pourvoi n°2006_034519 ; D. 2006. 2135, note Weiller
- Ass. Plén. 21 décembre 2007, Juris-Data n° 2007-042069
- Ass. Plén. 15 avril 2011

Arrêts de la Cour de cassation - Chambre civile
- Civ. 7 mai 1828, S. 1828. 329
- Civ. 18 novembre 1946, D. 1947. 40
- Civ. 25 juillet 1949. 585 et s., note Carbonnier
- Civ. 2e, 18 mars 1955, JCP 1955. II. 8909, note Esmein ; D. 1955, note Savatier
- Civ. 18 juillet 1957, Bull. civ. I, n°554
- Civ. 2e, 25 mai 1962, Bull. civ. II, n°470 ; Rev. Arb. 1962
- Civ. 10 juillet 1963, Bull. civ. II, n°507
- Civ. 3e, 16 octobre 1976, Bull. civ III, n°569
- Civ. 2e, 8 décembre 1976, D. 1977. 543, note A. Bénabent ; RTD civ. 1978. 184, obs. J. Normand
- Civ. 2e, 13 mai 1981, Bull civ. II, n°121
- Civ. 3e, 2 juin 1999, D. 2000. 733, note S. Beaugendre
- Civ. 2e, 11 janvier 2006, Bull. civ. II, n°14
- Civ. 1e, 27 juin 2006, Bull. civ I, n°332 ; Gaz. Pal. 1er et 2 février 2008. 27, note du rusquec
- Civ. 1ère, 17 juin 2009, Bull civ. I, n°132

Arrêts de la Cour de cassation - Chambre criminelle

- Crim. 12 mars 1886, DP 1886. 1. 345, rapport Dupré-Lasale
- Crim. 27 septembre 1900, Bull. crim. n°301
- Crim. 2 mai 1903, RD pén. 1905. 1. 23 ; S. 1905
- Crim 19 mars 1910, Bull. crim. n°150
- Crim. 12 juin 1952, Bull. crim. n°153 ; 1954. 1. 69, note A. Legal
- Crim. 22 juin 1954, Bull. crim. n°395
- Crim. 16 janvier 1958, Bull. crim. n°118
- Crim. 3 décembre 1960, D. 1961. Jurisp. 167, note M.R.M.P
- Crim. 6 janvier 1966, Gaz. Pal. 1966. I. 209
- Crim. 22 décembre 1970, Bull. crim. n°350
- Crim. 8 juin 1971, D. 1971, note Maury
- Crim. 15 mars 1973, Bull. crim. n°134
- Crim. 5 décembre 1978, D. 1979. 50, note S. Kehrig
- Crim. 9 février 1988, Bull. crim. n°63
- Crim. 17 juillet 1984, Bull crim. 259 ; 1885. 304, obs. Levasseur
- Crim. 2 septembre 1986, Bull. crim. n°251 ; JCP 1978. II. 20766, note P. Chambon
- Crim. 26 avril 1990, JCP 1991. II. 21074, note J. Pannier
- Crim. 6 décembre 1994, Bull. crim. n°394 ; RD pén. 1995. Comm. 74, obs. A. Maron
- Crim. 18 décembre 1996, Bull. crim. n°475 ; RD pén. 1997. Comm. 86, obs. A. Maron
- Crim. 20 septembre 2000, Bull. crim. n°274 ; RD pén. 2001. Chron. 14, obs. Marsat
- Crim. 12 décembre 2000, JCP 2001. II. 10495, note C. Puigelier
- Crim. 28 novembre 2001, Bull. crim. n°248
- Crim. 22 janvier 2002, pourvoi n°00-82.215
- Crim. 11 mai 2004 (deux arrêts), Bull. crim. n°113 et 117 ; D. 2004. 2326, note H. Gaba ; RPDP 2004. 875, chron. J.-C. Saint-Pau ; RD pén. 2004. 122, obs M. Veron ; RSC 2004. 635, chron. E. Fortis
- Crim. 21 juin 2005 (trois arrêts), Bull. crim. n°181 ; D. 2006. Pan 623, obs. J. Pradel
- Crim. 19 septembre 2006, Procédures 2007. Comm. 46 et 65 note J. Buisson
- Crim. 21 mars 2007, AJ pénal 2007. 229, obs. G. Royer
- Crim. 16 mai 2007, AJ pénal 2007. 332, obs. C. Saas
- Crim. 26 juin 2007, AJ pénal 2007. 487, note sous S. Lavric
- Crim. 30 janvier 2008, D. 2008. 1805, note J.-L. Lennon
- Crim. 7 octobre 2008, AJ pénal 2009. 35, note G. Royer
- Crim. 3 mars 2010, n°09-86.405 ; D. 2010. 1287

- Crim. 19 octobre 2010 (trois arrêts), Juris-data n°2010-018564, 2010-018565 et 2010-018566 ; JCP 2010. 1104, aperçu rzpide par H. Matsopoulou
- Crim. 15 décembre 2010, Juris-Data n°2010-023523 ; RD pén. 2011. Comm. 26, obs. A. Maron
- Crim. 1er février 2011, pourvoi n°10-85378
- Crim. 31 mai 2011, *bull.* n°114, n°115, n°116 et n°10-80.034, *D.* 2011. 1563 ; *D.* 2011. 2084, obs. H. Matsopoulou ; *RSC,* 2011. 412, obs. A. Giudicelli ; *AJ pénal* 2011. 370, obs. C. Mauro ; *JCP G* 2011, n°756, note J. Pradel
- Crim. 20 septembre 2011, *bull.* n°181, *RSC,* 2012 p. 154, note H. Matsopoulou ; *D.* 2011, p. 2533, *Dalloz actualité* 21 octobre 2011, obs. C. Fleuriot, *LPA* 29 novembre 2011, n°237, p. 16, note N. Eréséo et J. Lasserre-Capdeville
- Crim. 22 novembre 2011, *bull.* n°234, *JCP G* 2012, n° 3, 16 janvier 2012, 49, note A. Bonnet ; *Droit pénal* 2012, n°1, comm. 12, note A. Maron, M. Haas ; E. Vergès, « La géolocalisation : une preuve pénale licite ? », *AFDP* 2012 (publication en ligne)
- Crim. 31 janvier 2012, *bull.* n°29, *Droit pénal* 2012, comm. 53, note M. Véron
- Crim. 7 février 2012, *bull.* n°37
- Crim. 14 février 2012, bull. n°43, *JCP G* n°16, 16 avril 2012, 485, note J. Pradel ; *D.* 2012. 779, note H. Matsopoulou
- Crim. 15 avril 2012, *bull.* n°95, *Droit pénal* n°11, 2012, chron.9, note M. Segonds ; *JCP* G n° 29, 16 juillet 2012, 862, note S. Brissy ; *JCP* S n°46, 13 novembre 2012, 1481, note C. Michaud ; *RDT* 2012 p. 426, obs. F. Duquesne
- Crim. 10 mai 2012, *bull.* n°155
- Crim. 8 janvier 2013, *bull.* n°9, Crim. QPC, 22 janvier 2013, no#12-90.067, *inédit*, *RPDP,* 2013 p. 130, note Ambroise-Castérot ; *NCCC*
- 1er juin 2013 n°40, p. 183, chron. Peltier. Crim. 23 janvier 2013, *bull.* n°29, *D.* 2013. 1045, note T. Potaszkin ; *AJ pénal* 2013, 227, obs. J. Pronier. Crim. 27 février 2013, *bull.* n°50, *Gaz. Pal.*, 11 mai 2013, n°131, p. 32, obs. S. Detraz. Crim. 5 mars 2013, n°12-83.220, *inédit.* Crim. 6 mars 2013, n°12-90.078, inédit, *JCP G* n°17, 22 avril 2013, 471, obs. J.-Y Maréchal. Crim. 6 mars 2013, *bull.* n°60, *Dalloz actualité* 8 avril 2013, obs. L. Priou-Alibert
- Crim. 3 avril 2013, *bull.* n°72, *D.* 2013. 1005 ; *AJ pénal* 2013. 411, obs. L. Ascensi ; *RSC,* 2013. 842, obs. X. Salvat ; *D. actualité*, 29 avril 2013, obs. D. Le Drevo ; *Droit pénal* n°5, mai 2013, comm. 82, obs. A. Maron, M. Haas
- Crim 26 juin 2013, *bull.* n°164, *RSC,* 2013, p. 591, obs. J. Danet
- Crim. 29 octobre 2013, n°13-84.226, *inédit.* Crim. 5 novembre 2013,

bull. n°213, *Procédures,* n°1, février 2014, comm. 23, obs. A.-S. Chavent-Leclère
- *Gaz. Pal.*, 11 février 2014, n°42, p. 40, obs. F. Fourment. Crim. 6 novembre 2013, *bull.* n°214, *AJ pénal*, 2014. 79, obs. L. Belfanti ; *D.* 2014.736, chron. J. Pradel
- Crim. 20 novembre 2013, n°13-84280, *inédit*, *Gaz. Pal.*, 11 février 2014 n°42, p. 41, obs. F. Fourment ; *Procédures*, n°1, février 2014, comm. 24, obs. A.S. Chavent-Leclère
- Crim. 21 janvier 2014, *bull.* n°19, *D. Actualités*, obs. S. Anane
- Crim. 28 janvier 2014, n°12-84.425, *inédit*
- Crim. 12 février 2014, n°13-87.836, *publ. à paraître*, *D.* 2014 p. 485, *D. Actualité*, 6 mars 2014, obs. S. Fucini
- Crim. 12 février 2014, n°12-84.500, *publ. à parâitre*. Crim. 9 avril 2014, n°14-90.007, *inédit*, *AJ pénal* 2014 p. 362, obs. J.-B. Perrier. Crim. 30 avril 2014, n°13-88.162, *publ. à paraître*, *JCP G* n°20, 19 mai 2014, 583. Crim. 20 mai 2014, n°13-83.512, *inédit*. Crim. 18 juin 2014, n°13-82.517, *publ. à paraître*
- Crim. 25 juin 2014, n°13-81471, *publ. à paraître*, *D. actualité*, 11 juillet 2014, obs. M. Bombled ; *Procédures* n°8-9, août 2014, comm. 250, obs. A.-S. Chavent-Leclère
- Crim. 23 juillet 2014, n°14-83139, *inédit*
- Crim., 12 novembre 2014, n°14-84.182, bull. 230
- Crim., 18 novembre 2014, n°14-81.332, bull. 241
- Crim., 7 janvier 2015, n°14-86.226, bull. 12
- Crim., 13 janvier 2015, n°12-87.059, bull. 15
- Crim., 8 juillet 2015, n°14-88.457, en cours de publication
- Crim., 21 octobre 2015, n°15-81.032
- Crim., 4 novembre 2015, n°15-84.012, en cours de publication
- Crim., 12 novembre 2014, n°14-86.016
- Crim., 16 décembre 2015, n°15-82.641, diffusé
- Crim., 24 juin 2015, n°14-84.221, en cours de publication
- Crim., 8 juillet 2015, n°14-85.699, en cours de publication
- Crim., 19 janvier 2016, pourvoi n°15-81.041, bull. crim., 2016, n°14
- Crim., 9 février 2016, pourvoi n°15-87.095, bull. crim., 2016, n°30
- Crim., 16 février 2016, pourvoi n°15-82.732, bull. crim., 2016, n°4
- Crim., 1er mars 2016, pourvoi n°15-87.143, bull. crim., 2016, n°60
- Crim., 22 mars 2016, pourvoi n° 15-83.207, bull. crim., 2016, n°92
- Crim., 12 avril 2016, pourvoi n°15-86.298, ECDP
- Crim., 24 mai 2016, pourvoi n°16-90.007, ECDP
- Crim., 25 mai 2016, pourvoi n°16-80.379, ECDP
- Crim., 1er juin 2016, pourvoi n°14-87.173, ECDP
- Crim., 15 juin 2016, pourvoi n°14-87.715, ECDP
- Crim., 21 juin 2016, pourvoi n°16-80.126, ECDP

- Crim., 22 juin 2016, pourvoi n°15-87.752, ECDP
- Crim., 20 septembre 2016, pourvoi n°16-81.638, ECDP
- Crim., 28 septembre 2016, pourvoi n°15-84.383, ECDP
- Crim., 4 octobre 2016, pourvoi n°16-82.309, ECDP
- Crim., 18 octobre 2016, pourvoi n°16-84.764, ECDP
- Crim., 23 novembre 2016, pourvoi n°16-81.904, ECDP
- Crim., 22 février 2017, pourvoi n°16-85.018
- Crim., 28 février 2017, pourvoi n°16-87.511
- Crim., 25 avril 2017, n°16.87.518
- Crim., 7 juin 2017, pourvoi n°16-87.588
- Crim., 20 juin 2017, pourvoi n°17-82.306
- Crim., 11 juillet 2017, pourvoi n°17-80.313
- Crim., 14 novembre 2017, pourvoi n°17-86.113
- Crim., 28 novembre 2017, pourvoi n°17-85.523
- Crim. 29 novembre 2017, pourvoi n°17-81.574
- Crim., 19 décembre 2017, pourvoi n°17-86.113
- Crim., 9 janvier 2018, pourvoi n°18-80.200
- Crim., 17 janvier 2018, pourvoi n°16-83.612
- Crim., 12 septembre 2017, pourvoi n°17-83.874
- Crim., 20 mars 2018, pourvoi n°18-81.238
- Crim., 10 avril 2018, pourvoi n°18-18.371
- Crim., 9 mai 2018, pourvoi n°18-80.066
- Crim., 16 mai 2018, pourvoi n°17-84.909
- Crim., 13 juin 2018, pourvoi n°17-85.940
- Crim., 20 juin 2018, pourvoi n°18-82.579
- Crim., 25 juillet 2018, pourvoi n°18-81.461
- Crim., 5 septembre 2018, pourvoi n°16-87.180
- Crim. 2 octobre 2018, pourvoi n°18-84.131
- Crim., 16 octobre 2018, pourvoi n°18-81.881
- Crim., 12 septembre 2018, pourvoi n°17-81.189

<u>Arrêts des juridictions du fond</u>

- CA Paris, 24 janvier. 1952, S. 1952. II. 93, concl. Combaldieu
- CA Rennes, 13 novembre 1958, JCP 1959. II. 11024, note Vidal
- CA Colmar, 30 janvier 1970, D. 1970. 297, note Alfandari ; JCP 1971. II. 16609, NOTE loussouarn
- CA Paris, 11 janvier 1985, D. 1985. 276, note p. Decheix
- CA Paris, 22 septembre 1995, Bull. Joly 1995. 1109
- CA Paris, 4 avril 2001, Juris-Data n° 2001-144516 ; D. 2001. IR. 1773
- CA AGEN, 10 novembre 2003, cah. jur. Aquitaine et Midi-Pyrénées 2004-1. 153, obs. E. Garçon

- CA Paris, 19 mars 2009, V. Crim 27 octobre 2009, JCP 2010. 85, note M.-C. Guérin
- CA Agen, 18 février 2010, Juris-Data n°2010-003487, D. 2010. 1850, note A. Fournier ; RD pén. 2010, étude 25, note Y. Capdepon
- CA Bordeaux, 19 novembre 2010, Juris-Data n°2010-027729

Jurisprudence gabonaise

- Tribunal Correctionnel de BOUE, 22 avril 1964
- Cour suprême, arrêt n°248/p du 20 juin 1972, BACS, n°2 b.
- Cour suprême, arrêt n°79/P du 5 décembre 1974, BACS n°31
- CA de Libreville, 28 janvier 1991
- Cour de cassation, chambre criminelle, 15 juin 2005 n°13/2004-2005
- Cour de cassation 26 mai 2005 n°05/2004-2005
- DC n°022/CC du 26 mai 2015 relative au contrôle de constitutionnalité par voie d'exception

I- Rapports

- Le rapport Lienemann « Pour une nouvelle politique d'aide aux victime » du 26 mars 1999
- Rapport annuel de l'année 2000, deuxième partie – Études et documents sur le thème de la protection de la personne : la garantie des droits reconnus à la personne suspectée ou poursuivie dans la jurisprudence récente de la chambre criminelle (par Mme Danièle Caron, conseiller référendaire à la cour de cassation)
- Rapport de la commission Leger du 1er septembre 2009
- Rapport général des défenseurs des droits de l'Homme du Gabon (2010) Réseau de défense des droits humains du Gabon
- Tribune du CDDH-Gabon du 3 février 2013 : violations des droits fondamentaux de l'Homme. Quand la Justice broie la vie
- Rapport sur la procédure pénale de Jacques BEAUME du 10 juillet 2014
- Rapport de recherche de l'Observatoire n°12, octobre 2018

II- Actes de colloques

- **AKENDENGUE M.,** Le principe de l'égalité des parties en procédure contentieuse administrative au Gabon, in PICARD E. (dir), Le juge de l'administration et les droits fondamentaux dans l'espace francophone,

Actes du colloque, Egypte, organisé par l'Institut international de droit d'expression et d'inspiration française, Bruxelles, Bruylant, 840 p.

- **BOULOC B., De BEGO R., LEGROS P.,** Le droit au silence et la détention provisoire, Actes de la journée du 18 septembre 1996, organisée à Paris par les Instituts des droits de l'Homme des Barreaux de Paris et de Bruxelles, Bruylant, Droit et justice, 1997, 134 p.
- **CORIOLAND S.,** « L'extension des droits du mis en examen. La place du mis en examen dans la procédure », in La réforme de la justice pénale, Colloque du 15 juin 2007 à l'Université Robert Schuman, Strasbourg, disponible sur : http:www-cdpf.u.strasbg.fr
- **COUVRAT P**., Le contrôle pénal de la police. Droit de l'individu et police (Actes du colloque conjoint des Facultés de droit de l'Université de Poitiers et de l'Université de Montréal tenu à Poitiers en mai 1988), Litec, Paris, 1990, 161 p.
- **DE GAUDUSSON J. D. B., FERRAND F.** (Dir.), La concurrence des systèmes juridiques, Actes du colloque de Lyon, 20 octobre 2006, PUAM, 2008, 162 p.
- **MAUGENEST D., BOUKOUNGOU J.-D**., Vers une société de droit en Afrique centrale, (1999-2000), colloque de Yaoundé, Presses de l'UCAC, 2001, 459 p.
- **PRADEL J**., Droit pénal comparé dans les systèmes modernes : rapport de synthèse des colloques de l'ISISC, Erès, Nouvelles études pénales, n°15, 1998, 147 p.
- **ROTH S.,** « Les dispositions relatives à la poursuite et à l'enquête », in La réforme de la justice pénale, Colloque du 15 juin 2007 à l'Université Robert Schuman, Strasbourg, disponible sur : http:p://www-cdpf.u-strasbg.fr
- **TCHAMENI R., HESSE J.-P.,** Regards croisés sur les droits de la défense, Actes du colloque international sur les droits de la défense, Yaoundé, 9-11 novembre 2006.

TABLE DES MATIÈRES

Introduction..11

Première partie : L'impact du droit français sur la construction des droits et garanties de défense de la personne mise en cause lors de la phase préparatoire du procès pénal..43

Titre I : L'impact mesuré du droit français sur la construction des droits et garanties de la défense au cours de l'enquête de police gabonaise............45

Chapitre 1 - La reconnaissance conditionnée des droits de la défense au suspect pendant l'enquête de police..49

Section 1 - L'accusation comme élément de déclenchement des garanties de défense en France : l'apport du droit européen..................................50

Section 2 - La contrainte comme élément déclencheur des garanties de défense..58

Chapitre 2 - La garantie des droits de la défense lors de la garde à vue gabonaise : l'influence théorique du droit français...65

Section 1 - La stricte réglementation de la garde à vue.................................67

Section 2 - La consécration du droit à un avocat : l'influence appréciable du droit français...116

Titre II : L'impact majeur du droit français sur le renforcement des droits de la défense au cours de l'instruction préparatoire gabonaise...................143

Chapitre 1 - L'existence de véritables droits de la défense au profit de la personne inculpée au Gabon : l'influence remarquable du droit français...147

Section 1 - Le droit à l'information, un droit libéralisé pendant l'instruction préparatoire gabonaise et assez proche du droit français.......................148

Section 2 - Le renforcement du droit à la participation pendant l'instruction conformément au droit français...176

Chapitre 2 - La vulnérablité permanente de l'inculpé..........................197

Section 1 - La condition d'inculpé limitant sa contribution à la recherche de la preuve..198

Section 2 - La relativité du statut de présumé innocent........................217

Deuxième Partie : L'impact du droit français sur la mise en œuvre des droits et garanties de défense de la personne poursuivie lors de la phase décisoire du procès pénal gabonais...239

Titre I : L'impact profond du droit français sur les droits de la défense au cours de la phase de jugement et d'après jugement du procès pénal gabonais...243

Chapitre 1 - L'impact du droit français sur la reconnaissance des moyens nécessaires à la partie poursuivie lors du jugement : la réaffirmation des droits acquis depuis le Code d'instruction criminelle de 1808...............245

Section 1 - L'impact marquant du droit français sur la garantie des droits nécessaires à la personne poursuivie pour la préparation de sa défense.....246

Section 2 - L'impact moins marquant du droit français sur la consécration des droits nécessaires à la présentation de la défense au cours de l'audience pénale gabonaise..264

Chapitre 2 - L'impact remarquable du droit français sur la consolidation des droits de la défense après la phase de jugement..............................315

Section 1 - Le maintien du droit au recours par les voies ordinaires sous l'influence du droit français..318

Section 2 - L'influence du droit français sur l'élargissement du droit au recours à travers les voies de recours extraordinaires.........................339

Titre II : Les facteurs particuliers limitant l'impact du droit français sur la mise en pratique des droits de la défense lors du procès pénal au Gabon...369

Chapitre 1 - Les facteurs objectifs restreignant la mise en pratique de l'impact du droit français sur les droits de la défense du mis en cause au Gabon : le problème de l'accès à la justice..373

Section 1 - Les contraintes géographiques et matérielles restreignant l'accès au juge au Gabon..376

Section 2 - Les atteintes à l'indépendance du juge gabonais...................381

Chapitre 2 - Les facteurs subjectifs restreignant la mise en pratique de l'impact du droit français sur les droits de la défense au Gabon : l'atteinte à la crédibilité de la justice gabonaise...391

Section 1 - La prééminence des intérêts personnels du juge : une menace persistante pour les droits de la défense au Gabon...........................391

Section 2 - L'incertitude quant à la connaissance de la règle de droit.......400

Conclusion générale..415

Bibliographie...421

Structures éditoriales du groupe L'Harmattan

L'Harmattan Italie
Via degli Artisti, 15
10124 Torino
harmattan.italia@gmail.com

L'Harmattan Hongrie
Kossuth l. u. 14-16.
1053 Budapest
harmattan@harmattan.hu

L'Harmattan Sénégal
10 VDN en face Mermoz
BP 45034 Dakar-Fann
senharmattan@gmail.com

L'Harmattan Cameroun
TSINGA/FECAFOOT
BP 11486 Yaoundé
inkoukam@gmail.com

L'Harmattan Burkina Faso
Achille Somé – tengnule@hotmail.fr

L'Harmattan Guinée
Almamya, rue KA 028 OKB Agency
BP 3470 Conakry
harmattanguinee@yahoo.fr

L'Harmattan RDC
185, avenue Nyangwe
Commune de Lingwala – Kinshasa
matangilamusadila@yahoo.fr

L'Harmattan Congo
67, boulevard Denis-Sassou-N'Guesso
BP 2874 Brazzaville
harmattan.congo@yahoo.fr

L'Harmattan Mali
ACI 2000 - Immeuble Mgr Jean Marie Cisse
Bureau 10
BP 145 Bamako-Mali
mali@harmattan.fr

L'Harmattan Togo
Djidjole – Lomé
Maison Amela
face EPP BATOME
ddamela@aol.com

L'Harmattan Côte d'Ivoire
Résidence Karl – Cité des Arts
Abidjan-Cocody
03 BP 1588 Abidjan
espace_harmattan.ci@hotmail.fr

Nos librairies en France

Librairie internationale
16, rue des Écoles
75005 Paris
librairie.internationale@harmattan.fr
01 40 46 79 11
www.librairieharmattan.com

Librairie des savoirs
21, rue des Écoles
75005 Paris
librairie.sh@harmattan.fr
01 46 34 13 71
www.librairieharmattansh.com

Librairie Le Lucernaire
53, rue Notre-Dame-des-Champs
75006 Paris
librairie@lucernaire.fr
01 42 22 67 13

www.ingramcontent.com/pod-product-compliance
Lightning Source LLC
LaVergne TN
LVHW021143061026
849535LV00002B/339
* 9 7 8 2 3 4 3 2 4 8 4 6 2 *